KB149401

행복한
소비자

행복한 소비자

초판 1쇄 펴낸날 | 2017년 9월 11일
초판 2쇄 펴낸날 | 2022년 10월 1일

지은이 | 라선아
펴낸이 | 김외숙
펴낸곳 | (사)한국방송통신대학교출판문화원
        03088 서울시 종로구 이화장길 54
        전화 02-3668-4755
        팩스 02-741-4570
        홈페이지 http://press.knou.ac.kr
        출판등록 1982년 6월 7일 제1-491호

출판위원장 | 장종수
편집 | 장웅수·김수미
본문 디자인 | 티디디자인
표지 디자인 | 이상선

ISBN 978-89-20-02672-0 03320
값 15,000원

- 잘못 만들어진 책은 바꾸어 드립니다.

이 도서의 국립중앙도서관 출판예정도서목록(CIP)은 서지정보유통지원시스템 홈페이지(http://seoji.nl.go.kr)와 국가자료공동목록시스템(http://www.nl.go.kr/kolisnet)에서 이용하실 수 있습니다.(CIP제어번호: CIP2017022569)

행복한 소비자

259가지 삶의 내러티브로
만나는 행복 마케팅

라선아 지음

지식의날개

책머리에

"오늘 하루도 행복하세요."라는 말로 마무리하는 이메일을 종종 받는다. 그저 무심코 넘기기에는 때로 이 인사말이 가슴에 콕 박히기도 한다. 대체로 무척 우울한 날들에는. '행복'이 무엇일까? 인생에서 가슴 깊이 행복하다고 느낀 순간은 언제였을까? 드물게 행복을 느끼기는 하지만 행복을 잘 알고 있는지는 자신이 없다. 행복은 그저 느끼면 되는 것인데 혹시 행복을 생각만 하고 있는 것은 아닐까? 또는 행복을 너무 거창하게 저 멀리 그려 놓고 있는 것은 아닐까? 우리는 행복을 도대체 어떻게 생각하며, 어떻게 느끼고 있는 것일까?

분명 행복 개념의 기원은 인류의 기원과 함께였을 것이다. 행복의 구체적인 의미가 초기 현생인류와 현대인류 사이에서, 또는 한국과 브라질에서, 또는 14살 소녀와 47살 중년 여성 사이에서 똑같을 수는 없지만, 그 본질에는 공통적인 무언가가 있지 않을까? 행복의 개념은 우리 삶의 본질, 삶의 목적, 삶의 조건 등 다양한 의미와 형태를 띠고 일상 속에 깊이 관여한다. 함께 있을 때나 혼자 있을 때, 기쁠 때나 슬플 때, 삶과 죽음을 목도할 때, 선함, 아름다움, 진실을 마주할 때 등등 삶의 자연스러운 흐름 속에서 우리는 누구나 행복이라는 개념과 만난다. 그래서일까? 행복이야말로 모든 사람의 최고의 관심사라 해도 과언이 아닐 것 같다.

이 책이 광범위한 인생의 행복, 삶의 행복을 다루고자 하는 건 아니다.[1] 다룰 수도 없다. 광범위한 행복 가운데 하나인 소비영역에서의 행복만 다루고자 할 뿐이다. 삶의 질(Quality of Life: QOL)은 최근 행복과 거의 같은 개념처럼 다방면에 걸쳐 사용되고 있다. 이 방면의 학자들은 대체로 삶의 질이 일, 여가, 가정, 소비, 종교 등 삶의 여러 영역에서의 만족감의 총합 또는 결과물이라고 간주한다. 그렇다면 소비영역에서의 행복감은 인생 전체의 행복에 일정 정도 기여하는 바가 있다는 말이다. 사실일까? 소비영역에서의 행복이 전반적인 삶의 질이나 생의 만족도에 영향을 미친다는 결과는 최근 마케팅 분야 연구에서 종종 제시되고 있다.

소비자는 소비를 통해 욕구를 충족하거나 못하기도 하고, 만족 또는 불만족하기도 한다. 그런데 소비자로서 그저 단순히 만족한다는 것을 넘어 행복하다고 느껴 본 적은 없을까? 새로 구입한 오디오를 통해 지금껏 경험해 보지 못한, 차원이 다른 음악소리를 듣고 전율한 적은 없을까? 직원의 눈빛과 말 한마디 때문에 가슴 깊은 감사를 느낀 적은 없을까? 무심코 방문한 미술관에서 선 채로 숨이 멎을 듯한 작품을 만난 적은 없을까? 반신반의하며 구입한 장난감 선물이 내 아이의 기쁜 표정과 재롱으로 몇 만 배 더 값진 보상이 되어 돌아온 적은 없을까? 향초가게에 들렀다가 그리운 이를 추억하게 하는 향기를 맡고는 갑자기 멍해진 적은 없을까?

이 책의 집필은 소비자가 느끼는 행복감이 삶의 행복까지 높일 수 있다는 생각을 전제로 시작되었다. 기업들은 소비자를 설득하거나 유혹하여 소비를 유도한다. 소비의 결과로 고객만족을 높이려는 목표를 두고 경쟁사보다 앞서려고 분투하며 달려왔다. 그러나 소비자이기 이전에 인간인 우리는 제품이나 서비스의 소비를 통해 단순히 만족하는 것에만 목표를 두지 않는다. 우리는 행복하기를 원한다. 소비자로서 혹은 고객으로서 행복하기를. 소비자행복 개념은 소비자인 인간의 본질적인 욕구와 가치에 어쩌면 더 잘 부합하는 기업의 목표일지 모른다. 고객만족 경로로 한참을 우회하여 이제서야 본질에 다가서려 한다고 나무래도, 애초에 지름길은 없었던 게 아닐까? 만족을 알았으니 이제 행복을 알 수 있는 단계로 접어든 것이리라. 소비자행복을 알아가는 과정이 마케팅 학계에서는 그리 오래되지 않았다. 걸음마를 겨우 뗀 수준쯤이다. 앞으로 이정표를 삼아 달려가야 할 소비자행복을 이제 처음 알아가는 과정에서 이 책이 작은 도움이 될 수 있길 기대한다.

이 책의 내용은 저자가 수년간 여러 경로로 전국에 걸쳐 다양한 연령대, 다양한 직업군의 성인을 대상으로 수집해 온 '나는 행복한 소비자'라는 에세이의 내러티브를 분석한 연구결과를 토대로 한다. 과학적 통계분석이 아닌 질적 연구이므로 저자의 주관적 관점이 분석에 영향을 미쳤을 가능성에 대해 미리 밝혀 둔다. 모든 에세이는 실제 체험담을 수필체 형식으로 기록한 글이다. 단, 이름은 모두 가명으로 제시하였다. 내러티브 분석을 통해 소비자행복의 원천을 범주화하고 행복의 유형을 파악할 수 있었으며, 그 과정에서 소비자가 수행하는 역할의 차이도 발견하였다. 따라서 이 책의 내용을 다 읽고 나면 소비자행복의 개념적 체계를 이해할 수 있을 것이다. 물론 이 결과물이 소비자행복의 모든 것을 설명하거나 보여 주는 것은 절대 아니다. 코끼리를 직접 보여 줄 수는 없지만 코끼리의 한 쪽 다리만 만지는 것에 불과하지는 않을 것이고, 아마 이른 새벽 안개 속을 막 헤치고 나오는 코끼리의 그림 정도는 되지 않을까 싶다.

학계나 산업계에 계신 독자들에게 그러한 그림이 도움이 되기를 바란다. 일반 독자가 이 책을 읽으면서 내게 다가왔던 행복을 기억 속에서 지목하여 꺼내 보는 시간, 내가 며칠 전 느꼈던 행복감은 이 중에 어디에 속하는 걸까 하면서 맞춰 보는 시간, 나는 여기에는 없는 이런 행복도 느꼈는데…라며 부족한 책을 쓴 저자를 의심해 보는 시간 등을 두루 가지시길 바란다. 무엇보다 이 연구를 하면서 저자 스스로 행복해졌다는 점을 빙자하여 모든 독자가 이 책을 읽으며 행복해지기를 진심으로 기원한다.

감사의 글

이 책의 재료는 '나는 행복한 소비자'라는 주제로 자신의 실제 경험담을 적은 평범한 소비자들의 이야기이다. 이 책에 소개된 이야기뿐 아니라 소개되지 않은 이야기까지 포함하여 연구의 바탕자료로 사용된 259건의 에세이는 귀하고 값진 역할을 했다. 그 에세이들이 없었다면 이 책은 세상에 나올 수 없었다. 소비자가 직접 들려주지 않은, 소비자의 실제 행복경험에서 나오지 않은 소비자행복 책이라면 이토록 뿌듯하지 않았을 것이다. 이 책은 저자와 에세이 작성자들이 함께 쓴 것이나 다름없다. 저자가 한 일은 이들이 보내 준 한 알 한 알의 진주를 받아 꿰어서 목걸이를 만든 것이다. 그래서 원고를 한 줄 한 줄 써내려 가는 내내 진심으로 고마움을 느꼈다. 지면으로 감사인사를 대신하는 것이 송구스러울 뿐이다. 에세이를 제공해 주신 모든 분께 머리 숙여 깊이 감사드린다.

책이 기획되고 출판에 이르는 데 출판문화원의 많은 분들이 도움을 주셨다. 권수열 전 출판문화원장님과 장웅수 선생님께 고마움을 전하고 싶다.

이 책은 2015년 9월 『소비문화연구』 제18권 제3호에 게재된 저자의 "소비자행복의 유형화 및 개념적 체계: 내러티브 분석을 중심으로"(pp.113~146)라는 논문에서 출발했다. 그 논문은 한국소비문화학회로부터 2016년 최우수논문상을 수상하는 큰 영광을 누렸으며, 2017년에는 학회의 동의를 얻어 일반 독자를 위한 책으로 세상에 나오게 되었다. 이 같은 일련의 과정이 책 작업에 확신을 주었다. 물론 지금의 책은 그 논문으로부터 한참 멀리 다다랐지만, 그 연구가 있었기에 책을 내겠다는 꿈을 꿀 수 있었다. 한국소비문화학회와 심사위원들께 깊이 감사드린다.

　마지막으로 이 책의 초고를 읽고 세심하게 조언해 준 지인과 가족에게도 따뜻한 감사를 전하고 싶다. 어떤 책이든 비로소 그 책을 완성하는 이는 독자이다. 수많은 이들의 공으로 탄생한 이 책을 선택하고 읽어 주실 독자들께도 겸허한 마음으로 감사드린다.

2017년 8월
대학로 연구실에서
라선아

이 책을 읽는 방법

어떤 분들이 이 책을 읽을까? 좁혀 보면, 실무에서 마케팅 관련 업무를 담당하는 분들, 대학에서 경영학을 공부하는 학생들, 조금 넓혀 보면, 사업체를 직접 운영하는 분들, 책 읽기를 즐기는 일반 독자들, 더 넓게는 평범한 소비자인 모든 분이 독자가 될 수 있다. 각자의 독서방법, 주제에 대한 관심도, 배경지식, 성향과 취향, 가치관, 직업군 등에 따라 이 책을 대하는 방법이 다를 것이다. 다양한 성향과 직업을 가진 주변 지인들께 미리 의견을 청취한 결과, 각기 상이한 의견을 주셨다. 어렵다는 장이 서로 달랐고, 마음에 들어 하는 장도 서로 달랐다. 저자 마음속의 글이 책 속의 글이 된 순간 그 글은 저자의 세계가 아닌 독자의 세계에 속한다는 것을 깊이 깨달았다.

그렇더라도 이 책을 읽는 더 효과적인 방법이 있진 않을까? 우선, 처음부터 끝까지 순서대로 읽을 필요는 없다. 이 책은 앞의 내용을 알아야 뒤의 내용을 이해할 수 있는 구조가 아니다. 물론 순서대로 읽으면 전반적으로 더 쉽게 이해할 수 있지만, 반드시 그럴 필요는 없다. 책을 완독해야만 이 책이 무엇을 말하는지 비로소 알게 되는 것도 아니다. 독자가 읽고 싶은 장이나 부만 선별하여 읽어도 된다. 각 부에서 다루는 내용을 아래에 짧게 소개하니 자신에게 필요한 부분을 골라도 좋을 것이다.

제1부 '소비자행복의 미스터리'는 이 책의 워밍업을 위한 내용으로 소비자행복에 관한 연구흐름과 현황을 간략하게 살펴본다. 여기서는 행복에 대한 현실적 고민과 현상을 이론을 곁들여 소개한다. 평소 이 주제나 이론에 관심이 있었다면 흥미롭겠지만, 아니라면 넘

어가도 좋다. 연구자나 학생이 읽으면 도움이 될 수 있다.

제2부 '행복한 소비자의 발견'에서는 이 책의 토대가 된 자료의 분석과정을 소개한다. 연구방법과 절차에 관심이 있는 분에게 유익할 것이다. 그렇지 않은 분은 건너뛰어도 괜찮다. 하지만 제6장은 읽고 가면 좋겠다. 이 책의 핵심인 소비자행복의 프레임워크를 보여주기 때문이다. 그림 하나로 소비자행복의 체계를 파악할 수 있다.

제3부 '나는 행복한 소비자'에서는 5가지 행복의 원천, 14가지 소비자행복의 유형이 생생한 실제 이야기와 함께 제시된다. 특히, 실무에 계시거나 연구하는 분들을 위해 이야기마다 관련된 이론을 쉽게 풀고 엮어서 소개한다. 이 책에서 놓치면 안 되는 부분이므로 꼭 읽기를 바란다. 어떤 행복유형이든 또 어떤 이야기든 순서에 상관없이 시선가는 대로 자유롭게 읽으면 된다. 스토리텔링을 좋아하는 일반 독자 혹은 실무에 스토리텔링을 적용할 분들이 읽으면 많은 아이디어를 얻을 수 있다.

제4부 '마무리'에서는 소비자행복의 정의와 결론적 제언을 담았다. 은연중 행복을 대하는 저자의 마음가짐, 경영학에 대한 소신, 가치관도 드러날 것이다. 이것이 궁금한 분들은 읽고 비판하거나 공감해 주시길 바란다. 짧은 분량이니 되도록 모든 독자가 읽어 주시기를 희망한다.

이 책은 본질적으로 인생의 진짜 이야기를 묶은 이야기책이다. 소설을 읽고 난 뒤처럼 감동과 여운이 남는다. 내 마음에 파문을 일으킨 것은 다른 사람의 마음에도 파문을 만든다고 믿는다. 즐기며 읽으시길 바란다.

차례

제1부 소비자행복의 미스터리

제2부 행복한 소비자의 발견

제1부

소비자행복의 미스터리

· · ·

브릭만과 캠벨은 인간의 본성을 '쾌락의 쳇바퀴(hedonic treadmill)'라는 말로 은유했다. 이는 스스로 어느 한 지점에 만족하여 머물지 못하고, 끊임없이 또 다른 것을 추구하도록 운명지어진 인간의 본성을 효과적으로 상징하는 말이다. 행복이 쟁취하는 것이든 발견하는 것이든 그 행복을 음미하는 시간은 경험상 결코 길지 않다. 우리는 다시 파랑새를 찾아 쳇바퀴 속으로 들어가고 만다.

제1장

쾌락의 쳇바퀴와 인간의 숙명

어릴 적 시골 외갓집에 놀러갔다가 5일장이 선 날 장터에서 '다람쥐 쳇바퀴'를 실물로 보았다. 작은 창살로 된 우리 안에는 놀이동산에서 가장 눈에 띄는 기구인 회전열차처럼 생긴 쳇바퀴가 놓여 있었다. 그 안에는 작은 다람쥐 한 마리가 끝나지 않는 달리기를 하고 있었다. 그땐 마냥 신기했다. 다람쥐의 표정을 읽을 수 없던 어린 아이의 눈에는 다람쥐가 신나게 쳇바퀴를 굴리는 것처럼 보였다. 다람쥐 장수가 쳇바퀴 문을 열고 꺼내 줄 때까지 제자리 달리기를 계속하던 다람쥐. 이제 와서 생각하니 그 얼마나 가혹한 운명의 장난이란 말인가?

혹 행복의 추구가 그와 같은 것은 아닐까? 행복추구는 본능인 것 같다. 인간의 본성은 행복을 추구하도록 설계되었다. 브릭만과 캠벨(1971)은 인간의 본성을 '쾌락의 쳇바퀴(hedonic treadmill)'라는 말로 은유했다. [1] 이는 스스로 어느 한 지점에 만족하여 머물지 못하고, 끊임없이 또 다른 것을 추구하도록 운명지어진 인간의 본성을 효과적으로 상징하는 말이다. 행복이 쟁취하는 것이든 발견하는 것이든 그 행복을 음미하는 시간은 경험상 결코 길지 않다. 우리는 다시 파랑새를 찾아 쳇바퀴 속으로 들어가고 만다.

많은 사람들이 돈을 많이 벌면 행복해질 줄 알지만 연구자들의 분석결과는 그와 다르다. 여러 나라에서 소득과 행복 사이의 관계를 조사한 결과, 소득이 일정 수준 이상을 넘어서는 순간부터는 더 이상 행복을 증가시키지 못하는 현상이 발견되었다. 이 현상이 익히 알려진 이스털린 패러독스이다.[2] 고개가 갸우뚱해지는 이러한 현상의 원인으로 어떤 학자는 인간의 마음속 깊이 자리한 쾌락의 쳇바퀴를 지목한다. 오래전부터 사회문화적으로 시스템화되어 쉽게 빠져나올 수 없도록 우리를 옭아매는 악명 높은 쳇바퀴이다.

개인적인 차원에서 쾌락의 쳇바퀴를 설명할 수 있는 원리 중 하나는 '쾌락적응(hedonic adaptation)'의 심리적 기제이다. 아무리 좋았던 것이라도 그것이 주던 즐거움과 만족스러운 감정은 쉽고 빠르게 적응되어 버린다.[3] 감각이 자극에 대해 어느새 무뎌지듯 인간은 어떤 좋은 감정에 대해서도 쉽게 무뎌진다. 라캉의 심리분석이론에서도 이 같은 현상을 다루었다. 그에 따르면, 주체로서의 인간은 항상 결핍 그 자체이며 죽음에 이르기까지 욕망이 끝나지 않는다고 한다.[4] 인간은 한번 만족했던 대상으로부터 동일한 만족감을 계속 얻을 수 없기에 만족은 대부분 결핍되게 마련이고, 이렇듯 만족이 결핍된 인간은 다시 또 다른 대상을 추구하도록 프로그래밍되었다는 것이다. 인간은 원래 쳇바퀴 속 다람쥐의 운명을 타고난 셈인가!

빈스웨인저(2006)는 '쾌락의 쳇바퀴' 외에 '지위의 쳇바퀴', '복수대안의 쳇바퀴', '시간절약의 쳇바퀴'가 인간의 행복을 정체시키는 또 다른 운명적 굴레라고 주장하였다.[5] '지위의 쳇바퀴'란 더 높은 사회적 위치를 차지하려고 끊임없이 분투하는 현상을 말하고, '복수대안의 쳇바퀴'란 많은 대안 중에 어떤 것을 선택하더라도 최고를 추구하는 사람은 늘 불만족할 수밖에 없는 현상을 말하며, '시간절약의 쳇바퀴'란 누구나 적은 시간 동안만 일하고 많은 시간 동안 놀고 싶어하기 때문에 시간을 절약해 주는 각종 기술과 기기를 개발해 왔지만, 그 같은 발달에도 불구하고 인간의 행복이 더 증가하지 않은 현상을 말한다.

이런 쳇바퀴는 인간 욕망의 끝이 존재하지 않는다는 것을 의미한다. 특히 앞서 살펴본 것처럼, 우리의 감각은 포만감으로 쉽게 질린다는 특징이 있다. 이미 한 번 충족된 대상은 더 이상 그 욕망을 충족시킬 수 없다. 동일한 감각을 충족하기 위해 계속 다른 자극을 추구할 수밖에 없다. 감각은 영원히 배고프다. 충족을 위해서는 새로운 자극이 필요하다. 꼭 감각의 충족이 아니어도 마찬가지이다. 자크 라캉에 따르면, 인간은 욕망하기 때문에 살아 있는 것이다. 그는 "사실, 요구의 해결책은 존재하지 않는다."[6]라고 말하였다. 오직 죽음만이 욕망을 멈추게 할 수 있다는 말이다.

이처럼 다양한 쳇바퀴가 인간의 행복추구를 끝나지 않는 제자리 달리기로 만들고 있다. 그렇다 보니 행복은 인간에게 영원한 갈구의 대상이 된 것이다. 네 잎은 행운이고 세 잎은 행복이라고 아무리 말해 주어도, 세 잎의 클로버를 손에 잔뜩 쥐고도 네 잎의 클로버를 찾아 끊임없이 헤매는 이유는, 그 사람이 벽창호라서가 아니라 그렇게 운명지어졌기 때문이다. 그렇다고 행복에 대해 운명론자 같은 자세를 취한다면 인간이 책도 읽고, 연구하고, 선현의 말을 참조하고, 사색하는 보람이 없잖은가? 깨달음과 변화에 대해서는 나중에 다시 말할 기회가 있을 것이다. 대신, 다음 장에서는 소비하지 않고는 살 수 없는 현대 인간을 소비를 통해 행복하게 해 줄 수 있다는 발상이 실현가능한 것인지 알아보고자 한다.

제2장

소비자행복을 말하는 시대

인간의 삶에서 가장 근본적이고 모두가 추구하는 것이지만, 여전히 저 멀리 베일에 가려진 '행복'은 최근 학계의 화두로 떠올랐다. 이같은 현상은 1980년대 중반 이후 시작된 웰빙(well-being) 붐에 이어 긍정심리학(positive psychology) 분야의 발전이 몰고 온 신선한 충격의 여파에 기인한다고 할 수 있다. 항간에는 일명 행복 지침서들이 쏟아져 나오고 있다. 행복이 무엇이며 어떻게 해야 행복해지는 것인지를 다룬 책들이 대중의 관심을 모으고 있는 시대이다.

이 같은 일반적이고 보편적인 인간의 행복 개념의 한 모퉁이를 파고들어 이제는 경제학, 사회심리학, 소비자학, 마케팅 분야에서 진화심리학, 뉴로사이언스 등과 협력하면서 행복을 연구하기 시작했다. 이들의 연구 관심은 공통적으로 '소비자'의 행복에 집중되어 있다. 최근 이 같은 추세에 힘입어 소비자행복에 관한 흥미로운 연구들이 속속 발표되고 있다. 그런데 안타깝게도 행복에 관한 한 마케팅 분야는 그동안 적잖은 오해를 받아 왔다.[1] 몇몇 학자는 물질주의적 소비주의 팽배와 불만족한 소비자 양산을 '마케팅의 폐단'으로 지적하면서, 마케팅이 개인을 더 행복하게 만들고 미래의 시장을 인간화할 수 있도록 창조적 파괴로써 거듭 나야 한다고 역설하였다.[2]

마케팅이 '고객만족'을 부르짖으면서도 미충족된 니즈를 끊임없이 들추고, 나보다 더 나은 사람과의 상향식 비교를 통해 실상은 '고객불만족'을 부추겨 왔던 관행은 부인하기 어렵다. 심지어 "이 업종에 종사하는 사람들은 아무도 당신의 행복을 바라지 않는다. … 당신의 고통은 장사에 활기를 부여한다. … 그것은 현금흐름이다."라고 고백하는 소설 『99프랑』의 주인공 대사처럼 말이다.[3] 광고를 보면 현재의 내 모습, 내가 가진 것들이 초라하고 볼품없게 느껴지는 것이 당연하다. 쳇바퀴 시스템을 가동하는 연료 중 가장 강력한 것은 바로 상향식 비교(upward comparison)라는 연료일 것이다. 유명 란제리 브랜드인 빅토리아 시크릿은 '완벽한 몸매(perfect body)'라는 광고 카피를 사용하여 44사이즈의 8등신 여성들을 등장시켰다. 화장품 광고, 의류 광고, 심지어는 술 광고에도 이 같은 신체비율을 가진 여성들이 모델로 등장한다. 이러한 관행은 미(美)에 대한 왜곡된 고정관념을 심어 주어 세상 대부분의 여성들을 열등감에 빠뜨린다. 이를 통해 현재 자신의 모습에 불만족하도록 만듦으로써 관련된 상품과 서비스로 유인하고 있다. 이것이 대표적인 불만족 유발형 마케팅 관행의 예이다. 그런데 이 같은 마케팅 관행에 반기를 드는 사례가 속속 등장하고 있다.

기업이 먼저 슈퍼모델을 대체하여 평범한 여성을 광고에 등장시킨 도브(Dove)의 '리얼 뷰티(Real Beauty) 캠페인(그림 2-1)'이 사회적으로 큰 반향을 일으켰던 것이 좋은 예이다. [그림 2-1]은 주름 가득한 여성의 얼굴을 크게 보여 주며, '주름져 보이는가?', '멋져 보이는가?'라는 카피를 써넣었다. 빅토리아 시크릿과는 정반대로 또 다른

그림 2-1 도브의 리얼 뷰티 캠페인

속옷 브랜드인 에어리(Aerie)는 평범한 여성 모델을 대상으로 포토샵으로 보정하지 않은 실제 몸매를 보여 주는 속옷 광고를 집행했는데(그림 2-2), 오히려 매출이 증가하는 기현상이 발생했다.[4]

　우리에게 평범함의 아름다움을 일깨우기보다 비현실적인 아름다움을 이상적이라고 믿게 만드는 광고는 인간을 불행하게 만들어 소비를 유도한다. 네 잎 클로버를 좇는 대신 손에 들고 있는 세 잎 클로버의 가치를 인정하도록 만들면 사람들이 행복해질 텐데, 마케팅의 관행은 행복을 통해 소비를 유발하기보다는 불행을 통해 소비를 유발하는 기법을 사용해 온 것이다. 에어리 브랜드의 사례는 상향식 비교를 통해 열등감을 느끼도록 하는 불행의 메커니즘이 아니라, 자신의 '실제 자아 이미지(actual self-image)'와의 동일시를 통해 자신감을

그림 2-2 에어리 인스타그램

느끼도록 하는 행복의 메커니즘으로도 얼마든지 소비를 유발할 수 있음을 보여 주었다.

그렇다고 마케팅이 그동안 불만족을 유발하여 소비를 조장하고 이를 통해 만족을 얻을 수 있다는 환상을 심어 왔다고 비난만 하는 것은 옳지 않다. 1980년대 이후 오늘날까지 경영학계 및 실제 기업 경영에서 마케팅 분야가 솔선수범하여 이끌어 왔던 '고객만족' 경영 철학이 헛된 것은 분명 아니다. 제품혁신, 서비스 품질 향상, 고객관리 등의 부문에서 뚜렷하게 발자취를 남긴 것이 사실이기 때문이다. 국내의 영리, 비영리, 공공 부문을 막론하고 1990년대 이후 현재까지 서비스품질지수, 고객만족지수 등의 평가모형을 개발, 적용하여 다양한 기업과 기관을 평가해 왔다. 그 결과 현재 국내 서비스 품질과 고객만족 수준은 해외 선진국과 비교할 때 거의 동등하거나 분야에 따라서는 더 월등한 수준으로 발전하여 해외에서 벤치마킹을 위해 찾아오는 경우도 생겼고, 우리나라에서 개발한 '서비스 품질 평가모형(KS-SQI)'*을 해외에 수출하기도 했다. 이 같은 마케팅의 공은 인정해야 한다. 이제는 그동안의 경험과 발전을 발판으로 새로운 시대를 열 수 있는 새로운 마케팅 지향점을 설정하고자 기업도 학계도 변화 속으로 뛰어들었다.

고객만족을 넘어 한 차원 높이 비상하고자 학계와 산업계가 '소비자행복'에 관심을 집중하고 있는 이때, 이 말이 진정성 없는 수사가 되거나 단순히 시류에 영합하는 고객만족의 또 다른 이름에 그치지 않도록 하기 위해 소비자인 인간이 소비를 통해 언제, 어떻게, 왜 행복감을 느끼는지에 대한 관심과 연구가 필요해졌다. 불만족과 불행

---

* 한국표준협회와 서울대경영연구소가 공동개발한 한국서비스품질지수(Korean Standard Service Quality Index: KS-SQI)로, 서비스 산업 전반의 품질수준을 나타내는 종합지표이다(ks-sqi.ksa.or.kr).

이 아닌 만족과 행복이 또 다른 만족과 행복을 촉진하도록 만드는 선순환적인 마케팅 원리가 필요한 때가 되었다.

이런 맥락에서, 이 책의 제2부와 제3부에는 특정한 제품이나 서비스 또는 특정한 소비활동에 국한하지 않고, 또한 특정 시점, 특정 대상자 등에도 제한을 두지 않고 평범한 소비자 개개인이 언제, 어떻게, 왜 행복을 느끼는지를 연구한 결과를 담았다. 이러한 내용의 공유를 통해 평범한 사람, 일반적인 소비자의 행복유형 및 소비자행복의 창출방식을 찾아보고 소비자행복의 개념적 체계를 이해해 보는 계기가 될 수 있기를 바란다.

연구결과로 직접 들어가기에 앞서 제3장과 제4장에서 소비자행복에 관련된 기초 지식을 좀 쌓기로 하자. 그동안 학계에서 연구된 내용을 흔히 던질 수 있는 몇 가지 질문에 답하는 형식으로 소개해 본다.

제3장

소비자행복의 이론적 쟁점

1. 소득이 행복을 결정한다?

소득이 더 많아지면 더 행복해질 수 있을까? 오래전부터 '소득과 행복' 간의 상관관계에 대해 많은 연구가 수행되었다. 아쉽게도 일관적이고 명확한 결론 대신 서로 상충되는 연구결과가 더 많이 제시되었다.

먼저 소득과 행복이 무관하다는 결론을 제시하는 연구를 보자. 비교적 널리 알려진 '이스털린 패러독스(Easterlin's paradox)'는 동일 국가 내에서 소득의 상승이 장기적으로 행복을 증가시키지 못하는 현상을 일컫는다. 부자가 되면 더 행복해질 것이라는 우리의 막연한 직관과 예상에 어긋나는 결론인 것이다. 이 같은 비상식적인 결과는 다른 연구에 의해서도 광범위하게 지지되었다.

한국전쟁 직후를 한번 생각해 보자. 그때와 현재 한국인의 행복도에 변화가 전혀 없을까? 그건 아니다. 전쟁 직후처럼 생존에 위협을 느낄 정도의 절대빈곤 상태에 있던 과거와 1인당 국민소득 3만 달러를 바라보는 시대에 도달한 현재 한국인의 행복도가 동일하다고 말할 수는 없다. 아르가일(2003)도 일정한 삶의 기본 조건을 충족할 만큼의 소득은 보장되어야 하며 그렇지 못한 경우 불행할 수밖에 없음을 인정하였다.[1] 그는 여러 연구결과를 종합하면서, 삶의 기본 조건이 보장되는 경우에 한해 추가적 소득증가가 행복증가에 증분효익이 거의 없다고 정리했다. 여러 조사를 종합해 보면 1인당 GDP(국내총생산) 2만 달러(2013년 국제 달러 기준) 정도부터는 소득과 행복 간 상관관계가 별로 없는 것으로 나타난다.[2]

그렇다 해도 최고층 부자는 평범한 사람들보다 더 행복하지 않을까? 맞다. 소수의 최고층 부자들은 평범한 사람들보다 더 큰 행복을 느끼는 것으로 나타나긴 했다. 예를 들어, 디너 교수의 연구(1993)에서는 연간 소득 10만 달러 이상인 경우, 행복 수준이 급상승하는 경향이 발견되었다.[3] 대니얼 길버트(2009)의 해석에 따르면, 돈이 아주 많은 사람들은 일반 시민들이 접하기 힘든 최고급 제품이나 최고급 서비스, 예를 들어 최고급 와인, 최고급 요트, 전용 제트기, 최고급 호텔 서비스 등을 누리는 경우가 많기 때문에 평범한 사람들과는 향유의 차원 자체가 달라서 행복도가 더 높게 나타난 것으로 이해된다.[4]

이처럼 소득 수준의 극과 극을 제외한다면 일반적으로는 소득의 증가와 행복의 증가 간에 통계적으로 유의미한 상관관계가 거의 없다는 것이 세계 각국의 여러 연구에서 공통적으로 발견되는 결론이다. 물론 국가별 행복도 차이는 여러 가지 요인, 특히 각국의 정치적 상황, 종교, 문화적 차이를 감안하여 판단해야 할 사안이라 함부로 결론지을 수는 없다.

중요한 것은 상대적 소득이다. 예를 들어, 같은 월급을 받더라도 비교 기준에 따라 월급에 대한 만족도가 달라진다. 적은 임금에 가난했던 과거와 비교하면 현재의 임금에 만족할 수 있지만, 더 많이 버는 다른 동료와 비교하면 임금 만족도뿐 아니라 삶의 만족도까지 낮아질 수 있다. 그래서 동일 국가 내 동일 시점에서 소득과 행복의 상관관계를 살펴보면 정(+)적 상관관계가 나타난다.[5] 즉, 상대적 소득계층에 따라 행복도에 차이가 발견된다. 많이 벌수록 더 행복하다는 것이다. 주변 사람이 모두 나처럼 가난하다면 크게 불행할 이유가 없지만, 떵떵거리는 부자 친구가 주변에 한두 명만 있어도 그때는 얘기가 달라진다. 약이 오르고 억울하고 자신이 비참해 보이는 것이다. 안타깝게도 행복이 주로 상대적 위치로 평가되는 성질의 것이기 때문이다.[6] 특히, 소득과 직간접적으로 연동되는 '교육', '사회계층', '고용', '능력', '인종' 등의 변인들을 합성 또는 단독으로 대입해 보면, 소득과 행복 간에 전반적으로 유의한 정(+)적 상관관계가 나타난다.

나라가 부유해지면 국민도 행복해질까? 각국의 GDP와 행복도의 상관관계를 분석한 수많은 조사들의 공통적인 답은 '노(No)!'이다. 어떤 연구자들은 문헌고찰을 통해, 개인의 물질적 생활표준과 평균소득이 증가하는 조건에서만 GDP의 증가가 주관적 웰빙을 제고할 수 있다고 주장한다.[7] 국가 차원의 평균적 부의 척도가 아무리 좋아져도 내가 체감할 수 없으면 다 소용없고, 직접적으로 내 생활 수준이 나아져야 국가 수준의 GDP가 비로소 의미 있다는 것이다. 그들은 고용불안은 다른 사람에게까지 부정적인 파급효과를 미치므로 고용률을 높이는 것이 사회적 웰빙에 매우 중요하다고도 역설하였다. 한국은 요즘 한창 돈 들어갈 곳이 많은 중년 가장의 실직, 수년째 치솟기만 하는 청년실업 등으로 사회적 분위기가 침울해지고 있다. 이러한 분위기가 최근 한국인들의 일반적인 행복도를 낮추는 중요한 요인으로 작용하고 있다는 것을 인정하지 않을 수 없다.

이렇듯 '소득-행복 관계'에 대해서는 결론만 놓고 보면 서로 상충된 연구가 많다. 따라서 다양한 조건과 요인을 감안하지 않고 단순히 하나의 결론을 내리기는 어렵다. 다양한 논쟁은 앞으로도 계속될 것으로 보인다.[8] 그래도 [그림 3-1][9]을 보면, 소득과 행복의 관계에 대한 상충된 논의를 종합적으로 이해하는 데 도움이 될 것 같아 소개한다. 이 그림을 보면 소득이 매우 낮은 일정 범위(예: 국가 t_0)에서는 소득이 그 이상이 되는 다른 구간에 비해 행복도가 낮고, 조금만 소득이 증가해도 행복도의 증가율이 꽤 높게 나타난다. 그러다가 소득이 일정 수준을 넘어서는 순간부터 그 이후로 전반적인 추세선을 보면 기울기 변화가 거의 없기 때문에, 소득이 증가한다고 해서 행복도 역시 같이 높아진다고는 말할 수 없다. 즉, 국가 전체 차원에서 볼 때, 생계유지에 필요한 일정 수준의 소득금액 이상을 지나 더 부유해진다고 해도 국민의 평균적인 행복도를 더 증가시키지는 못한다.

그러나 [그림 3-1]에 나와 있는 3개의 타원을 보자. t_0, t_1, t_2 시점을 각각 횡단으로 놓고 개별 가구소득 간의 행복도 차이를 비교할

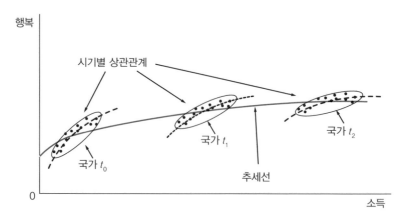

그림 3-1 소득과 행복의 상관관계 : 개별 수준 vs 전체 수준

수 있는데, 잘 보면 각 시기별로 개인의 상대적 소득 차이가 행복도 수준에 영향을 미치고 있다. 한 시점을 뚝 잘라서 보면 많이 버는 사람이 적게 버는 사람보다 더 행복하다. 그런데 이러한 경향도 국가 전체의 소득 수준이 높아지면서 영향력이 적어진다. 즉, t_0 시기의 기울기보다 t_1 시기의 기울기가 좀 더 완만하고, t_1 시기의 기울기보다 t_2 시기의 기울기가 더 완만하다. 나와 내 동료 간 또는 나와 내 이웃 간 상대적인 소득 차이가 나 자신의 행복을 좌우할 수 있다. 그러나 국민 전체의 소득 수준이 높아질수록 개인 간 소득 차이가 이전만큼 자신의 행복을 크게 좌우하지는 못한다.

2. 소비가 행복을 결정한다?

최근에는 아예 관점을 달리하여, 돈을 얼마나 버느냐보다, 얼마나/어떻게 쓰느냐가 행복을 결정한다는 견해[10]에 힘이 실리고 있다. 삶의 질에 대해 오래 연구해 온 서지 교수(2012)에 따르면 삶의 행복은 인생의 여러 하위 영역에서 나오는 행복들에 의해 결정되는데, 하위 영역 중에는 소비영역도 있다.[11] 한 국가의 경제 수준이 일정 궤도 이상 올라가면, '소득-행복'의 관계를 넘어 '소비-행복'의 관계로 관심이 이동한다. 우리나라도 그렇다. 이를 반영하듯 최근 국내에서도 소비/지출 관련 행복 연구가 활발해지고 있다. 하지만 역시 '소비-행복'의 관계에서도 상충되는 연구결과가 많다.

먼저, 이 질문부터 해보자. 돈을 많이 쓸수록 더 행복할까? 레버고트(2014)는 지난 20세기 동안 미국 가정의 100여 년에 걸친 소비 패턴의 추세를 분석했다. 그 결과, 경제적·물질적 복지가 크게 상승했음을 발견했다.[12] 100여 년간 1인당 소비지출은 4배가량 증가했고, 자녀세대는 부모세대에 비해 170%가량 향상된 생활표준 (standard of living)을 누리게 되었다. 그런데도 어느 가정이든 원하는 만큼 가지기 위해서는 현재보다 지출을 더 늘려야 한다고 답했다. 이를 바탕으로 레버고트는 소비의 증가가 행복의 증가와 거의 관계가 없다는 결론을 내놓았다. 아이러니가 아닐 수 없다. 적정소비와 과잉소비의 경계는 여전히 모호한 것 같다.

한편, 아후비아(2002)는 상반된 주장을 펼친다. 그는 한 나라 안에서는 문화와 소득 수준이 비슷하기 때문에 소비지출 수준과 주관적 안녕감(Subjective Well-Being: SWB) 간에 상관관계가 없는 것처럼 나타날 수 있지만, 문화와 소득 수준이 서로 다른 국가 간 비교에서는 소비와 주관적 안녕감 간에 정(+)적 상관관계가 나타난다고 주장한다.[13] 단, 이 관계도 기본적 욕구가 충족된 조건하에서만 성립된다. 사실상 소비는 본질적으로 욕구의 충족 또는 개인이 추구하는 목적의 성취를 위해 수행되기 때문에 소비지출이 많다는 것은 일정 정도 소비를 통해 더 많은 욕구의 충족 또는 더 많은 목표의 달성이 이루어진다는 의미로 이해할 수 있다. 그렇게 보면 소비 수준이 행복과 무관할 수는 없을 것이다.

그렇다면 소비 수준이 같아도 나라에 따라 더 행복하거나 덜 행복할 수 있다는 말인가? 우리나라 국민은 어떨까? 아후비아(2002)는 나라마다 문화가 다르고, 개인의 행복을 삶의 최우선 목표로 두는가의 여부도 문화마다 다르다고 했다. 특히 동양은 집단주의적·가족 중심적 문화를 가지고 있기 때문에 서양과 달리 개인의 행복이 최고 우선순위는 아닐 수 있다. 명예, 체면, 사회관계에서의 의무 등이 개인의 행복보다 우선적일 수 있다. 그의 연구에 따르면 집단주의 문화보다 개인주의 문화에서 자유롭게 개인의 소비생활을 판단, 결정, 영위할 수 있을 때 행복감이 더 커지는 것으로 나타났다. 행복감에도 온도가 있다면, 뜨거운 행복감과 미온적인 행복감으로 구분할 수 있을 것이다. 예를 들어, 어느 여교사가 자신에게 잘 어울리고 또 자신이 원하는 느낌의 옷이 따로 있는데도 직업 때문에 무난하고 점잖아 보이는 옷을 구입한 경우 어떤 온도의 행복감을 느끼게 될까? 미온적 행복감이 아닐까? 이 같은 추측은 '선택의 자율성'이 소비자행복을 증가시킨다는 전미영·김난도(2011)의 연구결과에서 근거를 찾을 수 있다. 내 맘대로 자유롭게 내가 살 물건을 고를 수 있을 때, 같은 금액의 소비를 하고도 부모님 의견이나 남들의 시선을 의식해서 물건을 고른 경우보다 소비자는 더 즐겁고 더 행복할 수 있다.[14]

지금까지 포괄적 수준에서 '소비-행복'의 관계를 검토한 연구를 소개했는데, 이제 조금 다른 질문을 던져 보자. 모든 소비활동이 동일한 행복감을 줄까? 여행을 가기 위해 쓰는 돈과 차량보수에 쓰는 돈, 같은 금액이라도 나의 행복감을 동일하게 높여 줄 리 없다. 그렇다면 우리를 더 행복하게 하는 소비활동이 따로 있지 않을까? 이에 대해 답을 줄 만한 연구가 있다. 소비활동은 다양하게 분류할 수 있다. 성영신 외(2013a)는 소비활동을 9가지의 구체적인 유형으로 분류하여 유형별로 소비자행복에 기여하는 정도를 비교·분석하였다.[15] 그들은 소비활동의 분류기준으로 '혜택시점(현재성-미래성)', '혜택종류(실용성-쾌락성)', '소비지향성(자기-타인-사회)'을 사용하였다. 혜택시점은 '지금 필요한지(이익이 되는지), 나중에 필요한지(이익이 되는지)' 등의 질문으로, 혜택종류는 '실용적 기능이 중요한지, 감성적 체험이 중요한지' 등과 같은 질문으로, 소비지향성은 '나의 만족이 중요한지, 주변 사람들의 만족이 중요한지, 사회 전체의 만족이 중요한지' 등의 질문으로 측정하였다. 이러한 3가지 기준을 사용하여 분류한 결과, 일상소비, 재테크, 의례소비, 친환경소비, 놀이소비, 수집소비, 상징소비, 외모가꾸기, 윤리소비의 총 9가지 소비유형을 도출하였다.

이 중 어떤 유형의 소비활동이 우리를 가장 행복하게 또는 가장 덜 행복하게 만들까? 짐작했겠지만, '놀이소비'가 소비자행복에 가장 높은 기여도를 보였다. 반면 '의례소비'는 기여도가 가장 낮았다. 연구진은 통계적 차이 검정을 통해 9가지 소비유형이 소비자행복에 기여하는 수준을 총 4단계로 분류하였다. 최고의 행복을 주는 1순위

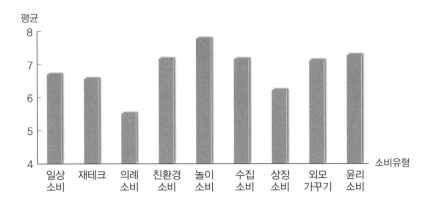

소비유형	평균(표준편차)	F	Bonferroni
일상소비	6.70(2.61)		
재테크	6.56(2.78)		
의례소비	5.51(2.62)		놀이소비＞수집소비·외모가꾸기·
친환경소비	7.14(2.65)		윤리소비·친환경소비＞일상소비·
놀이소비	7.77(2.66)	51.81	재테크·상징소비＞의례소비
수집소비	7.15(2.71)		
상징소비	6.21(2.76)		
외모가꾸기	7.11(2.83)		
윤리소비	7.27(2.64)		

그림 3-2 소비유형별 행복

출처: 성영신 외(2013a), "소비유형별 소비행복의 비교," 『소비자학연구』, 24(2), pp.1-23.

소비유형은 놀이소비, 2순위 소비유형은 수집소비, 외모가꾸기, 윤리소비, 친환경소비, 3순위 소비유형은 일상소비, 재테크, 상징소비, 마지막으로 가장 행복도가 낮은 4순위 소비유형은 의례소비로 나타났다. 이른바 명품소비로 대표되는 상징소비는, 최근 전 연령대에 걸쳐 국내 소비자 시장에 뚜렷하게 나타나는 주요한 특성인데, 의외로 이 같은 상징소비가 소비자에게 행복을 거의 주지 못하는 것으로 분석되었다. 상징소비는 본래, 자신이 타인에게 뒤떨어지지 않고 있음을 남에게 보여 주기 위한 행위이다. 아무리 명품을 지니고 다녀도, 항상 남과 비교하고 남의 눈길을 의식하면서 혹시나 뒤처지지 않는지 점검해야 한다면 뿌듯하기보다는 피곤할 것이다. 그래서 상징소비가 행복한 소비에 끼지 못하는 모양이다. 의례소비란 제삿날, 명절날 등에 의례적으로 해야 하는 의무적 소비를 뜻한다. 이런 소비들이 별로 행복하지 않다니 충분히 공감할 만한 결과가 아닌가!

마지막 질문을 던져 보자. 이러한 여러 유형의 소비활동이 결과적으로는 인간의 전반적인 '삶의 행복'을 높여 줄 수 있을까? 성영신 외(2013b)[16]는 앞의 연구를 더 진척시켜, 소비활동의 전반적 수준과 삶의 행복 간 관계에 대한 연구도 수행하였다. 그들은 소비활동이 삶의 행복에 직접 영향을 미친다기보다는 소비행복(consumption happiness)의 매개과정을 거쳐 삶의 행복에 간접적으로 영향을 미친다는 것을 밝혀냈다. 다시 말해, 소비활동 수준이 높아지면 곧바로 삶의 행복이 높아지는 것이 아니라, 소비활동 수준이 높아질수록 소비행복이 높아지고, 소비행복이 높아질수록 삶의 행복이 비로소 증가하는 관계, 즉 3개의 고리를 하나씩 거쳐 가는 간접적 인과관계라는 것이다. 여기서 연구자들은 삶의 행복을 '삶의 만족', '긍정적 감정', '부정적 감정'의 3가지 항목으로 측정하였다. '소비활동 수준'이 높아질수록 '삶의 만족'과 '긍정적 감정'이 증가하지만, 부정적 감정 역시 증가하는 바람에 긍정, 부정 효과가 섞여 나타나게 되어, 소비활동 수준이 결과적으로는 '삶의 행복'에 직접적으로 기여하지 못하는 것으로 분석되었다. 게다가 소비활동 수준이 삶의 행복에 미치는 간접적인 효과가 9가지 소비유형에 다 나타난 것도 아니다. 재테크, 상징소비(즉, 타인의식소비), 의례소비 등은 삶의 행복에 간접적인 기여조차 하지 못하는 것으로 나타났다.

3. 쾌락적 소비가 더 행복하다?

'쾌락(hedonism)'은 좋은 것일까? 옳은 것일까? '쾌락'이라고 하면 곧장 행복이라는 말이 떠오르는 사람도 있겠지만, 왠지 감각적 쾌감, 못된 즐거움, 죄책감 같은 말을 먼저 떠올리는 사람도 많을 것이다. 이렇게 밝은 면과 어두운 면을 동시에 갖게 된 '쾌락'이라는 개념의 이중성은 어디서 비롯된 것일까?

쾌락주의 철학이 기원한 고대 그리스로 거슬러 올라가 보자. 소크라테스(BC 477?~BC 399)의 제자였던 아리스티포스(Aristippus of Cyrene, BC 435~BC 366)는 '물질적 즐거움(material pleasure)'의 총합을 행복이라고 이론화하고, 인생의 의미를 즐거움의 극대화라고 보는 쾌락주의 철학을 정립하였다. 이에 반해, 우리에게 쾌락주의 철학자로 잘 알려진 에피쿠로스(BC 341~BC 270)는 쾌락(pleasure)을 '고통이 없는 상태', '친구들과 어울려 지내는 자족적 상태'로 이해하고 있었으며, 인간의 고통이란 명예, 부, 권력에 대한 욕망에서 나온다고 경고했다.

베팅겐과 류디케(2009)가 정리한 바에 따르면[17] 르네상스 시기 이탈리아 및 18~19세기 영국과 프랑스의 부르주아에게 아리스티포스의 쾌락적 행복 개념이 특히 강하게 영향을 미쳤다고 한다. 에피쿠로스에 따르면, 행복을 지칭하던 쾌락이 단순히 감각적·물질적 즐거움만을 의미하는 것도, 많이 가질수록 좋다는 뜻도 아니었지만 말이다.[18] 만일 에피쿠로스의 쾌락 개념이 더 강하게 영향을 미쳤다면 세상이 지금과 많이 달라져 있을까?

아무튼 이렇게 근대사회에 정착된 쾌락주의(hedonism)는 '더 많이 갖는 것(having more)'이 '더 많이 존재하는 것(being more)'이라는 신조를 만들며 현대의 소비자 문화를 형성하기에 이른다. 영국으로부터 독립한 이후 미국사회에서도 그러한 행복추구가 마치 미국인의 극명한 인생의 목적인 것처럼 간주되면서 소비가 그 중심 수단이 되었다. 이때부터 물질주의, 쾌락적 소비 등이 소비자행복을 이해하는 핵심적 개념으로 등극했다. 물질주의에 대해서는 나중에 더 알아보기로 하고, 소비의 쾌락적 측면에 대해 자세히 살펴보자.

모든 소비는 그 자체로 쾌락이고 행복일까? 소비 중에는 기초적 생계나 생활을 유지하기 위한 필수적 소비가 있고, 복사용지 구입과 같은 실용적 소비가 있으며, 즐거움을 얻기 위한 쾌락적 소비가 있다. 즉, 소비의 목적에 따라 필수적·실용적·쾌락적 소비로 구분할 수 있다. 이 중에서 즐거움을 구매하는 것을 현대 경영학적 관점에서 쾌락적 소비라고 부른다. 소비자행동 연구 분야에서 쾌락적 소비(hedonic consumption)에 대한 개념 정립과 논의의 시작은 허시먼과 홀브룩(1982)의 개척적 연구에서 찾을 수 있다.[19] 이 연구는 그때까지 특별히 주목받지 못했던 소비의 쾌락적 측면에 조명을 비췄으며, 이후 실제로 소비자행동의 상당 부분을 설명하는 근거를 마련하게 된다.

그런데 소비사회가 고도화되면서 대개의 제품과 서비스가 실용성 대 쾌락성 기준에서 어느 한쪽으로 명확하게 구분하기 어려워지기 시작했다는 점과, 대부분의 소비가 두 측면을 동시에 제공할 뿐아니라, 소비자 또한 두 측면을 동시에 추구한다는 점에서 실용성대 쾌락성의 구분 틀은 더 이상 유효하지 않은 것 같다. 앞서 본 성영신 외(2013a,b)의 연구에서도 명품소비(상징소비)가 쾌락적 소비로분류되지 않고 실용적 소비로 분류되었다는 점, 어떤 소비자는 스마트폰을 실용적 목적에서 사용하겠지만 다른 소비자는 오락적 목적으로 사용한다는 점을 생각할 때, 소비를 실용성과 쾌락성이라는 이원적 구도로 보는 관점은 현대의 소비현상을 설명하기에 더 이상 적절하지 않은 듯하다. 대개 실용재는 없으면 생활이 불편하고, 있으면생활이 편해지는 상품인 경우가 많다. 쾌락재는 없어도 큰 불편이없지만 있으면 즐거움을 주는 것들이다. 그래서 이 둘을 단순히 행복도 측정치로 비교하는 것은 무리가 있는 것 같다. 실용재는 행복을 주기 위해 존재하기보다 불편을 줄이거나 편의를 높이기 위해존재하는 것일 수 있기 때문이다. 상품의 목적 자체가 다르니 소비자에게 주는 가치도 다르다. 따라서 서로 다른 척도로 가치를 측정해야 한다. 행복을 주지는 않아도 없으면 불편하거나 불안해지는 상품이라면, 행복의 잣대가 아닌 다른 잣대로 가치를 측정해야 타당하다.

어쨌거나 행복과 쾌락이 철학적 근원을 같이한다는 점에서 행복을 논의하는 데 있어 쾌락을 배제할 수는 없다. 그런 의미에서 허시먼과 홀브룩(1982)을 마케팅 역사에 '소비자행복'에 대한 논의의 씨앗을 심은 연구자로 봐도 무방할 것 같다. 그 이후부터 현재까지 나타난 행복에 관한 연구동향은 국내 대표적 행복연구가 중 한 사람인서은국 교수가 그의 책『행복의 기원』(2014)에서 추정한 궤와 일치한다.[20] 그동안 마케팅 분야에서는 '쾌락적 소비' 담론과 수많은 실증연구가 수행되었고, 그러한 바탕 위에서 이제는 본격적으로 '소비행복' 또는 '소비자행복'이라는 이름으로 활발한 연구가 진행되고 있다.

그럼, 쾌락적 소비란 무슨 뜻일까? 허시먼과 홀브룩(1982)이 정의한 쾌락적 소비는 제품, 서비스, 이벤트 등을 이용하면서 발생하는 '공감각적 자극, 이미지, 판타지, 정서적 환기'를 특징으로 한다. 그들이 정의한 쾌락적 소비의 개념에 따르면, 인간의 시각, 청각, 촉각, 미각, 후각의 감각을 공감각적으로 자극하고, 우아하거나 세련된 이미지 혹은 강하고 보수적인 이미지 등의 다양한 특정 이미지를 떠올리게 하면서, 놀라움, 경외감, 슬픔, 기쁨, 흥분감 등의 특정한 감정을 유발할 수 있을 때 쾌락적 소비라 할 수 있다. 카페에 앉아 향긋한 커피를 마시는 것, 애인과 극장에서 영화를 보는 것, 열대 꽃향기가 나는 향초를 켜는 것, 놀이공원에서 바이킹을 타는 것 등등. 실제 우리가 일상적으로 경험하는 소비 중 많은 부분이 쾌락적 소비로 분류될 수 있다. 흔히 긍정적 감정이나 감각적 쾌감에 국한해서 쾌락적 소비를 생각하기 쉽지만, 최루성 로맨스 영화를 보거나 바지에 실수할 만큼 아찔한 번지 점프를 하고서 집으로 돌아오는 길에 '아, 오늘 정말 재밌었어!', '이렇게 즐거웠던 게 도대체 얼마만인지!'라고 말하는 걸 생각해 보라. 실컷 울고 나서야 속이 후련하거나 카타르시스를 느끼는 것은 슬픔이라는 부정적 정서의 환기를 통해 결국은 긍정적 정서로 안착하는 과정을 보여 준다. 픽사(Pixar)의 애니메이션 영화 〈인사이드 아웃〉에서 깨우쳐 준 교훈처럼, 기쁨이(joy)만으로 우리가 행복해질 수 없고 슬픔이(sadness)도 있어야 온전한 행복을 느낄 수 있는 이치랄까. 이처럼 쾌락적 소비에는 소비 '과정' 중에 즐거움(pleasure)을 느끼는 것과 총체적 '결과'로서 즐거움을 느끼는 것이 모두 포함될 수 있다.

그렇다면 쾌락적 소비의 핵심인 '즐거움'의 원천과 결정변수는 무

그림 3-3 영화 〈인사이드 아웃〉

엇까? 알바와 윌리엄스(2013)는 방대한 문헌고찰을 통해, 즐거움의 원천을 크게 '제품 자체가 주는 즐거움'과 '사람-제품의 상호작용에서 발생하는 즐거움'의 2가지로 범주화하였다.[21] 하나씩 살펴보자.

'제품 자체가 주는 즐거움'은 '심미성과 디자인', '물질재보다 경험재', '본질(essence) 또는 진정성(authenticity)'으로 요약할 수 있다. 먼저, '심미성과 디자인'이 즐거움을 주는 예를 생각해 보자. 이는 기본 기능이나 사양이 충족된다면 이왕이면 디자인이 더 아름다운 제품을 선호하는 소비자의 경향에서 찾을 수 있다. '이왕이면 다홍치마'라는 기준이 동서고금에 모두 적용된다는 걸 알 수 있다. '물질재보다 경험재'가 더 즐거움을 준다는 것은, 여러 연구에서 사람들이 물건을 소유하는 것보다 경험을 선호하는 경향을 보인다는 점 또는 물질을 소유하지 못함으로써 생기는 후회보다 경험을 하지 못함으로써 생기는 후회가 훨씬 더 오래가는 경향이 있다는 점 등에서 찾을 수 있다. '본질 또는 진정성'이 더 큰 즐거움을 주는 예는 모조품보다는 진품을 선호하고 무명작가보다 유명작가의 작품을 선호하는 소비자의 경향을 떠올려 보면 쉽게 이해할 수 있다.

한편 '사람-제품의 상호작용에서 발생하는 즐거움'은 다시 '기대로부터 발생하는 즐거움'과 '참여를 통한 즐거움'의 두 범주로 나눌 수 있다. 먼저, '기대로부터 발생하는 즐거움'을 살펴보자. '감정기대 모델'이라는 것이 있다.[22] 이는 실제의 경험에 대해 사람들이 사전에 가지고 있던 자신의 기대에 준해서 감정적 반응을 보이는 경향을 말한다. 즉, 좋을 것이라고 기대한 경우에는 실제 감각적으로 지각된 느낌은 별로라도, 정말로 좋다고 느끼는 경향을 말한다. 사람들은 대개 무엇인가를 평가하기 위해 일정한 기준을 필요로 하는데, 이때 사전에 가지고 있던 예측적 기대가 중요한 역할을 한다. 제품, 서비스의 품질평가 또는 만족도 평가를 할 때, 실제 그것의 직접적인 감각적·인지적 평가를 따르기보다는 자신이 사전에 가지고 있던 기대를 기준으로 평가하는 경향이 있다. 특히 예술작품, 공연, 영화처럼 품질평가가 모호하고 주관에 의해 좌우되기 쉬운 경우에는 사전에 갖고 있던 기대의 영향력이 상당히 크다. 좋게 기대하면 실제로 좋게 평가한다는 말이다. 오늘 저녁 콘서트가 신나고 재미있을 것이라고 기대하면 실제로도 그렇게 느끼고, 재미없고 지루할 것이라고 기대하면 실제로도 그렇게 느끼는 경우가 많다는 것이다. 그러니 가급적 좋을 거라고 기대하는 습관을 가지면 어떨까?

물론 항상 이게 통하는 것은 아니다. 정반대 효과가 나타나는 경우도 많다. 올리버 교수가 1980년에 제안한 '기대-불일치 패러다임(expectancy-disconfirmation paradigm)'에 따르면, 사전에 기대가 너무 높으면 실제 경험에 대해 부정적 '불일치(disconfirmation)'가 발생해 만족도가 떨어지는 불상사가 생긴다.[23] 우리가 어떤 대상에 대해 만족하느냐 불만족하느냐는 결국 우리가 가지고 있던 '기대(예측)'와 실제로 '경험한 내용(예: 제품의 품질이나 성능)' 간의 '차이(불일치)'에 의해 결정된다는 이론이다. 실제보다 기대를 높게 했다면 부정적 불일치가 커지고, 실제보다 기대를 낮게 했다면 긍정적 불일치가 커질 것이다. 실제 경험이 기대한 것과 일치하는 순간부터 만족은 시작되어 긍정적 불일치가 커질수록 만족도는 증폭된다. '기대가 높으면 실망이 크다'는 말이 있다. 기대-불일치 패러다임의 쉬운 말 버전인 셈이다. 너무 기대하고 가서 만난 소개팅 남성에게 유독 더 실망하는 경우처럼 말이다. 그러니 더도 덜도 말고 딱 적정 수준의 기대가 정신건강에 이롭다.

인간은 또한 과거의 경험이나 미래에 발생할 경험에 대해 '음미 (savoring)'하는 존재이다. 과거의 좋았던 기억을 잘 보존하기를 원하고, 미래에 다가올 이벤트를 설레는 마음으로 상상하면서 행복해하는 존재이다. 우리가 느끼는 현재의 기쁨이 알고 보면 현재가 아닌 과거나 미래에서 나오는 경우가 많다는 의미이다. 누구나 과거의 특별한 기억을 오래도록 보존하기를 원한다. 심지어 어떤 사람은 그 기억의 즐거움이 혹시라도 훼손되는 것이 싫어서 똑같은 경험을 다시 하는 것을 피하기도 한다. 물론 살면서 우리는 과거의 기억을 떠올리며 향수에 젖어 행복해하는 일도 비일비재하다. 옛날 가수들이 TV에서는 잘 안 보여도 때마다 콘서트를 열고 있다. 속으로 '요즘 누가 저런 공연을 보러 가겠어?' 하며 의아해할 수도 있지만, 실제 가보면 한창 때 그 노래를 들으며 지냈던 세대의 관객들로 객석이 꽉 차 있는 모습을 볼 수 있다. 이것이 과거에 대한 향수, 즉 노스탤지어(nostalgia) 마케팅이 통하는 이유이다.

한편, 미래에 발생할 경험에 대해서도 우리는 기대하기를 멈추지 않는다. 기대하는 것 자체로 즐거워서 실제 그 경험이 도래하는 것을 지연시킬 때 행복감이 더 높아진다는 연구결과가 있을 정도이다. 통상적으로 우리는 어떤 경험의 순서를 구성함에 있어 해피엔딩으로 끝나는 것을 선호하기 때문에, 가능하다면 사건의 순서를 조정하여 피날레를 멋지게 장식하고자 한다. 여행사의 상품 패키지를 보면 맨 마지막 날 저녁에 초특급 호텔에서의 만찬, 심신의 피로를 씻어 주는 전신 마사지 등과 같은 프로그램이 배치되어 있는 걸 쉽게 발견할 수 있다. 행복한 마무리를 위한 시간 안배라고 할 수 있다.

이제, '참여(engagement)를 통한 즐거움'에 대해 알아보자. 인간은 몸소 체험할 때 더 즐거움을 느낀다. 심지어 고된 훈련조차 기쁘게 받아들이곤 한다. 육체적·지적 노력이 요구되는 전문적이고 복잡한 상품에 매력을 느끼기도 한다. 학습과 반복된 경험을 통해 통달 또는 능숙함의 경지에 오를 때 발생하는 즐거움이 강렬하기 때문이다. 저자가 근무하는 대학에는 젊은 연령층의 학생도 많지만 중년이나 노년의 학생도 많다. 나이가 지긋한 학생에게는 애써 배운 것을 충분히 사용할 만큼 남은 시간이 많지 않아 보인다. 그렇지만 이들 중에 여러 학과에 입학하여 다양한 공부를 하는 학생들이 꽤 있다. 한번 공부해 보니 자신이 지적으로 발전하는 모습이 뿌듯하고 모르는 것을 알아가는 재미가 쏠쏠하다는 것을 깨달았기 때문이다. 젊어서는 빨리 배우고 사회 나가서 일하느라 어쩌면 배움의 즐거움을 느낄 여유가 없었을 것이다. 사람들은 순간적 재미나 피상적 즐거움이 아니라 무엇엔가 깊이 빠져들어서 시간 가는 줄 모르는 경지인 플로(flow) 상태에서 행복감을 느낀다. 많은 노력과 학습이 요구되는 어려운 과제를 수행하며 점차 능숙해지고 통달해 가는 과정 속에서 자기번영, 자기융성, 성취감 등의 깊은 즐거움을 느낄 때 행복감을 얻는다. 우리들에게 『몰입의 즐거움』이라는 책의 저자로 잘 알려진 행복학자 미하이 칙센트미하이 역시 몰입, 즉 플로(flow)의 즐거움을 역설하고 있다.[24]

얼마전에 정년퇴임을 한 교수 중 암벽등반을 취미로 삼은 분을 만났다. 퇴임 후에 이런 고난도 취미를 갖게 된 분인데, 동호회 회원이 대부분 20~30대 젊은이들이지만 자신처럼 60대를 훌쩍 넘긴 분도 꽤 계시다고 했다. 일 년에 한두 번 목표로 삼은 산의 암벽을 오르기 위해 평소에 꾸준히 몸을 단련하고 기술을 익히면서 새로운 즐거움을 알게 되셨다는 그분의 표정은 예전보다 훨씬 날렵하고 단단해진 몸매만큼이나 싱그러웠다. 많은 사람들이 에이브러햄 매슬로(A. Maslow)라는 심리학자가 제시한 욕구단계설을 알고 있을 것이다. 그런데 생리적 욕구, 안전욕구, 사랑욕구, 존경욕구, 자아실현 욕구의 5대 욕구에 대해서는 잘 알아도, 그 외 2개의 욕구가 더 제시되었다는 사실을 아는 사람은 많지 않은 것 같다. 인본주의 심리학자인 매슬로가 제시한 욕구는 7대 욕구이다. 5대 욕구에 더하여 '지식과 이해의 욕구', '아름다움 추구의 욕구'라는 매우 고차원적인 욕구가 더 있다. 내가 생각하기에는, '참여를 통한 즐거움'에서 말하는 몰입, 자기발전, 자기융성의 행복감은 자신의 잠재력과 가능성 및 더 큰 삶의 목적을 실현하고자 하는 자아실현의 욕구, 진실과 아름다움을 추구하고자 하는 욕구와 같은 고차원적인 욕구의 충족 과정에서 상당 부분 창출되는 게 아닌가 싶다.

또 다른 저명한 행복학자인 마틴 셀리그먼도 의미 있는 일, 자신이 진심으로 즐길 수 있는 일에 자신을 깊이 '참여'시키는 것을 통해 행복을 얻을 수 있다고 조언하였다. 아무것도 하지 않고 무의미하게 시간을 보내는 것보다는 무언가를 하는 것이 더 행복하고, 관심 없는 일을 하는 것보다는 내가 관심 있고 의미를 찾을 수 있으며 보람된 일을 하는 것이 더 행복하고, 그러한 일에 깊이 빠져서 시간 가는 줄 모르고 할 수 있으면 더더욱 행복할 수 있다는 뜻이다.

푹 빠져서 몰입하는 플로 경험을 안겨주는 일이, 자신의 전문지식과 관련된 분야라면 어느 순간 창의적 사고를 하고 있는 자신을 발견할 수 있을 것이다. 어떤 분야에서 성공적으로 일하는 사람들은 시시때때로 이 같은 경험을 하고 있을 것이 분명하다. 당신도 그러한가? 종종 하는 일에서 시간 가는 줄 모르고 깊이 몰입하여 흥분된 즐거움을 느끼곤 하는가? 그렇다면 당신은 행복한 편이다. 그리고 창조적인 사람일 가능성이 높다.

미하이 칙센트미하이가 『창의성의 즐거움』이란 책[25]에서 제시한 창조적 사람의 3요소도 그러하다. 그는 '전문적 지식'이 기반이 된 상태에서 '창의적 생각'과 '몰입경험'이 겹쳐질 때, 창조적 사람이 된다고 말하였다. 요새 웬만한 지식은 네이버 지식인에 물어보고, 구글 창에 입력해서 찾아보면 다 나온다. 지금까지 우리의 교육은 지식을 쌓는 데 초점을 맞춰 왔다. 그러나 손가락만 움직이면 각종 정보에 닿을 수 있는 세상이 되면서, 미래사회에 인간이 단순한 지식집적체 이상의 가치를 발현할 수 있는 분야가 무엇일지 궁금해하는 사람들이 많다. 많은 사람들이 그것은 다름 아닌 창조성이라고 말한다. 전문지식과 창의적 발상과 플로 경험이 결합하는 순간, 우리를 살짝 겁주었던 구글 딥마인드 알파고[26]나, IBM 왓슨[27]의 인공지능(AI) 로봇이 넘어서기 힘든 창조성을 발휘할 수 있을 것이다.

요즘 부쩍 인간의 지적 능력을 넘어서는 진화형 인공지능이 수많은 인간의 일자리를 차지하게 될 것이라는 비관적 예측이 나오고 있다. 2016년 다보스포럼에서는 인공지능 로봇 등의 발전으로 일자리 710만 개가 사라지고, 대신 200만 개의 새로운 일자리가 생길 것이라고 예상하였다. 그 결과, 순손실 일자리 수가 510만 개에 이를 것으로 예측하였다.[28] 그러한 예측을 내놓는 한편 여전히 인간만의 영역으로 남겨 둔 것이 있다. 바로 창조성이다. 여기서 창조성에 '진정한'이란 수식어를 붙일 필요가 있다. 이젠, 인공지능 로봇도 시(詩)를 쓰는 세상이 되었기 때문이다.[29] 시를 쓸 줄 아는 인공지능 로봇까지 나오긴 했지만, 아직은 단순히 투입자료로 블레이크(William Blake)를 넣으면 블레이크를, 엘리엇(T. S. Eliot)을 넣으면 엘리엇을 모방한 시를 지어내는 것에 불과한 수준이다. 그래서 모방 수준의 창작이 아니라 '진정한' 창조성의 영역은 여전히 인간의 것이라고 말할 수 있다.

앞서 저자가 근무하는 대학의 학생 사례를 언급한 것처럼, 전문지식을 쌓아가는 과정 자체도 플로 경험을 선사할 수 있고, 쌓인 전문지식을 바탕으로 한 창의적 발상 과정 역시 또 다른 플로 경험을 선사할 수 있다. 이 같은 요소의 결합으로 인류는 그동안 경이로운 창조를 거듭해 왔다.[30] '1만 시간의 법칙'[31]이란 말을 들어보았을 것이다. 어떤 분야든 1만 시간을 투자하면 그 분야의 달인 또는 전문가가 될 수 있다는 말이다. 1만 시간을 향해 노력 중인 사람들이 우리 주위에 많다. 그들 가운데 일부는 그 참여(engagement) 시간 동안 때때로 플로의 경험을 하고 있을 것이다. 만일 당신이 그러하다면 당신은 1만 시간을 채우고 달인, 즉 마이스터(meister)가 될 수 있을 것이다. 플로 경험 없이, 본격적인 참여 없이 어떤 한계를 넘어서는 자기번영이나 자기융성의 경험은 생기지 않는다. 창의성의 아이콘 격인 애플의 스티브 잡스도, 창의성이란 서로 다른 2가지 이상의 결합으로부터 발생하는 것이라고 말했다. 서로 다른 2가지 이상을 결합할 수 있는 능력은 몰입과 참여를 통해 얻어진 행복의 성과물 같은 것이 아닐까 싶다.

여기서 '참여'라는 것은 육체적·물리적 참여만을 의미하는 좁은 개념이 아니다. 참여는 내가 직접, 본격적으로, 자발적으로, 기꺼이 나 자신과 내 시간을 투입하는 행위를 의미한다. 행복연구가인 최인철 교수도 한 강연에서 이러한 성격의 일을 가지라고 조언하였다. 세계 어디서든 그런 사람이 더 행복하다는 통계는 많다. 당신에게도 그러한 일이 있는가? 퇴직하여 규칙적인 일이 사라졌다고 해도 내가 좋아하는 어떤 일을 찾고 그것에 참여한다면 그것이 돈을 벌어 주는 일이 아니라 해도 나를 행복하게 하는 데는 크게 기여할 것이다.

이상에서 살펴본 바와 같이, 쾌락과 행복은 철학적 근원에서부터 뗄 수 없는 관계에 놓여 있는 개념이고, 쾌락적 소비는 행복한 소비와 광범위한 접점을 가지는 개념이다. 또한 행복이 단순히 제품이나 서비스 또는 이벤트 그 자체로부터 나오는 것만이 아니라 그것을 대하는 소비자로부터도 나오고 그 대상과 소비자 간의 상호작용으로부터도 나온다는 것을 알 수 있다.

그런데 지금까지 살펴본 쾌락적 소비에서 즐거움의 원천은 사람 이외의 소비대상에 국한된 것이었다. '사회적 뇌 가설(social brain hypothesis)'[32]이라는 것이 있다. 이는 지구상의 여러 생명체 중 유독 영장류가 자기 신체 크기에 비해 상대적으로 더 큰 뇌를 가진 이유를 설명하는 매우 설득력 있는 가설이다. 이 이론에 따르면 인간 뇌의 크기는 200만 년 동안 3배나 더 커졌으며, 이것이 인간 특유의 '초사회성(hypersociality)'을 증거한다고 보고 있다. 영장류는 일반적으로 사회적 집단을 이루어 살고 있는데, 이 과정에서 '사람의 마음을 읽는 기술(mind reading)'을 발달시켰고, 그 결과 관련된 뇌 영역이 커졌다는 것이다. 서은국 교수는 『행복의 기원』(2014)에서 이 가설을 근거로, "인간이 경험하는 가장 강렬한 고통과 기쁨은 모두 사람에게서 비롯된다."(p. 82)고 하였다. 진화심리학자인 그는 그 이유가 생존확률을 높이기 위해 다른 개체가 필요했기 때문이라고 주장한다.

다음 절에서는 경험재와 물질재 중 더 큰 행복을 주는 것이 무엇인지 살펴볼 것이다. 경험재와 물질재 중 소비과정에 다른 사람이 더 많이 개입되는 건 어느 쪽일까? 똑똑한 독자라면 대충 감을 잡았을 것이다. 이제 다른 사람이 왜 나의 소비행복을 좌우할 수 있는지 알아보자.

4. 경험재가 더 행복하다?

앞서 알바와 윌리엄스(2013)가 문헌연구를 통해 도출한 즐거움의 원천 중 '물질재보다 경험재가 더 큰 행복을 준다'라는 언급이 있었다. 실제로, 소비자행복 문헌에서 가장 빈번하게 등장하는 흥미로운 이슈는 물질재 대 경험재 논란일 것이다. 연구자들이 결론적으로 제시한 것처럼, 대부분의 연구는 경험재가 소비자를 더 행복하게 한다고 말한다.[33] 몇 가지 이유를 탐색해 보자.

먼저, 간접경험의 차이를 들 수 있다. 문학작품을 읽으며 우리는 소설 속 주인공이 되어 간접경험을 한다. 꼭 소설이 아니더라도 다른 사람의 소비경험에 대한 이야기를 통해서도 간접경험을 할 수 있다. 흥미로운 점은, 사람들은 자신의 경험을 오롯이 자신만의 기억 속에 숨겨두기보다 주변에 알리고 싶어 한다는 것이다. 인간 사회의 커뮤니케이션 중 상당 부분은 자신이 경험하여 알게 된 것을 전달하는 데 할애된다는 점을 상기할 때, 상대방에게 간접경험을 유도하여 자신이 느꼈던 감정을 상대방도 느끼도록 할 수 있다면, 말하는 이는 기분이 무척 좋아질 것이다. 이처럼, 자신의 경험을 누군가에게 전달하여 공감을 얻고, 당시 자신이 느꼈던 감정을 인정받을 때 행복해진다면, 간접경험을 더 손쉽게 해 주는 쪽이 더 큰 행복을 선사할 것이라고 짐작할 수 있다.

한 연구에 따르면, 사람들이 누군가에게 자신의 경험에 대해 말할 때 상대방도 그것을 높게 평가할 것이라고 생각하는 것만으로 이미 행복이 증가한다고 한다.[34] 마침 물질재보다는 경험재가 그것을 경험하면서 느낀 행복감에 대해 다른 사람들에게 말함으로써 경험을 공유하기가 훨씬 용이한 상품 아닌가! 경험재는 간접경험을 쉽게 발생시킬 수 있기 때문에 물질재보다 행복감을 증폭하는 효과가 발생할 가능성이 높다. 이러한 현상은 소비자행복이 소비 이전 단계나 소비과정 중에 발생할 뿐 아니라 소비 이후의 행동에 의해서도 증가될 수 있음을 보여 주는 것으로, 물질재보다 공감과 공유가 더 용이한 경험재에서 이 같은 효과가 특히 더 크게 나타난다고 볼 수 있다.

당신이 가정주부인데, 10만 원 상당의 선물을 받는다고 가정해 보자. 찻잔 세트가 좋을까? 뮤지컬 공연 티켓이 좋을까? 이제, 입장을 바꿔서 다시 생각해 보자. 당신이 숙모에게 선물을 하려고 한다. 찻잔 세트가 좋을까? 뮤지컬 공연 티켓이 좋을까? 한 연구에 따르면, 선물을 주거나 받을 때 주는 사람과 받는 사람의 입장에 따라 경험재와 물질재를 놓고 느끼는 행복감이 서로 다르다고 한다. 선물을 주는 사람은 전통적인 방식, 즉 사회적 규범에 더 부합하는 방식에 따라 물질재를 선물하고자 하는 경향이 강하다. 게다가 물질재는 받는 이의 노력을 특별히 요하지 않기에 상대방을 번거롭게 하지 않는 선물이라서 선호한다고 한다. 그러나 실상 선물받는 사람은 예약을 해야 한다거나 몸소 공연장에 가야 하는 등 가만히 앉아서 받기만 해도 되는 물건보다는 추가적 노력이 들어가는 경험재 선물을 받고 더 행복해한다는 연구가 있다.[35] 물론 개인차를 고려해야 한다. 원래 뮤지컬 같은 건 당최 싫어하는 사람도 있을 테니 말이다. 선물은 하는 사람도 받는 사람도 모두 행복해지는 마법을 가졌지만, 이렇듯 동상이몽이라니 역시 선물은 주는 것도 받는 것도 간단치가 않다. 그래도 주는 내가 마음 편한 것보다는 받는 사람이 더 행복해할 수 있는 선물을 고르는 게 정답 아닐까?

경험재가 물질재보다 우리를 더 행복하게 하는 이유를 '자아정체성'에서 찾는 연구도 있다. 자아정체성이란 '나는 누구인가?', '나는 어떤 사람인가?'란 질문에 스스로 내린 일종의 답 같은 것이다. 이 어려운 답을 도대체 어디서 찾을 수 있겠는가? 바로 우리의 '기억

(memory)'이다. 내 머릿속에 담긴 기억의 총합은, 나 자신을 정의하는 경험의 컬렉션, 거창하게 말하면 '자아박물관'쯤 된다고 할 수 있다. 따라서 '진정한 나 자신'을 규정하는 기억 속에 더 많이 남는 소비일수록 자신을 더 행복하게 할 수 있다. 경험은 물질보다 '진정한 나 자신'의 일부를 구성하는 '기억' 속에 더 강렬하게 남는 경향이 있다. 경험재가 물질재보다 더 행복을 높여 준다는 주장에는 이 같은 심리적 기제가 한몫하고 있다. 한 실험연구에서, 피험자를 두 그룹으로 나눠, 한 그룹에게는 각자 자신의 인생에 대해 묘사하도록 요청했고, 다른 집단은 그렇게 하지 않았다. 그랬더니, 자신의 인생에 대해 묘사한 사람은 그렇지 않은 사람에 비해 물질재보다 경험재를 자신이 묘사한 인생 내러티브와 더 많이 병합하는 것으로 나타났다.[36] 내가 생각하는 나 자신, 그러니까 '개인적 자아(personal-self)'는 물질재보다 경험재와 더 많은 관련을 갖는다는 것이다. 또한 다른 사람이 나를 누구로 생각하는지를 뜻하는 '사회적 자아(social-self)'도 물질재보다는 경험재에 더 가깝게 연결되는 것으로 나타났다. 이를 근거로 연구자들은 자아 개념 때문에 물질재보다 경험재가 행복을 더 많이 창출한다고 결론지었다.

경험재가 자아에 대한 영향(자아실현, 개발, 이미지, 성장 등)을 통해 행복을 증가시킨다는 것을 실증한 연구도 있다.[37] 이름만 들으면 온 국민이 다 알 만한 유명한 50대 여성 DJ가 진행하는 어느 라디오 프로그램을 청취한 적이 있다. 그녀는 한 게스트와 대화를 나누던 중 이렇게 말했다. "사랑은 어쩌면 나를 알아가는 과정인 것 같아요." 50대가 되어도 70, 80대가 되어도 여전히 인간은 자기 자신이 누구인지 정확히 알지 못하며, 인생은 어쩌면 자신을 알아가는 과정일 뿐이라는 말이었다. 그녀의 말처럼 내가 누구인지 알려 주는 게 사랑의 경험이라면, 경험이 물질보다 기억 속에 더 강렬하게 남는 건 어쩌면 당연하다는 생각이 들었다. 그리고 경험이 물질보다 더 우리를 행복하게 해 준다는 것도 당연하게 여겨졌다. 사랑은 그 어떤 경험에도 뒤지지 않는, 그 자체로 천국과 지옥을 오가는, 일생일대의 사건 아닌가. 사랑이야말로 나 자신을 알게 해 주고, 나를 성장시키고, 실현시켜 주는 최고의 경험 아닌가. 자아의 이슈는 질풍노도의 시기, 주변인의 시기라는 부제가 붙은 사춘기에만 국한되지 않는다. 평생을 따라다닌다. 행복까지 좌지우지하면서 말이다.

경험이 행복에 더 중요한 이유가 혹시 물질은 쉽게 적응되지만 경험은 한 번으로 끝나고 기억 속에서 새롭게 재탄생하기 때문이 아닐까? 만약 경험재가 일회성 소비로 끝나지 않고 반복 경험이 가능한 상품의 형태, 즉 음원 파일이나 비디오 클립 같은 것이라면 제품처럼 반복사용이 가능하기 때문에, 사람들은 물질재에 대해 그런 것처럼 결국 적응하고 익숙해지면서 나중에는 별 감흥을 못 느낄 수 있다. 그렇더라도 경험재가 물질재보다 더 사람을 행복하게 해 줄까? 어떤 실험연구에서 3달러 정도를 경험재(예: 비디오 클립, 음악 파일 등)에 소비하도록 한 집단과 물질재(예: 연필 세트, 캔 홀더 등)에 소비하도록 한 집단을 대상으로 2주에 걸쳐 행복도를 추적조사하였다. 그 결과 물질재를 구매한 사람보다 경험재를 구매한 사람이 더 행복한 것으로 나타났다. 물질재에 대한 적응보다 경험재에 대한 적응이 더 느리게 발생했기 때문이다.[38] 첫 시점에 느낀 행복감이 물질재의 경우 시간이 갈수록 더 급격히 감소했던 것이다. 사람들은 변화하지 않는 대상에 대해 대체로 쉽게 적응한다. 반면에 계속 변화가 있는 것에는 그렇지 않다. 미국의 캘리포니아에서 잠시 휴가를 즐기게 된 사람들은 환상적인 날씨에 행복함을 느낀다. 그러나 그곳에서 일 년 이상 지내 보면 변함없이 매일 해님이 방긋한 그 날씨에 곧 적응하여 익숙해진다. 심지어 지겨워지기까지 한다. 나는 '깨지지 않는 아름다움'이라는 브랜드 메시지로 광고하던 식기 세트를 구매한 적이 있다. 처음에는 정말 좋았다. 서툴게 설거지를 하거나 마룻바닥에 떨어뜨려도 흠집 하나 나지 않았기 때문이다. 그런데 5년 넘게 그 식기로 식탁을 차리니 지루해 죽을 지경이 되었다. 하나도 깨지지 않고 처음 그대로이다 보니 새 식기 세트를 장만하는 일에 죄책감마저 들었다. 그러면서 시간은 계속 흘러 15년이 넘어 버렸다. 저걸 언제 바꾸나? '언제나 변치 않는', '처음 느낌 그대로'의 특성을 가지는 물건이 항상 좋은 것만은 아니다. 우리의 행복은 그 대상의 '항상성'에서 발생할 수도 있지만, '변화성'에서 발생하는 경우도 많은 것 같다.

이제, 지금껏 살펴본 경험재에 대한 연구결과와 조금 다른 주장을 제시한 연구에 대해 살펴보자. 한 연구는, 행복에 있어 물질재냐 경험재냐의 여부가 중요한 것이 아니라 무엇이든 혼자 하느냐 다른 사람과 공유하느냐가 관건이라고 주장한다.[39] 사람들은 홀로 고독한 경험을 하는 것보다는 차라리 물질재를 선호한다는 것이다. 며칠 전 한 친구가 전화를 걸어 왔다. 혹시 내일 시간이 있냐고 물었다. 원래 다른 친구와 수목원을 가기로 했는데, 하필 그 친구 회사에서 예정에 없던 회의가 생겨 함께 가지 못하게 되었다고 했다. 그래서 만일 내가 시간이 되면 함께 가려고 전화를 했다고 한다. 나는 사실 가고 싶었지만 선약이 있었다. 그래서 못 간다고 답했다. 다음 날 그 친구는 수목원에 혼자라도 갔을까? 아니다. 결국 가지 않았다. 혼자서 수목원을 거닐 수는 없었던 모양이다. 경험재는 함께 그것을 즐길 누군가가 있어야 시도할 수 있는 경우가 많다. 거의 대부분이 그런지도 모르겠다.

또 다른 연구도 유념할 만한 시사점을 제시한다. 그들은 사회경제적 지위가 낮은 집단은 경험재보다 물질재의 획득으로 더 행복해지는 반면, 지위가 높은 집단에서는 두 가지 유형 간에 별 차이가 없음을 밝혀냈다.[40] 이처럼 경험재의 두 얼굴을 밝혀낸 연구가 또 있다. 쾌락적 즐거움을 주는 경험적 소비(예: 영화, 휴가, 음식 등)를 다른 사람과 함께 공유하는 경우, 서로 의견이 일치하면 즐거움이 커지지만, 불일치하면 즐거움이 감소한다.[41] 경험의 공유, 즉 사회적 영향은 함께한 경험에 대해 기쁨을 높일 수도 있지만 낮출 수도 있는 양날의 칼이다. 그러니까 경험재가 물질재보다 더 행복을 높인다고 쉽사리 단정지어서는 안 될 듯하다.

제4장

소비자행복의 정의와 측정

1. 소비자행복의 정의와 측정, 어디까지 왔나?

소비자행복에 관해 지금까지 여러 연구결과를 소개했지만, 아직 그 개념적 정의에 대해서는 말하지 않았다. 사실 어떤 개념에 대해 정의를 내린다는 것은 무척 복잡하고 어려운 일이다. 개념이 먼저 정의되어야 측정도 가능해진다. 개념을 정의하려면 먼저 그 대상을 잘 알아야 하는데, 아직 소비자행복을 우리가 잘 알고 있는지 자신이 없다. 우선, 국내 소비자행복 관련 연구에서 소비자행복에 대해 어떻게 규정해 왔는지를 소개하고자 한다.

소비자행복과 관련된 국내 연구는 우선 주제 개념에서부터 몇 가지 다양성을 보인다. 김기옥(2010)은 '소비생활복지(Consumption Life Well-Being: CLWB)'라는 개념을 사용하여 기존의 '소비복지' 개념을 확장, 차별화하고, CLWB를 측정할 수 있는 척도를 개발하였다.[1] 이성림 외(2011)는 '소비생활에서의 행복' 또는 '소비행복(happiness in consumption)'이라는 개념을 사용하여 소비생활에서의 행복경험과 갈등경험을 결정하는 요인을 심층면접을 통해 도출하였다.[2] 그들은 이러한 요인에 대해 행복경험을 구성하는 주제묶음(예: 높은 효용가치, 마음의 풍요 등)과 갈등경험을 구성하는 주제묶음(예: 부족함과 낭비, 가족 간의 소비갈등 등)을 도출하고, 그 결과에 따라 소비생활에서의 행복경험의 본질을 귀납적으로 정의하였다. 송인숙 외(2012)에서도 '소비행복(happiness in consumption)' 또는 '소비생활에서의 행복'이라는 개념을 사용하고 있으며, 고대의 철학적 담론에서부터 최신의 일명 행복지침서에 이르기까지 방대한 문헌고찰을 통해 행복론 관점에서 8가지 행복증진원리를 도출하였다.[3] 이 8가지 원리는 이 책의 마지막 즈음에 소개하려 한다.

전미영·김난도(2011)는 '소비자행복'이라는 개념을 사용하여 물질주의, 타인중심성, 관계성, 선택의 자율성 등의 요인과 소비자행복의 관계를 분석하였다.[4] 남승규(2012)도 '소비자행복(consumer happiness)'이라는 개념을 사용, 이에 대한 측정척도를 개발하였다.[5] 그는 소비자행복의 구성요소를 크게 쇼핑연계적, 문제해결적, 개인적합적 요인으로 보고, 각 요인별 복수의 측정항목을 개발, 총 18개의 측정항목으로 소비자행복 점수를 산출하였다.

성영신 외(2013a,b)는 '소비행복(consumption happiness)'이라는 개념을 제안하고, 표적집단면접법을 사용하여 사전적으로 유형화한 소비유형을 검증하고, 설문조사를 통해 각 유형별 소비행복을 비교하였다.[6] 소비행복을 측정하기 위해 사용한 3가지 요소는 디너 교수(1984)가 제안한 일반적인 행복 또는 '주관적 안녕감(Subjective Well-Being: SWB)'의 구성요소로 삶에 대한 만족도(life satisfaction), 긍정적 감정(pleasant affect), 부정적 감정(unpleasant affect)이었다.[7] 행복은 삶의 질(Quality of Life : QOL)[8]과 동의어로 사용되는 경향이 있기 때문에, SWB의 측정항목으로 행복도를 측정하는 연구는 매우 흔하다. 이 3가지 요소는 행복 또는 SWB의 측정에 가장 널리 사용되는 항목이다. 이러한 행복 개념은 행복을 인지적 평가와 감정의 복합체로 이해하며, 구체적·미시적 수준보다는 전반적·개괄적 수준에서 측정한다는 특징이 있다.

표 4-1 국내 소비자행복 관련 연구의 주제 개념

연구자	주제 개념	정의	비고
김기옥 (2010)	소비생활복지 (Consumption Life Well-Being: CLWB)	현대 소비자가 자신의 능력과 자율적 판단으로 질적·양적으로 높고 만족스러우며 번영해 나가는 성숙한 소비생활을 영위하는 것	
이성림 외 (2011)	소비생활에서의 행복 또는 소비행복(happiness in consumption)	삶의 질을 추구하는 능동적 자유함	소비생활에서의 행복경험의 본질
전미영· 김난도(2011)	소비자행복	소비행위로부터 유발된 환희나 기쁨, 즐거움	
송인숙 외 (2012)	소비행복(happiness in consumption) 또는 소비생활에서의 행복	–	일반적인 행복론 고찰을 통해 행복한 소비생활을 위한 원리 도출
남승규 (2012)	소비자행복 (consumer happiness)	소비생활을 통한 행복체험	
성영신 외 (2013a, b)	소비행복 (consumption happiness)	소비자가 소비하면서 느끼는 행복의 정도	

출처: 라선아(2015), "소비자행복의 유형화 및 개념적 체계", 『소비문화연구』, 18(3), pp. 113-146.

앞서 소개한 연구에서 사용한 주제 개념과 정의를 요약하면 〈표 4-1〉과 같다.[9]

정리해 보면, 국내의 소비 또는 소비자 관련 행복연구에서 주제 개념이 크게 2가지로 구분되는 것을 알 수 있다. 하나는 '소비생활 또는 소비행위'와 관련된 행복 개념이고, 다른 하나는 '소비자의 행복감'과 관련된 개념이다. 그러나 이 연구들로부터 '소비행복' 또는 '소비자행복'이라고 설정한 구성개념의 정의 간에 어떠한 분명한 차이가 있는지 알아내기란 쉽지 않다. '행복'이 소속되는 대상이 '소비자'인지 또는 '소비행위'인지 또는 그저 '소비'인지를 구분하기도 쉽지 않다.

학술적 정의보다 우리가 일반적으로 사용하는 행복에 대한 정의를 먼저 살펴보자. 국어사전을 보면, 행복(幸福)은 "삶에서 기쁨과 만족감을 느껴 흐뭇하다, 생활에서 기쁨과 만족감을 느껴 흐뭇한 상태"로 정의된다. 위키백과사전(한국어)의 정의를 보면, "욕구와 욕망이 충족되어 만족하거나 즐거움을 느끼는 상태, 불안감을 느끼지 않고 안심하거나 또는 희망을 그리는 상태에서의 좋은 감정으로 심리적인 상태 및 이성적 경지를 의미"한다. 이러한 정의를 놓고 다시 보면 〈표 4-1〉의 국내 문헌 중 '행복'에 대해 '높고 만족스러우며 번영해 나가는 성숙한…' 또는 '능동적 자유함' 또는 '환희나 기쁨, 즐거움'으로 정의한 연구는 '행복'의 상태나 내용을 규정하려고 노력한 것으로 볼 수 있다.

이에 반해 특별히 '행복' 자체를 따로 정의하지 않고 '행복의 정도' 또는 '행복체험'으로 정의한 연구는 아마도 '행복'이라는 개념이 한마디로 정의하기에 매우 모호한(fuzzy) 특성이 있지만, 보편적인 인간의 마음속에는 저마다 주관적으로 느끼는 행복의 공통적 내용이나 성질이 분명히 있으므로, 그러한 보편적이고 동의가능한 암묵적 공통성에 '행복'의 정의를 맡기는 방식을 사용한 것으로 이해된다. 개념 정의에 있어 자연주의적 접근방식을 취한 셈이다. 행복을 측정할 때, 순전히 "얼마나 행복한가?", "그것이 행복에 얼마나 기여하는가?", "다른 걸 했다면 더 행복했을까?" 등의 질문을 사용한 연구도 많은데,[10] 이 연구들은 자연주의적 방식의 행복 개념을 적용한 것으로 볼 수 있다.

2. 소비자행복을 측정할 때 고려할 사항

주관적 안녕감(SWB)의 평가에서처럼, '전반적인 삶의 만족도', '긍정적 감정의 정도', '부정적 감정의 정도'를 묻게 되면, 누구나 대개는 인생 전체를 슬쩍이라도 한번 생각해 보거나 허술한 감정의 손익계산이라도 해야 답을 할 수 있을 것이다. 이러한 평가는 감정척도를 사용하고 있지만 인지적 평가에 더 가깝다. 하지만 인지적 평가보다는 감정 상태에 주목하여 행복을 이해할 수도 있다. 달리 말해 행복을 '행복도'보다는 '행복감'으로 측정하는 것이다.

정서를 분류할 때에는 일반적으로 방향성(즉, 부정적/긍정적)과 환기 수준(즉, 강도 혹은 집중도)의 두 축을 사용한다. 방향성을 기준으로 볼 때 부정적 감정과 긍정적 감정이 있는데, 불행이나 절망은 부정적 감정이다. 환기 수준(arousal)이 높다는 것은 해당 감정의 강도가 매우 세고 집중적인 상태를 말한다. 행복은 긍정적 감정 상태로, 환기 수준의 고/저에 따라 서로 다른 감정군으로 분류할 수 있다. 최근 활발히 행복연구를 하고 있는 스탠퍼드대의 아커 교수(J. Aaker) 등은 행복이 소비자 선택에 미치는 영향에 대한 실험(2012)에서 환기 수준이 높은 긍정적 감정 상태와 환기 수준이 낮은 긍정적 감정 상태가 모두 행복감을 형성한다고 보았다.[11] 그들은 전자를 '신나는 상태 (excitement)'로, 후자를 '고요한 상태(calm)'로 지칭하였다. '신나는 감정'에는 흔쾌함, 열광 등이 속하고, '고요한 감정'에는 '평화', '평온' 등이 속한다. 여기서 질문 하나를 할 테니, 각자 답을 해보자. "당신은 '고요한 감정'과 '신나는 감정' 중 어느 감정이 당신이 느끼는 행복감에 더 가깝다고 여기는가?"

동양문화 또는 노령층일수록 '신나는' 것보다는 '고요함'을 행복으로 여기는 반면, 서양문화 또는 젊은층일수록 '고요함'보다는 '신나는' 상태를 행복으로 여긴다는 연구들이 있다. 그런데 이 연구자들은 기존 연구결과에 반해, 시간초점(temporal focus)을 조작(현재 vs 미래)함에 따라 개인이 추구하는 행복감정이 달라지는 것을 실험으로 보여 주었다. 더 자세히 설명하면, 만약 시간초점이 미래에 주어지면(예: 1년 후의 계획을 세워 보라고 한 경우), 대체로 사람들은 흥분되고 신나는 행복감을 경험하기를 선호했다. 반대로 시간초점을 현재에 머물게 하면(예: 현재 순간에 집중하게 만드는 명상을 시킨 경우) 사람들은 대개 평온하고 고요하게 시간을 보낼 수 있는 활동을 선호하는 것으로 나타났다. 추구하는 행복감정이 시간초점에 따라 달라진 것이다. 쉽게 말해, 당신이 동양인이든 서양인이든 몇 살이든 상관없이 어떤 시간 프레임을 갖느냐에 따라 추구하는 행복감정이 달라질 수 있다는 말이다. 즉, 둘 중 어떤 감정 상태의 행복을 추구하는지가 연령과 문화에 상관없이 시간초점에 따라 달라질 수 있다는 결과를 도출한 것이다. 저자 역시 당장 행복해지기 위해 뭘 하고 싶으냐고 누가 물으면, 컴퓨터를 끄고 조용히 쉬며 음악을 듣고 싶다고 말할 것 같다. 1년 후에도? 글쎄, 아니다. 그땐 가족과 해외여행도 가고 바다가 보이는 호텔 수영장에서 피나콜라다도 마시고 싶다.

여기서 두 가지 통찰을 얻을 수 있다. 첫 번째는 삶에 대한 전반적인 인지적 평가과정을 생략하고 특정 감정 상태에만 초점을 두어 행복을 정의하고 측정하는 것이 가능하다는 점, 즉 '행복'을 '행복감'으로 간주할 수 있다는 점이다. 두 번째는 행복감과 시간초점의 연관성이다. 행복은 현재적 감정이지만 현재의 상태에만 국한된 것이 아니라 미래에 대한 전망에 의해서도 결정될 수 있다는 점이다. 같은 논리로, 과거 기억에 대한 회상도 현재의 행복감을 결정할 수 있을 것이다. 행복을 여러 긍정적 감정의 복합체로 볼 때, 과거의 감정 회상, 현재의 감정 상태, 미래의 감정 예측과 같이 시간적 초점에 따라 행복감을 지배하는 감정의 성질이 달라질 수 있다는 추론이 가능하다. 행복감은 시간 개념과 뗄 수 없이 단단하게 묶여 있는 것이다.

질문을 하나 던지려고 한다. 각자 답을 해보자. "당신이 최근에 느낀 행복감정을 떠올려 보자. 그 행복감은 얼마나 오래 지속되었나? 반나절? 일주일? 1분?" 행복을 행복감으로 볼 때, 중요한 또 하나의 이슈는 과거, 현재, 미래와 같은 시간적 초점뿐 아니라, 행복감의 지속성이다. 어떤 행복감은 잠시 머물렀다 사라지고 또 어떤 행복감은 오래 남아 있을 수 있다. 그러니까, 행복감을 일시적이냐 또는 지속적이냐를 기준으로도 분류할 수 있을 것이다. 이제 행복감의 지속성 여부와 그 행복감을 유발한 사건(대상)이 인생에서 차지하는 비중을 축으로 해서 행복감을 분류한 연구를 소개해 보려 한다.

벤호벤(2004)은 지속가능소비와 행복에 관한 연구에서 만족(satisfaction)을 4가지 유형으로 분류하였는데, 표현을 만족이라 했을 뿐 본질적으로는 행복의 개념을 분류한 것으로 이해할 수 있다.[12] 그는 만족감의 지속성 축을 '일시적(passing)' 대 '지속적(enduring)'으로 구분했고, 해당 사건이 삶에서 차지하는 비중을 '인생의 일부분(part of life)' 대 '인생 전체(life-as-a-whole)'로 구분하여 총 4가지의 행복유형을 도출하였다(표 4-2 참조).

표 4-2 만족(행복)의 유형

	일시적(passing)	지속적(enduring)
인생의 일부분(part of life)	즐거움(pleasure)	부분만족(part-satisfaction)
인생 전체(life-as-a-whole)	최고경험(top-experience)	삶의 만족(life-satisfaction)

〈표 4-2〉에서처럼 그는 '일시적이며 인생의 일부분'적 만족을 '즐거움(pleasure)', '일시적이며 인생 전체'에 상응하는 만족을 '최고경험(top-experience)', '지속적이며 인생 일부분'에 해당하는 만족을 '부분만족(part-satisfaction)', '지속적이며 인생 전체'에 해당하는 만족을 '삶의 만족(life-satisfaction)'으로 분류하였다. 곧 살펴보겠지만 그가 사용한 '만족'이라는 용어는 다시 행복이라는 용어로도 쓰인다. 행복감은 이처럼 4가지 유형으로 구별이 가능하다는 것이다. '신나는 상태'와 '고요한 상태'의 이원적 분류만으로는 자칫 놓칠 수 있었던 세밀한 행복감정에 대해 자세히 살펴보자.

4가지 유형 중 '즐거움' 영역은 감각적 즐거움(예: 와인 한 잔) 또는 정신적 즐거움(예: 독서) 등으로 쾌락주의라고 불리는 고대 그리스의 에피쿠로스학파가 주창한 아타락시아(ataraxia)를 말한다. 현대어로 아타락시아는 흔히 행복으로 번역되지만, 그중에서도 평정심(平靜心), 무애안정(無礙安定) 등의 마음 상태를 말한다. 즉, 잡념에 사로잡히지 않고 동요 없이 고요한 마음의 상태를 말한다.

두 번째로 '최고경험' 영역에 대해 알아보자. 이는 일시적·순간적 만족감이지만 환희, 종교적 구원이나 교화의 순간에 느끼는 전율과 같이 강렬하고 전폭적인(oceanic) 감정의 고양 상태를 의미한다. 비록 짧은 순간이라도 전 생애에 맞먹는 경험으로 볼 수 있다. 문학이나 종교에서는 이런 상태를 행복이라 부른다. 더 어울리는 말을 쓰면,

'전광석화 같은 깨달음(enlightenment)'의 순간이라고 할 수 있다.

세 번째로, '부분만족' 영역은 삶의 각 영역에서의 만족을 뜻한다. 예를 들어 소비생활에 대한 만족, 직장에 대한 만족 등과 같이 삶의 여러 영역으로 행복을 세분화해 볼 수 있다. 이런 만족감 역시 행복이라 부를 수 있다.

마지막으로 '삶의 만족'은 항구적 만족감으로 삶에 대한 전반적인 평가를 말하며, 고통과 기쁨의 총합이라고 볼 수 있다. 제러미 벤덤의 공리주의에서 말하는 '최대 다수의 최대 행복'은 아마 이러한 행복이었을 것이다.

지금까지 살펴본 것처럼, 벤호벤(2004)의 분류에는 다양한 감정 상태의 행복이 잘 나타나 있다. 이 4가지 행복감에는 감정적 측면뿐 아니라 인지적 평가도 포함되어 있으며, 그 감정 상태의 시간적 지속성까지 고려되어 있어 상당히 섬세하면서도 현실적인 분류라고 평할 만하다. 가만히 생각해 보면, 당신이 지금까지 느껴 왔던 여러 종류의 행복감을 위의 4가지 행복감과 일대일로 모두 맞춰 볼 수 있지 않은가?

그가 분류한 4가지 행복감 중 이 책에서 다루고자 하는 '소비자행복'은 소비자로서의 삶에 대한 만족으로 볼 수 있으므로, '부분만족'에 해당할 것 같다. 그런데 흥미로운 것은 제3부에서 소개될 소비자행복의 여러 유형이 삶의 한 부분적 영역에서 발생한 것에 불과할지라도, 때로는 인생 전체를 가로지르기도 하고, 깊은 아타락시아가 되기도 한다. 따라서 이 책을 다 읽고 나면 소비자행복을 삶의 부분적 또는 전체적 영역에서 벌어지는 온갖 유형의 행복감으로 간주해야 옳다는 생각이 들게 될 것이다. 또한 그 시간적 지속성도 일시적인 것부터 항구적인 것까지 다양하다는 것을 발견할 수 있을 것이다.

강조하고 싶은 점은, 행복을 벤덤식으로 '삶의 질'의 동의어로 정의하고 측정하는 기존의 연구관행을 따르기보다, 행복의 여러 얼굴을 감정의 여러 측면으로 보고 행복을 여러 가지 행복감정으로 측정하는 것이 어떨지, 어떻게 하면 그러한 측정이 가능해질지를 진지하게 생각해 보는 것이다. 사실, '행복'은 '어떠한 성질과 내용을 갖는 심리적 혹은 정신적 상태'이다. 구체적으로 규정하든 자연스럽게 이해되는 방식을 좇든 알고이와 하이트(2009)가 지적한 대로, 아마도 기쁨(joy), 즐거움(amusement), 만족감(satisfaction), 감사함(gratification), 희열(euphoria), 승리감(triumph) 등과 같은 일군의 정서적 상태를 대표하는 이름표(label)가 바로 '행복'이 아닐까 싶다.[13] 위키백과사전(한국어)을 보면 행복에는 '만족', '기쁨', '즐거움', '재미', '웃음', '보람', '가치감', '평온감', '안정', '의욕', '희망을 그림' 등의 여러 감정요소가 포함된다. 나중에 좀 더 자세히 언급하겠지만, 심리학자 매슬로는 말년에 이르러, 그가 평생 연구해 온 '절정경험(peak experience)'에서 나오는 짜릿하고 신나는 행복감도 있지만, 어느 날 아침 창 밖에서 비춰 드는 햇살, 아이들이 공원에서 뛰노는 장면 등을 바라보는 것과 같은 '고원경험(plateau experience)'에서도 평온하고 충만한 행복감을 느낄 수 있다고 고백하였다.[14] 결국, '소비자행복'은 소비자로서 위와 같은 다양한 성질의 정서 중 하나의 정서 또는 복합적인 정서를 경험하는 상태일 것으로 추측된다. 여기에 인지적 평가과정이 포함될 수 있고, 시간적 초점이 현재에만 국한되지 않고, 미래(예: 희망을 그림) 또는 과거(예: 보람)로 뻗어 나갈 수 있으며, 지속시간이 일시적인 경우 혹은 영속적인 경우 모두 포함될 수 있을 것이다.

이쯤에서 소비자행복에 대한 기존 연구의 소개를 마칠까 한다. 주요 이슈별로 소비자행복에 대해 한번쯤 진지하게 생각해 보는 시간이었기를 바란다. 지금까지 살펴보았던 이론적 쟁점이 앞으로 소개할 소비자행복의 내러티브 분석결과를 이해하는 데 어느 정도 도움을 주거나 또는 고민거리로 작용하기를 기대한다.

다음 장부터는 저자가 수년간 수집한 에세이 자료 중 엄선한 내러티브와 소비자행복에 관한 연구결과를 본격적으로 소개한다. 제2부 내용은 이 책의 소중한 원재료인 '나는 행복한 소비자'라는 경험을 담은 생생한 에세이 내러티브들을 어떻게 수집하고 분류하고 분석하여, 소비자행복의 프레임워크를 도출했는지에 대한 연구과정을 담고 있다.

단, '책머리에'에서도 밝혔듯이 분석과정과 방법에 호기심이 있는 독자가 아니라면 제2부의 내용을 완전히 건너뛰고 제3부로 바로 넘어가도 좋다. 그래도 제2부 내용 중 제6장의 〈표 6-1〉과 [그림 6-1]을 한번 훑어보는 것은 도움이 될 것이다.

제2부

행복한 소비자의 발견

...

내러티브는 인간이 가장 기본적이고 가장 자연스럽게 '생각하는 방식'
이며, 동시에 세계와 자신 사이를 이치에 맞게 '이해하려는 방식'이다.
소비자 역시 이러한 사회적 세계 속에서 상호작용과 해석을 통해 대상
(사물), 활동, 행위들로부터 의미를 획득하게 된다. 이러한 이유로 소비자
의 내러티브를 분석하는 것은 소비자 내면의 주관적 소비경험에 대한 이
해와 해석을 공유하고 외부화하는 작업으로 볼 수 있다.

제5장

에세이 분석의 방법과 과정

1. 259가지 삶의 내러티브

　이어질 제3부에서는 '나는 행복한 소비자'라는 주제로 수집해 온 에세이의 내러티브 분석에 대한 연구결과를 상세히 소개할 것이다. 그 전에 여기서는 분석과정과 그 결과로 도출한 소비자행복의 프레임워크에 대해 설명한다.

　수집한 에세이는 잠정적으로 '소비자행복'이라는 개념을 상정하고, '소비자가 느끼는 행복감'을 이야기 형식으로 표현한 수필체 글이다. 소비자의 행복감은 제품이나 서비스에서 나올 수도 있고, 소비행위 자체에서 나올 수도 있으며, 소비와 관련된 다른 어떤 것으로부터도 나올 수 있다고 가정하고 출발하였다. 모든 가능성을 열어 두었던 것이다. 중요한 것은 그 행복감을 느끼는 주체가 '인간으로서의 나'라기보다는 '소비자로서의 나'여야 한다는 점이었다. '소비자인 나'는 혹은 '소비자인 당신'은, 그렇다면 무엇으로부터, 왜, 어떻게 행복감을 느끼게 되는 것일까?

에세이 작성자는 모두 만 19~72세 사이에 분포하는 대한민국의 평범한 성인이다. 에세이 수집은 여러 해에 걸쳐 전국 각지에서, 여러 경로를 통해 만난 각계각층의 성인을 대상으로 직접 수집하였다. '행복'에 대한 정의를 먼저 제시하지 않은 채 에세이 작성을 요청하여 에세이 작성자가 각자 느끼고 생각하는 행복의 주관적 정의를 따르기로 하였다. 앞에서 언급했던 일종의 자연주의적 접근법이다. 이 연구에서 분석한 에세이는 총 259건으로, 본질적으로 개인의 경험을 기록한 내러티브이다.

내러티브 분석(narrative analysis)은 질적 연구에서 종종 채택하는 방법 중 하나이다. 이 에세이에서 서술자인 소비자는 자신을 돌아보는 내성적 내러티브(introspective narrative)의 생산자가 된다. 소비자의 내면적 정서와 경험을 이해하기 위해 그들이 직접 작성한 내성적 내러티브를 분석하는 것은 질적 연구에서 매우 유용하다.[1] 내러티브는 정확한 외적 사실 그 자체는 아니다. 화자가 보고 느낀 것들에 질서를 부여하는 방법의 하나이다. 즉, "현실을 재구성하고 그 사건에 대한 자신의 이해를 창조하는 방법"인 셈이다.[2] 따라서 내러티브는 인간이 가장 기본적이고 가장 자연스럽게 '생각하는 방식'이며, 동시에 세계와 자신 사이를 이치에 맞게 '이해하려는 방식'이다. 인간은 어떤 대상(사물), 활동, 사회적 세계에서의 행위들을 해석하기 전에는 그 세계를 이해할 수 없다.[3] 세계에 대한 이해의 과정은 내러티브 방식으로 사고하는 과정에 다름 아니다. 소비자 역시 이러한 사회적 세계 속에서 상호작용과 해석을 통해 대상(사물), 활동, 행위들로부터 의미를 획득하게 된다.[4] 이러한 이유로 소비자의 내러티브를 분석하는 것은 소비자 내면의 주관적 소비경험에 대한 이해와 해석을 공유하고 외부화하는 작업으로 볼 수 있다. 그래서 소비자행복을 이해하기 위해 '나는 행복한 소비자'라는 주제로 자신의 소비경험을 되돌아보고 그 경험을 꺼내 스스로 이야기하는 방법을 취하였다.

이 책에서 소개하는 내러티브는 소비자의 말이 아니라 직접 쓴 글이라는 점이 특징이다. 질적 연구에서는 주로 심층 인터뷰 또는 포커스 그룹 인터뷰 등 면대면 인터뷰 방식을 사용한다. 그런데 이 연구처럼 말보다 글로 표현하도록 하는 경우 내러티브 작성자가 자신의 소비경험에 대해 더욱 깊이 있는 의미를 전달할 수 있기 때문에, 인터뷰 방식보다 내러티브 분석이 더 효과적인 방법으로 평가되기도 한다.[5] 또 다른 특징은, '나는 행복한 소비자'라는 주제의 에세이가 작성자 자신의 전 생애에 걸쳐 소비자로서 가장 행복했던 경험 혹은 자신의 최근 소비 중 가장 행복했던 경험에 대한 내용을 담고 있기 때문에, 일정 정도는 '결정적 사건 기법(Critical Incident Technique: CIT)'의 형식도 가진다는 점이다. 결정적 사건 기법은 주로 응답자가 만족했던 상황과 그 경험 또는 불만족했던 상황과 그 경험을 심도 있게 조사할 때 사용한다. 이러한 조사결과는 질적 분석을 통해 새로운 개념의 분류나 유형화에 활용되곤 한다.

수집한 에세이 내러티브의 가장 중요한 특징은 '현장행복감(on-line happiness)'을 측정하거나 말하게 한 것이 아니라 감정기억(emotion memories)을 회상하여 기록하게 한 것이므로, 그 정확성 또는 객관성을 담보하지 않는다는 점이다. 감정기억은 시간을 거치면서 형성과 수정이 이루어지는 역동적 성찰이다. 따라서 현장감정과 기억감정이 완벽하게 일치하지는 않는다.[6] 그렇다고 감정기억을 현장감정의 왜곡된 버전으로 취급하는 것은 오류이다. 오히려 감정기억이 현장감정보다 미래의 선택과 의사결정에 더 높은 예측력을 제공할 수 있다는 것을 입증한 연구도 있기 때문이다.[7] 감정에 대한 경험은 기억 속에서 집적, 해석, 평가되며, 미래를 위한 준비자료로 보관된다. 이 과정에서 왜곡현상이 발생하는 것이 사실일지라도 어차피 인간이 왜곡된 기억 속의 감정을 회상하고 인출하여 현재와 미래를 위해 사용하는 존재라면,[8] 기억하고 있는 행복한 경험을 회상하게 하여 그것이 무엇이며, 왜, 어떻게 형성되었는지를 분석하는 것은 소비자의 현실과 실체를 있는 그대로 드러내는 매우 효과적인 방법일 것이다. 따라서 이는 모래성 위에 부질없이 또 다른 모래성을 쌓는 것이 아니라 보이지 않는, 그러나 엄연히 누구에게나 존재하는 '기억'이라는 세상에 불을 밝히고 세부 조감도를 그려내는 과업이라 할 수 있다.

2. 행복의 분류기준과 절차

수집한 259건의 에세이를 반복적으로 읽으면서, 소비자행복의 원천이 소비 본연의 성질이나 요소에 기인하는지 아닌지의 여부에 따라 '내재적 원천' 대 '외재적 원천'으로 구분할 수 있었고, 일반적 소비의 속성을 넘어서는 '초월적 원천'도 존재함을 알 수 있었다. 행복창출이 소비의 내재적 원천으로부터 멀어질수록 소비자가 행복창출에 스스로 기여하는 정도가 높아졌다. 즉, 소비자가 순수 소비자 이상의 다양한 역할을 수행하고 있었다. 이러한 특징이 발견되었기 때문에 연구결과를 정리하면서, 소비자행복 유형을 행복의 원천과 소비자 역할의 결합에 따라 세분화하였다.

첫째, '소비 내재적 원천'은 소비 본연의 구성요소인 제품, 서비스, 브랜드, 고객관리를 원천으로 하는 행복유형과 자신이 수행한 소비활동 자체를 행복한 소비라고 의미를 부여하거나 해석함으로써 소비자행복을 느끼는 유형의 2가지 범주로 분류할 수 있었다. 2가지 모두 소비를 통해 얻은 본질적 혜택(상품, 브랜드, 고객관리) 또는 소비활동으로부터 직접적으로 얻을 수 있는 효익과 가치로부터 행복이 창출되었다. 이때 '상품, 브랜드, 고객관리'는 순전히 제공된 혜택을 소비하는 것에 가깝기 때문에 순수한 의미의 소비자라 볼 수 있고, '소비활동 자체'를 통해 행복을 얻는 경우는 소비 대상보다는 소비행동에 초점이 맞춰져 있으며 소비자는 이 행동을 주관적·의도적으로 해석하여 의미를 입히는 방식으로 행복창출에 일정 정도 참여한다.

둘째, '소비 외재적 원천'은 행복이 소비 외적인 요인에 의해 발생하는 것으로, 이때 소비자는 행복창출이라는 목적달성을 위한 수단으로써 소비를 활용하는 방식을 취한다. 즉, 제품이나 소비활동이 행복창출의 직접적 결정요인이라기보다 매개요인 또는 과정적 요소로 기능한다. 외재적 원천은 소비자가 '자신의 행복' 또는 '타인의 행복' 중 무엇을 추구할 목적으로 소비를 활용하는가에 따라 구분할 수 있다. 소비자는 특정 제품이나 서비스의 소비를 통해 변화된 자신의 모습에서 행복을 얻거나 가족이나 다른 사회적 관계를 더 친밀하고 공고하게 만들기 위해 특정 제품이나 서비스를 활용함으로써 향상된 인간관계를 통해 행복을 얻는다. 소비가 목적이 아니라, 행복창출을 위한 수단으로 소비자가 적극 활용한다는 점에서 행복창출에 대한 소비자의 참여와 기여가 꽤 높게 나타난다.

셋째, '소비 초월적 원천'은 제품 또는 소비행위가 소비자 삶의 이야기 속에 깊이 병합되어 지표적·자전적(自傳的) 기능을 수행하는 경우를 말한다. 이 경우는 '제품-소비자' 간 양자관계 대 '소비자-제품-타인' 간 다자관계 이야기로 구분할 수 있었다. 즉, 소비자로서의 행복이 소비자와 그 특정 제품 간의 관계 구도 또는 소비자 및 그 소비와 밀접한 어떤 관계 속에 있는 다른 사람을 특정 제품이 연결하는 구도의 2가지 양상을 보이고 있었다. 제품은 단순한 제품 이상의 인격화된 의미를 부여받는다는 고유한 특징이 나타났으며, 이 같은 특별한 관계가 전 생애 또는 생의 어떤 중요한 국면에서 중대한 지표성을 띠고 소비자 삶의 이야기 속에 뿌리 깊게 자리잡고 있었다. 그렇기 때문에 이때 느끼는 소비자행복은 소비자 자신의 삶의 이야기 속에서 재창조되는 과정을 거쳐 창출되고 있음을 알 수 있다. 특정 제품이 소비자의 삶에 완벽히 침투되어 서사성을 띠게 되는데, 이 서사의 과정은 철저히 소비자가 자신의 삶의 이야기를 창조적으로 구성함으로써만 그 모습을 드러내는 것이다. 그렇기 때문에 이 유형의 소비자행복에는 소비자 스스로가 가장 깊고 은밀하게 관여하고 있다. 즉, 행복창출에 가장 깊이 참여하는 형태를 띤다. 이상의 분류체계를 정리하여 제6장의 〈표 6-1〉과 [그림 6-1]에 제시하였다.

이상의 분류기준에 따라 행복원천의 1차 레이블링(labeling) 후, 원천별로 소비자행복의 세분유형을 도출하고, 각 유형별 2차 레이블링 작업을 수행했다. 소비자의 역할에 대한 레이블링은 하위 행복유형의 레이블링 이후에 완료하였다. 전체 과정을 12차례에 걸쳐 반복, 수정하였고, 이후 검토자 2인의 검증 및 재분류 과정[9]을 거쳐 행복원천, 하위 행복유형, 소비자 역할에 대한 분류와 레이블링 결과를 확정하였다. 한 에세이가 여러 유형에 걸치는 경우 검토자와 논의 및 투표를 통해 하나의 유형으로 분류하는 작업을 하였고, 그 외 비교적 명확해 보이는 유형의 경우에도 독자의 이견 가능성을 고려하여 필요시 논의과정을 거쳐 확정하였다.

제6장

소비자행복의 개념과 프레임워크

1. 소비자행복의 5가지 원천과 14가지 유형

〈표 6-1〉에 '소비자행복의 원천', '원천별 소비자행복의 유형', '유형별 특징 및 정의', '사례수' 등을 제시하였다. 소비자행복의 14가지 세분유형에 대해서는 각각의 특징을 종합적으로 검토하여 귀납적 방식으로 정의를 내렸다.

표 6-1 소비자행복의 유형별 특징과 사례수

소비자 행복의 원천	소비자 행복의 유형	특징 및 정의		사례수 (%)	소계 (%)
상품, 브랜드, 고객관리	본원적 소비	특징	상품의 본원적 혜택, 원하던 제품의 획득 또는 소유, 제품의 품질과 혁신성, 제품이나 서비스의 실용적·쾌락적 혜택, 맞춤화된 상품과 서비스 등	31 (29)	
		정의	제품/서비스/이벤트 등이 제공하는 본원적 혜택을 소비함으로써 얻는 행복		

상품, 브랜드, 고객관리	마니아적 소비	특징	명품/소유가치가 있는 브랜드에 대한 충성도, 브랜드 동일시, 제품/브랜드 수집 등	4 (4)	107 (41)
		정의	브랜드의 이미지와 상징성에 대한 충성적 소비를 통해 얻는 마니아적 소비행복		
	고객 케어 (customer care) 소비	특징	고객문제의 해결, 고객감동 서비스(진정성, 온정, 책임성, 인간미, 이타성), 선제적 응대, 인간존중, 고객공감, 기대 이상의 실패복구, 인간적·동지적 관계, 심리치유적 서비스 등	72 (67)	
		정의	인간적이고 진정성 있는 고객응대와 고객 케어를 받음으로써 얻게 되는 행복		
소비활동 자체	착한 소비	특징	윤리적 소비(공정무역상품 구매 등), 상생적 소비, 기부, 웰빙 소비, 생태적 소비 등	18 (28)	64 (25)
		정의	윤리적 소비를 수행함으로써 느끼는 행복		
	합리적 소비	특징	가격대비 효용극대화, 낭비지양, 욕망절제 등	20 (31)	
		정의	실리적이고 합리적인 소비활동을 통한 행복		
	자족적 소비	특징	자신의 소비/선택에 대한 자부심, 풍요로운 소비환경에 대한 감사, 타인의 시선보다 자기만족 중시 등	20 (31)	
		정의	자신의 소비환경, 소비역량, 선택에 대한 자기만족		
	쇼핑 플로 (flow)	특징	쇼핑을 통한 플로 경험, 도취감 경험, 쇼핑 자체의 즐거움, 놀이적 쇼핑 등	6 (10)	
		정의	쾌락적 쇼핑 경험으로의 몰입된 도취감		
소비자 자신	자기보상 소비	특징	자기선물(self-gift), 자가치유적 소비 등	10 (31)	32 (12)
		정의	소비를 통해 자신의 노력, 상처 등을 보상받음으로써 얻는 행복		
	내적 집중 소비	특징	나홀로의 시간(여행, 사색, 감상 등)	9 (28)	
		정의	소비를 통해 자신의 내면에 집중하고 성찰하는 기회를 가짐으로써 얻는 행복		
	자기향상 소비	특징	학습(교육), 자신의 외적·내적 발전과 미래의 꿈을 위한 투자 등	13 (41)	
		정의	소비를 통해 자신의 이미지, 능력 등을 향상함으로써 얻는 행복		

인간관계	가족지향 소비	특징	가족관계의 회복, 자녀와의 시간공유, 사랑표현을 위한 소비, 연인/부부 간 관계회복과 향상을 위한 소비, 부모님에 대한 보답/감사선물 등	33 (82)	40 (16)
		정의	소비를 통해 가족 간 관계를 향상할 때 느끼는 행복		
	사회적 관계지향 소비	특징	타인과의 관계발전, 갈등해결, 화해를 위한 소비 등	7 (18)	
		정의	소비를 통해 가족 외의 사회적 관계를 제고할 때 느끼는 행복		
삶의 이야기	나와 제품의 이야기 창조	특징	추억 속 특정 제품과 자신의 관계에 관한 회상, 해당 제품이나 브랜드에 대한 깊은 애착과 그리움, 자신 의 정체성과 제품의 존재에 대한 서사적 기억 등	4 (25)	16 (6)
		정의	특정 제품이 자신의 삶에 주는 고유한 의미에 대한 서사적 음미로부터 발생하는 행복		
	삶의 관계 속 제품의 이야기 창조	특징	자신의 삶의 이야기 속 자신과 타인의 관계를 매개 하는 특정 제품에 대한 서사적 이미지와 기억, 타 자에 대한 감정을 전이시킨 제품과의 애착관계 등	12 (75)	
		정의	자신과 중요한 타인 간 관계를 매개하는 특정 제품 의 고유한 의미에 대한 서사적 음미로부터 발생하 는 행복		
계				259	259 (100)

2. 씨줄과 날줄로 엮은 소비자행복의 개념적 프레임워크

내러티브 분석결과에 근거하여 소비자행복의 개념적 프레임워크
를 [그림 6-1]과 같이 도출하였다.

소비자행복의 원천을 소비의 내재적 · 외재적 · 초월적 원천으로
구분하고, 내재적 원천에 '상품, 브랜드, 고객관리'와 '소비활동 자체'
를, 외재적 원천에 '소비자 자신'과 '인간관계'를, 초월적 원천에 '삶
의 이야기'를 발굴하고, 원천별 소비자행복 유형을 〈표 6-1〉의 세분

화에 따라 배치하였다.

에세이 분석과정에서 소비자는 주어진 행복을 맞이하기만 하는 존재가 아니라 적극적으로 창조해 나가는 존재이기도 하다는 것을 발견하였다. 이것은 행복의 생성에 대해 아주 중요한 의미를 갖는 발견이다. 행복은 우연히 찾아오는 것이기도 하지만 적극적으로 만들어 가는 것이기도 하다는 점, 사실 이렇게 적극적으로 만들어 가는 행복의 유형이 더 많고 밀도도 더 깊고 색채도 더 풍성하다는 점을 발견했기 때문이다. 소비자행복은 상당 부분 소비자의 마음과 행동에 의해 결정되는 것이었다. 행복의 원천이 다양한 것처럼, 소비자가 그 행복의 원천으로부터 행복을 만들어 내는 수준도 다양했다.

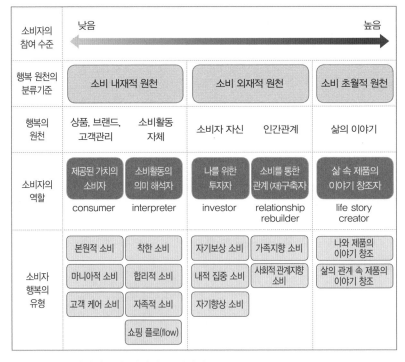

그림 6-1 소비자행복의 개념적 프레임워크

원천별로 행복창출을 위한 소비자의 역할이 다르므로 적합한 표현으로 각각의 역할을 명명하였다. 행복창출에 대한 '소비자 참여(engagement)'를 이 책에서는 '원하는 행복을 얻기 위해 소비자가 얼마나 의도적·주도적으로 노력을 투입하고 응용하는가'로 규정하였다. 이는 자신의 심적·물적·정신적·시간적 자원을 동원, 배분하고 그 과정과 결과에 헌신, 몰두하는 수준을 뜻하며, 제품 또는 소비활동을 자신의 목적에 맞게 변용하는 수준을 말한다. [그림 6-1]의 오른쪽으로 갈수록 행복창출에 대한 소비자 참여 수준이 점차 증가하는 방식으로 배열하였다.

첫 번째 '상품, 브랜드, 고객관리' 원천에서 소비자는 제품이 제공하는 본원적 혜택을 누리고 행복감을 느끼는 '본원적 소비', 특정 제품이나 브랜드에 몰입 또는 열광하는 충성적 소비로서의 '마니아적 소비', 일시적 거래관계 이상의 감동적 고객관리를 받고 행복을 느끼는 '고객 케어 소비'로부터 행복을 얻는다. 행복을 얻기 위한 소비자의 투입과 변용 수준은 낮은 편으로, 순수한 '소비자(consumer)' 역할을 수행한다.

두 번째 원천인 '소비활동 자체'에서의 행복은 소비자가 한 단계 진전한 '해석자(interpreter)' 역할을 수행할 때 창출된다. 전 단계에 비해 좀 더 적극적·의도적·자주적인 참여 수준을 보인다. 소비자는 자신의 소비활동 자체에 대한 의미 해석자로, '착한 소비', '합리적 소비', '자족적 소비', '쇼핑 플로'와 같은 유형의 행복을 경험한다.

세 번째는 '소비자 자신'이 행복의 원천이다. 소비자는 '투자자(investor)' 역할을 하며, 전 단계보다 더 능동적·적극적·주체적으로 제품과 소비를 변용 또는 활용한다. 더 이상 소비자에 머물지 않고, 자신을 위한 투자자로서 '자기보상 소비', '내적 집중 소비', '자기향상 소비'를 통해 자신에 대한 치유, 보상, 성찰, 계발 등을 수행함으로써 행복을 개척해 나간다. 이 단계부터는 소비가 목적이 아니라 수단이 되어 상위의 목적을 달성하는 데 사용된다.

네 번째 원천은 가족·동료·친구 등과의 '인간관계'이며, 소비자 역할은 '관계 (재)구축자(relationship rebuilder)'이다. 소비자의 참여형 태는 상당히 능동적·적극적·자율적인 수준으로, 자신을 위해 소비 하는 차원에 머물지 않고 가족 및 기타 사회적 관계의 발전을 위해 소비를 이용하는 단계로 넘어간다. 소비자는 가족관계의 회복·재발 견·향상을 지향하는 '가족지향 소비', 타인과의 관계 회복·발전을 추구하는 '사회적 관계지향 소비'를 통해 행복을 얻는다. 행복의 초 점이 자신을 떠나 가족과 다른 인간관계로 확장되며, 헌신적으로 그 들의 행복을 위해 수고하고, 그들의 행복을 자신의 행복과 동일시한 다. 이 과정에서 소비는 전적으로 수단화되고 매개체화된다.

마지막 소비자행복은 자신의 '삶의 이야기'로부터 나온다. 소비자 역할은 '삶 속 제품의 이야기 창조자(life story creator)'이며, 참여형태 가 지극히 능동적·적극적·독자적인 수준을 보인다. 소비자는 특정 제품이나 서비스 또는 이벤트에 대한 기억을 재구성하고, 자신의 생 애 전체 또는 특정 국면과 병합하는 작가이자 독자가 된다. 이 같은 소비자행복은 인생 전체를 아우르는 중대한 표식 또는 모멘텀이 될 수 있다. 소비자는 '나와 제품의 이야기 창조', '삶의 관계 속 제품의 이야기 창조'로부터 행복을 느끼는데, 이 이야기들은 실제 존재하지 만 새롭게 재탄생되어 극히 사적이고 독자적인 행복을 창출한다. 소 비자는 단순한 소비 관련 에피소드를 즐기는 것이 아니라 특정 제 품, 브랜드 등과 맺은 전기적(傳記的) 수준의 인연을 통해 영속적 행 복감을 누리고 음미하고 그리워한다.

제3부

나는 행복한 소비자

· · ·

아버지는 가방 속에서 땀과 먼지에 젖은 작업복과 신라면 두어 개를 꺼내 놓으신다… 왜 항상 신라면만 사오시는 걸까? 그때 아버지도 40대 중반의 한창 나이셨는데 그 험한 일을 하시면서 얼마나 배가 고프셨을까… 없는 살림에 자식들 조금이라도 더 먹이시려고 공장에서 준 야식을 안 먹고 참으셨나 보다. 13살인데 벌써 철이 들었는지 아버지에게 미안하기도 하고, 또 그런 아버지가 미련스럽게 느껴지다 못해 마음 한구석에 짜증이 나서 더 이상 신라면이 먹기 싫었다. 신기하게도 그 맛있던 라면이 갑자기 맛이 없어졌다. 그리고 몇 달 후 아버지가 돌아가셨다. 이후 내 나이 서른이 될 때까지 신라면을 먹지 않았다.

제7장

행복 하나 -
상품, 브랜드, 고객관리

주위를 돌아보면 어쩌면 제품과 서비스가 '본질로부터 너무 멀어져 간 건 아닐까?' 하고 생각하게 되는 것들이 많다. 고객을 더 만족시키려고 추가한 기능이나 부가 서비스가 정작 그 제품과 서비스의 본질을 간과한 채 엉뚱한 방향으로 발전해 가고 있는 것은 아닌지 기업들은 한 번 돌아봐야 한다. 만약 그렇다면 분명 헛발질이고, 주객전도이다.

의외로 가장 흔한 소비자행복은 '본질', '핵심', '진정성'에서 나온다. 본질에 충실하고 진정성 있는 상품, 브랜드, 고객관리 등을 얻게 될 때 소비자는 행복해진다. 관련 사례는 전체 행복사례 중 41%를 차지했다. 질적 연구에서 빈도는 특별히 의미 있는 통계치가 아니지만, 소비자행복을 떠올릴 때 가장 많은 사람들이 언급한 행복의 원천이라는 점에서 쉽게 지나칠 만한 통계치는 아니다. 염두에 둘 필요가 있다.

그렇다면 소비자는 언제, 어떻게, 왜 본질, 핵심, 진정성을 발견하게 될까? 또는 정반대로 가짜, 가식, 연출된 진정성을 느끼는 것은 어떤 경우일까? '체험 마케팅'으로 유명한 제임스 길모어와 조지프 파인 2세(2007)가 『진정성의 힘』이라는 책을 냈다.[1] 그들은 기업을 위한 컨설턴트이므로, 진정성을 '팔 수 있는 형태', '관리가능한 형태'로 제안하였다. 나는 '진정성을 판다'는 표현을 좋아하지 않고, 특히 인간적인 진정성은 팔 수 없는 것이라고 믿고 있다. 그러나 소비의 대상으로서 제품, 브랜드, 고객관리의 본질과 진정성을 이해하는 데에 그들이 제시한 내용이 유용하다고 판단하여 소개하려 한다. 앞으로 이 책에 소개할 내러티브들을 이해하는 데에도 도움이 되리라 생각한다. 그들은 기업에게 진정성을 '파악(grasp)'하고, 그것을 '표출(render)'하라고 제안하였다. 그들이 제시한 '5가지 경제적 산출물의 진정성'은 다음과 같다.*

① 자연산물 - 자연성의 진정성 : 사람들은 가공되거나 합성되지 않은 것이나 사람의 손길이 닿지 않은 상태에서 진정성을 발견한다(예: 유기농 채소).
② 제품 - 독창성의 진정성 : 사람들은 지금까지 한 번도 본 적이 없는, 복제나 모방이 아닌 최초의 디자인에서 독창성을 느끼며 이를 진정성 있는 제품으로 인정한다(예: 애플사의 제품).
③ 서비스 - 극진함의 진정성 : 사람들은 각별한 봉사정신이나 배

---

* 번역서의 해당 내용을 원서의 본래 취지를 더 잘 살릴 수 있는 표현으로 수정하여 이 책에 제시하였다. 번역서에서는, '연출'이라는 표현을 썼지만(번역서 97-99쪽), 본래 의미에 더 맞게 '표출'이라는 표현으로 바꾸어 사용하였다. 자연산물이 '상품'으로 번역되었지만, 원래 의미는 자연에서 채취한 산출물을 뜻하므로, 이 책에서는 '자연산물'로 수정하였으며, 제품은 공장에서 제조되는 제품의 의미로 서비스와 구분된다. 서비스에서는 '특별함의 진정성'으로 번역된 것을 '극진함의 진정성'으로 본래 의미를 살려 수정하였다.

려심을 가진 사람을 진정성이 있다고 생각한다(예: 소비자의 개별적 요구에 대응하는 직원).

④ 체험-연관성의 진정성 : 한 사람의 과거에서 우리 모두의 공통된 추억과 소망과 열망을 이끌어 내는 참신한 활동에 대해 진정성을 느낀다(예: 영화나 문학작품).

⑤ 변용-영향력의 진정성 : 사람들을 더 높은 목표로 이끌기 위해 더 나은 방식을 제시하는 논리적이고 의미 있는 영향력을 진정성이 있다고 생각한다(예: 쏠라패널 설치 아파트).

최근 지인이 건강검진센터에서 정기검진을 받던 날 전문 건강검진센터의 발전 트렌드에 놀라움을 금치 못했다고 한다. 쾌적한 환경, 신속 간편한 접수절차, 인적 응대, 고객의 동선을 고려한 검사실의 배치, 검사 후의 식사 제공, 심지어는 검사실 간 이동 시 옆에서 팔짱을 끼고 안내해 주는 아름다운 도우미까지! 물적·인적·절차적 서비스가 그야말로 환상적이었다고 한다. 그 병원은 원래 최고 수준의 병원이니, 나는 그러려니 했다. 그러다가 나 역시 최근 가까운 센터로 건강검진을 받으러 가게 되었는데, 와우! 이것이 요새는 일반적인 트렌드임을 깨달았다. 그러고는 일주일쯤 뒤에 검사결과지가 나와 설명을 듣기 위해 다시 방문했다. 나이 드신 의사가 직접 검사결과지를 보면서 설명을 해 주셨다. 그런데 의사 앞에 앉자마자 듣게 된 첫마디는 바로, "자, 이제부터 내 설명이 다 끝날 때까지 절대 질문하지 마세요!"였다. 주눅 든 분위기에서 몇 가지 검사결과를 듣던 중 좋지 않은 수치가 나온 검사결과 항목에 다다랐다. 안 좋다는 말을 듣자, 최초의 주의사항을 까먹고 "어머! 그렇다면 제게…?" 하면서 바로 질문이 터져 나왔다. 의사는 버럭 화를 내며, "내 얘기 끝날 때까지 질문하지 말라고 했죠?" 하면서 답변 없이 그저 순서대로 설명을 이어 나갔다. 설명이 다 끝나자 "자, 이제 질문할 것 있으면 하세요."라고 드디어 내게 말할 차례를 주었다. 내가 뭐라고 했을까? "아뇨, 질문 없습니다." 하고 그냥 나와 버렸다. 누구든 그랬을 것이다. 인터넷에서 검색해 보거나 지인에게 물어보면 그 수치가 어떤 의미를 갖는지 어떤 문제인지 알아내는 건 식은 죽 먹기이다. 답변을 듣기 위해 그토록 권위적인 분위기에서 더 이상 질문 따위를 할 필요가 없는 것이다.

건강검진 서비스에서 '본질'은 무엇일까? 내 몸의 전체 건강상태에 대해 종합적인 설명과 대처방안을 안내받는 것 아닌가? 본질이 훼손된 채 추가된 각종 서비스, 특히 멀쩡히 걸을 수 있는 사람에게 그 짧은 동선을 팔짱끼고 동행해 주는 아름다운 도우미는 대체 무슨 쓸모가 있단 말인가? 허술한 본질을 최신식 시설물과 과다한 서비스로 가려 봐야 한계는 곧 온다. 호박에 줄 그어 수박 만드는 꼴이다.

1. 본원적 소비

이 책에서는 '본원적 소비'를, '상품 또는 서비스가 원래 가진 본원적 혜택, 근본적인 기능이나 수행성 및 성능 등을 소비하는 것'으로 규정한다. 수집된 사례에서, 소비자들은 원하던 상품이나 서비스의 획득, 소유, 사용, 이용 등을 통해 뛰어난 품질과 혁신성을 소비할 수 있을 때 행복감을 느끼는 것으로 분석되었다. 이러한 소비는 제품이나 서비스가 제공하는 본질로서의 실용적 혜택, 쾌락적 혜택에 대한 깊은 만족감을 제공한다. 또한 고객이 가진 문제를 근본적으로 해결해 줌으로써 마케팅에서 최근 흔히 말하는 '고객 솔루션(customer solution)'의 역할을 톡톡히 해내는 것이다. 본원적 소비로 행복을 얻는 사례의 비중은 첫 번째 소비자행복의 원천인 상품, 브랜드, 고객관리로부터 발생하는 행복사례 중 29%에 해당하였다.

혁신은 감동이다!

다음 사례는 제품의 기술적 혁신성, 우월성, 유용성에 기인한 소비자로서의 흥분과 충족감에 대한 내러티브로, 제품에 대한 감격스러운 만족감이 행복의 원천으로 작용한 경우이다. 이는 알바와 윌리엄스(2013)가 제시했던 제품의 '본질(essence)'과 '진정성(authenticity)'이 주는 즐거움에 해당한다.[2] 제품 본연의 우월한 상품적 가치로부터 가장 본원적 형태의 소비자행복이 창출됨을 확인할 수 있다.

사례 01　첨단기술의 집합체

결국 다음 해에 새로운 모델인 아이폰4가 국내에 발매되었고… 2010년 9월 13일 예약구매를 통해 손에 쥐게 되었습니다. 아이폰을 손에 쥘 날을 기다렸던 시간이 행복했고, 아이폰을 받았을 때 점검해야 할 사항을 조사했던 시간이 행복했고, 아이폰을 가지고 무엇을 할까 찾아보고 상상했던 시간이 행복했던 것 같습니다. 9월 13일 아이폰을 찾으러 가던 발걸음도 즐거웠구요. 아이폰은 이전까지 충족하지 못했던 불만들을 해결해 주는 제품이었습니다. 지금도 그 아이폰은 내 외투의 호주머니 속에서 다운받은 팟캐스트를 들려주고 있습니다. / 나를 행복하게 했던 아이폰의 특징은 무엇이었을까요. '첨단기술의 집합체.'

― 송명우* (남)

---

* 사례 제공자 이름은 모두 가명을 썼다. 에세이 길이가 길어 중략하여 제시하였다(…, / 등으로 표시).

흥미로운 점은 아이폰 사례가 전체 31개 사례 중 10개나 되었다는 점이다. 아이폰의 출시는 스마트폰이라는 완전히 새로운 세상을 열게 한 혁신으로 받아들여졌던 것 같다. 저자 역시 사용하던 타브랜드 스마트폰을 처분하고 아이폰5를 구매한 날, 감동으로 벅찼던 기억을 잊을 수 없다. 사람도 아니고, 음악이나 풍경이나 그림도 아니고, 일개 제품이 벅찬 감동을 줄 수 있다는 걸 처음 안 순간이었다. 혁신의 결과물은 감동이었다. 최고의 기업에게 우리 소비자가 기대하는 건 그러한 감동인 것 같다.

사례 02　아이폰과의 첫 만남은 내 일생 최고의 감동의 순간

내 일상생활의 일부분이 되어 버린 애플사의 아이폰. 이젠 아이폰 없인 못 살 것 같다. 아이폰과의 첫 만남은 내 일생 최고의 감동의 순간. 왜 이제서야 내게 왔니? 이 오빠가 이뻐해 줄게~ 하루하루 지나갈수록 난 아이폰과 많은 교제를 하였다. 그럴수록 나는 더욱더 행복해졌다. / 아이폰은 나의 일상생활이 되어 버렸다. 애플사의 아이폰은 내게 또 다른 삶을 주었다. / 앞으로 내 삶에 어떤 영향을 더 줄지 너무 기대된다.

– 조유철(남)

사례 03　정말 똑똑한 아이폰이 있어 행복

아이폰 기기 자체는 상상 이상으로 간단명료했다. / 난 더 많은 시간을 아이폰과 보내기 시작했다. 정말 놀라울 정도로 아이폰은 내 생활의 많은 부분에 영향을 미쳤다. / 왜 스마트폰이라고 하는지 절실히 이해가 간다.^^ / 지금은 몇몇 아이폰 동기들이 생겨 운동 가기 전 잠깐 모여 아이폰 스터디를 할 정도이다. / 좋은 어플이 있으면 서로 공유하고 추천해 준다. / 내게 시간적으로 여유 있는 화요일은 아이폰을 통해 영화를 검색하고 시놉시스를 읽고 / 그때그때 아이폰을 통해 사람들과 커뮤니

티 활동도 하고 / 내 감정과 기분을 아이폰을 통해 알리고 / 참 친근하고
도 무서운 세상이구나 하는 생각도 들지만, 그보다는 정말 똑똑한 아이
폰이 있어 행복한 웃음을 한 번 더 지을 수 있어 좋다. / 아이폰 최고다!

– 주하미(여)

마케팅 분야를 창시했다고 일컬어지는 피터 드러커(P. Drucker)는
고객이 사업의 기초이자 기업의 존재 이유라고 보았으며, 그러한 맥
락에서 모든 기업에는 마케팅과 혁신의 두 가지 기능만 있을 뿐이라
고 주장한 것으로 유명하다.[3] 혁신은 다양한 측면에서 접근할 수 있
다. 시장의 니즈에 기반한 제품의 혁신은 이 중 가장 중요한 혁신의
측면이다. 소비자의 니즈를 미리 파악하는 것은 신제품 개발의 출발
점이자 성공요인이다. 이러한 개념에서 탄생한 혁신제품은 혁신의
분류상 '존속성 혁신(sustaining innovation)'이라기보다는 '와해성 혁신
(disruptive innovation)'에 가깝다. 존속성 혁신이란 기존 고객이 요구
하는 성능의 우선순위에 따라 이루어지는 혁신으로서 기존 제품의
성능을 보완해 이윤을 증가시키는 기술적 혁신을 의미한다. 반면 와
해성 혁신이란 '새로운' 성능을 요구하는 새로운 고객의 요구를 충족
하는 혁신을 바탕으로 하며, 새로운 고객층이 추구하는 독특한 특성
을 갖춘 제품을 만드는 새로운 기술혁신, 즉 불연속적 혁신을 말한
다. 기업 입장에서는 둘 중 어떤 것이 미래 시장을 장악할지 모르므
로 자원의 배분을 통해 두 가지를 모두 추구하는 병렬적 혁신에 투
자하는 것이 필요하다는 주장도 있다.[4] 불연속적 혁신을 이뤄 낸 기
업은 제품 판매를 통한 이윤창출을 넘어서, 창조적 기업이라는 이미
지, 열광적 팬의 형성 등 브랜드 자산의 엄청난 상승으로 더 큰 가치
를 획득하게 된다.
　사례 4에서 소개할 내러티브 역시 최고의 품질과 최첨단기술이

선사하는 순수한 감동의 이야기이다. 앞 사례의 아이폰 구매자와 마찬가지로 BMW 자동차를 구매하기 이전부터 이 소비자 역시 기대와 설렘으로 차를 받는 그날을 기다리고 있다. 자동차에 구현된 최첨단 기술력이 성능, 안전성, 원격 서비스 등을 통해 완벽한 승차 만족감으로 이어지고, 나아가 든든한 동반자의 느낌까지 형성하게 되었다.

사례 04　세계 첨단과학의 총아

오랜 세월 동안 기업을 경영하면서 40여 년 전 처음 K-303 브리샤 승용차 구입을 시초로 여러 종의 승용차를 접해 왔고, 드디어 5년 전 고대하고 기대했던 BMW 승용차를 구입하게 되었습니다. / 더욱 큰 관심과 설렘 속에 세계 첨단과학의 총아인 BMW 승용차를 소유하게 되었고, 그 자체로만으로도 행복했습니다. 기동성이나 안전도, 쾌적함과 첨단기술 등의 하드웨어적인 치밀함은 물론이고 고객의 니즈 그 이상을 추구하는 열정적인 서비스에 감동하지 않을 수 없었습니다. / 더불어 원격제어장치로 BMW 서비스 상담원이 차량의 현재 상태를 판독하고, 그 데이터를 토대로 이상적인 유지보수 항목을 제안할 수 있는 첨단 서비스를 수행하고 있습니다. / 역시 첨단과학의 총아다운 BMW의 우수성에 감동하며 진정한 드라이빙의 기쁨과 안전이 오래 지속될 것이라는 기대에 이 차를 소유한 저는 믿음직한 동반자를 만난 것처럼 마음이 든든합니다.

— 민수욱(남)

　주지하다시피 자동차는 사회적 상징성이 상당히 강한 제품군이다. 고급, 명품 브랜드의 자동차들은 만만치 않은 가격대만큼 그 자동차를 타는 사람에 대한 선망과 부러움을 자아낸다. 고급 브랜드의 자동차는 고도의 상징성과 고도의 기술력이 결합된 최고 수준의 제품이기도 하다.[5] 이렇게 기술력과 상징성이 결합된 제품군의 고급 브랜드일수록 사회계층이나 고급 취향의 라이프스타일을 표방하는 시그널링 기능이 강하다. '시그널링(signaling)'이란 다른 사람들에게 내가 어떤 사람인지를 신호해 주는 기능을 말한다. 전통적으로 고급 브랜드의 자동차는 베블런(T. B. Veblen)이 제시했던 '현시적 소비(conspicuous consumption)'[6]의 전형적 상품으로 여겨진다. 현시적 소비에 대해서는 나중에 또 다룰 기회가 있을 것이다. 간단히 말해 현시적 제품이란 일반적으로 남들 눈에 잘 띄는 제품으로서, 보통은 사치재나 명품 브랜드처럼 부와 사회적 지위를 표시하기 위해 소비되는 제품을 말한다. 현시적 소비는 그러한 특성을 지닌 제품을 소비하는 행위를 말한다.

혁신층 소비자가 느끼는 행복

최근에는 스마트폰을 포함하여 고급 기술사양을 담고 있는 전자기기들도 이 같은 현시적 효과가 커지면서 소비심리에 어필하고 있는 듯하다. 주변 사람들에게 부러움을 유발하는 제품으로 신기술이 적용된 전자제품, 혁신제품 등이 언급되는 것을 종종 볼 수 있다. 신제품 확산곡선에서 초기 사용자 집단에 해당하는 '혁신자(innovator)'와 '조기 수용자(early adopter)'는 신기술과 혁신에 대한 내재적 흥미를 가지고 있다. 주변에서 바라보는 경탄과 동경을 동반한 호기심 어린 관심에도 행복감을 느끼는 것 같다.

사례 05 '최초' 사용자 = 내가 곧 '첨단' = 작은 우월감

지하철에서 그 녀석의 매끈하게 빠진 본체를 꺼내 놓고, 작업을 하고 있으면 주변 사람들의 시선이 의식된다. 옆에 신사분이 컴퓨터냐며 비쌀 것 같다고 물어보시는 경우, 난 작은 우월감을 느끼며 간단한 설명과 함께

SNEEZER의 역할을 톡톡히 해낸다. / 이~ 약간의 우월감 나쁘지 않다.^^

– 조민철(남)

초기 수용자들이 누리는 혁신제품의 이 같은 시그널링 효과는 시대를 앞서가는 첨단기술처럼 소비자 자신도 시대를 앞서 가는 전문가로서의 자부심과 우월감을 느끼게 될 때 발생하며, 이를 통해 혁신수용 행동이 강화된다. 사례 1, 2, 3에서 애플 브랜드가 그랬듯이, 여기서도 우리는 특정 혁신제품 브랜드가 갖고 있는 개성, 이미지, 정체성의 힘에 대해 한 번 생각해 봐야 한다. 혁신층이나 조기 수용층에 속하는 소비자들은 혁신성을 자신의 정체성의 중요한 일부로 여기고 있다. 즉, 그들이 구입한 혁신제품 브랜드가 내포한 혁신성이나 창조성을 자신의 정체성과 동일하게 보는 것이다. 이를 '소비자-브랜드 동일시'라고 부른다.[7] 많은 명품 브랜드가 사용자에게 그러한 동일시를 유발함으로써 고가의 하이엔드 시장을 형성하고 있는 것을 떠올려 보자.

내 주변에도 애플에서 나오는 모든 신제품을 거의 최초로 구매하는 사람이 있다. 포터블 상품의 특성상 어디든 들고 다닐 수 있기 때문에 그는 사람들을 만나는 자리에 어김없이 새로 장만한 신제품을 들고 나간다. 친구나 동료뿐 아니라 주변에 앉아 있는 사람들이 호기심 어린 눈으로, 처음 보는 신기한 그 제품을 능숙하게 사용하는 그를 경탄하며 바라보다가 이것저것 물어보게 되면, 제품의 특징과 차별성 등에 대해 유수와 같이 설명해 준다. 그러면 그 말을 들으면서 사람들은 으레 '우와~' 하며 입을 다물지 못한다. 그때 느끼는 우월감, 짜릿한 기분, 당연히 행복감이지 달리 무엇이겠는가. 주변에 이와 같은 친구가 있는 것은 큰 도움이 된다. 혁신제품을 직접 가까이에서 보고 체험할 수 있는 기회를 남보다 먼저 가질 수 있기 때문이다. 이런 점을 생각해 보면, 얄미워할 게 아니라 부러워하는 게 마땅하다. 고맙게 생각하면서. 이런 성향의 소비자를 '가젯 애호가(gadget-lover)'라고 한다. 이에 대해서는 나중에 자세히 알아보기로 하자.

　신제품 확산과정에서 혁신층이나 조기 수용층은 매우 중요한 세그먼트이다. 이들에겐 남다른 특징이 많지만, 그중에서도 '독특함 추구욕구', '정보제공 동기'가 특별히 강하다는 게 중요하다. 독특함은 남과 다른 나, 대중의 취향을 빗나가는 나만의 특별함 등을 추구하는 욕구이다. 이 같은 욕구가 클수록 신기술 제품, 혁신제품 등에 대한 수용동기가 강하고 다양성 추구성향(variety-seeker)도 강한 편이다. 독특함 추구욕구는 '창의적 선택', '비인기품 선택', '비슷함의 회피'로 특징지어지는데, 흥미로운 점은 그럼에도 불구하고 달라 보이고 싶어 하는 바로 그 특성 때문에 일반 대중으로부터 좋은 선택이라는 인정을 받을 만한 선택을 한다는 점이다. 특별하고 독특한 점을 인정받는 순간 자신의 자아 이미지와 사회적 이미지가 올라감으로써 보상을 받게 되어 이 같은 동기가 더욱 강화된다.[8]

혁신을 통한 백 투 더 퓨처, 노스탤지어!

　한창 '노스탤지어 마케팅(nostalgia marketing)'이 주목을 받고 있다. 첨단기술과 혁신제품이 추억을 복원해 내기 시작했기 때문이다. 영화 〈쥬라기 공원〉에서 공룡을 복원한 것처럼, 우리는 복원된 과거의 제품에 호기심을 갖는다. 더욱이 모양만 복원된 데 그치지 않고, 첨단기능까지 갖추었다면 더 큰 매력을 느끼게 된다. 노스탤지어 마케팅은 우리 기억 속에 화석화된 맛, 향, 느낌, 소리를 복원해 냄으로써 그리움 속에 묻혀 있던 대상과 그때 그 시절을 눈앞에 대령하게 되었다. 노스탤지어 마케팅이란, 이러한 과거에 대한 그리움과 향수를 자극하여 소비를 유도하는 것을 말한다.[9] 사례 6의 김치냉장고는 어릴 적 김장독 김치맛뿐만 아니라 그때 그 어린 시절을 기억 속에서 불러낸다. 현대기술로 과거의 이상향을 복원한 것이다.

사례 06 추억의 맛도 함께 먹었다

그때 점심상에 오른 배추김치가 있어서 "무슨 김치예요?" 하고 여쭈었더니, 작년 김장김치라고 말씀하셨다. 별 기대 없이 "오래 보관하셨네요." 하고 한 번 맛을 봤는데… 그 시원하고 상큼함이란… 나는 그날 점심에 혼자 거의 한 포기의 김치를 먹었다. / 예전의 그 잊을 수 없는 맛을 다시 한 번 느끼면서 매일 먹는 김치가 그렇게 시원한 감동을 준 것은 정말 오랜만이었다는 생각이 든다. / 오래된 예전 김장독에서 꺼낸 김치 맛을 느끼게 해 주는 김치냉장고는 내가 써본 가전제품 중 가장 유용한 제품이라는 생각이 들면서 정말 김치냉장고 사기를 잘했다는 생각이 들었다. 그날 나는 김치를 먹었지만 추억의 맛도 함께 먹었다.

– 김유현(남)

흥미로운 것은 노스탤지어의 주된 고객층만 노스탤지어에 반응하는 것이 아니라는 점이다. 그것을 한 번도 보지도, 겪어 보지도 않은 신세대들도 반응한다는 점이다. 국내에서 수년 전 인기리에 방영되었던 드라마 〈응답하라, 1994〉가 1994년도 언저리에 20대를 보낸 현재의 중년세대뿐 아니라 지금의 20대에게도 크게 호응을 얻은 사례가 그렇다. LG전자에서 선보인 다리 달린 클래식 TV도 그렇다. 이 제품이 20~30대 신혼부부 사이에서 인기 있는 혼수가전으로 떠올랐다는 사실을 유념하자. 이 젊은 소비층을 자극하는 것은 과거에 대한 노스탤지어라기보다는 첨단기술과 아날로그 감성의 절묘한 결합이 주는 신기한 경험일 것이다.

그림 7-1 아날로그 감성과 첨단기술의 접목
출처: LG전자 홈페이지

그림 7-2 LG 클래식 TV
출처: LG전자 홈페이지 체험 블로그(http://blog.naver.com/pjmysm/70176353280)

[그림 7-1]의 LG 클래식 TV에 대해 어떤 체험 블로거는 이렇게 썼다. "누가 디자인했는지~ 아날로그 감성의 클래식 티비… 추억과 스마트가 공존하는 티비…"라고. 물론 옛날에 다리 달린 TV를 집에 모시고 살아 봤던 나와 같은 세대의 사람들에게는 유년시절에 대한 특별한 그리움을 전달하는 게 더 큰 효과겠지만 말이다. 이 글을 쓰며 당시 우리 집에서 가장 값진 재산이었던, 다리 네 개와 양쪽 미닫이문까지 달려 있던, 그때 그 TV를 생각하자니, 그 TV 앞에서 저녁마다 만화영화를 보던 어린 시절이 문득 그리워진다. [그림 7-2]에서 오른쪽에 달린 채널과 볼륨 조절기를 보시라. 리모컨을 누르는 맛은 어떤가? 최신 TV 리모컨과는 달리 그땐 정말 화면 옆에 저런 게 달려 있었다. 손으로 직접 만져서 조절하는 맛은 뭐랄까, 뭔가 참 다른 좋은 느낌이 있다. 그땐 물론 지금처럼 쿨(cool)한 로고인 LG가 아니라 금성(GOLD STAR)이라는 로고와 함께였지만.

노스탤지어 마케팅은 최근 전 세계 산업계와 학계에서 상품의 새로운 성공요인으로 부상하고 있어 많은 관심을 불러모으는 주제이다. 그렇다고 현대에 복원한 과거의 향수가 항상 성공하는 것은 아니다. 젊은층도 호기심을 가질 만큼 현대의 문화적 코드와 일치해야 한다. 또한 회상의 대상이 된 브랜드가 여전히 소비자들의 마음속에 살아 있어야 하고, 상징성과 관련성을 갖추어야 하며, 진정성, 즉 정말로 진짜 같아야 성공할 수 있다.[10] 한 연구에 따르면, 노스탤지어의 느낌을 갖도록 조건화된 피험자들은 중립적인 조건의 피험자보다 훨씬 돈에 대한 중요성을 덜 느껴서 제품에 대한 지불용의 가격이 높아진다는 결론을 제시하였다. 적절한 노스탤지어 마케팅이 소비자의 지갑을 열게 할 수 있다는 걸 증명한 연구인 셈이다.[11, 12]

고객문제의 해결 – 나를 위한 맞춤 솔루션

사실 맞춤화(customization)의 개념이 등장한 지는 꽤 오래되었다. 리바이스 청바지도 나이키 운동화도 개인에게 맞춤화된 제품을 제공하는 서비스를 갖추고 있다. 마케팅의 주요 도구는 보통 4P 믹스 개념으로 요약된다. 제품(product), 가격(price), 유통(place), 촉진(promotion)이 그것이다. 마케팅 전략은 이 4가지 P 요소들을 적절히 결합하여 목표시장에 전달하는 것이다. 그런데 4P 믹스 개념이 생산자(producer) 또는 제공자(provider)의 관점에 머무른다는 한계를 지적하며, 상품 및 고객 정보의 맞춤화 및 개인화 기술의 발달에 힘입어 4C 개념이 등장하였다. 제품은 고객 솔루션 또는 맞춤화(customer solution or customization), 가격은 고객이 투자한 비용(customer cost), 유통은 고객의 편의성(convenience), 촉진은 고객과의 상호소통(communication)으로 각각 다시 쓰게 되었다. 이는 생산자나 제공자의 관점이 아닌 소비자(consumer)와 고객(customer)의 관점에서 4P를 새롭게 바라볼 때 비로소 발견할 수 있는 개념들이다. 이제 기업의 마케팅은 4C를 적용해야 성공할 수 있는 시대가 되었다. 기업이 자신의 입장이 아니라 고객의 입장에서 근본적으로 패러다임을 변화하도록 일깨운 혁신적인 제안이라고 생각한다.

아무리 마케팅이 발전하고 기술이 발달했어도, 실생활에서 내게 맞춤화된 솔루션을 찾는 것이 아직 쉽지는 않다. 그런데 때로는 완벽히 내게 딱 맞는 솔루션을 제공하는 기업도 있다. 인적 서비스가 아니라 제품이 개인의 니즈에 완전하게 맞춤화를 하는 것은 흔하지 않다. 다음의 내러티브는 그러한 소비자 경험을 담고 있다.

일부 고급 사용자들의 니즈를 잘 분석했다

델 컴퓨터의 XPS는 이 점에서 소비자의 마음을 사로잡은 것이 아닌가 생각됩니다. 대부분 PC를 싸게 사려고 조립하게 되는데, 이런 소비자들과 차별화된 선택을 하는 일부 고급 사용자들의 니즈를 잘 분석했다라는 느낌이 들었습니다. 구매하고 난 뒤 지금까지 매우 만족스럽게 PC를 사용하고 있습니다. / 벌써 다음에 구매할 제품을 홈페이지에 가서 기웃거려 보거나 주변 사람들에게 추천을 하기도 합니다. 제품을 인지하고 구매하고 사용하여 만족하는 단계까지의 소비자 경험이 매우 중요하다는 것을 새삼 느꼈습니다.

― 신수진(남)

사례 7에서 소비자가 얻은 것은 PC가 아니라 일종의 솔루션, 즉 해결책이다. 소비자는 제품이나 서비스에 대한 필요를 느껴 구매를 하는 것이 아니다. 소비자가 진정 원하는 것은 자신이 가진 문제의 해결이다. 완벽히 일대일 맞춤화가 가능한 산업이 아닌 경우에, 최근에는 일명 '매스 커스터마이제이션(mass customization)'의 형식을 띠고 상품의 세분화와 다양화를 제공한다. 일반적인 세분시장보다 더 작은 단위로 세분화하거나 중요한 특정 세분시장의 니즈에 정확히 부합하는 제품을 제공함으로써 고객에게 솔루션, 즉 해결책을 판매하는 것이다.

흔히 마케팅 교과서에서는 소비자의 구매의사결정 과정을 다음과 같은 5단계로 설명하고 있다. '문제인식 → 정보탐색 → 대안평가 → 구매 → 구매 후 행동'이 그것이다. '문제인식'이란, 자신이 바라는 바람직한 상태와 현재 자신의 상태 간의 차이를 인식하는 것을 말한다. 그 후 그 차이를 줄이기 위해 알맞은 제품이나 서비스를 탐색하고 비교평가하고 구매하고 사용한다. '구매 후 행동' 단계에서는 그 제품이나 서비스에 대해 만족하기도 불만족하기도 하고, 불만족한 경우 불평행동을 하기도 하며, 주변에 추천이나 부정적 구전을 전파하기도 하고, 만족한 경우에는 단골고객이 되기도 한다.

마케팅이 고객만족을 강조하면서 구매 후 행동에 상당히 공을 들이는 것은 사실이나, 옷을 입을 때 첫 단추부터 잘 꿰어야 전체 과정이 원활하고 옷맵시가 나는 것처럼, 첫 단계인 소비자의 '문제인식'에 대한 정확한 진단과 처방이 가장 중요하다는 것을 잊어서는 안 된다. 사례 8의 내러티브도 소비자가 구매하는 것은 문제해결을 위한 솔루션이라는 것을 분명히 보여 준다.

사례 08 내게 꼭 맞는 제품

여자라면 누구나 꿈꾸는 투명하고 맑은 피부. 나는 그 피부를 위해 기나긴 항해를 하고 있는 중이다. 그중 피부와 가장 밀접한 관련이 있는 화장품, 특히 기초 화장품에 관심이 많다. / 그중 내게 꼭 맞는 제품을 찾기 위해 적지 않은 돈을 투자하기도 했다. 지금 이야기하고자 하는 브랜드의 제품은 SKⅡ의 페이셜 트리트먼트 에센스와 셀루미네이션 딥 서지 크림이다. 내게 만족감과 행복감을 동시에 안겨 준 제품이다. 이런 제품이 있다는 것에 감사할 따름이고 내겐 정말 마약 같은 존재이다. / 제품은 한없이 맘에 들지만 한 가지 안 좋은 점은 가격이 비싸다는 점이다. 하지만 내겐 가격 대비 만족감이 더 크기 때문에 크게 불만은 없다. 마지막으로 광채 나는 피부는 아니지만 그에 한 발 다가설 수 있게 만들어 준, 나를 좀 더 당당하게 만들어 준 제품에 감사한다. 살면서 여러 제품을 구입하면서 많은 행복감도 느껴 보고 불만도 겪어 보았지만 가장 인상 깊었던 기억은 바로 이 제품이다.

— 심지희(여)

기대한 품질 그대로가 행복인 것을!

서비스는 표준화와 개인별 맞춤화를 유연하게 운영할 수 있는 경우가 많다. 음식점이나 카페에서도 표준적으로 제공되는 레시피말고 개인적인 선호를 일정 수준 반영할 수 있도록 하는 경우가 흔하다. 그러나 꼭 그렇지 않아도 원래 받을 것이라 기대한 것을 받는 것, 아주 자연스러운 소비자의 희망이 이뤄지는 것, 그것으로 소비자는 족히 행복할 수 있다. 자신의 입맛에 딱 맞는 음식을 먹는 것 또는 자신의 취향에 딱 맞는 카페에 앉아 있는 것만으로도 소비자는 순수하게 행복해진다. 저자도 언젠가 한 카페에서 정말 행복하다는 느낌을 받은 기억이 있다. 그저 커피 한 잔을 음미하며, 천장이 저만치 높고, 쾌적하고, 서로 상관하지 않고, 편할 대로 한동안 앉아 있을 수 있는 이런 공간 그 자체로 흡족하다는 느낌을 받았다. 그 후로 카페를 좋아하게 되었고, 온 가족이 카페족이 되었다. 이 시대 카페는 우리에게 그러한 공간이 되어 주어야만 한다는 듯, 이젠 어느 카페를 가든 거기서 공부하고, 거기서 글을 쓰고, 거기서 휴식시간을 보내는 수많은 익명의 사람들을 만날 수 있다.

당신에게 카페는 어떤 공간인가? 현대사회의 카페라는 공간은 참으로 다양한 기능을 하고 있다. 임동원(2008)은 그 안에 있는 소비자 자신도 카페 공간의 한 요소로 상품화되고 전시되며 타인의 시선을 군중으로 의식함으로써 스스로 소비되고, 그렇게 소비됨을 욕망한다고 보았다.[13] 이는 상징적이고 기호론적인 차원에서 카페의 기능을 보는 관점으로 모든 상품, 특히 브랜드는 이 같은 상징적이고 기호론적인 기능을 수행하고 있다. 그는 상품이 만들어 내는 이 같은 기만적 외양이 없으면 그리고 그 외양에 홀리는 일이 없으면, 소비는 결코 즐겁지 않을 것이라고 말한다. 건축의 인문학적 의미를 다룬 이상현 교수는 이러한 카페의 기능을 '라운징'이라고 표현한다.[14] '라운징(lounging)'이란 '함께 있되 불편함을 느끼지 않을 정도의 심리적 거리를 확보하여 몸과 마음을 가볍게 쉬는 것'이라고 한다. 이러한 공간이 누구에게나 필요하다. 아마 심리학자들이 행복을 위해 누구에게나 '제3의 장소'가 필요하다고 강조하는 것도 이 같은 이유일 것이다. 라운징, 힐링 또는 적당한 교류를 위한 공간이 필요하다는 의미일 것이다.

사례 09 분위기가 딱 내 취향

가게 분위기도 참 클래식한 게 유럽 시내에 있는 식당 분위기, 딱 내 취향이고 노래도 좋은 재즈가 흘러나온다. 그래서인지 남녀노소 불문하고 사람들이 항상 찾아와서 먹고 가는 것 같다. 커피숍같이 음식 하나 시켜놓고 몇 시간 동안 앉아 있다 가는 사람도 있고, 분위기가 이렇다. 직원들은 얼마나 친절한지 음식이 늦게 나오면 항상 "늦게 나와서 죄송합니다.", 가게에 들어가면 "안녕하세요."라고 인사도 하고. 항상 웃는 얼굴로 반겨 주는 게 좋다. 자주 먹는 메뉴는 베이컨 필라프로, 기본적으로 이 음식을 시키면 볶음밥 위에 두툼한 베이컨이 올라가 있고, 파르마산 치즈로 덮인 감자튀김에 야채 샐러드가 따로 또 나온다. 거기다가 음료수 두 잔… 신선한 야채와 베이컨 등을 먹다 보면 감탄이 절로 나온다.

– 이동진 (남)

아이가 아파 병원에 가는 부모 마음은 어떨까? 부모라면 더 쉽게 상상할 수 있을 것이다. 일단 불안하고 걱정이 많다. 내가 직접 진료를 받는 게 아니다 보니 전체 진행과정에 대해 즉각즉각 알고 싶어 안달이 난다. 요사이 '병원 마케팅'이라는 말이 생긴 것만 봐도 병원의 서비스 품질관리와 고객만족경영이 얼마나 중요해졌는지 알 수 있다. 병원도 쇼핑 품목이 된 지 이미 오래되었다. 고객이 병원에 원하는 것은 그 병원 브랜드와 비용에 걸맞는 서비스를 제공하는 것이다. 안전하고 정확하고 믿을 수 있으며 환자의 건강을 진심으로 챙겨 주고 또 다른 중요한 고객인 환자의 보호자까지 배려하는 것이 병원 본연의 서비스가 아닐까. 이러한 기본적인 기대를 충족하는 것이 병원 이용자에게는 행복이 된다.

사례 10　**진료를 받는 과정 동안 편안하고 행복**

19개월 된 아이가 3일간 고열로 너무 아파 보이는데 / 도저히 안 되겠다 싶어 휴가를 내고 그날 병원으로 나섰다. / 삼성서울병원 / 집에서 너무 멀다는 걱정도 있었지만(참고로 집은 충남 태안) 그냥 가는 길에 전화로 예약을 하기 시작했다. / 들어서자마자 두리번거리는 내 모습에 어디선가 길을 안내해 주시는 도우미 분이 오시더니 / 그 과 접수 데스크까지 안내해 주셨다. / 진료소 앞 전광판을 보며 여유를 찾게 되었고 아내와 나는 음료수까지 마실 수 있는 시간도 생겼다. / 진료를 하는 내내 의사와 간호사는 미소를 잃지 않고 친절히 진료와 상담을 해 주었다. 진료 후 아이의 세부적인 검사가 필요하여 피검사, 호흡기 검사 등 / 아이가 하기 힘든 일련의 과정들을 각각의 분야에서 근무하시는 의료진들이 세심하게 도와준 덕분에 두 시간이 넘는 진료와 검사를 무사히 마칠 수 있었다. / 진료를 받는 사람들의 얼굴 표정에서 힘들어하는 모습보다는 활기찬 모습들이 보였고 / 아파서 찾아오는 병원이지만 그리고 진료를 받기 위해 비용을 지불하는 소비자 입장이지만 이 병원에서 진료를 받는 과정 동안 편안하고 행복했다.

－ 박영빈(남)

2. 마니아적 소비

마니아적 소비를 통해 행복을 느끼는 사례는 해당 원천의 행복 사례 중 4% 정도로 나타났다. 이 책에서 '마니아적 소비(maniac consumption)'란 '특정 제품군이나 브랜드에 대해 단순한 재구매 이상의 열광적 충성도를 보이는 경우'로 본다. 잘 알려진 명품 브랜드나 잘 알려지지 않은 희귀 제품이나 희소성 있는 브랜드의 특정 제품 라인 등에 대해 이 같은 소비가 나타난다. 특정 제품이나 브랜드에 열광하는 소비자는 그것의 수집광이 되거나 그 브랜드와 자신을 동일시하는 경향이 높아진다. 남들이 아직 그 가치를 몰라 줘도 자신은 이미 그것의 가치를 알아보고 수집에 집착하는 경우도 있다. 마니아적 소비행복은 브랜드의 이미지에 대한 동일시, 소유가치를 바탕으로 한 연속적인 재구매, 수집행위를 통해 자기만족적 행복을 느끼는 사례들이 대부분이었다. 이 경우도 역시 주변 사람들로부터 그 가치를 인정받을 때 행복감이 더욱 고양되는 양태를 띠고 있다.

수집광 – 행복한 물질주의자

다음 사례에서는 고급 브랜드 제품을 소유함으로써 발생한 자부심이 소비자행복으로 이어졌다. 특정 브랜드의 수집광이 되어 버린 마니아 소비자들은 수집을 위해 온갖 수단을 동원하곤 하는데 이 소비자도 그러한 경향이 나타난다.

사례 11 **약 2년 동안 7켤레의 다즐러 신발을 샀다**

사회생활을 하면서 내 손으로 돈을 벌어 내가 가지고 싶은 것들을 구매한 물건 중 가장 기억에 남고 아꼈던 물건을 소개하려고 한다. 나는 패션에 관심이 많고 그중에도 신발에 자금을 더욱 많이 투자한다. 영화배우 현빈을 통해 루돌프 다즐러라는 브랜드를 알게 되었으며…. '다즐러'라는 브랜드는 푸마에서 론칭한 블랙스테이션 4개 라인 중 하나인 고가 브랜드였다. / '하늘은 스스로 돕는 자를 돕는다'고 했던가! 회사 동료가 마침 해외여행을 간다고 했고 난 염치없지만 부탁을 해서 나의 첫 다즐러 신발을 얻게 되었다. / 회사 동료 중 해외출장이나 여행을 가는 경우가 생기면 나의 다즐러를 하나씩 부탁하게 되었고… 인터넷 사이트에서도 구매를 하면서 약 2년 동안 7켤레의 다즐러 신발을 샀다. 길거리를 돌아다닐 때 받는 시선과 신발 멋있다, 이쁘다라는 표현을 듣고 뿌듯함을 느꼈다.

– 우성식(남)

물질의 소유를 추구하는 경향을 물질주의(materialism)로 보고 비난하기도 한다. 그런데 물질주의라고 다 비난할 것도 아니다. 한 연구에 따르면, 물질주의자에는 3가지 유형이 있다. 첫 번째 유형은 순수히 명품, 물질 등을 소유하는 것이 즐거운 사람, 두 번째 유형은 물질이 성공의 잣대라고 보는 사람, 세 번째 유형은 행복하기 위해 물질을 더 소유해야 한다고 생각하는 사람으로 구분된다.[15]

사례 11의 소비자는 첫 번째 유형에 속한다고 볼 수 있다. 다른 유형의 물질주의는 외로움의 원인이자 결과가 될 수 있다고 한다. 몇몇 연구에서 물질주의자가 되는 이유는 외로움을 물질로 보상받기 위해서이며, 물질을 가질수록 사회적 관계를 중시하지 않아 결국 외로운 사람이 된다고 한다. 물질주의와 외로움은 서로 악순환의 고리로 연결되어 있다는 것이다. 그런데 첫 번째 유형의 소비자에게는 그런 악순환의 고리가 통용되지 않는 것 같다.[16] 그냥 그것을 갖는 게 순수하게 즐겁기 때문에 가능할 때마다 수집적으로 구매하는 것뿐이다. 사놓고 보는 것만으로도 기분 좋은 물건이 있잖은가! 하나 하나 어렵사리 구해서 진열해 놓다 보면, 점차 완성적인 형태나 시리즈가 되어 간다. 이때 느껴지는 묘한 성취감, 빠져나오기 쉽지 않은 행복의 덫, 이게 수집의 재미 아닐까?

이 행복감이 소비자 자신과 브랜드 간의 관계에서 비롯된 것만은 아닌 것 같다. 사회 속에 존재하는 브랜드 시스템으로부터도 기인한다. 사회에는 인생의 목표성취를 상징하거나, 브랜드가 타인으로부터의 놀라움, 거절, 존경 등을 유발하거나, 특정 브랜드를 소유하지 못한 것이 사회적 그룹으로부터의 소외감을 유발하는 등의 브랜드 시스템이 존재한다.[17] 사례 11처럼 주위 사람들의 부러운 시선이나 칭찬 등 브랜드에 대한 사회적 보상체계가 있기 때문에 고급 브랜드, 한정판 제품 등에 대한 소유욕구가 증폭될 수 있고, 그 결과 소비자행복이 강화될 수 있다. 그래서 마니아적 소비자에게는 앞서 살펴보았던 신제품의 조기 수용자와 비슷한 특성이 나타난다.

브랜드 커뮤니티, 행복한 마니아들의 모임

앞서 소비자행복에 대한 경험재 대 물질재의 경합 이슈를 다루면서, 경험재가 물질재보다 타인과 그 경험에 대해 공유가 용이하므로 경험공유의 매개과정을 거쳐 행복을 더 높인다는 연구를 소개하였다.[18] 그런데 사례 12의 내러티브를 보면, 제품(즉, 물질재)의 브랜드 커뮤니티 공간에서 마니아 고객들이 서로 의견과 지식을 나누고 경험을 공유하는 활동을 함으로써, 존재감을 확인받고 인정받는 강화과정을 통해 마니아로서의 행복감을 만끽한다는 것을 확인할 수 있다. 2012년 미국소비자학회(ACR)에서 열린 '소비자 사회성과 행복'이라는 주제의 특별 세션에서 발표된 연구 중에 "내 소비를 남들은 어떻게 생각할까?"라는 제목의 논문이 있다.[19] 이 논문은 소비자행복이 소비 이전의 사전적 원천 외에 소비 이후의 행동에 의해서도 증가될 수 있음을 증명한 첫 연구라고 소개하고 있다. 사실 브랜드 커뮤니티는 이미 현실에서 그 같은 사후적 소비자행복 증대 메커니즘을 벌써부터 보여 주는 대표적인 예가 아니었나 싶다. 다음 사례의 소비자도 많은 동료들 중에서 자신이 특정 휴대전화의 최초 사용자가 되었을 때 행복을 느끼기 시작했다고 서술했다. 혁신자 또는 조기 수용자에 속하는 소비자 유형이다. 마니아는 거기서 그치지 않고 자연스럽게 긍정적 구전활동을 하며, 점차 브랜드 커뮤니티 활동으로 발전하는 경향을 나타낸다. 이 소비자 역시 그런 경로를 따르고 있다. 커뮤니티 활동은 상호간에 공통점과 유대감을 바탕으로 '부족적(tribal)' 특성을 나타내곤 한다. 이곳에서 브랜드 지식을 더욱 확장함에 따라, 주변의 일반 동료의 눈에는 완전 전문가급으로 비춰지게 된다. 이것이 추진력이 되어 마니아적 경향은 더욱 짙어진다.

사례 12 **커뮤니티에 가입하여 활발하게 활동**

행복감을 느끼게 된 것은 동료 사이에서 내가 최초로 햅틱 1의 휴대전화를 사용하게 되었다는 점이며, 사용하면서 버튼식으로 느꼈던 부분과는 다르게 휴대전화 화면을 누르는 감촉이 너무 좋았다는 점이다. 주변에 친구들에게도 많이 홍보하고 사용하게 되면서 커뮤니티에 가입하여 활발하게 활동했던 기억이 난다. 현재까지 그 휴대전화를 사용하고 있지만 참 편리하고 간편해서 만족을 느끼고 있는 상품이다.

— 차태원(남)

연구에 따르면, 신기술 제품을 선호하는 소비자의 특성은 최초 소유, 최초 사용이 주는 흥분과 환희 및 제품에 대한 매료에서 발생하는 매우 강력한 긍정적 감정을 느낀다는 점이다.[20] 이 같은 감정경험은 계속 신기술 제품에 집착하게 되는 요인으로 작용하며, 사용자와 그 제품 사이에 유대관계를 형성하는 역할도 한다. 이들은 같은 제품의 사용자와 만나기를 즐기며, 다른 사람과 그 제품에 대해 대화하는 것을 즐긴다. 그렇기 때문에 커뮤니티 활동 경향이 높게 나타난다. 브랜드 커뮤니티에서 간혹 발견되는 독특한 특징 중 하나는 의례적 소비활동이 이루어진다는 점이다. 박철·강유리(2012)의 연구에 따르면, 내면적·외면적 의례화로 부족적 유대감이 형성되고, 그 결과 관련된 제품에 대한 '신성한 소비(커뮤니티에서 거론되는 제품에 대해 상징적 의미와 가치를 부여하고 숭배하여 투자하고자 하는 정도)'가 이루어진다.[21]

사례 12의 내러티브에서 한 가지 더 눈여겨 볼 점은 감각적 만족감이다. 오늘날의 경제를 '경험경제(experience economy)'라고 부른다.[22] 어떤 경험이 인간에게 닿는 첫 순간은 다름 아닌 '감각적 지각'이고, 마지막 단계는 '기억'의 단계이다. 김장독 김치맛을 재현한 김치냉장고에 대한 사례 6의 내러티브에서도 소비자의 행복경험에 '미각'이 중요한 역할을 했다는 걸 눈치 챌 수 있다. 사례 12의 소비자가 햅틱 휴대전화를 좋아하게 된 첫 지점은 화면을 누르는 촉각의 새로운 경험 때문이었다. 이에 대해서는 나중에 다른 내러티브에서 더 자세히 다루어 보자.

그 브랜드라면 모두 사랑하리!

저자는 1990년대 중반 자동차 관련 연구소에서 일한 적이 있다. 그 시절 자동차 기업은 한 고객이 평생 자사 브랜드 자동차만을 구매할 수 있도록 차급과 차종의 라인업에 한창 신경을 쓰고 있었다. 사회 초년생인 20대에 경차나 소형차로 시작해서 준중형, 중형, 준 대형, 대형, 프리미엄급 차량으로 한 브랜드 안에서 계속 새 차를 업 그레이드해 가는 구매 패턴을 형성하도록 하기 위해서였다. 그러나 그건 결코 이루기 쉬운 목표가 아니다. 쟁쟁한 국내 경쟁 브랜드에 더해 고급 외제차 브랜드가 끊임없이 유혹해 올 뿐만 아니라, 일반 적으로 소비자는 쉽게 질리는 편이기 때문이다. 다양성 추구성향은 우리 감각이 한 가지보다는 여러 다양한 자극을 선호하기 때문에 발 생한다. 라인업을 아무리 완벽하게 갖추었어도 이 같은 일관적인 브 랜드 충성행동을 자동차 브랜드에서 구현하는 것은 상당히 도전적인 목표인 것이다.

만약, 한 브랜드 내에 다양한 제품군이 있는 경우라면 어떨까? 삼성, LG와 같은 전자제품 브랜드는 다양한 전자제품군을 보유하고 있고 하위 브랜드도 거느리고 있다. 이러한 경우 삼성전자를 사랑하 는 고객이라면 TV, 세탁기, 냉장고, 노트북, 스마트폰까지 모두 삼 성전자 일색으로 갖추고자 할 수 있다. 한 종의 제품군만을 가진 경 우보다 브랜드 충성도가 여러 제품군으로 퍼지는 '확산효과(spill-over effect)'가 발생할 수 있는 이점을 가진 셈이다. 사례 13의 내러티브는 소니(Sony) 브랜드 충성도가 고객의 라이프사이클에 따라 고객이 필 요로 하는 다양한 상품군으로 확산되는 현상을 잘 보여 준다.

> **사례 13** Sony는 언제까지나 내 옆에서… 나의 삶의 질을 향상시켜

Sony와의 첫 만남은 고등학교 시절 야간자율학습을 핑계 삼아 처음 구 입하게 된 MP3 플레이어였다. / 학생 신분으로는 엄두도 못 낼 가격이 었던 이 녀석은 인터넷 광고를 통해 내게 다가왔고 / 곧바로 부모님을 설득시키기 위한 작전에 들어갔다. / 무엇보다 Sony 브랜드는 고급 가 전기기로 유명하였기에 친구들에게 자랑하고 싶어 학교에 가고 싶을 정

도였다. / 획기적인 기능과 심플하면서도 고급스런 디자인으로 타사와 단연 비교되는 Sony와의 두 번째 만남은 카오디오이다. / 차에 손수 장착하고 드라이브나, 여행, 스트레스 쌓였을 때 차 안에서 음악을 들으면, 나만의 음악공간으로 큰 기쁨을 주었다. 더욱 풍성해진 음향효과가 정말 좋았다. 이후에도 Sony 제품에 대한 고집은 식을 줄 몰랐다. / 나를 Sony에 더욱 집착하게 만든 것은 소니에릭슨의 스마트폰 엑스페리아였다. / 블로그에 담아 놓고 국내 출시만 계속 기다렸다. / 얼리 어답터로서 제품을 가장 먼저 사용해 보고 싶은 욕망이 컸던 것이다. / 알람시계로, 나의 일정을 알려 주는 비서로, 궁금한 것을 바로 알 수 있게 해 주는 백과사전 등으로 나의 일상 하나부터 열까지 함께하지 않으면 안 될 소중한 것이 되어 버렸다. / 나의 Sony에 대한 사랑은 고등학교 때부터 시작되어 지난 8년 동안 나의 삶의 질을 향상시켜 주고, 항상 새로운 모습으로 구매를 위한 저축을 할 수 있게 도와주고 있다. / Sony는 언제까지나 내 옆에서 함께할 것이다.

— 신지호(남)

고객관계관리(Customer Relationship Management: CRM)라는 마케팅 기법의 핵심은 고객을 평생 고객화하면서 고객생애가치(CLTV)를 증대시켜 기업이 가진 고객 포트폴리오의 고객자산가치를 최대화하는 것이라고 요약할 수 있다. 1990년대 중반 이후 여러 연구를 통해, "신규 고객을 확보하는 데 비용을 과하게 투입하는 것보다 기존 고객의 만족도와 충성도를 높이는 데 비용을 투자하는 것이 수익증대에 더 효과적이다."라는 통찰을 얻으면서부터 CRM은 경영철학으로, 기업의 고객정보 통합시스템으로, 고객보상 프로그램으로 다양하게 활용되어 왔다.

실제로 한 고객을 평생 고객화하는 것이 얼마나 어려운 일인지는 기업이 잘 알고 있다. 이때 예를 들어, 다양한 제품군의 라인업을 갖춘 브랜드라면 업셀링(상향판매, 예: 8kg 세탁기를 구매한 고객에게 몇 년 후 10kg 세탁기를 구매하도록 하는 것)과 교차판매(예: PC를 구매한 고객에게 프린터도 구매하도록 하는 것)뿐 아니라 고객이 성장, 취업, 결혼, 출산, 승진, 퇴직 등 생애의 주요 전환점을 전후하여 필요로 하는 제품과 서비스의 신규구매 및 교체구매 등에 자연스럽게 관여할 수 있다. 고객 DB의 데이터마이닝 기술을 사용하여 최적의 상품 패키지를 시기별로 선제안할 수 있다는 말이다. 물론 앞의 사례에서처럼 고객이 첫 번째 사용한 제품 브랜드에 대만족해야 후속 구매 단계로 넘어가는 것이 가능하다는 점이 관건이긴 하다. 첫 사용에서의 감동 없이 나중에 충성도의 확산효과를 기대하는 것은 무리이다.

사례 13의 내러티브에서 발견되는 흥미로운 진술 중 하나는 소니 제품이 8년 동안 자신의 삶의 질을 향상시켜 주고, 새로운 제품을 구매하기 위해 저축을 할 수 있도록 동기부여했다는 대목이다. 이 소비자는 소니를 '이 녀석', '소중한 것', '기쁨' 등으로 묘사하고 있다. 이 같은 브랜드 충성도는 깊은 '브랜드 애착(brand attachment)'을 바탕으로 한다. 최근 연구를 보면 브랜드 애착이 강해질수록 거기서 발생하는 긍정적 감정으로 인해 '자아효능감(self-efficacy)'이 높아지고 결과적으로 주관적인 삶의 질이 높아진다고 한다.[23] 자신이 애착을 느끼는 대상이 있는 사람은 애착하는 대상이 없는 사람에 비해 긍정적 감정을 더 많이 가진다는 것이고, 긍정적 감정이 많아지면 어려움도 잘 극복하고 해결할 수 있다고 느끼는 자아효능감이 증가하게 되는데, 자아효능감이 높은 사람들은 자신의 삶의 질을 높게 평가한다는 말이다.

애착, 즉 사랑이 긍정적 에너지를 만든다는 것인데, 이는 일명 '사랑의 마법'이다. 한번쯤 누군가를 사랑해 본 사람이라면 이 마법을 잘 알고 있을 것이다. 사랑하는 사람이 생기면 기쁨이 샘솟고 새로운 아침이 시작될 때 어깨가 무겁기는커녕 삶의 의욕이 넘친다는 것을 말이다.

이 같은 마법은 '사랑의 삼각형 이론(triangluar theory of love)'으로 유명한 로버트 스턴버그(1986)라는 학자도 제시한 바 있다.[24] 그가 말한 사랑의 삼각형에서 세 꼭짓점은 '친밀감(intimacy)', '열정(passion)', '전념/몰입(decision/commitment)'이라는 3요소로 이루어져 있으며, 이 3요소 간의 단독적 또는 복합적 구성에 따라 다양한 유형의 사랑이 창출된다. 사랑의 2요인설에서는 '열정적 사랑(passionate love)'과 '동반자적 사랑(companionate love)'을 가장 기본적이고 중요한 사랑의 유형이라고 본다.[25]

애착이론(attachment theory)은 유아와 양육자 간 관계에 대한 연구에서 출발하였지만 실제로 인간의 전 생애에 걸친 모든 관계맺기에 해당하는 친밀감 형성을 다루고 있다.[26] 사랑에 대한 이론에서 발견할 수 있는 핵심은, 사랑과 애착은 어떤 특정 대상에 대한 '친밀감'을 바탕으로 발전하는 감정이라는 점이다. '브랜드 애착'이나 '브랜드 사랑' 같은 감정도, 그 브랜드에 대해 소비자가 얼마나 친밀감을 갖느냐에 따라 달라질 수 있다. 멋져 보이기만 한다고 해서 브랜드 애착이 발생하는 것이 아니라, 친밀감을 느낄 만한 경험이 주어져야 한다는 것이다.

달인의 행복, 아는 사람만 아는 재미!

좀 복잡한 기술이 적용된 전자제품이나 사용법이 까다로운 제품이나 능숙하게 사용하게 될 때까지 학습과 노력을 요하는 제품들이 있다. 서비스도 그렇다. 어떤 서비스는 처음 이용하는 사람에겐 낯

설고 어렵지만, 어느 정도 지속적으로 이용하게 되면 능숙하고 자신
감 있게 이용하면서 더 큰 즐거움을 느끼도록 만들어 준다. 이러한
종류의 제품이나 서비스는 소비자가 노력한 만큼의 행복한 경험, 즉
달인의 행복을 선사한다. 사례 14의 내러티브에서도 이 같은 달인의
행복을 엿볼 수 있다.

사례 14   **노력해서 공부하면서… 이 제품의 가치를 알 수 있다**

내가 제일 관심이 많고 좋아하는 것은 하드웨어 분야이면서 새로운 제품
을 접하는 것이다. 특히 새로운 기술을 사용해 보며 탐구하고 적용하는
것이 취미이다. / 타이핑을 할 때마다 경쾌하게 소리가 나며 내가 지금
타이핑을 하고 있구나 하는 기분을 느끼게 해 준다. / 음악인들이 좋은
악기를 찾는 것처럼 나 또한 내가 일하는 키보드가 악기나 마찬가지라는
생각이 든다. / 대략 한 달 동안 마니아의 조언과 비판의 글을 보며 간접
적으로 정보를 얻고 / 최종적인 제품을 선택하기까지 많은 고민과 판단
이 필요하지만 선택한 제품을 구입하여 사용하면 뿌듯한 기분까지 든다.
내가 고생하며 찾은 제품을 구입하여 사용하는 느낌과 일반적인 사람과
다른 키보드를 사용하는 기분은 조금은 특별하다. 게임에서 레어 아이
템, 유니크 아이템을 습득한 기분과 비슷하다고 보면 된다. 내가 노력해
서 제품에 대한 기능을 공부하면서 '소수의 사용자만이 이 제품의 가치
를 알 수 있다.'라는 자부심과 그 특별한 가치를 알게 되는 행복….

– 김현식(남)

특정 제품이나 서비스 또는 특정 소비영역에 대한 통달(mastery)
은 다른 일반 사용자와 다른 그 제품에 대한 지식을 심화하고 그들
끼리 통하는 전문용어(?)를 개발하는 데까지 이르게 한다.[27] 그 용어
들을 아는가 모르는가는 전문가 소비자와 비전문가 소비자를 가르는

중요한 판별기준이 된다. 달인의 경지에 이른 고객들은 '선언적 지식(declarative knowledge)'과 '과정적 지식(procedural knowledge)'을 갖게 된다. 선언적 지식은 내용지식, 즉 '무엇인지' 아는 것을 의미하고, 과정적 지식은 '어떻게 하는지' 아는 것을 말한다. 이러한 지식을 노력하여 공부하면서 쌓아 나가다 보면, 드디어 달인의 경지에 오르게 되고, 이렇게 달인이 된 소비자들은 일반 소비자들이 모르는 재미와 즐거움을 느끼고 또 그 다름을 즐길 줄 알게 된다.

이 고객들은 해당 제품이나 서비스를 즐기는 데 있어 남들보다 더 안정적으로 쉽게 질리지 않는 경향, 해당 상품에 대한 친밀감과 동질감을 느끼는 경향, 좌절감 없이 능숙하게 이용할 줄 아는 경향 등으로 인해 그 대상에 대한 향유가 더 깊고 길다.[28] 내 지인 중에는 와인에 관한 한 백과사전 수준에 이른 이가 있다. 몇몇 와인 동호회에 정기적으로 참여하고, 좋은 와인을 수집하여 소장하고 있으며, 마실 때마다 한 잔 한 잔 음미하면서 시적인 묘사를 들려 주곤 한다. 함께 와이너리에 동행한 적이 있었는데, 어떤 와인을 마시고 나자마자 확연히 달라진 그의 표정에서 달인이 느끼는 행복감이 얼마나 진실된 것인지 한눈에 깨달을 수 있었다. 진정으로 행복한 표정이었다. 그 와인에 대해 함께 토론할 만한 또 다른 전문가를 만나면 눈이 반짝이며 수다쟁이가 될 수 있는 단계, 달인의 단계란 그런 것이다.

게다가, 사례 14 이야기에서 화자가 직접 말했듯이, 이것은 '취미'이다. 취미는 관련된 특별한 전문제품 또는 전문 아이템을 많이 구매하도록 만드는 동기로 작동하며, 일종의 프로슈머(prosumer)적인 소비행위를 유도한다는 특징이 있다.[29] 프로슈머란 합성어로 'pro+sumer＝생산자(producer)＋소비자(consumer)＝생산하는 소비자'라는 뜻이다. 즉, 참여적 소비자이다. 프로슈머는 보통 제품의 복잡성이 높은 산업에서 많이 나타난다. 많은 기업들에게 이 같은 프로슈머적인 전문가 고객들은 뜨거운 감자가 되기도 한다. 제품의 복잡성이 높은 것도 한 이유이지만, 고객의 성격과 감각의 복잡성이 높은 것도 한 이유이다. 달인의 기대 수준을 충족시키는 것은 전문기업이라도 쉽지 않기 때문이다.

사례 14의 내러티브에서 또 하나 흥미로운 것은, 이 소비자가 키보드를 악기로 표현했다는 점이다. 타이핑할 때마다 경쾌하게 울리는 소리에 이 소비자는 상당히 예민하며 가치를 많이 두고 있다. 저자 역시 노트북을 고를 때, 키보드의 느낌을 가장 중요한 구매기준으로 삼고 있다. 하루 종일 이것으로 작업해야 하기 때문에 내 손 끝에 닿는 감촉, 눌리는 느낌, 되뛰는 속도, 경쾌한 소리 등이 정말 중요하게 생각된다. 아주 마음에 드는 키보드는 이상하게도 글을 쓸 때, 생각도 더 잘 나게 하고, 아무리 붙들고 있어도 힘든 줄 모르게하는 마력이 있다. 계속 키보드를 두드리고 싶은 욕망을 갖게 만든다. 지금 이 책의 원고를 쓰고 있는 노트북의 키보드도 그런 마술을부리는 중이다.

여기서 잠시 사례 14와 겹쳐서 사례 12에서 보았던 햅틱 1 휴대전화에 대한 내러티브와 사례 6의 김치냉장고에 대한 내러티브를 기억해 보자. 그 내러티브에서도 화면을 터치할 때의 만족스런 촉감에대한 표현이나 어릴 적 먹던 김장독 김치맛에 대한 섬세한 느낌이포착되었다. 경험경제시대에 소비자에게 판매하는 것은, 제품이나서비스가 아니라 '경험'이다. 잊혀지지 않는 '기억 상품'을 파는 것이다. 번드 슈미트(1999)는 '체험 마케팅(experiential marketing)' 개념을제시하면서, '총체적 체험(holistic experience)'이 궁극적인 상품이 되어야 한다고 주장했다.[30] 체험은 고객이 직접 감각을 사용하여 그 상품에 접근하는 순간 시작된다. 그는 체험 마케팅의 도구로 고객의 오감을 자극하는 '감각(sense)', 즐거움이나 자부심 등을 유발하는 '감성

(feel)', 지적인 이해와 판단에 호소하는 '생각(think)', 몸으로 직접 체험하도록 유도하는 '행동(act)', 고객과 제공자(기업)를 질적으로 연결하는 '관계(relate)'라는 5가지 요소를 제안하였다. 여기서 가장 기본이 되는 건, 대상과 고객 간 첫 접촉의 단위요소인 '감각'이다. 감각은 총체적인 최종 경험을 팔기 위해 가장 핵심이 되는 요소 상품인 셈이다. 자동차 회사마다 브랜드 고유의 엔진 소음과 핸들링 감각을 개발하려고 독자적인 연구소를 세워 열심히 투자하고 연구하는 이유는 고객체험이 감각에서부터 시작되기 때문이다.

지금은 기억이 가물가물한 영화 한 편이 있다. 직업 모델이던 한 아름다운 여성 A가 어느 날 사고를 당해 온몸이 부서지고 뇌만 살아남는다. 또 다른 여성 B는 평범한 가정주부로 몸은 멀쩡한데 뇌사 판정을 받는다. 의사는 두 여인을 하나로 합치는 수술을 한다. B의 몸에 A의 뇌를 얹어 C를 창조한 것이다. 이 여인은 이제 누구에게로 가야 할까? 그녀는 뇌의 기억대로 A의 남편에게 돌아간다. 그러나 C는 잘 적응하지 못하고, B의 집으로 가게 된다. B의 집에 온 C는 테이블 모서리를 만지는 자신의 손끝에서 익숙하고 편안한 느낌을 알아차린다. 그것은 몸이 기억하고 있던 감각기억이다. 영화는 C가 B의 집에서도 적응하지 못하고 고통스러워하다가 결국 자기를 창조한 의사에게 돌아가는 장면으로 끝난다. 오래전 TV에서 본 영화인데, 그 영화가 내게 남긴 인상은 매우 강했고 수많은 생각을 촉발시켰다. 그중 하나가, 인간에게는 몸에 남은 물리적 기억이 있고, 그것이 얼마나 강력한지에 대한 깨달음이었다. 감각은 강력하고 오래토록 기억되는 경험이다. 그것은 경험상품의 가장 핵심적인 기본 구성요소이다.

장인정신을 느낄 때 명품족은 행복하다!

한국 사람 중에 '짝퉁'이라는 말을 모르는 이는 없을 것이다. 루이비통 가방이 대한민국에서는 가장 흔한 짝퉁 가방 중 하나이다. 고흐의 작품인 〈별이 빛나는 밤〉도 아마 가장 흔한 키치 중 하나일 것이다. 왜 이런 현상이 빚어지는 것일까? 그것들이야말로 '명품', '명작'이기 때문이다.

블룸(2010)에 따르면 본질주의(essentialism)는 인간의 보편적 현상이다.[31] 본질주의란 어떤 인식대상의 종류가 존재한다고 가정할 때, 하나의 인식대상이 그 종류에 해당하기 위해서는 필히 부합해야 하는 일련의 성질(본질)을 지니고 있어야 하며, 그 성질(본질)로 환원하여 그 사물이나 대상을 인식하고자 하는 입장을 말한다. 자고로 인간은 뛰어난 것, 훌륭한 것을 가치 있게 여기고 경외할 줄 아는 존재인 것이다.[32] 소비자에게 명품이란 이름난 유명한 제품, 장인정신이 깃든 훌륭한 물건 등을 의미한다. 명품 브랜드의 본질은 뛰어난 장인정신이 만들어 낸 작품성에서 나오는 것이리라. 이런 것은 값비싼 만큼 소유자에게 황홀감과 자부심을 선사한다.

사례 15 명품의 정의는 장인정신이 깃들어 있는 상품

좀 비싸 보이는, 나도 저런 거 하나 있었음 좋겠다 하는 물건, 명품! 내가 생각하는 명품의 정의는 장인정신이 깃들어 있는 상품이다. 하나의 상품에 만든 이의 정성이 가득 담긴 상품. / 항상 가방은 아무거나 들고 다녔던 내가 찢어지고 무겁고 계속 바꾸는 것도 지겨워서, 요 며칠 전 큰맘먹고 '닥스'라는 명품 가방에 큰 소비를 하게 되었다. / 이 가방을 사고나서 주위의 시선도 그렇고, 전처럼 무겁고 해지고 하는 경우가 안 생겼다. 게다가 디자인도 무난하여 질리지도 않고 어느 옷에든 코디가 가능해졌기 때문이다. 이런 것이 명품의 만족감과 행복감인지도 모르겠다. 그래서 이젠 나도 정말 의류든 액세서리든 명품을 선호하게 되었다.

— 강정빈(남)

흥미로운 점은 기쁘게 선물을 받은 루이비통 가방이 몇 달 후 짝퉁 가방으로 판명될 때, 그 똑같은 가방이 더 이상 같은 기쁨을 주지 못한다는 사실이다. 명품의 '본질'이 사라졌기 때문이다. 성장하면서 학습을 통해 획득된 취향에 따라 선호를 형성하게 된다. 학습의 작용 때문에 우리는 누구에게 들은 대로 또는 자기가 믿는 대로 그 대상의 본질을 해석하고 그로 인해 소비경험이 극과 극을 오가기도 한다.[33] 희한한 디자인의 넥타이를 보여 주면서 에르메스 신상품이라고 말해 주면 역시 프랑스의 패션 디자인은 훌륭하다며 높은 가격을 지불할 준비를 하겠지만, 처음 듣는 어떤 나라의 브랜드라면 어쩐지 촌스럽다고 하면서 거저 줘도 싫다 할지 모른다.

명품을 선호하는 여성들을 최근에는 '된장녀'라고 빈정대며 부르고는 한다. 분수에 맞지 않게 값비싼 명품 브랜드로 온몸을 휘감은 여성들이 사람들 눈에 좋게 보일 리 없다. 그런데 이 같은 소비행각이 허영심에서 나온 물질주의가 아니라 장인정신을 귀히 여기는 본질주의에서 나온 것이라면 어떻겠는가? 대학동기 중 졸업 후 취업하여 받은 첫 월급을 몽땅 미술작품을 구입하는 데 쓴 친구가 있다. 부모님께 내복을 선물하던 시대가 이미 지났기 때문이 아니라, 귀한 것을 순수히 열망하는 인류의 본질주의적 본능 때문이 아니었을까? 최근에 나도 스스로를 의심해 본 적이 있다. 집에 좀 괜찮은 오디오 세트를 들여놨는데, 확실히 전에 듣던 소리와는 차이가 느껴진다. 그 음악소리 때문에 가슴에 감동이 휘몰아친다. 혹시 오디오 브랜드명 때문에 내 귀가 나를 속이는 걸까?[34] 아니면 내가 제대로 듣는 귀가 있어서 그런 걸까?

약간 각도를 달리해서 잠시 브랜드가 미치는 강력한 자기신호 효과와 타자에 대한 신호 효과에 대해 알아보기로 하자. 브랜드는 자본주의화된 사회와 문화 깊숙이 들어와서 중요한 시그널링 효과를 발휘하고 있다. 특히 집단주의적 문화와 체면문화가 깊이 스며 있는 한국사회에서는 더더욱 브랜드의 작동이 분명하고 가시적이다. 어떤 실험에서 여성 소비자들에게 명품 브랜드명이 인쇄된 쇼핑백을 주면서 이것을 들고서 백화점을 한 바퀴 둘러보며 아이쇼핑을 하고 나오도록 요청하였다. 이 실험집단은 일반 쇼핑백을 들고 백화점을 둘러보도록 요청받은 다른 집단에 비해 자신감, 자아 이미지, 만족감 등이 더 긍정적으로 나타났다. 이 실험은 원래 해외에서 수행된 것으로,[35] 국내 연구자들이 국내 백화점에 이를 그대로 적용해서 실험에 착수한 적이 있다. 역시 같은 효과가 창출되었다. 명품 브랜드명과 그 브랜드가 내포하는 이미지를 마치 자신의 자아가 그런 것처럼 의식하게 되었기 때문이다. 앞에서 잠시 언급했던 브랜드 동일시(brand identification) 현상이 발생한 것이다. 더 중요한 점은 별것 아닌 쇼핑백 하나 때문에 자아개념, 자아존중감, 자신감, 나아가 행복감 등이 더 높아졌다는 점이다.

소개된 여러 내러티브에서 브랜드가 갖는 미묘한, 그러나 매우 강력한 효과를 느낄 수 있었다. 개인적 수준에서 그리고 사회적 수준에서 브랜드가 어떤 방식으로 작동되기 때문일까? [그림 7-3]은 브랜드 경험의 존재론적 층위를 보여 준다.[36] 어떤 특정 브랜드명, 로고, 디자인 등(브랜드 단서)이 그 브랜드에 대한 타인들의 반응을 유도하며(브랜드 시스템들), 나아가 그 특정 브랜드가 사회 전체에 구조화된 브랜드들의 시스템 내에서 하나의 요소로 작동하는 단계로 나아간다. 이렇게 공고하게 3개 층위로 구성된 브랜드의 작동체계로

표 7-1 브랜드 시스템의 작동방식과 연구방법

브랜드 경험 수준	행복 척도		
	생리적 반응	감정적·정서적 반응	주관적 안녕감 (SWB)
브랜드 단서 (brand clues) (감각적 소비경험)	브랜드 단서에 대한 뉴로사이언스적 비교실험 기법(fRMI, EEG 등)	브랜드 특유의 상황에서의 자기보고식 평가 (DRM, ESM) 및 브랜드 단서에 대한 감정적·정서적 반응에 대한 평가	생리적 반응과 감정적·정서적 반응과 자기보고 및 외부적 SWB 평가 간의 상관분석, 그 외 브랜드 단서와 시스템의 소비자 만족에 대한 영향력 평가를 위한 새로운 기법
브랜드 시스템들 (brand systems) (이상적·사회적 소비경험)	사회적 브랜드 지각에 대한 뉴로사이언스적 비교실험 기법 (fRMI, EEG 등)	브랜드 특유의 상황에서의 자기보고식 평가 (DRM, ESM) 및 사회적 브랜드 지각에 대한 감정적·정서적 반응에 대한 평가	
브랜드들의 시스템 (system of brands) (사회적으로 시스템화된 브랜드 경험)	-	-	

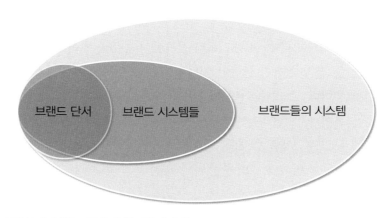

그림 7-3 브랜드 경험의 존재론적 층위

부터 소비자라면 누구도 예외적 자유를 누리기 어렵다. 브랜드 시스템은 앞서 소개한 쇼핑백 실험처럼 심지어는 자기 자신의 감각과 자아의식과 삶의 만족도까지 변화시킬 수 있다.

가젯 애호가의 달콤한 고통, 출시될 때까지 기다리는 설렘

해리포터 신드롬을 기억하는가? 전 세계인들에게 인기를 누렸던 조앤 K. 롤링의 판타지 소설인 해리포터 시리즈는 총 7개 연작으로 1997년부터 2007년까지 11년에 걸쳐 출간되었고, 8번째 작품은 2016년 오랜 공백을 깨고 출간되었다. 한국어 위키백과에는 새 연작이 발표될 때마다 벌어졌던 진풍경을 이렇게 묘사하고 있다. "특히 이 책이 나오는 날이면, 독자들이 추운 날씨나 더운 날씨나 마다하지 않고 서점이 열 때까지 기다려서 책을 사고, 해리포터 책 판매가 시작되는 날이면 항상 교통이 마비되고, 서점은 늦게까지 문을 연다." 저자의 주변에도 해리포터에 깊이 빠져 신작이 나올 때마다 설레며 기다리던 선배가 있었고, 침대 머리맡에 해리포터를 놔두고 매일 밤 읽고 또 읽고 하던 후배도 있었다. 공공장소에서 어른들이 거리낌 없이 읽을 수 있도록 좀 더 '점잖은' 표지로 된 판이 따로 출간될 정도였다고 하니 가히 해리포터 신드롬이라 부를 만하다.

원하는 걸 받기까지 한동안 기다리는 것은 안달과 조바심으로 점철된 고통이다. 그러나 이런 기다림은 아픈 고통이라기보다는 감미로운 고통이다. 기다리는 시간 자체까지 달콤한 행복이었다고 느끼게 만드는 고통. 마음 한 가득 기분 좋은 설렘이 일렁이기 때문 아닐까? 여기 한 소비자의 고백을 들어보자.

사례 16　**좋아하는 게임을 기다리면서 나는 정말 행복합니다**

어릴 때 패미콤을 시작으로 플레이스테이션 3까지 유년 시절, 청년 시절, 성인이 된 지금까지 즐거운 취미가 되었습니다. 무엇인가를 기다린다는 것, 그것만큼 설레는 일은 없다고 생각합니다. 늘 좋아하는 게임소프트와 새로운 콘솔을 기다리면서 살아온 것 같습니다. 군대에 있을 때 전역일을 적어 놓은 육군수첩에 좋아했던 게임 타이틀의 출시일을 체크해서 동생에게 부탁하여 게임을 구매한 후 휴가 때 밤새도록 게임을 했던 기억이 있습니다. / 지금도 겨울에 발매할 플레이스테이션 4를 기다리면서 더운 여름이 지나가기를 기다리고 있습니다. 좋아하는 게임을 기다리면서 나는 정말 행복합니다.

― 황연성(남)

데이트하는 날을 기다리는 연인처럼, 호텔과 리조트 예약을 마치고 휴가 날짜만 학수고대하는 직장인처럼, 소비자로서 좋아하는 브랜드의 신제품이 나온다는 기대에 부풀어 하루하루 기다리는 것은 충분히 행복한 시간일 수 있다. 연구에 따르면 기다리는 것이 즐거워서 심지어는 그 이벤트가 막상 실현되는 것을 미루고자 하는 심리까지 나타난다니, 참으로 인간의 심리는 신기할 뿐이다! 사례 16처럼 겨울에 출시될 신제품을 기다리며 더운 여름을 잘 참고 견딜 수 있게 만들어 주는 제품, 어디 또 없을까? 이런 것을 보면 예약 후 대기시간 동안 예약고객이 기대감으로 계속 설렐 수 있도록 하는 마케팅 기법도 제법 효과가 있을 것 같다. 대기시간 관리는 현장에서만 유효한 것이 아니라 몇 달 전부터 예약하고 기다리는 모든 고객에게 유효할 것이기 때문이다.

사례 16의 내러티브에서 한 가지 더 짚어볼 만한 사항은 '가젯 애호가(gadget-lover)'의 특성이다. 닌텐도나 소니의 플레이스테이션은 비디오게임의 신세계를 열어주었고, 알다시피 수많은 마니아를 고객으로 두고 있다. 게임이라는 속성의 중독적 매력 외에도 최첨단기술이 적용된 장치라는 점과 새로운 버전이 나올 때마다 더욱 발전된 기술력을 보여 준다는 점이 소비자를 단순한 충성고객 이상의 '가젯 애호가'로 만들고 있는 요인이 아닐까 싶다. 사례 16의 소비자는 출시일을 기다렸다가 당장 구매하는 혁신층 소비자이다. 몇 가지 연구에 따르면, 하이테크 소비자 중 '가젯 애호가'는 모두 혁신층이거나 적어도 조기 수용층이다. '가젯 애호가'의 특성을 최초로 탐색한 브루너와 쿠마에 따르면, 이들은 타고난 혁신성향, 기술적 오피니언 리더 성향, 행복한 물질주의자 성향, 낙관적 성향, 사회적 인기추구 성향, 신기함 추구 성향, 신기술 수용 성향 등이 높은 것으로 나타났다.[37] 이러한 성향이 복합적으로 작용하여 신제품을 '소유'하는 단계에까지 영향을 미치는데, 그중에서도 '제품소유 욕망'에 직접 영향을 미치는 요인은 '가젯 애호가' 성향과 '오피니언 리더' 성향이었고, 각 성향이 단독으로 영향을 미칠 때보다는, 두 성향이 결합되었을 때 시너지 효과가 발휘되는 것으로 나타났다.[38] 사례 16의 내러티브에서 이 소비자의 오피니언 리더 성향까지는 읽히지 않지만 하이테크 기술의 신제품이나 새 버전이 출시될 때마다 최초로 소유하는 마니아에게는 이 두 성향이 상대적으로 높을 것임을 짐작할 수 있다.

특히, 게임은 개인의 취미생활에 속하는 것으로, 제품관여도가 여타 제품군과는 비교하기 어려울 정도로 높은 편이다. 사실 모든 소비자에게는 자신에게 중요한 제품범주와 별로 중요하지 않은 제품범주 간 구분이 있다. 개인적인 중요성이 높은 제품을 고관여, 그렇지 않은 제품을 저관여로 구분한다. 그런데 깊이 들어가 보면, 관여도의 구분을 더 다양한 관점에서 할 수 있다는 것을 알 수 있다. 어떤 연구자는 제품 범주를 저관여, 고관여, 특별관심(열성제품)의 3가지 범주로 구분해야 한다고 주장한다.[39] 이 중 특별관심(열성제품) 범주는 주로 취미에 관련된 제품군으로 나타났다. 고관여로 표현하기에는 뭔가 미흡한 일종의 열성적 관여도인 셈인데, 이런 제품군에 대해서는 소비자가 특별한 감정을 품고 있으며, 대체로 쾌락적 특징을 가진다는 것이 발견되었다. 따라서 제품관여도 분류 시 개인적 관여도(personal involvement), 정서적 관여도(emotional involvement) 등의 질적 변수도 고려해야 할 것 같다. 이 같은 다양한 요인을 종합적으로 정리하여, 로랑과 캐프퍼러(1985)는 '지각된 중요성(개인적 의미)', '지각된 위험(잘못된 결과의 치명성/실수확률)', '상징적 가치(제품/구매/소비에 부여되는 시그널링 효과로 인한 사회·심리적 가치)', '쾌락적 가치·감정적 소구'의 4가지 기준을 관여도 결정요인으로 제시하였다.[40] 열성적 관여도가 높을수록 소비자는 가격, 구매위험, 구매노력 등을 무시하고 그것에 대한 소유욕망을 채우도록 추동된다. 비를 맞으며 밤새 서점 앞에서 아침이 오길 기다리는 소비자들에겐 바로 이런 심리적 기제가 작동하고 있다.

아름다운 구속, 관계학습을 통한 익숙함의 행복!

강의에서 고객충성도(customer loyalty)의 이점(혜택)이 무엇이냐고 물으면 대부분의 학생이 기업 입장에서 유리한 점만 이야기하곤 한다. 고객충성도는 사실 고객 입장에서도 유리한 점이 많다. 다음의 사례에서처럼 말이다.

사례 17   **어느 틈엔가… 여러 말을 할 필요가 없었다**

어느 틈엔가 단골이라는 미명하에 우리는 어느 정도 상대의 의견을 구하는 일도 요구사항도 줄이게 되었다. / 40대 중반 이후로 흰머리가 늘면서 염색을 하게 되었는데도 이번에 염색을 할 것인지, 어떤 색깔로 할 것인지 하는 여러 말을 할 필요가 없었다. / 수요일 저녁 7시쯤 미용사들이 모여 요즘 유행하는 스타일이라든가 트렌드 같은 걸 연구하고 배우는 것도 열심인 자기 직업에 최선을 다하는 괜찮은 미용사였다. 크게 붐비지 않는 미용실⋯ 실력도 좋아서 머리 깎고 나면 주변에서 머리 잘 깎았네 하는 소리를 듣다 보니 자연스럽게 편안한 단골 미용실로 굳어졌다. / 원장님이 알아서 해 주세요. 한마디만 하면⋯ 변화를 주면서 젊게 만들어 주기도 하니 아주 좋았다. / 그런데 어느 날⋯ 원장님이 이달까지만 하고 가게를 옮길 거라고 말했다. / 다른 미용실에 가봤고 다음 달엔 또 다른 미용실에서 머리를 깎았다. / 나는 단골 미용실이 옮겨서 오픈한 곳까지 찾아갔다. / 결국 나는 여기서만 편하고 행복하구나. / 다른 미용실에서도 내게 최선을 다했겠지만 나는 여기에서야 비로소 행복한 소비자가 된다.

— 이치현(남)

특히 서비스 업종에서 고객충성도를 높이는 것은 기업에게는 안정적인 수익기반을 확보하는 것을 의미하고, 자사 또는 자사의 브랜드에 대한 옹호자(advocates)를 확보한다는 이점이 있다. 물론 신규고객 유치에 드는 여타 마케팅 비용도 줄일 수 있다. 고객 당사자에게는 어떤 이점이 있을까? 번번이 다른 서비스 제공자를 찾아나서야 하는 불편도 없고, 처음 이용하면서 갖게 되는 서비스 품질에 대한 불확실성이나 위험을 감수할 필요도 없으니 제법 유리한 편이다. 상호신뢰뿐 아니라 학습을 통해 고객의 취향과 특성을 이미 잘 알고 있는 서비스 제공자가 고객을 척 보면 척 알아서 그때그때 필요를 충족해 주니 편하기 이를 데 없는 관계이다. 따라서 이와 같은 '관계학습(relationship learning)'이 서비스 성과와 품질에 중요한 영향을 미치는 업종일수록 신규고객 유치보다 기존고객의 유지가 더 중요하고, 관계학습을 잘 형성해 나가는 것이 중요하다. 관계학습은 주로 조직-조직 간 구매상황인 B2B 상황에서 연구된 개념이다. 하지만 일반적인 최종 소비자 관점에서도 제공자-고객 간 관계학습은 대단히 중요한 이슈이다. 관계학습이 많아질수록 고객의 전환비용(switching cost)이 커져서 경쟁사로 쉽게 이탈하기가 힘들다. 고객 스스로 아름다운 구속을 원하게 되어 기업 입장에서는 충성고객 기반 확보에 매우 효과적이다.

스웨덴 학자인 셀네스와 살리스(2003)는 관계학습에 대해 "독자적으로 혹은 다른 파트너와 형성할 수 있는 것보다 더 큰 가치를 창출하고자 양측이 함께 노력하는 협력적 활동"으로 정의하였다.[41] 그들의 실증연구도 B2B 맥락에서 수행된 것이긴 하지만, '최종 소비자-서비스 제공자' 간의 관계에도 시사점을 줄 수 있어 [그림 7-4]에 소개한다.

관계학습에 필요한 선행요인을 잠시 살펴보자. 먼저, '협력적 몰

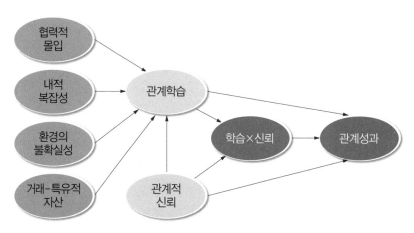

그림 7-4 관계학습에 대한 개념적 모형

입(collaborative commitment)'이 선행요인으로 나타나 있다. 고객과 서비스 제공자가 함께 성심껏 공동의 노력을 기울이는 것이 필요하다는 것이다. 내가 원하는 헤어 스타일을 얻기 위해서는 미용사에게 공들여 열심히 설명해야 하고, 미용사도 귀담아 들으며 관련된 여러 이슈에 대해 상의해야 한다는 말이다.

다음으로 '내적 복잡성(internal complexity)'이다. 만약, 제품·서비스의 내용이 복잡하거나, 조직 내부의 운영단위나 부서 간에 복잡·다단한 연결관계를 가지고 있거나, 접점이 많은 경우 등은 내적 복잡성이 높은 것이다. 이렇게 내적 복잡성이 높은 경우에는 관계학습이 더 증가하는 경향이 있다. 특히 개인에게 맞춤화해야 하는 서비스가 그렇다. 옷을 맞추는 경우, 피부관리를 하는 경우, 인테리어 공사를 하는 경우 등을 상상해 보자. 이 서비스들은 내용상 매우 복잡성이 높은 서비스라고 할 수 있다. 고객의 문제, 취향, 요구를 세밀하게 듣고 알아가는 노력 없이는 시작조차 할 수 없는 서비스에 속한다. 이 때문에 관계학습이 증가할 수밖에 없고, 일단 관계학습을 어느 정도 했다면 쉽사리 다른 서비스 제공자로 바꾸기가 고객 입장에서도 겁이 난다.

세 번째는 '환경의 불확실성(environmental uncertainty)'이다. 외부 환경에 대한 불확실성이 높을수록 고객과 서비스 제공자 모두 이미 구축된 관계를 잃고 싶진 않을 것이다. 이 때문에 관계학습이 증가한다. 환경의 불확실성이 높을수록 서로간의 안정된 관계, 예측가능한 관계에 대한 요구가 높아지기 때문이다.

네 번째는 '거래-특유적 자산(transaction-specific asset)'이다. 만약, 서비스 업체가 해당 고객을 위해 마련한 시설, 장비 등이 있는 경우 그 기업은 이 고객을 놓침으로써 많은 손실을 겪게 될 것이다. 따라서 관계학습을 통해 더 지속적인 관계를 유지하고자 하는 동기가 증가한다.

이 모형을 보면, 중요한 또 하나의 요인이 제시되어 있다. 그것은 바로 '관계적 신뢰(relational trust)'이다. 상호관계에 대한 신뢰는 그 관계의 지속성과 성공에 토대로 작용한다. 신뢰가 있을 때 서로를 더 잘 알아가려는 노력을 하게 될 것이므로 관계학습이 증가할 수밖에 없다. 믿음이 없는 상대에 대해서는 더 이상 궁금할 것도 없고 뭔가를 더 알기 위해 시간과 노력을 투입할 필요도 없기 때문이다. 이 같은 선행요인이 구비된 조건에서는 관계학습이 증가하고 결과적으로 관계성과도 높아지는 것이 당연하다.

충성도에는 여러 유형이 있다. 특정 제품군 또는 서비스군에 대한 충성도, 브랜드에 대한 충성도, 기업에 대한 충성도, 특정 점포에 대한 충성도, 직원이나 제공자에 대한 충성도, 특정 웹사이트에 대한 e-충성도까지 기준에 따라 다양하게 유형화할 수 있다. 자세히 들여다 보면, 사례 17의 소비자는 미용실 원장에 대한 충성도를 갖고 있음을 알 수 있다. 서비스 제공자에 대한 충성도라고 볼 수 있다. 저자도 선호하는 특정 의류 브랜드가 있긴 한데, 그것이 브랜드 충성도인지 확실하지 않다. 깊이 생각해 보니, 그 브랜드의 특정 지점, 특정 점원에 충성적인 것 같기도 하다. 그 점포의 매니저가 좋기 때문에 늘 그곳을 찾아간다. 그녀는 나의 취향, 나의 신체적 콤플렉스, 디자인별 사이즈, 어울리는 색과 패턴 등을 모두 꿰고 있다. 몇 차례 구매하는 과정에서 나에 대해 학습했기 때문이다. 그동안 감히 생각지도 못하던 스타일을 그녀의 추천에 용기를 얻어 시도해 본 적도 있는데 꽤 성공적이었고, 간간이 내가 좋아할 만한 신상품이 들어오면 연락도 준다. 나 역시 그녀의 판매방식, 추천방식, 수선에 대한 처리방식 등을 학습하게 되어 여러 말 할 것 없이, 서로 척하면 통하는 게 있어서 여간 편한 것이 아니다. 다른 곳에 가서 괜히 시간과 에너지를 쓰며 시행착오를 거칠 필요가 없다. 고객 스스로 택한 아름다운 구속인 셈이다. 이 같은 고객-서비스 제공자 관계의 심리적 특성을 라포르(rapport)라는 개념으로 접근하는 학자도 있다. 이에 대해서는 '고객 케어 소비'에서 더 자세히 다루도록 하겠다.

한 연구는 고객충성도 형성의 결정변수로 '관계자산'을 제시하고 정량적으로 검증하였다.[42] 기업 입장에서 볼 때, 고객과 맺은 관계 자체가 하나의 자산이라는 관점이다. 브랜드 자산이라는 용어는 흔히 들어서 잘 알고 있을 것이다. 고객자산에 대해서도 들어본 적이 있을 것이다. 그런데 관계자산이란 고객과 기업 또는 고객과 서비스 제공자가 그동안 쌓아놓은 끈끈한 유대감과 상호 필요성을 바탕으로 하므로, 관계자산이 높다는 것은 관계학습이 그만큼 높음을 유추할 수 있게 해 준다. 많은 기업이 고객의 수익성 계산에 근거를 둔 고객 자산 개념을 적용하여 고객의 등급을 매기고, 그에 따라 차별화된 고객관리를 하고 있다. 그런데, 특히 고객과 많은 접점을 가지는 서비스 제공자나 서비스 기업의 경우에는 고객자산 외에도 관계자산을 기준으로 고객관리를 할 필요가 있다. 이 연구에서 관계자산을 측정한 항목을 보면, 관계자산이 관계 마케팅 관점에서 도출한 다양한 질적 변수(상호간의 신뢰, 몰입 등)와 관계 마케팅의 실천적 변수(예: 충성고객 프로그램) 등을 총체적으로 망라한 개념으로 사용되었음을 알 수 있다.[43] 이를 응용하여, 고객과의 관계자산을 산출하는 함수를 개발하고 이를 기업의 자산으로 계상하는 방안을 고려해 볼 수 있다. 또한 이러한 관계자산에 근거하여 고객관리전략을 실행할 수 있다.

기업의 인수 및 합병 시에는 인수할 기업의 가치를 계산하게 되는데, 유형자산 외에도 가장 중요한 무형자산인 브랜드 자산을 포함하는 것이 일반적이다. 그런데 업종의 특성에 따라 브랜드 자산보다는 고객과의 관계자산을 포함하는 것이 더 적합한 기업도 있을 수 있다. 고객과 상호작용 접점이 많은 서비스 업체의 경우, 일선 직원이 고객과의 관계학습에서 핵심적 역할을 하는 경우가 많기 때문에 내부고객(즉, 직원) 관리 역시 중요한 과제라 할 수 있다. 고객과의 관계학습이 높은 직원이 이직하는 경우, 고객도 함께 이동하는 경향이 높기 때문에 더욱 그렇다.

3. 고객 케어 소비

이 책에서 '고객 케어(customer care) 소비'를 통한 행복이란, '고객을 응대하는 접점직원 또는 서비스 제공자로부터 개인의 이해관계를 넘어서는 인간적 서비스를 받음으로써 창출된 소비자행복'으로 정의한다. 단순한 고객만족을 넘어 감사함을 느끼게 해 준 고객감동의 사례가 이에 해당한다. 전체 소비자행복 사례 중 28%, 상품, 브랜드, 고객관리를 원천으로 하는 행복 사례에서는 무려 67%에 해당한다. 단일 카테고리로는 최대의 소비자행복 유형으로 나타났다. 결국 사람을 행복하게 하는 것은 사람인가 보다.

여기에 해당하는 이야기에서 나타난 공통된 특징은 고객의 문제를 정확히 파악하여 해결해 주는 서비스 제공자에 대한 감사함, 고객감동을 주는 직원의 행동, 고객이 요구하기 전에 선제적으로 욕구를 살피고 알아내어 대응하는 고객지향성, 돈을 내는 고객이기 이전에 먼저 인간적으로 존중받는 느낌, 고객의 처지에 진심으로 공감하는 직원의 마음, 실패복구를 기대 이상으로 받고 난 이후의 황송함, 거래적 관계를 뛰어넘어 인간적이고 동지 같은 관계를 맺게 된 경험, 고객의 마음의 상처를 보듬는 심리치유적 서비스 등을 통해 얻은 소비자로서의 행복감이다.

황송한 손님 대접, 이해관계를 떠난 인간적 감동

사례 18은 정말 득이 하나도 안 되는 손님을 정성껏 응대한 서비스 제공자에 대한 깊은 감동의 이야기이다.

사례 18 금전적으로 한 푼도 도움이 되지 않는 손님인 줄 알고서도 끝까지 친절을!

결국 다음 해 어머님 선영이 있는 시골 밭이… 덩그러니 비어 있어 찾아뵐 때마다 항상 허전하고 죄스러웠다. / 몇 년 후엔 밤나무와 감나무 과수원으로 만들려는 계획으로 / 밤나무 묘목을 사가는 사람이 많아야 나도 접목을 쉽게 구할 수 있는데 몇 군데 묘목농원을 돌아봤지만 헛걸음이었다. / 내가 필요한 것은 그 윗부분, 즉 지난 1년 동안 자란 햇가지였다. / 여기저기… 그렇게 얼마를 찾아다니던 중 '형제농원'이란 간판이 걸린 곳에 들어가게 되었다. / "사장님, 혹시 밤나무 묘목 파시고 난 끝단 있으십니까?" 그러자 그분이 나보고 따라오라며 농원 뒤쪽으로 가더니, / 전문가가 아니면 찾아낼 수 없는 것들이다. / 그러고 나서 싹틔우기 좋은 눈 고르는 법, 알맞은 접목의 길이… 등을 가르쳐 주었다. / 직접… 섞어 끓여 만든 도포제를 가져와 100여 그루 접붙이기에는 충분할 것이니 가져가라며 내게 내민다. 순간, 밀려오는 행복감이 온몸을 휘감았다. 타지에서, 처음 대하는 사람으로부터 느끼는 행복감, 흔치 않은 일이다. 농원에 멋쩍어 하며 들어서는 나를 편안하게 맞이하는 첫 모습에서부터 금전적으로 한 푼도 도움이 되지 않는 손님인 줄 알고서도 끝까지 친절을 베푸는 그 사람이 나를 행복하게 했다.

– 손진현(남)

농원 주인은 이 손님이 돈을 주고 제품을 구매하는 고객이 아니라 햇가지를 그저 잘라가는 사람에 불과했지만, 귀찮은 뜨내기손님임에도 극진히 정성을 다해 줌으로써 깊은 감동을 주었다. 사례 18의 소비자가 느낀 행복은 벅찬 고마움, 감격 등의 고객감동이다. 사례 19도 나 한 사람을 위해서 직원이 애써서 서비스를 해 주었을 때 느끼는 미안함과 감사함을 담고 있다. 굳이 그렇게까지 하지 않아도 될 것을 애써 해 줄 때, 인간미와 진정성을 느끼게 되는 건 인지상정인가 보다. 눈물 나게 고맙다는 말은 이럴 때 쓰라고 있는 말 같다.

사례 19 **너무나 성심껏 찾아주는 모습을 보았기에**

한 달 정도 전에 본 옷이라 매장에서 그 원피스를 발견하지 못했습니다. 너무나 아쉬움이 남아서 점원에게 물어보았습니다. 점원은 친절한 모습으로 제게 그 옷에 대해 자세히 물어보고 옷을 찾아보다 또 다른 직원에게도 물어보고 또 찾아보기를 반복하다 결국 제게 그 옷은 지금 매장에서 품절되었다는 말을 전해 주었습니다. 그 직원이 너무나 성심껏 찾아주는 모습을 보았기에 저는 아쉽긴 했지만 고마운 마음으로 가게를 나서게 되었습니다. 친구들과 차를 마신 후 지하철을 타고 이동하기 위해 그 점포를 다시 지나가게 되었습니다. 그때 그 점원이 저를 알아보고 나와서 다른 매장에서 찾아보았다며 제가 원하면 가져다줄 수 있다고 하였습니다. 물론 가게 직원으로서 물건을 하나라도 더 팔고자 한 행동이더라도 그분이 보여 준 친절한 모습은 제게 정말 기분 좋은 것이었습니다.

– 이지수(여)

김미정·박상일(2014)의 연구에 따르면 고객감동(customer delight)은 '기대하지 않은 뜻밖의 긍정적 경험을 통해 유발된 매우 긍정적인 감정'으로 정의된다.[44] 주요 측정표현은 감동/행복/감격/신이 남/벅참/고마움/뿌듯함 등이었다. 그 연구에서는 고객의 경험과 당시 느

표 7-2 고객충성도 유형

구분		상대적 태도	
		높음	낮음
반복구매 행동	높음	진정한 충성도(true loyalty)	유사충성도(pseudo loyalty)
	낮음	잠재적 충성도(latent loyalty)	비충성도(no loyalty)

낀 감정을 고객충성도의 원천으로 보았다. 고객의 충성도는 반복구매행동과 상대적인 선호 태도를 기준으로 〈표 7-2〉와 같이 4가지 유형으로 구분한다.[45] 이 틀은 충성도를 가르는 기준으로 겉과 속, 즉 행동과 태도를 모두 고려하고 있다. 이전에는 고객의 반복구매행동만 고려하여 충성도를 이해했다. 〈표 7-2〉에서 보는 것처럼, 기업에게 가장 필요한 것은 태도와 행동이 모두 높은 진정한 충성도(true loyalty)를 가진 고객일 것이다.

그러면, 진정한 충성도를 가진 고객을 창출하는 방법은 무엇일까? 김미정·박상일(2014)의 연구에서는 '고객만족-충성도'의 관계와 달리 '고객감동-충성도'의 관계는 체증적인 비선형 효과를 가지는 것으로 나타났다. [그림 7-5]를 보면 고객감동의 비선형적인 체증적 효과를 쉽게 발견할 수 있다. 고객만족의 기울기선이 산등성이에서 산봉우리로 올라가는 모양의 기울기인 데 반해, 고객감동의 기울기선은 계곡에서 바로 산꼭대기로 올라가는 듯한 기울기이다. 만약 고객만족을 한 단위 높이면 충성도가 한 단위 증가하는 식이었다면, 고객감동이 한 단위 증가할 때는 충성도가 두 단위 증가하는 형세인 것이다. 고객만족이 높아질수록 단위당 효과가 감소하는 한계체감의 형태라면, 고객감동은 체증의 형태라는 점도 차이점이다. 이 연구결과는 고객이 서비스 제공자에 대해 고객감동을 받게 되면, 높은 수준의

독립변수	종속변수 : 재구매 의도	
	은행	레스토랑
고객만족		
고객감동		

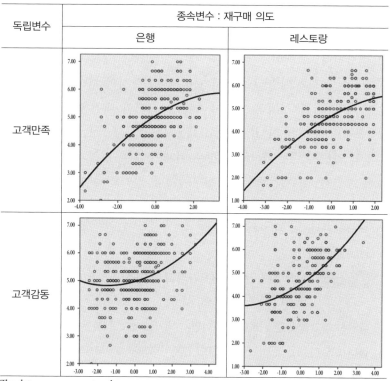

The date are mean-centered.

그림 7-5 고객만족과 고객감동의 효과 비교

출처: 김미정·박상일(2014), "감동한 고객은 정말로 더 충성적인가?: 고객충성도에 대한 고객만족과 고객감동의 선형 및 비선형적 효과," 『마케팅연구』, 29(3), pp. 19-50.

고객만족도가 달성할 수 있는 수준 이상으로, 매우 높은 고객충성도에 도달할 수 있음을 암시한다. 고객만족을 넘어선 고객감동은 고객충성도 형성의 극적인 결정변수가 될 수 있음을 확인할 수 있다.

나는 VIP 고객 – 특별한 대우, 특별한 혜택!

고객 중에는 초우량고객(crown jewel)이 있다. 고객관계관리(CRM)

에서는 1인당 80~90% 이상의 수익기여도를 보이는 상위 10~20% 정도의 우량고객을 VIP, VVIP 고객으로 분류하여 특별대우를 하라고 권장한다. 고객이 기여해 준 만큼 그 고객에게 돌려주라는 의미이다. 연간 억대 매출을 발생시키는 현대백화점의 재스민 클럽 고객들은 각종 시설과 혜택 면에서 초우량 고객의 대접을 톡톡히 받는다. 초우량 고객은 아닐지라도 고객을 수익성 기준으로 몇 그룹으로 나누어 차별적으로 관리하는 것은 이제는 흔한 경영기법이다. 어디가서 특별한 대우를 받는 건 누구에게나 즐거운 일임에 틀림없다. 사례 20의 내러티브는 한 이동통신사의 VIP 고객대상 특별 이벤트에 초대된 경험을 서술하고 있다.

사례 20 VIP 회원만을 위한 워커힐 아이스링크 행사는 지금도 잊지 못한다!

유난히 길고 추웠던 겨울이 지나가면서 내가 즐겁고 행복했던 시간을 떠올려 보았다. 1월의 어느 날 T월드 웹사이트에서 VIP 고객을 대상으로 워커힐 아이스링크 초대행사가 개최되는데 이벤트 응모를 통해 접수를 받고 있었다. 은근 운이 좋은 나는 당첨이 되었다.^^; 그것도 주말에 당첨되어 일요일 하루를 가장 친한 친구를 데리고 가서 정말 즐겁게 보냈다. / VIP 회원만을 위한 워커힐 아이스링크 행사는 지금도 잊지 못한다. 빵빵한 음식에, 예쁜 아이스링크를 생각하니 그 예쁜 겨울밤이 생각난다. 친구도 너무 고마워했고 이후에 밥을 두 번이나 얻어 먹었다.

— 이혜령(여)

우정이라 부를 수 있을까? – 친구를 얻은 행복

사례 21은 부부 문제로 힘들었지만 방황조차 제대로 못하고 견디려 애쓰던 시절에 알게 된 한 북카페 사장과 고객의 감동적인 인연에 대한 이야기이다. 돌파구가 보이지 않아 절망에 빠진 그 손님에게 서점 주인이 말없이 건네 준 책 한 권은 세상을 새롭게 보고 살아갈 희망을 되찾게 한 기적이었다. 이 기적은 그 책의 내용보다 서점 주인의 진심 어린 배려와 관심에서 나온 것이었다.

사례 21 　그날의 일은 새로운 만남과 치유의 시작점

나는 벽 쪽의 구석진 자리에 풀썩 주저앉아서 얼굴을 두 다리 사이에 묻고서 몇 시간을 그러고 있더란다. / 『더 블루 데이 북』… 책의 내용은 별 것 없었다. / 그러나 그것은 그가 나를 보내면서 내민 관심이었고 내 마음에 와닿은 그의 마음이었다. / 그날의 일은 새로운 만남과 치유의 시작점이었다. 그날 이후 나의 일상은 변화했다.

– 황인상(남)

'진심으로 짓는다'라는 광고 카피가 있었다. 요즘 마케팅 학계는 '진정성(authenticity)'이라는 개념에 대해 한창 연구가 활발하다. 기계적인 미소보다는 진심을 담은 미소가, 죄송하다는 열 마디 사과보다는 정말 미안해하는 마음으로 건넨 한 번의 사과가 고객을 더 감동시킨다는 이야긴데, 이런 결론을 우리가 과거에 도통 몰랐을까? 이런 연구가 현대사회에 어떤 시사점을 줄 수 있을까? 직원들의 고객 관리 매뉴얼에 '진정성 있게 웃으며 인사하기!' 뭐 이런 식으로 교육하고 훈련하라는 것인가? 진정성! 진심은 상업적인 것이 아니다. 그건 팔 수 있는 것이 아니다. 팔 수도 없고 살 수도 없다. 진심은 그저 주는 것이니까. 받는 사람은 그것이 진심인지 아닌지 단번에 느낄 수 있다. 진심을 탐지하는 뛰어난 능력을 우리 인간은 모두 가지고 태어났다. 왜 이 시대에 인간의 진심까지 팔고 관리하고 훈련시키려고 하는 것일까? 진심으로 짓는다고 광고에서 말해야만 진심으로 지었구나 하고 믿게 되는 건 아니다. 꼭 말 안 해도 다 안다. 정말 진심인지 아닌지는. 이 북카페 사장의 행동을 보자. 그 손님의 아픔과 고통을 위로하고 싶었던 그 진심이, 그 마음의 정성이 고스란히 느껴지지 않는가. 이런 마음을 어떻게 팔 수 있단 말인가?

사실 진정한 친구관계는 이해관계를 전제로 하지 않는다. 그런데 서비스 제공자와 소비자 간의 관계는 돈을 매개로 사고파는 이해관계가 전제되기 때문에 진정한 우정을 쌓는다는 것이 불가능해 보인다. 그럼에도 불구하고 내게도 상업적 관계로 시작했으나 지금은 친구처럼 지내는 분들이 몇 분 계시다. 특별히 따로 만나는 일은 거의 없지만 간혹 서비스를 받으러 간 날에는 서로의 신상문제나 최근의 고민 등을 친구처럼 주고받는다. 거기서 제공하는 서비스나 제품과는 아무 상관도 없는 인생의 고민거리나 자잘한 수다를 나누다 오는 재미가 있다. 그런 날은 꼭 오랜 친구를 만나고 온 기분이 든다.

꼭 서로 통성명을 하고 개인적인 친분을 쌓아야 우정이 생기는 것도 아닌 것 같다. 사례 22는 말하지 않은 우정에 관한 내러티브이다.

사례 22   적당한 거리에서 본연의 역할을 다해 주는 그녀가 거기 있기 때문이란 걸

오히려 적당한 거리에서 본연의 역할을 다해 주는 탓에 더욱 신임이 가게 되는 것은 비단 나 혼자만의 생각인 걸까? / 그녀가 나 대신 돌봐 주고 수월하게 약을 탈 수 있게 약국으로 전화를 해 주었던 우리 아이들은 이제 스물여섯, 스물둘의 건강하고 예쁜 아가씨가 되었다. / 그리고 14년이 지난 지금도 그녀는 그곳에서 여전한 미소로 "어서 와요." 하며 병원을 편안한 잔잔함으로 빛내고 있다. 새 아파트에 둥지를 틀면서 이사를 했지만, 꽤 먼 거리임에도 불구하고 나는 여전히 아이들을 데리고 그 동네의 가정의학과 병원을 찾고 있다. 그 이유 중 하나가 그녀가 거기 있기 때문이란 걸 그 간호사는 알고 있을지?

– 박진희(여)

상업적 우정은 아마도 너무 가깝지도 멀지도 않은 딱 적당한 거리에 친구를 둔 느낌일 것이다. 단골가게에 갔을 때 가장 좋은 점은 무엇일까? 주인이 나를 알아봐 주는 것이다. 단골인 줄 알고, 내가 즐겨 주문하는 메뉴도 알고, 심지어는 내 안경테가 바뀐 것도 알아봐 주는 맛? 저자가 즐겨 가는 대학로 근처 음식점에서는 언제부턴가 내가 자주 찾아오는 걸 알아채고 다른 손님에겐 제공하지 않는 샐러드 한 접시를 공짜로 내오곤 한다. 손님을 모시고 함께 그 레스토랑에 간 날 이런 대접을 받으면, 어깨가 으쓱 올라가고 모시고 간 손님 앞에서 내 체면이 좀 선달까? 기존 연구에 따르면, 고객-직원 간 상호작용이 높은 업종일수록 단골고객이 최고로 치는 서비스는 할인가격이 아니라 자신을 알아봐 주고 인정해 주는 것이라고 한다.[46] 서양 사람들을 대상으로 한 연구였는데, 이들도 우리처럼 누가 알아봐 주고 단골로 대접해 주는 게 좋긴 좋은가 보다.

사례 23의 내러티브는 카페 주인이 고객을 알아봐 주는 데서 끝나지 않고 서로 이런저런 대화를 나누는 적당한 거리의 친구가 된 이야기이다.

사례 23 적당한 거리에서 이런저런 얘기를 편안히 할 수 있다는 것

어쩌다 다른 종류의 라떼라든가 모카 등을 주문하면 '오늘은 웬일이냐'라고 물어봐 주기도 한다. 이렇듯 일일이 주문하지 않아도 이 가게는 나의 취향을 정말 잘 알고 있어서 기분 좋고도 맛있는 커피를 제공해 준다. / 그 커피 전문점 사장님과는 회사일, 가족 일, 친구 일 등에 대해 마음껏(?) 얘기할 수 있다. 세상에서 나의 모든 것을 다 보여 줄 수 있는 누군가가 있을까? 나는 없다고 생각한다. 그럼에도 적당한 거리에서 이런 저런 얘기를 편안히 할 수 있다는 것(마치 TV 드라마나 영화에서 주인공이 단골 술집에서 혼자 바에 앉아서 술을 마시면서 바텐더와 주고받는 대화가 그냥 판매자와 구매자 사이의 진부한 영업상의 대화가 아닌 정말 마음이 담긴 그런 대화인 것처럼)이 내겐 정말 큰 행복이다.

– 장미진(여)

사례 23에서 볼 수 있는 고객-서비스 제공자 간의 관계는 '라포르(rapport)'[47] 또는 '상업적 우정(commercial friendship)'[48]이라는 개념에서 접근할 수 있다. 연구자들은 서비스 제공자와 고객 간의 관계에서 '라포르'의 중요성이 현실적으로는 매우 높음에도 불구하고 학계에서는 간과되고 있다고 지적하면서, 기존 문헌 검토 및 심층 인터뷰 등을 거쳐 핵심 차원 2가지를 발굴하여 라포르라는 개념을 정의하였다. 핵심 차원 하나는 '즐거운 상호작용(enjoyable interaction)'이고, 다른 하나는 '개인적 유대감(personal connection)'이다. 그들이 정의 내린 라포르는 "고객이 인식하는 서비스 제공자와 고객 간에 함께 가진 즐거운 상호작용으로 상호간에 개인적 유대감을 특징으로 한 것"(Gremler and Gwinner, 2000, p. 92)이다. 즐거운 상호작용은 서로 따뜻하고 편안하고 조화로우며 유머가 오가는 접촉과 대화를 할 때 형성된다고 한다. 개인적 유대감은 서비스 제공자나 직원이 고객 자신에게 개인적인 관심을 갖고 배려해 준다고 느낄 때, 그곳에 가게 되면 그 직원을 볼 거라는 기대감이 있을 때, 서로 개인적인 얘기를 터놓고 하는 사이일 때 형성된다고 한다. 당연히 이 같은 라포르는 고객만족, 고객충성도, 구전의도를 증가시키는 효과가 있다고 실증되었다.

'상업적 우정' 개념에 대해 탐색한 연구를 보면, 고객 관점과 서비스 제공자 관점에서 우정의 개념이 다소 차이가 있다고 밝히고 있다. 고객 관점에서는 상업적 우정을 서비스 제공자를 잘 알고, 가깝다는 느낌을 가지며, 상호호혜적인 관계라고 생각한다. 즉, 서비스 제공자를 친구라고 생각하게 되어 서비스를 받는 것이 사실은 상업적 교환관계로 만난 것임에도 마치 친구를 만나는 것 같은 느낌을 가지는 것이라고 생각하는 것이다. 연구결과, 고객에게는 이 같은 우정이 먼저고 그 서비스 제공자에 대한 충성도는 나중에 생기는 것이었다. 반면, 서비스 제공자는 고객이 먼저 충성도를 보일 때 그 충성도를 전제로 그 고객을 친구 같은 고객으로 여기게 된다고 한다. 또한 업무적 규범 때문에 고객과 친분이나 우정을 형성하는 데 다소간 거리낌을 가지는 것으로 조사되었다. 고객은 우정이 먼저이고, 서비스 제공자는 그 고객이 충성고객인지 아닌지가 먼저라는 말인데, 알고 보면 이는 우리의 상식에 특별히 위배되지 않는다. 고객은 우정을 느낀 서비스 제공자에게 단골이 되는 것이고, 서비스 제공자 입장에서는 단골고객과 우정을 쌓는 것이 자연스러운 순서이기 때문이다. 기본적으로 상업적 관계에서 출발한 우정이기 때문에 제공자 입장에서는 너무 가까워지는 것에 다소 직업적·심리적 거리낌을 갖는 것도 자연스럽다고 봐야 할 것이다. 그렇지만 일반적인 친구 간의 우정과 동일하지 않더라도 오히려 그렇기 때문에 더 개방적으로 편안하게 터놓고 지낼 수 있는 관계라는 점이 중요한 특징일 것이다. 사례 23의 고객처럼 말이다.

고객을 감동시키는 애프터서비스

  인터넷 쇼핑으로 등산화를 구입한 후, 막상 신고 등산을 가보니 사이즈가 좀 작았던 탓에 A/S를 받은 이 소비자는 기대 이상의 서비스를 받고 고마움을 느껴 소비자로서 행복하다는 기억을 갖게 되었다고 한다.

사례 24   아, 이런 것이 고객을 감동시키는 서비스구나!

사이즈를 잘못 골라… 때늦은 후회를 하고, 캠프라인에 택배비를 지불하고 신었던 등산화를 보냈다. "사이즈도 키워 주시고 발등 쪽이 아프니 넓혀 주세요."라고 쓴 메모지도 동봉해서. 그리고 열흘 후쯤 다시 택배가 왔다. 보낸 등산화에 발목 보호대와 양말까지 추가로 넣어서. 그리고 조그만 메모지도 같이. "고객님 보내 주신 등산화를 보니 사용을 하셔서 새 상품으로는 교환하기가 불가능해 신발 사이즈를 5mm 늘렸고 발등과 폭을 넓혔으니 혹시라도 재착용해 보시고 불편하시면 다시 보내 주세요. 그리고 산행하실 때 쓰시라고 보호대와 양말 한 족을 보내 드리니 즐거운 산행되세요." / 난 여지껏 이런 서비스를 처음 받아 봤다. 아, 이런 것이 고객을 감동시키는 서비스구나! / 단순히 상품을 판매하는 것이 아니라 마음을 판매할 때 소비자를 위해서 진정한 서비스를 하고 / 나는 고객 상품평에 이러한 글을 올리고 담당자에게 진심으로 고맙다는 글을 올렸는데 얼마 후 개인 이메일로 답장이 왔다. "저희가 당연히 해야 하는 일인데 칭찬해 주셔서 감사하고 앞으로도 불편하신 점이 있으면 언제라도 연락 주세요."

— 김한필(남)

유사한 다른 사례도 하나 더 보자. 우리는 어쩌면 구매시점보다 A/S 시점에 브랜드 충성도를 형성하게 되는 건 아닐까? 애초의 브랜드 선호도와 상관없이 제품을 사용하다가 A/S를 받아보고는 이 브랜드를 사길 참 잘했다고 느끼는 경우가 실제로 있지 않은가? 광고

중에 강화광고(reinforcement advertising)라는 것이 있다. 구매 이후 소비자들에게는 일반적으로 '구매 후 부조화(post-purchase dissonance)'가 생긴다. 자신의 선택이 정말 잘한 선택이었는지 불안해하는 경향이다. 그래서 이미 사놓은 제품에 대해 우리는 주변 사람들에게 자꾸 잘 샀다는 말을 듣고 싶어 한다. 이런 소비자의 심리를 간파하고, 기업에서는 고객에게 해피콜을 하거나 아예 "당신의 결정이 옳았다. 다른 사람들이 현명한 당신을 부러워한다."는 뉘앙스의 TV 광고를 하기도 한다. 그런데 광고에는 쉽게 설득되지 않는 소비자라 하더라도, A/S를 직접 받아본 후에 자신의 선택에 대해 참 잘했다는 확신을 가지거나 진정한 충성도(true loyalty)를 갖게 될 수 있다.

사례 25 이런 게 말로만 듣던 소비자의 권리인가

삼성전자에 서비스 신청을 한 후 다음 날 서비스 기사가 찾아왔습니다. 그 기사는 집에 들어올 때 덧버선인가를 신고 들어왔습니다. 그러고는 자기가 잘못을 한 양 제품으로 인해 죄송하다고 이야기하고는 고장 난 비데에 가서 제품을 뜯어보는데 / 뜯고 나니 얼굴이 붉어질 정도로 지저분했습니다. / 그런데 기사는 전혀 내색하지 않고 수리를 하고 있었습니다. / 세척도 다 해 주고… 다시 한 번 제품으로 인해 불편을 드려 죄송하다고 말했습니다. / 그때 기분은 뭐랄까 뭔가 이상한 기분이… 야릇하다고나 할까? 이런 게 말로만 듣던 소비자의 권리인가 하고 생각했습니다. / 그런데 그 기사는 명함을 내밀고는 다른 제품에 문제 있는 것이 뭐 없냐고 하면서 삼성이 아닌데도 제품을 또 봐 주고는 신기하게도 그동안 안 되었던 카세트도 고쳐 주고 제품에 대해 주의할 점도 친절히 설명해 주었습니다. 누구는 굳이 이걸 행복이라고 할 수 있냐고 하겠지만 저는 소비자로서 느끼는 행복이란 이런 것이 아닌가 합니다.

– 함준영(남)

역시 A/S도 '진정성(authenticity)'이 핵심임을 알 수 있다. 사례 25에서처럼 당연히 권리로 보호된 A/S임에도 물건을 살 때와는 다른 점이 있다. 그것이 무엇인지 눈치챘는가? 살 때는 내가 갑이고 주인 같다는 생각이 지배적이다. 그런데 A/S를 받을 때는 분위기가 조금 달라진다. 누군가 직접 문제를 해결해 주기 위해 동원되고, 서로 마주보고 대화를 나누고, 서비스하는 태도와 행동을 관찰하면서, 상당히 인간적인 접점을 갖게 되는 것이다. 소비자가 더 우위에 있다고 생각하기보다 누군가가 내 문제를 위해 고생하고 있다는 생각을 먼저하게 된다. 그래서 당연한 것을 받고도 쉽게 황송한 마음이 생긴다. 보통은 A/S가 무료이거나 실비 정도만 받기 때문에 더 그렇다. 사실은 이 비용이 애초 제품값에 포함된 것임에도 말이다.

사례 26   시간이 갈수록 고객을 정성으로 대한다는 느낌이

집안 행사에 입을 와이셔츠를 구입하러 매장을 방문했을 때 한 브랜드의 판매사원이 "저희 브랜드에서는 칼라와 커프스 부분은 1년간은 무료, 그 이후에는 소정의 금액으로 수선이 가능해요."라고 말했다. / 평소 브랜드의 상품가격에는 너무 많은 거품이 포함되었다고 생각했다. / 그래서 백화점에서의 구매에 매우 인색했다. 10년이나 된 와이셔츠를 매장으로 가져가니 상품의 고유번호는 정확하게 확인이 안 되지만 너무 오래된 상품이라 동일한 원단 보유가 불가하여 대체원단으로 수선을 해 주겠다고 한다. 그러면서 상품의 몸판과 다른 원단을 붙이는 스타일이 요즘에도 꾸준하다며 여러 디자인을 소개해 주고 그중에서 선택해 보라고 권유한다. / 10년이나 된 상품에 칼라 부분과 커프스 부분을 새 원단으로 교체해 주고 많지도 않은 금액(6,000원)의 비용을 청구하면서 말이다. / 포인트제도, 칼라 부분과 커프스 부분의 교체 서비스, 디자인 수정, 목 부분 사이즈 조정 등 너무나도 많은 시간을 할애하여 설명해 주고 알려 준다.

판매사원의 시간당 인건비도 안 되는 비용을 받으면서 말이다. / 처음엔 구매유도를 하려고 적극적인 상품설명을 하는 줄 알았지만 시간이 갈수록 고객을 정성으로 대한다는 느낌이 들었다.

- 서광현(남)

실패복구의 감동은 곧 리커버리 패러독스!

실패복구(recovery of failure)는 애프터서비스와는 조금 다른 개념이다. 제품과 서비스의 품질보장과 무상수리 연한 등은 A/S 개념으로 봐야 한다. 하지만 실패와 복구는 일종의 결함이나 하자가 발생했을 시 처리하는 것을 의미한다. 기업에서 제품, 서비스를 판매하면서 완전무결한 제품과 서비스만 제공한다는 것은 비전(vision)은 될지언정 현실적인 목표는 될 수 없다. 언제나 어디서나 문제는 발생한다. 제품에는 하자가 전혀 없어도 고객이 싫어하면 문제가 될 수 있다. 한 CEO가 "고객이 만족하지 않으면, 그것이 바로 결함(defect)이다."라고 말한 것처럼. 기업에게는 이 같은 결함, 즉 고객이 불만을 갖게 되는 빈도를 줄이는 것 그리고 문제발생 시 최상의 복구를 수행하는 것이 현실적으로는 더 중요하다.

마케팅에서는 제품의 실질적인 결함 외에도 고객이 기대한 바 또는 기업이 약속한 바와 다른 서비스나 제품 때문에 불만을 갖게 되는 것을 통칭하여 '마케터 실패(marketer failure)'라고 한다. 이 같은 문제에 봉착하면 고객은 일단 마음이 상한다. 겪지 않아도 되는 제품의 하자, 서비스 직원의 실수 등을 겪었으니 말이다. 따라서 실패복구는 2가지 문제를 해결하는 과제로 보아야 한다. 문제가 된 제품이나 서비스의 문제점 해결 그리고 상처받은 고객의 마음 회복. 이 2가지를 잘하기만 하면 리커버리 패러독스(recovery paradox)라는 희한한 현상이 생길 수 있다. 이것은 고객이 과거에 없던 충성고객이 되거나 문제가 없었던 때보다 더 만족해하는 역설적 현상이다. 사례 27의 내러티브는 고객이 기업의 문제해결 이후 더 충성적인 고객으로 변모한 사례이다.

사례 27   솔직히 횡재한 기분… 많은 홍보를 하는 적극적 마니아가 되었다

2000년 초, LG전자에서 나온 IH 전기 압력밥솥을 구입하여 사용하는데 얼마나 편하고 좋았던지 / 2000년대 중반쯤이었던가? 압력솥 폭발로 인하여 사상자가 발생하고 주택의 일부가 파손된 사건이 뉴스에 보도되면서 LG전자는 기존에 판매된 동일 모델의 압력솥을 전수 리콜하게 되었다. / 같은 모델이 아닌데다 구입 후 4년 넘게 온 식구들이 사용하면서 긁히고 낡긴 했지만 밥맛 하나는 끝내 주는 편이어서 흘려듣고 지내던 어느 날, LG전자에서 전화가 오길 "고객님 압력밥솥을 무료로 교체해 드려야 하는데 몇 날 몇 시경에 가면 되겠습니까?" / 나는 속으로 '어? 우리가 사용하는 제품은 사고가 난 제품도 아닌데?' 그래도 설마 하는 마음에 언제 오라고 약속했는데 정말… 직원이 방문하여 새 제품으로 무상교환해 주면서, "이번 사건을 계기로 LG전자에서 전기밥솥 사업은 정리하기에 모델 관계없이 최근 판매분부터 고객자료가 있는 모든 분께 무상교환 행사 중"이라고 말씀하시는데 나의 입이 함박만 하게 벌어지며 너무 고맙게만 느껴졌다. 그도 그럴 것이 그 시절 20여 만 원이 넘는 가격이었고 사용하던 제품이 낡아 바꾸려던 참이었기 때문에 솔직히 횡재한 기분이었다. 이후 LG전자에 대한 고마움과 믿음, 왠지 좋아 보이는 마음이 생기면서 전자제품을 구입할 때는 가능하면 LG 제품을 택하게 되었다. 작년에 큰딸 결혼식 혼수품도 거의 LG 제품으로 구입하였고 주위 사람들에게도 많은 홍보를 하는 적극적 마니아가 되었다.

— 이민식(남)

사례 27에서처럼 소비자는 실패복구를 경험하면서 기업에 대해 재평가하는 계기를 갖게 된다. 특히, 실패복구의 과정은 고객신뢰의 전면 재평가 및 재구축 과정이다.[49] 실패복구를 성공적으로 수행하면 기업의 이미지가 업그레이드되는 전화위복의 기회가 될 수 있다.

클레임 처리를 어떻게 하느냐에 따라 회사의 이미지가 많이 달라져

수리하시는 기사분이 말씀 안 해 주셨으면 모르고 20만 원 넘게 돈 주고 고쳐야 했던 것을 너무 친절하고 신속하게 대처해 주시는 모습에 정말 감동받았던 기억이 납니다. / 고객만족은 회사의 제품에만 있는 것이 아니라 제품이 조금 부족해도 클레임 처리를 어떻게 하느냐에 따라 회사의 이미지가 많이 달라질 수 있다는 것을 체험할 수 있었습니다. / 이렇게 해서 저는 대우전자 냉장고를 현재까지도 잘 사용하고 있습니다.

– 박희진(여)

사례 27, 28의 내러티브는 기업 또는 서비스 직원의 고객을 위한 진정한 노력이 고객의 마음을 어떻게 움직이는지 잘 보여 준다. 한 연구에 따르면 고객은 제품의 실제 품질이 향상되지 않았더라도, 기업이 보여 준 추가적 노력에 대해 보답심리를 갖게 되어, 기업에 대한 전반적 평가, 가격지불 의사, 점포선택 확률 등이 높아진다고 한다.[50] 단, 고객의 보답심리는 기업이 마케팅 전략의 일환으로 수행했을 때가 아니라 진심에서 우러나서 노력을 기울였을 때만 나타났다.

말 한마디로 천 냥 빚을 갚는다 – 진심 어린 사과가 먼저!

실패복구에 중요한 원칙이 몇 가지 있다. 첫째는 신속성이다. 가급적 최단시간 내에 문제를 처리해야 한다. 둘째는 공정성이다. 고객은 이미 마케터 실패 때문에 경제적 손실뿐 아니라 짜증과 불만이라는 심리적 손실도 겪었으니 고객이 느끼기에 공정하고 족히 받아야 된다고 믿는 수준까지 보상해야 한다. 셋째는 책임성이다. 실패의 수준이 심각할수록 더 높은 책임자가 고객을 응대해야 한다. 넷째는 진정성이다. 잘못을 인정하고 고객의 입장에서 생각하고 고객에게 진심으로 사과해야 한다. 진심 어린 사과가 제대로 된 문제해결의 첫걸음이다. 앞서도 말했듯이 인간은 진심과 진심이 아닌 것을 가리는 탁월한 본능적 능력을 갖고 태어난다. 그것을 탐지할 수 있는 능력이 생존에 필수적이었기 때문에 이는 진화의 산물이 분명하다. 그러니 진심 없는 사과는 차라리 안 하느니만 못하다.

사례 29 내가 신청한 옷과 함께 티 한 장과 쪽지 한 장이 보였다

택배 포장을 뜯어 옷을 확인하는 순간 '엥?'이라는 말이 튀어나왔다. 내가 신청했던 옷과 전혀 다른 옷이었기 때문이다. / 바로 전화를 하여 상황을 설명하였다. / 연신 죄송하다는 말과 함께 택배비를 낼 테니 옷을 보내라고 말씀하셨다. / 그날 저녁, 택배를 연 순간 내가 신청한 옷과 함께 티 한 장과 쪽지 한 장이 보였다. 쪽지는 사장님이 직접 쓰신 글로 제품을 잘못 보내드려 미안하다는 말과 함께 사과의 의미로 티도 같이 보낸다며 부담스러워하지 말라는 말씀과 내가 산 옷과 같이 입으면 어울릴 거라는 말씀도 같이 적어 주셨다. 너무 고마워 쇼핑몰로 전화를 해 사장님께 감사하다는 말을 했더니, 사장님께서는 우리 쪽에서 잘못해서 그런 거라며 너무 신경 안 쓰셔도 된다는 말씀을 하셨다. / 다른 인터넷에서 옷을 사면 택배도 이상하게 오고 옷도 성의 없이 포장되어 온 것들도 많았는데 이번 쇼핑몰은 정말 택배 아저씨부터 시작해서 나를 감동시켰다. 그 후로 난 이 쇼핑몰의 단골손님이 되어 버렸다.

– 이명훈(남)

진심 어린 사과는 실제 문제 자체의 해결보다 화난 고객의 마음을 회복하는 데 효과적이다. 안타깝게도 문제의 원인을 고객의 탓으로 돌리거나 잘못을 인정하지 않는 태도를 보이는 경우도 흔하다. 고객을 두 번 죽이는 셈이다. 제품의 문제보다 이 같은 태도가 더 고객의 화를 돋운다. 실패복구 과정에서 고객의 부정적 감정을 증폭시켜 분노, 좌절, 원한, 보복심 등을 유발하는 악수를 두는 것은 지양해야 한다. 참으로 지혜롭지 못한 관행이다.

사례 30 내 예상과는 전혀 달리 정중하게, "저희 실수였습니다. 죄송합니다."

새로 산 신발 박스를 차 뒷좌석에 며칠 두고 다니다가 열어 보았다. / 앗, 이럴 수가 거기에는 하얀 종이로 포장된 헌 운동화가 가지런하게 놓여 있는 것이 아닌가! / 내가 고의로 헌 신발을 넣어 와서 새 신발을 달라고 하는 걸로 보일까 봐 노심초사하였다. / 약간 흥분된 얼굴로 가서 말을 하고 운동화를 보여 주었는데 내 이야기를 듣고 나서는 내 예상과는 전혀 달리 정중하게 "저희 실수였습니다. 죄송합니다. 어떻게 해드릴까요?"라고 하는 것이었다. 난 전날 밤 흥분된 마음으로 잠도 못 자고 어떻게 대응할까 고민했는데 너무 쉽게 해결을 하고 나니 그것이 혼자만의 생각이었지 싶어 창피하기까지 하였다.

– 김시윤(남)

저자도 몇 년 전 사용하던 스마트폰이 통화도 안 되고 아예 부팅까지 안 되기에 서비스 센터를 방문했다. 약정기간이 남아 있어서 웬만하면 새로 안 사고 고쳐 쓰자는 마음이었다. 나의 접수번호가 띄워진 카운터에 가서 문제를 이야기하자, 담당기사가 "스마트폰은 전화기가 아닙니다. 컴퓨터입니다."라고 말하며, 사용자가 업데이트 잘하면서 관리해 주지 않았다고 고객 탓을 하는 것이었다. 순간적으로 분노가 치솟는 걸 애써 참았다. 아무리 미숙한 이용자가 사용한 것이라고 해도 스마트폰이 2년도 안 되어 고장 난 것은 사실 아닌가? 소비자가 원하는 것은 대단한 사죄가 아니다. 시작이 반이라는 말이 있다. 성공적인 실패복구의 절반은 잘못을 순순히 인정하고 진심으로 사과하는 말로 시작하는 것에 있다.

요컨대 실패복구의 성공은 고객의 감정순화에 달렸다고 해도 과언이 아니다. 인간관계에서도 잘못한 것을 회복하기 위해서는 상대방의 용서가 필요하다. 기업이나 서비스 제공자가 잘못을 한 경우에도 단순히 제품을 고쳐 준다고 모든 게 끝나는 게 아니다. 고객용서(customer forgiveness)를 받아야 끝나는 것이다. 고객용서는 고객의 감정을 회복하지 못하면 얻기 힘들다. 고객은 쉽게 신뢰를 회복하려 하지 않는다. 실패복구 이후 고객의 행동은 신뢰를 얼마나 회복했는가에 의해 크게 달라지는데, 신뢰의 회복은 고객용서를 거쳐야 가능하기 때문이다.[51] 잘못을 인정하지도 않는 상대를 어떻게 용서할 수 있겠는가?

이렇듯 실패복구 상황에서는 고객의 감정순화가 특히 중요함에도 불난 집에 기름 붓는 대응을 하는 경우가 허다하다. 사실, 문제를 기업에 알리고 복구를 받는 과정에서 많은 고객이 '이중이탈(double deviation)'을 경험한다고 한다. 제품·서비스의 결함으로 인해 속상한 고객을 복구과정에서 한 번 더 울화통이 터지도록 만드는 경우를 이

중이탈이라고 한다. 이런 경우 고객들은 분노와 억울한 감정을 억누르지 못하고 감정적으로 극단적인 반응까지 보일 수 있는데, 분노를 다 쏟아냈다고 해서 고객의 속이 후련해지는 게 절대 아니다. 자신이 다른 누군가에게 화를 내며 인격의 밑바닥까지 보여 준 것에 대해 자기 자신이 미워지고 그래서 슬퍼진다. 서로 여기까지는 가지 않도록, 즉 이중이탈까지는 가지 않도록 감정순화에 주력해야 한다. 대부분의 고객이탈은 잘못된 실패복구에서 발생한다. 잘하면 '리커버리 패러독스'가 될 수 있는데 말이다.

진심으로 즐기며 일하는 그대, 나를 행복하게 하네요!

'지금 나는 지구의 한 모퉁이를 쓸고 있다.' 나는 이 글귀를 참 좋아한다. 파리 뒷골목의 한 청소부는 이렇게 자신의 일의 가치를 스스로 높이고 즐기면서 힘든 일을 하였다. 열심히 하는 자 위에 즐기며 하는 자가 있고, 즐기며 일하는 사람을 이길 사람은 없다는 말이 있다. '피할 수 없으면 즐겨라!'라는 말도 있다. 자기가 현재 하고 있는 것에 스스로 '가장 높은' 가치를 부여할 때, 즐기며 일할 수 있고 가장 행복한 사람이 될 수 있다. 사례 31은 즐기면서 일하는 직원의 모습을 보면서 그러한 직원에게서 서비스를 받는 것이 참 행복하다고 느낀 소비자의 이야기이다.

사례 31 **즐기면서 일하면 진정한 서비스가 나온다!**

사소한 배려와 진정성, 즐기면서 일하면 진정한 서비스가 나온다! / 그 아주머니가 아니었다면, 아이만 따라다니다 결국은 데리고 나왔을 테지만, 바쁜 와중에도 이렇게 신경을 써 주시니, 언니와 전 여유롭게 식사를 할 수 있었습니다. / 아주머니께서는 단지 아이가 예뻐서 신경 써 주셨을 수도 있겠지만, 그 작은 배려가 저희에게는 큰 도움이 되었고, 행복한 식사가 되었습니다. 높은 위치에 있는 사람도 아니고, 단순 아르바이트로 온 분일 수도 있지만, 이렇게 한 사람의 배려가 저희에겐 이곳에 대한 좋은 인상을 심어 주었습니다. 그 북적거리는 연회장을 훑어보니, 요리사든 직원이든 어느 하나 웃고 있는 사람이 없었습니다. 하지만 그 아주머니는 힘든 일 또한 즐기면서 하신다는 느낌을 받았습니다. 저 또한 서비스직에 있어 봤지만, 고된 일을 하면서 마음에서 우러나와 웃기란 쉽지 않다는 것을 잘 압니다. 그렇기에 그 배려가 더 마음에 와닿았는지도 모르겠습니다. 한 사람의 작은 배려로 인해 우리 머릿속엔 웨딩홀의 이미지가 한껏 올라가고 있었습니다. 이름표도 없는 누군지도 모르는 그 아주머니께 감사함을 전하고 싶습니다.

— 이소현(여)

버즈피드(BuzzFeed.com) 사이트에 올라온 '감정에 대한 11가지 사실'을 보면 미소 짓는 얼굴은 90미터 떨어진 거리에서도 알아볼 수 있고, 누군가의 웃음소리를 들었을 때 우리 뇌 사진을 보면 근육을 움직여 같이 웃을 준비를 한다고 한다. 행복한 얼굴 표정은 멀리서도 드러나고, 전염효과도 있다는 것이 증명된 셈이다.

서비스 마케팅 분야에는 '만족거울(satisfaction mirror)'이라는 용어가 있다. "행복한 직원이 행복한 고객을 만든다."는 말도 있다. 행복한 표정을 마주 볼 때 행복한 표정을 짓게 되는 것처럼, 서로 거울을 마주 보듯 서비스 직원의 만족과 고객의 만족이 한 쌍의 짝이라는 뜻이다. 1994년 《하버드 비즈니스 리뷰(HBR)》에 소개된 '서비스 이익사슬(service profit chain)'이라는 유명한 개념도 이와 같은 만족의 선순환 고리에서 나온 것이다.[52] 그래서 특히 고객접점 직원의 만족을 높이는 것을 서비스 경영에서는 중요하게 여긴다. 고객만족을

CS(Customer Satisfaction)라고 부르는 것처럼, 내부직원의 만족을 ES(Employee Satisfaction)라고 부른다. 이들을 직원이라기보다는 내부에 있는 만족시켜야 할 고객으로 보자는 관점에서 '직원만족'이라고 표현하기보다 '내부고객만족'이라는 표현을 더 많이 쓰고 있다.[53] 사례 31은 진심으로 즐기면서 자신의 일을 하고 있는 사람이 고객 눈에 아름답게 보이고, 진심에서 우러나온 고객에 대한 작은 배려가 그 고객에게는 행복이 될 수 있음을 보여 준다.

가치공동창출 – 고객과 함께 만든 행복!

'가치공동창출(value co-creation)' 개념이 최근 마케팅 분야에서 각광받고 있다. 고객이 주어진 서비스를 단순히 제공받는 것이 아니라 생산과정, 전달과정에 참여하거나 소비과정에 공급자가 참여하여 그 상품의 최종 사용가치(value-in-use)를 증대시키는 것을 의미하는 개념이다.[54] 사례 32의 내러티브는 '가치공동창출' 개념이 엿보이는 한 남성 소비자의 미용실 체험담이다.

사례 32 **생산자와 소비자가 상호 소통하는 과정을 통해서 행복한 소비를 만들어**

나는 "그런 말은 늘 들었는데 반곱슬이고 머리에 힘도 없어서 조금만 기르면 짝 달라붙어서 저는 맘에 안 들어요. 어떻게 하면 좋을까요?"라며 통명스럽게 말을 뱉었다. / 미용사는 이리 보고, 저리 보고 한참을 고민하다가 일단 머리를 뒤로 넘기지 마시고 앞으로 넘기시고 윗머리가 죽으니까 퍼머를 하면 좋을 것 같다. 이렇게 하면 지금보다 엄청 젊어 보일 것 같고, 사장님 스타일에 어울릴 것 같다고 말했다. / 미용사는 나의 고민을 듣고 내게 가장 어울리는 머리를 해 주기 위해 고민하고 제안을 했다. / 저렴한 가격과 훌륭한 서비스로 변화한 나의 모습에 만족하며 미용실을 나설 수 있었다. 나 또한 미용사의 제안을 듣고 고민하고 결정을 내렸다. 이처럼 생산자와 소비자가 상호 소통하는 과정을 통해서 행복한 소비를 만들어 낼 수 있다는 걸 알았다. / 가장 중요한 것은 주변 사람들의 반응이었다. 아내도 만족하고 특히 우리 딸들이 아빠의 카리스마나 권위적인 모습보다 부드럽고 젊어진 모습이 좋다고 해서 기뻤다. 직장에서도 젊어 보인다는 말을 들으니 기뻤다.

- 이진욱(남)

서비스 중에는 서비스 상품의 최종 성과와 품질을 높이기 위해 고객의 적극적인 참여가 요구되는 것들이 있다. 고객의 참여가 별반 필요치 않은 서비스라 해도 고객의 의견이나 활동이 추가됨으로써 더 만족스러운 품질의 서비스가 탄생할 수 있는 여지가 많다. 생산자로서 미용사는 고민 끝에 제안을 했고, 고객도 그 제안을 고민하여 수락했다. 사실 미용실에서 흔하게 볼 수 있는 평범한 장면이다. 가치공동창출이 별로 대단하고 특별한 경영기법으로 창출되는 것이 아니라는 것을 여실히 보여 준다.

여기서 중요한 점을 3가지 측면에서 접근해 보자. 먼저 고객에게 맞춤화된 최적의 솔루션을 미용사가 고민하여 찾아내고, 이를 고객에게 제안하였다는 점이다. 전문가 입장에서 고객의 문제를 가장 적절하게 풀어낼 수 있는 대안을 고민하여 찾아내는 성실성이 퉁명스러웠던 고객의 마음을 여는 데 큰 역할을 했던 것 같다. 두 번째는 고객이 그 제안을 진지하게 받아들여 고민하고 결정함으로써 서비스 생산과정에 참여하였다는 점이다. 고객의 동의와 허락은 고객이 그 결과에 대해 일정 부분 공과(功過)를 함께 진다는 의미를 내포한다. 세 번째는 합작품이 결과적으로 잘 나왔다는 점이다. 주변 사람들이 긍정적으로 반응하지 않았거나 부정적인 반응을 보였다면 이 소비자는 시무룩해졌을 것이다. 그러나 결과가 좋았다. 여기서 관련된 연구들을 소개할 필요가 있겠다.

여러 연구에 따르면, 다른 사람과 함께 공동과업을 수행하도록 한 실험조건에서, 그 과업이 성공한 경우에는 자신의 공을 더 크게, 실패한 경우에는 다른 사람의 탓을 더 크게 하는 경향이 나타났다.[55] 이처럼 상황에 따라 자신에게 유리하게 작용하는 이중잣대를 사용하는 심리적 경향을 '자기고양적 편향(self-serving bias)'이라고 부른다. 그런데 이러한 경향성이 과업 자체가 완전히 참신한 경우라거나 낯선 사람이 아닌 친한 사람들과 함께 수행하는 과제에서는 발견되지 않았다. 이런 경우에는 파트너와 자신 간에 공과 과를 비교적 공평하게 나누는 것으로 나타났다.[56]

그렇다면 서비스 제공 상황에서 고객이 생산과정에 일정 부분 참여한 경우, 결과의 성패에 따라 고객의 해석이 어떻게 달라질까? 한 연구에 따르면, 소비자가 생산과정에 참여하는 경우, 그 결과가 기대했던 것보다 좋을 때는 이를 기업보다는 자신의 공으로 생각하여 기업에 대한 만족도가 참여하지 않은 사람보다 더 낮게 나타났고, 기대했던 것보다 결과가 나쁠 때는 참여한 사람과 참여하지 않은 사람 간에 기업만족도에 차이가 없었다.[57] 이 결과만 보면 고객을 생산과정에 참여시키는 것이 별로 득이 안 된다.

그런데 만약 고객이 참여 여부를 자율적으로 선택한다면 어떻게 될까? 이 경우에는 결과가 실패로 나왔을 때, 참여한 사람의 기업에 대한 만족도가 참여하지 않은 사람보다 더 높았다. 요약하면, 고객을 생산과정에 참여시키는 것은 결과의 성패에 따라 기업에 대한 평가에 영향을 미칠 수 있으므로, 전략적으로 판단하여 결정해야 하는데, 가급적 참여 여부를 자율적으로 선택할 수 있도록 하는 것이 좋으며, 고객은 주로 참여과정은 즐기지만 자기고양적 편향을 갖고 있기 때문에 잘되면 내 덕, 못되면 네 탓을 할 수 있으므로, 기업은 성공보다는 실패에 대한 바람막이로서 고객의 자발적 참여를 이용하는 것이 도움이 된다고 볼 수 있다. 그러나 이와는 달리 고객이 생산과정에 참여하면 결과에 대해서도 더 호의적으로 평가하여 서비스 품질을 높게 인식하는 경향, 그래서 더 만족이 높아지는 경향이 나타나기도 한다. 품질에 대한 평가가 고객의 주관에 따라 크게 좌우되는 서비스일수록 자기고양적 편향이 나타나기 때문에 고객의 참여가 고객행복을 더 높이는 역할을 해 주는 것이다.

천군만마를 얻은 행복 – 고객 마음을 이해하는 공감의 대화기술

같은 말이라도 더 듣기 좋게 하는 사람이 있다. 고객과 접점에서 인적판매(personal selling)를 하는 사원은 특히 대화기술이 필요하다. 사례 33, 34는 점원의 말 한마디에 감사하고 행복해지는 순간을 경험한 이야기이다.

사례 33 "어허 말씀 예쁘게 하시네."

내 주머니 사정을 고려하시는 건지 좀 고급스러운 것. 마음에 드는 옷도 많이 내색하시지 않으려는 모습이 역력했다. 죄송하고 앞으로 더 열심히 살아 더 좋은 것을 안겨 드려야겠다는 생각이 들었다. 그 순간 매장 직원도 내 마음을 읽었는지 조끼를 집었을 때, "그 어떤 옷보다 훈훈하게 감싸 주고 양쪽 팔 없는 조끼라서 활동적이기도 하고 점퍼 입기 전에 걸쳐 주면 간편하고 든든한 겨울이 된다."고 말씀하신다. 결정적인 건, "따스한 마음씨를 가진 따님 덕에 한 겨울에 놔 드리는 보일러만큼 아주 훈훈한 조끼가 될 수 있을 거"라는 말씀이다. 아버지께서는 이 말씀이 마음에 드셨는지 내 주머니 사정을 봐 주시는 건지 미소를 지으시면서 판매원에게, "어허 말씀 예쁘게 하시네." 하시면서 이것이 좋겠다고 하신다. 커플 조끼로 어머니 것도 한 개 더 생각하게 된다.

- 박혜미(여)

사례 34　판매자의 세심한 말 한마디

대다수의 차량 소모품 판매자가 그렇듯 약간의 서비스와 과장된 설명이 있게 마련이지만, 내가 접한 판매자는 단순한 제품 판매가 아니라 제품 사용설명은 물론이고 엔진의 찌든 때를 확실히 제거하는 방법도 알려 주고 워셔액, 청소용품 등의 사은품까지 챙겨 주었다. 그보다 더 중요한 것은 중고차 구매에 대한 칭찬도 아끼지 않았다는 점이다. 새 차와 중고차 구매의 갈림길에서 많이 고민하다가 중고차를 구매했던 터라 판매자의 세심한 말 한마디와 서비스는 내 기분을 매우 좋게 하였다.

- 오병현(남)

서비스 품질(service quality)이라는 말을 흔히 쓰지만 사실 이는 매우 모호한 개념이다. 1988년에 PZB 연구자들은 소비자들이 훌륭한 서비스를 받았다고 평가하는 항목에는 어떤 것들이 있는지 결정적 사건기법(Critical Incident Technique: CIT)을 적용하여 조사하고 여러 차례의 요인분석을 통해 요소들을 상위의 유사한 범주로 축소해 나가는 방식으로, 최종적으로 5가지의 서비스 품질 차원을 도출해 냈다.[58] '유형성(tangibility)', '신뢰성(reliability)', '응답성(responsiveness)', '확신성(assurance)', '공감성(empathy)'이 바로 그렇게 도출된 5가지 서비스 품질 차원이다. 유형성은 서비스의 물적 요소(장비, 시설 등)의 외형, 신뢰성은 정확한 업무수행 능력, 응답성은 즉각적 도움, 확신성은 공손함/안정성/믿음직성, 공감성은 고객에 대한 충분한 이해와 의사소통을 의미한다. PZB 연구자들은 5가지 서비스 품질 차원의 하위 측정항목도 개발하여 SERVQUAL 모형을 제안했다. 이는 전 학계와 실무계에 확산되어 지금도 강력한 품질평가모형으로 자리잡고 있다.

일반적으로 제품은 평가기준이 비교적 명확하고 명세서대로 작동하는지 또는 안 하는지가 마치 '0' 아니면 '1'과 같은 식으로 쉽게 분간할 수 있는 편이다. 그러나 서비스는 그야말로 품질을 정확히 파악하기가 쉽지 않다. 제공자가 통제할 수 없는 여러 영향요인의 개입 여부에 따라, 혹은 옆에 있는 다른 고객에 따라, 특히 고객의 주관적 반응에 따라, 달라질 여지가 많기 때문이다. 제품은 객관적 품질이라는 것이 가능한 반면 서비스 품질은 고객이 주관적으로 평가한 '지각된 서비스 품질(perceived service quality)'이 중요하다. 이때 '공감성'은 서비스 품질 평가에서 매우 중요한 위치에 있다. 많은 경우 어려움에 봉착했을 때, 상처를 받았을 때, 누군가 내 말을 경청해 주고 이해해 주면 우리는 어느새 그것만으로도 고통에서 벗어나기 시작한다. 상업적 관계이긴 하지만, 처음 보는 점원이 내 마음을 마치 들여다본 듯 이해하고 나를 지지해 주는 발언을 해 주면 자연스럽게 고객의 기분은 좋아진다. 사례 33, 34는 점원이 고객의 마음에 십분 공감하고 고객을 북돋워 주는 한마디 말을 해 줌으로써 소비자 행복을 창출하고 있다.

그런데 한 가지 짚어볼 이슈가 있다. 최근 서비스 생산성(service productivity)이 주목을 받고 있다. 원가절감 압박이 커지면서 수익성을 유지 또는 증대하고자 기업들이 인적 서비스를 줄여 나가는 전략을 취하고 있는 것이다. 물론 앞서 살펴본 고객-서비스 제공자 간 가치공동창출 개념도 생산과정에 고객이 참여함으로써 고객이 '부분적 직원(partial employee)'의 역할을 하여 인건비를 절감하면서 수익성을 증가시키는 목적으로도 활용될 수 있다. 그런데 이렇게 인적 서비스의 투입을 줄이다 보면 단기적으로는 원가감소 효과가 나타나지만 장기적으로는 고객만족과 재무적 수익성이 오히려 악화되는 현상이 빚어진다는 것을 시계열 데이터를 통해 분석한 연구[59]가 있다. 연구자들은 그 이유를 공감성과 응답성이 축소 또는 훼손되기 때문이라고 분석하였다.

최근 CNBC 뉴스는 미국의 스타우드 호텔에 엘오(A.L.O)라는 이름의 잔심부름용 로봇이 등장한다고 전했다.[60] 엘오는 약 90cm 높이의 키에 마치 집사 복장을 한 듯한 모습의 도우미 로봇이다. 투숙객이 프론트에 전화해 치약, 타월, 간식거리 등을 요청할 경우, 호텔 직원이 엘오 로봇에 해당 물품을 올려놓고 손님의 방 번호를 입력하면 자동으로 물품을 방까지 배달한다. 엘오에는 호텔 복도 내비게이션 시스템이 탑재되어 있으며, 와이파이를 이용해 엘리베이터도 호출할 수 있다. 호텔은 미국 캘리포니아 쿠퍼티노 지점에 엘오를 시험 도입할 계획이며, 성공적일 경우 약 100개 지점으로 서비스를 확

그림 7-6 A.L.O 로봇(스타우드 호텔)
출처: http://thepointsguy.com/2015/05/future-of-starwood/

그림 7-7 호텔리어 로봇(하우스텐보스)

대할 것이라고 밝혔다. 그렇게 되면 각 호텔에서 한두 대의 엘오 로봇을 볼 수 있게 된다고 한다. 직원의 일자리를 뺏을 것이라는 우려에 대해, 오히려 직원들을 사소한 업무에서 벗어나게 함으로써 서비스의 질이 더 향상될 것이라고 호텔 측은 전망하고 있다(그림 7-6). 이런 사례는 세계적으로 계속 늘고 있다. 일본 나가사키의 유명한 관광지인 하우스텐보스 안에 새로 오픈하는 헨나(Henn-na) 호텔은 다국어 능력을 갖춘 사람처럼 생긴 로봇 직원이 손님을 맞이한다고 한다(그림 7-7).[61]

고객접점의 서비스 인력이 로봇으로 대체되는 것은 서비스에서 고객의 행복을 창출할 수 있는 '공감성'이 사라진다는 것과 같은 뜻으로 이해된다. 그 대신 로봇이 창출할 수 있는 새로운 행복은 어떤 것일까? 마침내 가까운 미래에, 고객의 숨겨진 마음을 읽고 십분 공감할 줄 알고 그것을 현명한 대화기술에 이용할 줄 아는 로봇도 출현하는 것일까? 로봇에게 인간 고유의 공감능력까지 뺏기고 싶진 않은데 말이다.

제8장

행복 둘 -
소비활동 자체

자신의 소비활동 자체에 대하여 특정한 '의미'를 부여함으로써 행복이 창출된다. 전체 사례 중 25%가 여기에 해당하며, 제7장에서 살펴본 상품, 브랜드, 고객관리를 원천으로 하는 소비자행복 사례에 이어 두 번째로 큰 비중을 차지했다. 소비활동 자체를 원천으로, 착한 소비, 합리적 소비, 자족적 소비, 쇼핑 플로(flow)의 4가지 행복유형이 발견되었다. 이 원천에 속하는 4가지 유형의 소비자행복은 소비자가 자신의 특정 소비활동에 대해 특별한 의미를 부여하거나 특별한 의미로 해석하는 과정을 항상 수반한다. 소비자가 기업이 제공하는 상품이나 브랜드 또는 직원이 베푸는 고객감동 서비스를 수용하는 단계가 첫 번째 소비자행복 원천에 해당하는 행복의 창출방식이었다면, 두 번째 소비자행복 원천에서는 소비자가 자신이 수행한 또는 수행 중인 소비활동에 대해 의식적으로 부호화(encoding)과정과 해독(decoding)과정을 수행하는 것으로 나타났다. 이는 소비자가 자신의 소비행동을 객관화한 후, 그것에 의미를 부여하여, 나중에 자신이 부호화하여 숨겨 놓은 의미를 해석하는 과정을 거치는 것으로 이해할 수 있다. 마치 제품광고에 기업이 부호화해 놓은 어떤 상징과 기호를 보고, 그것이 내포하는 의미와 메시지를 소비자들이 나름의 지식과 경험과 가치관을 바탕으로 해독하는 것과 유사하다. 그러나 광고 같은 '마케팅 커뮤니케이션 과정'에는 '발신자-수신자'가 '기업-소비자'임에 반해, 이번 행복유형에서는 '소비자 자신-소비자 자신'이라는 점이 크게 다른 점이라고 할 수 있다.

해독과정은 영화를 보면서, 벽에 걸린 추상화 작품을 보면서, 소설책을 읽으면서, 상대방의 말 속 행간을 읽으면서 우리가 늘상 자연스럽게 수행하고 있는 활동이다. 그런데 남이 만든 작품, 남이 한 말을 해독하는 데 그치지 않고, 때로 우리는 자신의 행동을 통해 숨겨진 자신의 동기와 의도 등을, 즉 자신의 태도를 해독하기도 한다. 이러한 과정은 나를 증명하는 과정이기도 하다. 자신이 옳다고 생각하는 것, 자신이 좋아하는 것, 자신이 싫어하는 것을 행동으로 실행함으로써 비로소 남들에게 자기가 무엇을 좋아하고, 무엇을 싫어하며, 무엇에 가치를 두는지 표현한다. 타자의 인정을 통해 자기의 가치를 증명받고 싶어하는 동기는 누구에게나 있다. 타인을 위해서도 그렇지만, 내가 누구인지, 어떤 사람인지를 증명하는 방법이 꼭 타인만을 위한 것은 아니다. 우리는 때로 자기 자신을 위해 스스로를 증명하고자 애쓴다. 자기 자신에 대한 개념을 파악하는 데에는 자기-정의(self-definition)를 따르는 방식과 사회적 정의(social definition)를 따르는 방식의 2가지가 있다.[1] 두 번째 소비자행복 원천에 속하는 내러티브들은 대체로 자기-정의를 통해 자신이 누구이고 어떤 사람인지를 스스로 증명하는 소비자들이라 할 수 있다.

소비자의 태도(attitude)는 소비자의 마음속에 숨겨져 있다. 행동(behavior)으로 나타날 가능성이 높긴 하지만 항상 그런 것은 아니다.

자신의 숨겨진 태도를 가시화할 수 있는 방법은 행동으로 옮기는 것이다. 특히 태도 속의 여러 구성요소 중 감정(affect)은 추동력이 강하기 때문에 아무리 감추려고 해도 미세한 얼굴근육, 심장박동 등과 같이 쉽게 알아채기 힘든 변화로라도 표현된다. 소비자의 태도에 대해서는 마케팅 분야에서 방대한 연구가 이루어져 왔다. 어쩌면 대부분의 연구가 태도를 파악하기 위한 연구라고 해도 과언이 아닐 정도이다. 기업은 소비자의 행동변화(예: 구매행동)를 목적으로 다양한 마케팅 전략을 펼치는데, 행동의 기저에는 숨겨진 동기, 그 동기를 포함하고 있는 소비자의 태도가 깔려 있기 때문에, 솔직히 말해 기업은 소비자의 태도에 관심이 무척 많다. 태도 단계에서부터 기업이 의도한 방향으로 변화를 유도하기 위해서이다. 어떤 대상에 대한 대부분의 행동뿐만 아니라, 앞서 언급한 것처럼 순간적인 얼굴표정, 미세한 심장박동의 변화조차 그 대상에 대한 우리의 숨겨진 태도에 의해 유발된다. 기업에서 자사 브랜드에 대해 어떤 이미지나 신념체계를 덧씌워 소비자에게 반복해서 노출한다면, 소비자는 우연적인 학습과정을 통해 그것에 대해 호의적인 태도를 형성하게 되고, 결국엔 그 브랜드를 선택하는 행동을 취하게 된다.

소비자 태도의 특징에 대한 일반적인 견해에 따르면, 태도는 크게 4가지 기능을 수행한다. 첫째, 실리충족적 기능(utilitarian function)을 한다. 이는 태도가 소비자로 하여금 자신의 욕구를 달성하도록 유도한다는 뜻이다. 즉, 소비자는 자신에게 손해보다는 보상을 주는 대상에 대해 호의적인 태도를 가짐으로써 자신의 이익을 높일 수 있는 태도를 채택한다. 둘째, 지식기능(knowledge function)을 한다. 어떤 기업이나 브랜드에 대해 자신의 선호/비선호의 감정까지 포함한 태도를 지식으로 저장하고 있는 것이다. 당신이 누군가에게 "○○○ 브랜드의 제품은 어때요?"라고 물었을 때, 그가 대답해 준 정보 속에는 그 브랜드에 대한 그 사람의 태도가 이미 반영되어 있다는 말이다. 그래서 우리가 갖고 있는 지식은 대체로 중립적이라기보다는 감정적이고 주관적이다. 셋째, 가치표현적 기능(value-expressive function)을 한다. 소비자는 자신의 가치관이나 상징성을 표현하는 브랜드에 대해 호의적인 태도를 갖게 된다. 공정성과 정의에 가치를 둔 소비자라면 공정무역 제품에 대해 호의적인 태도를 갖게 되고, 이를 구매하는 행위를 통해 자신을 표현할 수 있다.[2] 마지막으로, 자아 이미지를 훼손하지 않고자 하는 자아방어적 기능(ego-defensive function)을 한다. 자신의 이미지와 사회적 체면 등을 방어하고 보호해 줄 수 있는 제품이나 브랜드에 대해 호의적인 태도를 갖게 된다는 뜻이다.

그런데 우리가 항상 우리 자신의 숨겨진 동기와 선호를 확실히 알고 있는 것은 아니다. '내가 정말 저 사람을 좋아하는 건가?', '내가 정말 이 작가를 좋아하는 건가?' 등등. 내 선호 자체를 잘 모르는 경우가 참 많다. 그럴 때 우리는 무엇을 근거로 해서, 우리의 태도를, 즉 우리의 가치, 신념, 선호, 동기 등을 알아챌 수 있을까? 바로 행동이다. '저 사람 앞에만 서면 가슴이 콩닥거리는 걸 보니까, 내가 저 사람을 좋아하는가 보구나!', '내가 조금 비싸도 유기농 제품을 자주 구매하는 걸 보니, 나는 건강을 중시하는 소비자였나 보구나!', '내가 이 브랜드를 벌써 세 번째 구입하는 걸 보니, 이 브랜드를 선호하는가 보구나!' 등과 같이 우리는 때로 우리의 행동을 보고 숨겨진 태도를 유추하는 버릇이 있다. 자기지각이론(self-perception theory)[3]은 이와 같은 현상을 설명해 주는 이론이다. 이 이론을 적용하여, 여기 소개할 내러티브들을 내 소비활동을 보고 내가 어떤 신념을 가진 소비자인지를 확인하는 과정으로 이해할 수도 있고, 앞서 본 자기증명 동기를 적용하여 그 소비행동을 통해 내가 누구인지, 내가 어떤 가치를 중시하는 소비자인지를 스스로 증명하는 과정으로도 이해할 수 있다.

1. 착한 소비

제품의 가격과 품질을 따져 보고 구매하는 '합리적 소비(rational consumption)'를 넘어, 제품이 나오기까지의 과정까지 따져서 구매하는 '윤리적 소비(ethical consumption)'가 최근 점차 증가하고 있다. 브랜드나 제품 그 자체만을 구매기준으로 삼는 것이 아니라, 생산자인 기업이 어떤 원료를 사용하고, 제조과정은 공정한지, 노동자에 대한 처우는 옳은지, 기업의 운영은 투명하게 이루어지고 있는지, 기업이 얼마나 사회와 환경을 생각하는지 등을 따져 묻는 '의식 있는' 소비자들이 늘어나고 있다.

국제공정무역기구(Fairtrade International)에 따르면, 국제공정무역 인증상품의 시장 규모는 2006년 약 16억 유로(약 2조 1,500억 원)에서 급성장하여 2015년 기준으로 73억 유로(약 8조 9,000억 원)에 달한다. 국내에서도 이미 윤리적 소비자들의 움직임은 낯설지 않다. 국제공정무역기구 한국지사에 따르면 2013년 국내 공정무역 제품판매 규모는 전년 대비 92% 증가하여 약 51억 원에 달한다고 한다. 삼성경제연구소(2008)는 이제까지는 명품소비 등 소비의 양극화 추세가 압도적이었지만, 국내총생산(GDP)이 2만 달러에 도달하면 윤리적 소비가 가장 중요한 이슈가 될 것이라는 전망을 발표한 바 있다.[4]

현대의 소비자들은 기업이 비윤리적인 과정을 일삼을 경우 불매운동까지 불사하며 자신들의 신념에 위배되는 기업을 응징하는 모습을 보여 준다. 부도덕한 기업에 대한 불매운동과 시위는 소비자의 권리로 인식되고 있기 때문에, 윤리적 소비는 기업에게 일종의 각성 제인 셈이다. 스타벅스가 원두커피를 생산자로부터 제값을 주고 수입한다든지, 나이키가 독성물질의 유출을 막기 위해 새로운 시스템을 구축한다든지, 까르푸 등 대형 유통업체가 매장에 공정무역 상품을 늘리는 것도 바로 이 때문이다.

흥미로운 점은, 이처럼 일명 '착한 소비'로 불리는 '윤리적 소비'로부터 소비자행복이 창출될 수 있다는 점이다. 다음의 에세이들로부터 이 사실을 확인할 수 있다. 해당 사례는 기부, 공정무역 제품 소비, 생산자(또는 생산지)와 소비자가 윈-윈 할 수 있는 상생적 소비 등 윤리적이거나 지속가능한 소비활동에 대한 내용을 담고 있다. 지속가능소비(sustainable consumption)에는 덜 소비하는 것, 환경을 생각하는 소비, 로컬 제품/소상공인 제품/전통적 방식으로 생산되는 제품이나 중고제품 소비 등이 포함된다.[5]

윤리적 소비자는 책임감뿐 아니라 개인의 행복을 위해서도 스스로 윤리적 소비를 택한다고 한다.[6] 선한 일, 옳은 일을 하는 것 자체가 행복감을 높여 준다는 의미이다. 의무론적(deontology) 관점 또는 결과론적(consequentialism) 관점 외에도, 덕이론(virtue theory)의 관점에서 볼 때, 소비자가 윤리적 소비를 통해 자기고결성(self-integrity)의 느낌을 갖게 됨으로써 웰빙이 높아지는 것이 증명되었다.[7] 자본주의 자유경제체제인 우리나라에서 개인의 소비활동은 자신이 주도적으로 행할 수 있는 가장 손쉬운 의사결정 행위 중 하나이다. 따라서 내가 옳다고 판단한 대로 행할 수 있는 소비자는 옳은 일을 했다는 기쁨 외에도 그것에 대해 자기 결정권을 행사했다는 점에서 또 다른 자부심이 발생하기 때문에 단순한 행복감이 아니라 자부심과 기쁨이 복합된 일종의 '뿌듯한 행복감' 같은 것을 느끼는 것으로 이해된다. 한 연구에 따르면, 윤리적 소비자가 느끼는 감정의 유형에는 책임감, 정의감, 만족감, 유대감, 자존감, 불편한 감정(나와 인간, 구조를 바라보는 아쉬움) 등이 있다.[8] 불편한 감정은 윤리적 소비의 출발점일 수 있고, 소비 후의 기쁨과 함께 섞여진 양가적 감정일 수도 있다. 이러한 감정들이 여기에 소개하게 될 윤리적 소비자의 내러티브에서 복합적으로 발견된다.

직접적 기부 – 어려운 이웃을 돕는 기쁨

사례 35는 과소비에 대해 반성하고 기부를 실천한 소비자의 이야기이다. 타인을 위한 선물이나 기부가 자신을 위한 지출보다 오히려 더 큰 행복을 가져다줄 수 있다는 기존의 연구결과와도 일치하는 사례이다.[9]

사례 35   또래 미혼모의 아이들에게 조금이나마 도움을 주고자

첫아이라 그런지 남들 사주는 건 다 사주고 싶고 무조건 좋고 비싼 물건으로 사주고픈 마음에 돌이 지난 지금 집 안에는 좀 과하다 싶은 장난감과 몇 번 사용해 보지 않은 굳이 필요하지 않은 유아용품이 많다는 걸 느꼈습니다. 부모인 내가 내 소중한 아이에게 이런 과소비를 가르치고 있다는 마음에 참 부끄러웠습니다. 그러던 중 내 아이의 첫 번째 생일이 돌아왔고 첫 번째 생일을 의미 있게 보내고 싶은 맘에 아이 또래 미혼모의 아이들에게 조금이나마 도움을 주고자 찾아보게 되었습니다. 그래서 다른 아이 엄마들과 함께 '홀트아동복지회'라는 곳에 기부를 하게 되었습니다. 아이의 첫 번째 생일에 아이의 이름으로 첫 기부를 한 것은 앞으로도 어려운 사람들을 도우며 함께하라는 의미이기도 했습니다.

– 송민혜(여)

한 연구에서 검증한 것처럼, 이 사례에는 '타인에 대한 배려(돌봄)'와 '내적 성찰'이 '금전에 대한 초연함'을 매개로 하여 행복을 증가시키는 원리가 작용했을 수 있다.[10] 기부행위는 타인에 대한 의식 외에도 자신을 되돌아보는 성찰적 행위가 중요한 선행조건이 된다는 점이 흥미롭다. 이러한 두 조건이 충족되었을 때, 금전이나 물질에 대한 욕심이 적어지고 초연해지는 상태에 도달할 가능성이 높아지는데, 이 같은 연쇄작용으로 기부에 대한 심리적 환경이 완성되면, 자발적이고 적극적인 기부행위가 나타날 수 있다. 이 에세이에는 과하다 싶을 정도로 아이에게 많은 유아용품을 사주던 자신의 소비행태를 뒤돌아보고 반성하는 모습이 담겨 있다. 도움을 주는 행위가 도움이 필요한 사람에 대한 인식만으로는 부족하고, 자신에 대한 성찰도 요구한다는 점은 중요한 시사점이다. 또 다른 중요한 시사점이 있다. 그것은 '돈에 대한 의식 그 자체'이다. 한 연구에서 사람들에게 돈에 대해 생각하도록 하는 것만으로도 친사회적인 동기를 약화시켰다.[11] 돈을 최고의 가치로 삼아 추구하는 사회일수록 온정이 없고 메마른 세상이 된다는 것을 짐작할 수 있다.

한편, 행복은 자아 개념과도 관련이 깊다. 자선적 기부는 객관적 부의 감소에도 불구하고 기부자 스스로 주관적인 부를 더 많이 가진 것처럼 느끼도록 하는 '자기신호효과(self-signaling effect)'를 발생시킨다.[12] 즉, 자신이 추구하는 자아정체성이 기부행위라는 신호를 통해 가시화되고, 이를 스스로 확인하는 과정에서 행복감이 발생하는 것이다. 순수히 타인을 돕는 자신의 모습에서 풍족함과 뿌듯함을 느껴 긍정적 자아 개념을 형성할 수 있고, 그 결과 행복감이 증가한다는 의미이다. 이 사례처럼 순수한 동기에서 출발한 기부행위는 도움이 필요한 수혜자에게 행복을 전달하는 것이면서 동시에 기부자 자신에게도 행복을 주는 일거양득의 소비행위로 볼 수 있다. 여기서 또 하나 눈여겨 볼 점은, 엄마가 아이의 이름으로 기부를 하고, 그것이 아이가 살아갈 삶에 중요한 방향설정과 의미부여가 되기를 희망하고 있다는 점이다. 엄마가 아이에게 '의미 있는 삶'의 한 모범을 상속하고 있는 느낌을 준다. 다음 세대와 공동체를 염두에 둔 성숙한 의지(意志)가 미래의 소망으로 심겨지고 있다.

상생적 소비로 건전한 경제선순환 고리를 만들다

소비자가 나만 싸게 구입하면 그만이지, 기업이 윤리적인지 아닌지, 하청업체를 막 대하든지 말든지 상관없다고 생각할까? 물론 그런 사람도 있겠지만, 소비자가 별 소리를 안 한다고 해서 모르고 있는 것은 아니다. 대한민국에서는 전문대 졸 이상의 교육을 받은 사람이 25~64세 인구 중 45% 이상이다(www.index.go.kr/e-나라지표 참조). OECD 평균이 36% 정도이므로 우리나라가 10% 가까이 더 높은 편이다. 그만큼 한국은 지식인들의 나라이다. 지식인이 곧 지성인이라고 말할 수는 없지만, 그래도 지식인이 많다는 건 지성인다운 판단과 행동을 할 인구가 그만큼 많다는 것을 암시한다. 지성을 갖춘 소비자일수록 기업의 사회적 책임과 건강한 가치창출의 생태계를 요구한다. 그러한 기업이 존경받고 결국에는 선택도 받는다.

사례 36 앱을 구매하는 적극적인 행동으로 생태계의 일원이 된다

제품, 서비스, 경영 시스템까지 소비자를 자부심 있게 만드는 브랜드! / 앱이든 음원이든 앱스토어를 통한 이익의 70%는 개발사 또는 음반회사에 귀속되고 나머지 30%를 애플이 가져간다. 애플의 생태계는 관련된 사업이 발전하고 고용을 창출할 수 있는 구조이다. 내가 앱을 구매하면 더 좋은 앱이 만들어지고 더 많은 고용을 창출할 수 있는 선순환이 일어난다. 굳이 상생 운운하지 않아도 시스템은 그렇게 짜여 있다. / 나는 단지 아이폰이라는 제품만을 구매한 것이 아니다. 애플이 제공하는 서비스와 양질의 시스템까지 구매한 것이며 앱을 구매하는 적극적인 행동으로 생태계의 일원이 된다. 맥북에어(11인치 노트북)까지 사용하고 있으니 애플 입장에서는 매우 충성도 높은 고객 중 하나일 것이다. 아이폰과 같은 애플의 제품은 재화를 넘어서 바른 철학을 전달한다.

– 오승민(남)

대한민국은 IT 강국이라는 자부심에 가득 차 있다. 그런데 앞으로도 그럴까? 방금 소개한 사례는 현대사회의 핵심자본, 핵심 인프라로 자리잡은 IT가 미래에도 한국의 경제와 한국의 기업에게 영광을 안겨줄지 의심하게 만든다. 우리나라도 이제는 기업 간 관계발전의 역학이 상생적인 건강한 생태계로 진화해야 하지 않을까? 그러한 생태계를 만들지 못한다면 급속도로 발전하는 IT의 세계에서 곧 경쟁력을 잃고 말 것이 뻔하다.[13] 나 한 사람의 소비로 생산과 소비 체계에 맑은 피를 돌리는 데 작은 공헌이라도 할 수 있다면 소비자를 넘어 소셜 이노베이터[14]가 된 듯한 행복감을 느낄 수 있을 것이다.

사례 37 아름다운 세상의 행복한 소비자이며 공동체사회의 일원이 되었다

사업소 한 모퉁이에서 북적거리는 소리가 들려서 가보니 아름다운가게였고 바자회를 하고 있었다. 처음 보는 생소한 가게였다. 물건은 너무 가격이 싸고 깨끗하게 정렬되어 있었다. 절대 남이 쓰던 물건은 쳐다보지도 않던 내가 중고명품 재킷을 단돈 만 원에 구입하였다. 직원에게 물어보니, 재사용품 자선가게인 '아름다운가게' 매장 운영뿐 아니라 다양한 공익 캠페인을 주도하고 있으며, 수익금으로 자선·나눔 사업을 전개하고 있다고 한다. 또한 자신이 가진 시간과 재능을 나눔으로써 지역사회에 바람직한 변화를 가져오고 이웃과 내 삶의 질을 변화시키는 자발적인 자원활동(자원봉사)도 할 수 있다는 설명도 들었다. 나의 작은 실천으로 어려운 사람과 같이할 수 있는 세상을 만들 수 있다는 것이 따뜻한 마음의 시작이 아닐까 싶다. / 선진사회에서 귀감이 되는 카네기나 빌 게이츠 등은 자신이 소유하고 있는 것의 태반을 사회에 환원함으로써 노블리스 오블리제를 실천하였다. 이 행동은 한순간에 충동으로 이뤄지는 것이 아니라고 생각한다. 어릴 때부터 지속적으로 부모의 교육을 받았다거나, 실천하는 부모의 모습을 보고 자신도 실천하는 행위를 통해 일어나는 것일 것이다. 그런 의미에서 아름다운가게는 기부문화 확산증진의 작은 공간이었다고 생각한다. 나는 그날 하루는 아름다운 세상의 행복한 소비자이며 공동체사회의 일원이 되었다는 생각을 했다. 나의 두 아이에게도 꼭 한번 다녀오라고 해야겠다.

— 윤보성(남)

소비자가 제품의 구매로부터 얻을 수 있는 효용(utility)은 무엇일까? 이론에 따르면, 크게 3가지로 구분할 수 있다. 첫째, '획득효용'이다. 제품의 소유권이 내게로 이전되면서 제품의 주인이 되는 효용이다. 내가 구매한 제품은 이제 내 소유라는 의미로, 제품 소유로부터 창출되는 효용을 말한다. 둘째, '거래효용'이다. 만약 정찰가격이 5만 원인 제품을 가격할인을 통해 4만 원에 구매했다면 차액으로 남긴 1만 원의 효용이 추가로 생긴다. 이것이 거래효용이다. 셋째, 처분효용이다. 다 사용하고 난 후 중고제품을 적당한 가격에 처분했다면 내게 최종적으로 새로운 효용이 또 발생한다. 주로 자동차, 집, 컴퓨터, 오디오 등 중고시장이 발달해 있는 제품을 잘 처분했을 때이 같은 처분효용이 발생하게 된다.

'아름다운가게'는 꽤 잘 알려진 사회적 기업이다. 사례 37은 기부받은 제품을 저렴한 가격에 재판매하는 '나눔의 사회'에 대한 우연한 발견과, 그 같은 아름다운 사회의 일원으로 누리는 기쁨을 전하고 있다. 이 소비자는 이른바 '명품' 제품을 아름다운가게를 통해 저렴한 가격에 구입하면서 획득효용과 거래효용을 얻었다. 뿐만 아니라 이 같은 기관을 통해 나중에 노블리스 오블리제를 실천할 수 있다는 점에서 잠재적인 심리적 처분효용도 얻을 수 있다.

구매시점에 획득효용과 거래효용 외에도 '처분효용'에 대해 미리 고민을 하는 경우가 점차 늘고 있다. 특히 윤리적 소비자들은 다 쓴 물건을 처분할 때 발생하는 낭비문제, 환경파괴문제 등에 대해 진지하게 고민하면서 제품을 구매하는 경향이 있다. 처분효용을 윤리적 소비 경향과 결합해 생각하면, 처분효용이 중고처분 시 얻게 되는 금전적 이익에서만 나오는 것이 아님을 알 수 있다. 기부를 통해 다른 사람들과 나눔을 실천할 수 있다는 것 자체가 자신에게 큰 심리적 효용이 된다는 점에 주목해야 한다. 쓰던 제품을 거저 주면서도 나눔을 실천한다는 행복감이 소비자에게는 꽤 큰 처분효용이 될 수 있다.

공정무역 제품 소비 – 정당한 가격으로 정당한 대가를!

앞서 거래효용에 대해 얘기했다. 그렇다고 소비자들이 노동자의 착취로 얻은 값싼 제품을 통해 얻는 이익에 대해 꼭 효용을 느낀다고 말할 수는 없다. 오히려 소비자가격이 조금 더 높더라도 공정한 거래관계로 생산된 제품을 구매하는 것에 더 큰 효용을 느끼는 윤리적 소비자가 많다. 커피나 초콜릿은 저개발국가의 노동력 착취로부터 나온 산물이고, 노동자들의 눈물이 거대한 커피산업과 초콜릿 업체의 수익원이 되고 있다는 소식은 요즘 흔히 듣는 정보이다. 사례 38, 39의 내러티브는 소비자가 거대 다국적 기업만 배불리는 이 같은 불공정거래에 대해 반감을 가지고 있으며, 공정무역 제품의 적극적인 구매와 소비를 통해 불공정한 경제구조를 개인 수준에서나마 타파하고자 의식적인 소비를 하게 되었음을 잘 보여 준다.

사례 38 **착한 초콜릿을 구입할 때 소비자인 나도 행복하고**

이렇게 아이들의 노동력을 착취해서 만들어진 카카오 콩이 전 세계로 수출되어 우리가 먹는 초콜릿의 원료가 된다. 카카오 농장에서 일하는 아이들은 날마다 수많은 카카오를 따지만 초콜릿을 먹어 본 적이 없다고 한다. / 나는 주로 TV에서 광고하는 달콤해 보이는 초콜릿을 구매해서 먹었는데 달콤한 초콜릿의 이면에 감추어진 아동들의 고통을 알고 난 이후로는 사회적 기업이나 공정무역, 아름다운가게에서 나온 초콜릿이나 커피를 가끔 구입한다. 내가 이른바 착한 초콜릿을 구입하면 소비자인 나도 행복하고 생산자에게 더 많은 수익을 가져다줌으로써 생산자들도 조금 더 나은 환경에서 생산할 수가 있는 것이다. / 착한 초콜릿은 가격이 조금 비싸지만 아이들과 농부들을 도울 수 있다고 생각하니 보람되고 행복하다. / "재주는 곰이 부리고 돈은 왕서방이 번다."는 속담처럼 대기업, 다국적 기업만 배불리고 생산자인 노동자와 아이들은 그동안 생각하지 못한 것이다. / 이렇게 생산자와 소비자가 모두 행복할 수 있는 공정무역을 사람들에게 널리 알리고 공정무역제품을 구입하게 하면 좋겠다.

— 박해민(남)

아름다운 커피를 마시는 한 사람 한 사람이 낙숫물이 되어

아름다운가게를 보고 와서 인터넷으로 아름다운가게에서 이것저것 둘러보다가 아름다운 커피를 판다는 것을 알게 되었다. 사무실에서 매일 마시는 커피는 그동안 커피 전문매장에서 파는 원두를 사다 내려 마셨다. / 아름다운가게에서 파는 공정무역 커피인 '히말라야의 선물'을 사봤다. 배송도 빠르고 포장도 깔끔했다. / 저개발국가에서 경제발전의 혜택으로부터 소외된 생산자와 노동자들의 노동력 착취로 커피 원두를 저렴한 가격에 사들여서 중간상만 이익 본다고 했던 이야기를 방송에서 본 것 같다. / 낙숫물이 바위를 뚫어온 것처럼 아름다운 커피를 마시는 한 사람 한 사람이 낙숫물이 되어 함께하면, 한 잔의 커피가 어려운 이웃의 행복이 될 수 있을 것 같다.

— 김채영(여)

여기서 잠시 '공정성'에 대한 소비자의 인식에 대해 흥미로운 연구 한 편을 소개하고자 한다. 소비자가 기업과의 관계에서 마치 자기 자신에게 경제적으로 이익이 되는 것만 추구할 것 같지만, 자신에게 조금 손해가 되더라도 서로에게 이익이 되는 것을 더 선호하는 경향이 있음을 발견한 연구이다. 소비자가 기업과의 거래로부터 경제적으로 더 많은 이익을 얻게 되는 것보다는, 거래절차와 상호의사소통 등에서 더 적절한 경험을 할수록 그 기업을 공정하고 정의로운 기업으로 인식한다는 것이다. 흥미롭게도 이러한 경향은 오랜 단골고객에게서 더 많이 나타났다.[15] 이해관계의 범주를 자기 자신에게서 타인, 상대방, 공동체로 확대하여 생각하는 인식의 전환이 발생하는 경우, 이 같은 경향이 더 많이 나타난다고 한다. 소비자라고 해서 무조건 이기적인 경제인이라고 생각하면 안 된다. 공정한 경제는 나의 이익을 최대화하는 경제가 아니라 공동의 이익을 최적화하는 경제라는 것을 알고 있고, 이를 실천하는 소비자들이 늘고 있다는 점을 염두에 두자. 나의 작은 손해가 더 큰 공동체의 이익을 키운다는 것을 알고 실천하는 소비자가 행복한 소비자이다.

간접적 기부의 행복 – 공익연계 마케팅!

"내가 신발 한 켤레를 사면 또 다른 한 켤레의 신발이 지구 저편에서 맨발로 다니는 아이에게 보내진다." 실제로 이 멋진 아이디어는 탐스(TOMS)슈즈의 설립 철학이자 운영방식이다. 창업자 블레이크 마이코스키는 아르헨티나를 여행하다 돈이 없어 맨발로 다니는 아이들을 보게 되었다. 그 후로 그는 어떻게 하면 이들을 도울 수 있을까 생각하였다. 그는 아르헨티나 농부들의 전통 신발에서 아이디어를 얻어 맨발로 걷는 듯한 느낌의 운동화를 개발하게 되었고, 그후 이 운동화에 '내일을 위한 신발'이라는 가치를 담아 한 켤레 팔릴 때마다 다른 한 켤레를 맨발의 아르헨티나 아이들에게 기부하는 '원포원(1 for 1)' 이벤트를 펼치게 된다. 처음 아르헨티나에 기부하기로 했던 목표치는 200켤레였다고 한다. 그런데 이벤트 개시 6개월 만인 2006년 10월까지 1만 켤레가 팔렸고, 2010년에는 100만 켤레를 돌파했다. 이 과정에서 탐스슈즈는 '착한 기업'의 대명사로 전 세계에 빠르게 알려졌고, 이제는 세계적인 브랜드로 자리 잡았다.

사례 40은 바로 이 탐스슈즈의 '판매-기부 연계' 방식을 알게 된 소비자가 신발 한 켤레가 가져다준 신발 두 켤레 이상의 행복에 대해 서술한 내러티브이다. 이 같은 마케팅 방식을 '공익연계 마케팅(cause-related marketing)'이라고 한다. 공익연계 마케팅 방식은 아메리칸 익스프레스(아멕스) 카드에서 처음 수행하였고, 당시에도 큰 성과를 거두었다. 1984년 뉴욕 시가 건립 100주년을 맞은 '자유의 여신상' 보수공사에 나서자, 아멕스 카드가 처음 카드를 만들 때 1달러, 그 후 사용할 때마다 1센트를 기부하는 조건의 카드를 판매한 것이다. 아멕스 카드의 캠페인이 성공한 이후 많은 기업이 이 같은 캠페인을 펼쳐 왔다. 즉, 탐스슈즈가 최초로 이런 방식의 마케팅을 시도한 것이 아니라는 말이다. 하지만 이 아이디어는 다른 공익연계 마케팅보다 소비자에게 더 구체적으로 와닿는 특별한 무엇인가가 있다. 나와 지구 저편의 한 아이가 한 켤레의 신발을 통해서 일대일의 보이지 않는 따뜻한 끈으로 연결된 느낌 같은 것이랄까.

사례 40 **TOMS의 착한 마케팅으로 아르헨티나의 한 아이와 내가 행복해졌다**

고객이 신발 한 켤레를 구매할 때마다 도움이 필요한 아이에게 한 켤레를 전달하는 일대일 기부공식을 실현한다. 게다가 신발마다 일련번호가 있는데 구매한 일련번호와 같은 번호의 신발이 아르헨티나로 보내진다는 것이다. 그래서 자신이 보낸 신발을 누가 신고 있는지는 번호를 검색하고 아르헨티나에 가면 직접 확인할 수 있다고 한다. 원가도 낮아 보이는데 5만 원 이상인 이유가 두 켤레의 가격이었던 것이다. 이 사실을 남편에게 얘기하니 놀랍게도 그런 운동화라면 사라는 것이었다. 놀라운 일이 벌어진 것이다. 처음엔 짝퉁도 안 된다며 싫어하던 그 운동화를 사도록 허락해 준 것뿐 아니라 당장 사준다는 것이었다. / 기부문화에 동참하는 것 이상으로 그런 기업은 잘 돼야 하고 그런 착한 기업이 많이 생겨나야 한다며 그것은 하나의 소비 이상의 가치라는 것이었다. / 만약 TOMS가 착한 기업이 아니었다면 내게 이런 행복은 오지 않았을 것이다. 또 앞으로도 몇 번이나 더 남편과 다퉈야 했을지 모르는 일이다. TOMS의 착한 마케팅으로 아르헨티나의 한 아이와 내가 행복해졌다.^^

‒ 문시은(여)

신토불이로 국내 생산자를 살린다!

우리나라 식탁에 중국산 농수산물이 오르기 시작한 지도 꽤 오래 되었다. 기업들이 식품제조에 사용하는 국산원료의 비중은 30% 정도에 머물고 있다.[16] 물론 국내 생산자를 살리는 방법이 국산제품 애용만으로 해결되는 것은 아니다. 정부의 정책, 산업의 구조적인 문제, 외교적 압박, 글로벌 품질경쟁력 등 다양한 이슈를 함께 해결해야 한다. 우선, 국산원료가 수입원료에 비해 가격경쟁력이 떨어지기 때문에, 일반 소비자 입장에서도 싼 것을 사야 하는지 조금 더 돈을 주더라도 국산 농산물을 사야 하는지 고민스럽다. 국산품의 품질과 안전성에 대한 신뢰감이 값싼 수입품에 비할 수 없이 높다는 점은 매우 고무적이지만, 지갑 사정을 생각하다 보면 장을 볼 때마다 주춤하는 것이 당연하다. 의식적으로 조금 더 비싸도 국산 농산물을 구입하려고 신경 쓴다면 국내 농수산물 경기를 끌어올리는 데 도움을 줄 수 있을 것이다. 이러한 의식이 사례 41의 이야기 속에 담겨 있다.

사례 41 '국산'이라는 글자가 눈에 쏘옥

설악산을 다녀오는 길에 클린턴 휴게소라는 곳이 있다. 이곳은 속초를 다녀올 때면 우리가 꼭 들르는 코스이다. 휴게소의 마트에 가면 국산 감자송편이 있기 때문이다. 감자가 많이 나는 것이 사실임에도 국산 감자송편을 찾기가 여간 어려운 것이 아니다. / 일상에서 늘 중국산을 접하며 살아가고 있는 소비자로서 '국산'이라는 글자가 눈에 쏘옥 들어오지 않겠는가? / 그러니 '우리 밀 왕만두'라고 쓴 광고 카피가 얼마나 소중하겠는가? '우리 밀'은 정말 귀하다. 밀은 자급자족률이 3% 정도 된다고 한다. 동네 제과점은 거의 대부분 수입 밀가루를 사용하여 빵을 제조한다. 이러한 상황에서 '우리 밀'로 만든 왕만두라 얼마나 아내에게는 소중하였겠는가? 우리 가족은 만두로 행복하고 즐거움을 느끼는 파티를 자주한다. / 원래 만두를 좋아해서 지금까지는 어떤 상표든 다 가리지 않았다. 그러나 그 광고 카피로 인해 '우리 밀 왕만두'를 가장 사랑하게 되어 버렸다. 나는 진심으로 '우리 밀 왕만두'가 우리밀로 제조되었기를 바란다. 우리 밀 만두로 가족의 건강도 챙길 수 있어서 더 행복하다.

– 정철민(남)

재래시장 살리는 소비

사례 42, 43의 두 이야기는 재래시장 소비로 인한 행복감을 말해준다. 재래시장이 죽고 소상공인들이 쓰러지는 현실은 비단 우리나라만의 이야기가 아니다. 대형 기업들이 규모의 경제에 의한 가격경쟁력을 등에 업고 동네상권까지 밀고 들어오기 때문인데, 이런 현상은 지구촌 곳곳에서 목격된다. 한 영국 작가가 자기가 사는 동네에서 즐겨 찾던 작은 커피점이 사라지고 어느 날 스타벅스가 들어오게된 참담한 경험을 토로한 글을 읽은 적이 있다. 그는 내가 왜 개성있는 카페에서 독특한 풍미의 커피를 마시는 대신, 수십억의 인구가마시는 그야말로 표준화된 지구촌 커피를 마셔야 하는지, 왜 거대자본이 이런 방식으로 작동해야 하는지 비판하였다. 미국 서부의 한소도시에서는 대형할인 유통업체인 월마트가 들어서는 것을 지역주민들이 투표를 통해 저지시켰고, 지역 소상공인과 농부들이 대자본에 밀리지 않도록, 대형 프랜차이즈 업체들이 들어서는 것을 반대하거나 선별적으로 허용하며, 지역에서 재배한 로컬푸드를 지역 내에서 사고팔면서 상생의 공동체를 만들어 가고 있다. 사실 거대 산업자본에 굴복하지 않고, 이처럼 로컬 경제를 보호하기 위한 움직임은 꾸준히 여러 나라, 여러 도시에서 다양한 형태로 작동하고 있다.

우리나라에서도 이 같은 움직임이 점차 활발해지고 있지만, 가족 단위로 대형할인 마트에서 주말 장보기를 하는 것이 현대 도시인들의 보편적인 쇼핑 패턴이긴 하다. 따라서 이러한 고착된 패턴에 변화를 줄 만한 재래시장만의 차별화된 경쟁력을 개발하는 것이 급선무이다. 정부에서는 2002년에 「중소기업 구조개선과 재래시장 활성화를 위한 특별조치법」을 제정하여 시행하였고, 2004년에는 「재래시장 육성을 위한 특별법」을 제정하여 시행하고 있다. 정부 주도의 재래시장 살리기 정책시행의 일환으로 최근에는 대형할인 마트의 격주 휴무제를 실시하고 있는데, 이는 여전히 찬반 논란에 휩싸여 있고, 재래시장상품권제도 역시 그 효용성에 의문이 끊이지 않고 있다. 정부의 정책 이외에 주민들의 자발적인 의지와 행동으로 지역상권을 살리는 더 현명한 방법은 없는 것일까? 사례 42의 내러티브가 들려주듯, 이는 우리를 행복하게 만들어 주는 소비일 수 있는데 말이다.

사례 42 **사람 냄새가 나는 곳… 작은 소비 하나가 사회에 퍼뜨리는 파급효과**

제가 사는 동네는 대형 마트와 재래시장이 공존해 있는 참으로 대견(?)한 동네입니다. 대다수는 대형 마트 때문에 재래시장이 무너지는 참담함을 겪었지만 이곳에서는 아직까지 재래시장의 활기찬 모습을 생생하게 느낄 수 있습니다. 평일 저녁, 주말 그리고 명절 전후로는 그 큰 재래시장이 사람 발 들일 곳 없이 북적입니다. 그 속에서는 가격정찰제와 포인트 적립이 아닌 단골과 물건값을 매기는 흥정이 매일 이루어집니다. 참으로 사람 냄새가 나는 곳이라 할 수 있습니다. / 소비에는 배려도 필요합니다. 아주 작은 소비 하나가 사회에 퍼뜨리는 파급효과는 어마어마합니다. 가격경쟁력에 밀려 동네의 중소상점들이 문을 닫고 대형 마트에 자리를 넘겨주었듯이, 또는 대기업의 갑질 행태로 인해 오늘날 우리가 그 기업의 해당 상품에 대하여 불매운동을 하듯이 소비에도 배려가 필요합니다. 이것은 꼭 필요한 소비지출보다 더 어려운 숙제입니다. 하지만 생각하며 소비하는 행위가 곧 행복한 소비자로 가는 지름길임에는 틀림없습니다.

- 이선화(여)

사례 43 한 움큼 더 쥐어 주시는 정겨움이 우리를 즐겁게

대형 마트가 집 근처에 있다는 이유로 당연히 마트에서만 장을 보았던 와이프와 나. 가끔씩 마트에서 진행하는 프로모션(10만 원 이상 구입 시 1만 원 권 상품권 지급, One plus One, 끼워주기 상품)에 솔깃하게 될 때면 굳이 구입하지 않아도 되는 제품들로 장바구니를 가득 채우고, 다음 달 카드 결제 청구서 확인하기를 무서워했다. / 어느 날 어머님께서 서울에 올라오시게 되어 함께 재래시장을 가보기로 했다. 4살 난 아기를 유모차에 태우고 가족과 함께 찾아간 곳은 경동시장. / 그램수를 정확히 재서 가격표를 붙이는 마트와는 달리 '맛있게 잡수시라'는 멘트와 함께 한 움큼 더 쥐어 주시는 정겨움이 우리를 즐겁게 했다. / 마트에서는 장바구니에 몇 가지 조금 담으면 10만 원이 훌쩍 넘는 경우가 다반사였는데, 재래시장에서는 풍성하게 담아도 10만 원이 채 되지 않았다. 덤으로 정까지 풍성히 담아가게 된 우리 가족에게는 정말 행복한 장보기 시간이 아니었나 싶다.

- 이현수(남)

재래시장이 경쟁력을 갖추기 위해서는 무엇이 필요할까? 사례 42, 43의 이야기에서도 공통적으로 나타났듯이 재래시장은 '사람 냄새가 나는 곳', '정겨움이 있는 곳'으로 알려져 있다. 재래시장 경쟁력의 구성요인을 탐색한 어떤 연구에서는 총 7가지 방안이 제시되었다.[17] 그것은 1차 신선식품의 경쟁력 강화(예: 소비자 인식 속 경쟁우위 상품군), '정(情)'의 개념 활용(예: 규격화된 친절과 대비된 인간적 친분과 교감), 특화전문시장의 육성(예: 구색의 깊이와 저렴한 가격), 고급화 전략의 활용(예: 특정 상품군의 고급화), 지역사회의 문화중심지로 육성(예: 지역주민들의 교류), 차별적인 마케팅 전략 수행(예: 주변 여건에 따른 상이한 머천다이징), 구매환경의 개선(예: 화장실, 주차장 등)으로 요약되었다. 소비자만의 의식적인 노력으로 재래시장을 활성화하는데는 한계가 있기 때문에, 경쟁력을 강화할 수 있는 관련 기관의 정책과 지원이 뒤따라야 한다. 게다가 재래시장 이용으로 소비자의 행복이 커진다면 충분히 가치 있는 일이 될 것이다.

환경을 살리는 소비

과거에는 소비자행동에 대한 연구가 주로 구매하기까지의 과정에 집중되었다. 그러다가 1980년대부터 고객만족이론의 등장으로 구매 후 과정에 연구자들의 관심이 모아졌다. 그러나 지금까지는 구매 후 과정 중에서도 고객만족이나 고객불평행동 등의 주제가 연구의 주된 초점이었다. 그런데 최근 소비 이후의 처분(disposal)에 대한 주제가 주목을 받기 시작했다. 소비자는 사용한 제품의 처분 때문에 고민에 빠지는 경우가 의외로 많다. 어떻게 하면 소비자의 처분행동을 도울 수 있을까? 중고품시장의 활성화, 재활용, 재사용이 가능한 패키지의 개발, 기부문화의 확산 등이 효과적인 대안일 것이다. 지구촌 곳곳에서 최근 공유경제(shared economy) 개념을 실천할 수 있는 여러 대안이 나오고 있어, 이 개념을 적극 적용해 보는 것도 효과적일 것이다. 개인 소비자 입장에서도 지속가능한 친환경 소비가 증가하고 있다. 쓰고 난 뒤에 제품이 미치게 될 환경에 대한 영향을 고려해서 애초 구매 단계부터 선택기준을 달리하는 소비자가 늘고 있다. 사례 44의 내러티브는 환경을 위해 구매시점부터 벌써 소비 이후를 생각하는 소비자의 이야기이다. 지속가능성을 고려한 착한 소비자라 할 수 있다.

사례 44 당신이 머문 자리가 아름답습니다

유럽 선진국들이 가정하수를 처리하는 방식을 보고 놀란 적이 있다. 화학세제를 사용하지 않고 설거지를 한 뒤, 마지막 헹굼 물로 정원을 가꾸고, 마을 공동체가 생활하수를 직접 걸러낼 수 있도록 수풀이 가득 자란 저수조같이 생긴 정화설비를 만들어 이용하고 있었다. 지구온난화로 북극의 얼음이 녹고, 이상기온 현상이 지구 곳곳을 덮치고, 황사와 미세먼지로 서울 하늘이 뿌연 날이 점점 더 많아지면서 한 사람 한 사람의 소비방식이 글로벌 환경문제와 직결된다는 걸 깨닫게 되었다. 나는 가급적 쓰레기를 남기지 않으려고 애쓴다. 일회용 컵을 줄이려고 텀블러를 들고 다니고, 방향제로 즐겨 쓰는 향초를 구입할 때도 이왕이면 파라핀이 아닌 소이 캔들을 사려고 애쓴다. 또, 다 쓰고 난 다음에 재활용할 수 있는 용기에 든 제품을 구매하려고 시간과 약간의 돈을 더 쓰는 편이다. 최근 구매한 향초는 예쁜 유리병에 담겨 있다. 나는 향초를 다 쓴 후에 깨끗이 닦아서 액세서리 보관함으로 쓸 생각이다. 화장실에 가면 있는 "당신이 머문 자리가 아름답습니다."라는 문구처럼, 내가 쓰고 남기는 것들이 뒷사람에게 해가 되지 않기를 바라기 때문이다. 누군가는 사소한 데 신경 쓰는 사람이라고 놀리겠지만, 나 같은 사람이 더 많아졌으면 좋겠다. 내가 조금 신경 쓰면 좀 더 깨끗하고 안전한 지구를 만들 수 있다고 생각하면 기분이 참 좋아진다.

– 유진하(여)

2. 합리적 소비

낭비지양, 욕망절제, 가격 대비 효용극대화 등과 같은 소비를 합리적 소비라고 할 수 있을 것이다. '비용-효익 분석' 후에 자신에게 효용을 극대화하는 대안을 선택하는 것을 말한다. 이러한 경향은 경영학과 경제학이 소비자를 바라보는 아주 강력한 전제조건이기도 하다. 합리적 소비가 앞서 살펴본 착한 소비와 반대되는, 그러니까 마치 나의 이익이 누군가의 눈물에 기초한 것인지를 알면서 나의 이익을 최대화함으로써 행복을 느끼는 괴팍한 소비를 의미하는 것은 결코 아니다. 이기심이 아니라 이성에 기초한 합리적 경제인으로서의 소비생활을 통해 행복을 느끼는 사례들을 소개한다.

가격 대비 혜택의 최대화

합리적 경제인 가설에 따르면, 소비자는 자신의 투입 대비 가장 큰 산출을 주는 대안을 선택한다. 경쟁제품 2개를 놓고 어떤 것을 살까 고민하는 소비자는, 앞서 살펴보았던 획득효용, 거래효용, 처분효용이 모두 높은 대안을 선택하려고 할 것이다. 만일 두 대안의 획득효용과 처분효용이 동일하다면, 그중 거래효용이 더 큰 대안을 선택할 것이다. 마트의 선반에 걸려 있는 원/g, 원/ml 등의 단위당 가격표시에 소비자들이 민감한 이유가 여기에 있다. 특히 선매품(shopping products)의 구매에서 이 같은 비교구매는 자연스러운 것이다. 제품은 크게 전문품, 선매품, 편의품으로 나눌 수 있는데, 전문품은 의사의 수술, 변호사의 법률 서비스, 교육 서비스, 전문기술이 적용된 제품 등을 예로 들 수 있다. 보통 이런 전문품의 구매 선택에서는 소비자들이 가격보다는 품질이나 성과를 더 중요시 여기는 경향이 강하여 고가의 제품이 오히려 더 인기 있을 수 있다. 편의품은 가격이 대체로 표준화되어 있고 어디서 어떤 것을 사든 품질에 큰 차이가 없는 기초 생필품이나 우체국 서비스 등의 공공 서비스 등을 말한다. 선매품은 대체로 우리가 쇼핑할 때마다 구매하는 품목으로 늘 가격비교를 하게 되며, 브랜드 간 어느 정도는 차이가 있다고 보는 제품군이다. 이때는 다른 조건이 비슷하다면 최대한 거래효용이 높은 제품을 구매하는 것이 합리적이다. 운 좋게 높은 거래효용을 얻게 되면, 좋은 제품을 내가 얼마나 싸게 잘 샀는지 두고두고 자랑하지 않는가? 가격 대비 혜택을 최대화하는 구매는 분명 행복한 소비임에 틀림없다.

사례 45 그 금액에서 또 할인이 되어서 기분이 더 좋았습니다

그곳에도 한국, 금호, 넥센 3사의 타이어가 다 있었는데 내가 생각하고 간 타이어가 있어서 다른 건 보지도 않고 넥센 타이어를 구매하게 되었습니다. 인터넷에서 보고 간 타이어 금액보다 지점에서 제시한 금액이 더 싸서 기분이 좋았고 내가 찾아 간 기간이 그 지점 행사기간이라 그 금액에서 또 할인이 되어서 기분이 더 좋았습니다. 그 덕에 기분 좋게 타이어를 잘 교환하고 지금도 잘 타고 있습니다.

– 박윤식(남)

거래효용은 사례 45처럼 기업의 판매촉진(sales promotion)에 의해 발생하는 경우가 많다. 기업의 판매촉진에는 가격판촉과 비가격판촉의 두 유형이 있는데, '20% 할인행사' 등과 같은 것은 가격판촉의 예이고, "본 제품을 사시면 20ml 향수를 샘플로 드립니다!"와 같은 샘플링 행사는 비가격판촉의 예이다. 모든 판촉은 결과적으로 소비자가 할인된 가격으로 제품을 얻게 되는 효과, 즉 거래효용의 효과를 가진다. 가격판촉에는 매우 다양한 전략이 사용되고 있다. 일반적인 대바겐 세일은 당연히 가격판촉이다. 그 외에 쿠폰과 같은 가격할인 증서 또는 리펀드 같은 캐시백 형태의 전략도 많이 사용된다.

사례 46 봉투를 뜯자 150불짜리 수표가… 정말 행복하더군요

노트북을 알아보러 쇼핑몰에 갔는데 호주의 컴퓨터들은 캐시백이란 게 많았습니다. 새로 입학한 학생들을 위한 캐시백, 컴퓨터 회사에서 특별히 해 주는 캐시백 등 / 기존의 가격이 쓰여 있고, 그 밑에 캐시백 얼마가 쓰여 있었습니다. 저는 '앗싸' 하고 900달러에 150달러 캐시백이라고 쓰여 있는 제품을 골랐습니다. 돈을 지불하기 전까지 저는 그 자리에서 할인을 받는 줄 알았기 때문입니다. 그러나 그게 아니라 고객 스스로 인터넷 홈페이지에 들어가 캐시백 신청을 하는 거였습니다. / 과연 제가 말도 잘 안 통하는 이 나라에서 150달러를 받고 귀국할 수 있을까 하는 의문이 생겼지만, 한 번 도전해 보기로 했습니다. / 그리고 2~3주 후 편지봉투가 하나 날라 왔습니다. 봉투를 뜯자 150달러짜리 수표가 들어 있었습니다. 정말 행복하더군요. 내가 호주에 와서 뭔가 하나를 해냈다는 것, 나의 영어가 먹혔다는 것, 소비자로서의 혜택을 누렸다는 것, 이 세 가지가 가장 행복감을 느끼게 해 주었습니다. 역시, 소비자의 행복함은 공짜, 할인인 것 같습니다. 디자인도 품질도 맘에 들고 성능도 나쁘지 않은데, 우리나라 돈으로 치면 불과 75만 원 정도에 구입하게 된 겁니다.

– 김안나(여)

거래효용은 기업의 촉진전략뿐만 아니라, 생산구조의 변화 또는 유통구조의 변화를 통해 저가실현이 가능해졌을 때 소비자에게 그대로 전달될 수 있다. 최근 인터넷 유통이 발달하면서 탈중간상화 (disintermediation) 현상이 가속화되고 있다. 생산에서 소비자 유통까

지는 많은 단계가 필요한데 몇 단계를 아예 제거함으로써 유통 마진을 획기적으로 절감하여 발생한 이익이 소비자에게 저가격 구매라는 이득으로 돌아가는 구조이다. 기본적으로 인터넷 쇼핑몰을 통한 대부분의 거래가 그렇고, 생산자 직거래 등이 그렇다. 사례 47은 유통단계가 긴 오프라인 매장이 아니라 인터넷 가격비교를 통해 제품을 가장 저렴하게 온라인으로 구입한 데 따른 행복감을 전하고 있다.

사례 47   가격비교를 통한 온라인 구매로 뿌듯함과 행복감을

농기계상 주인의 말, "고치는 값보다 새로 사시는 게 더 저렴하실 거예요." 아버지는 난감해하셨다. / 그날 저녁 아버지는 내게 오셔서 인터넷으로 예초기가 얼마 정도 하는지 물어보셨다. 일단은 범위가 너무 넓어서 어느 회사 제품으로 검색해야 하는지 여쭈었다. 아버지께서는 계양제품이라고 하셨다. 거침없이 네이버에서 계양예초기를 검색했고 / 가장 저렴한 녀석으로 클릭해 들어갔고 들어가자마자 225,000원짜리 제품이 있었다. G마켓에 있는 특가행사 제품이었다. / 어디를 뒤져 보아도 같은 브랜드에는 225,000원짜리 제품이 없었다. / 저녁에 입금을 하니까 다음 날 배송 요청이 떨어졌고 이틀 후에 농장으로 택배가 왔다. 아버지로부터 연락이 왔는데, 예초기 좋다고 날도 잘 든다고 잘했다고 칭찬도 듣고 정말 뿌듯했다. / 그냥 소매점에 가서 구입했다면 유통 마진 때문에 훨씬 비싼 가격에 구매하셨을 것이다. 그냥 내 물건을 구입했을 때보다 부모님이 필요로 하셨던 물품을 가격비교를 통한 온라인 구매로 아주 저렴하게 구입한 것이 정말로 내게 뿌듯함과 행복감을 준 것 같아 기분이 좋다.

— 장민제(남)

다음에 소개하는 사례 48의 소비자는 욕망의 절제보다는 주로 쾌락적 경험재를 구입한 이야기를 전하고 있다. 그런데 가격 대비 효용극대화를 추구한다는 면에서 '합리적 쇼핑'이라 자평하며 만족해하는 것을 볼 수 있다.

사례 48 합리적인 가격으로 쇼핑을 할 수 있는 소셜커머스

합리적인 가격으로 쇼핑을 할 수 있는 소셜커머스. / 저는 문화, 사람 그리고 쇼핑의 즐거움을 만나기 위해 쿠팡, 티몬, 위메프 같은 소셜커머스에서 저렴한 가격에 좋은 상품을 구입합니다. 쿠팡에서 〈뿌잉뿌잉〉이라는 코믹 연극을 반값에 구입해 남자친구와 함께 난생 처음 연극을 관람했습니다. / 소셜커머스를 이용한 지 수 해가 지나가고 있는 지금 가장 기억 나는 쇼핑을 꼽으라고 하면 저는 잠시의 망설임도 없이 저와 남자친구 모두 만족한 타이 마사지를 꼽을 것입니다. / 시중에서는 5만~6만원대 하는 마사지 서비스를 반값에 손색없이 받을 수 있었습니다. / 인간은 평생 소비하는 동물이라는 어느 경제학자의 말처럼 쇼핑은 일상이며 합리적인 쇼핑은 인생을 풍요롭고 행복하게 만듭니다.

– 장수아(여)

합리적 소비라고 하면 쾌락재는 어딘지 거리가 멀고 실용재를 구입하는 행동만을 떠올리기 쉽다. 연극을 보거나 고급호텔에서 식사를 하거나 마사지를 받는 것에 대해 '왠지 사치스러운 건 아닐까,' '정말 꼭 필요한 것인가,' '지갑이 여유로운 것도 아닌데 내가 너무 무리하는 건 아닌가' 등등 스스로 공연스레 죄책감을 가지기 때문이다. 이 같은 가치관 때문에 자기 자신에게조차 구매를 정당화할 이유가 더 필요한 것이다. 그래서 실용재보다 쾌락재의 경우 일반적으로 합리화 메커니즘이 강하게 작동하게 된다.[18] 즉, 자신의 소비를 당연하고, 정당한 것으로 받아들일 수 있는 합리화과정이 요구된다는 의미이다.

사례 48에서는 할인된 가격이 일종의 알리바이 역할을 해 주는 듯하다. 그래서 반복적인 쾌락적 소비를 행하면서도 항상 할인가격으로 구매함으로써 스스로 합리적인 소비자라는 근거를 갖게 된 것이다. 이는 쾌락재를 파는 기업이 귀담아 들을 만한 내용이다. 소비를 정당화할 일종의 알리바이 같은 걸 제공한다면 소비자가 훨씬 더 편안한 마음으로 구매할 수 있기 때문이다.[19] 다음 장에서 살펴보게 될 '자기-선물(self-gift)' 소비의 경우도, 마케터가 소비자의 심리적 구매장벽을 해소할 수 있는 알리바이를 제공해 준다면 소비자가 마음 편하게 소비를 즐길 수 있다. 쾌락적 소비도 자기를 위한 선물도 분명 행복을 창출하는 소비활동이기 때문에, 마케팅적으로 일정 정도 도와주는 건 좋은 일이다.

재활용의 유용성 – 중고를 새것처럼 쓰는 이점

사례 49도 합리적인 소비의 예에 해당할 수 있을 것 같다. 통계에 따르면 신생아를 포함한 유아용품, 그중에서도 아기 옷, 분유, 기저귀, 유모차 등은 상당히 고관여제품이자 계획적 구매품목에 속한다. 다른 품목처럼 마트에 가서 보고 충동적 구매나 비계획적 구매를 할 수 있는 품목이 아니라는 의미이다. 특히 아기들은 매우 예민하기 때문에 어떤 것도 쉽게 구매할 수 없다. 사례 49는 아기 옷을 물려받은 이야기이다.

물려받을 수 있는 품목은 물려받고… 매일 뽀송뽀송한 옷을 우리 아기에게

엄마가 된다는 기쁨에 더욱더 정성을 기울이게 되는 육아용품. 하지만 막상 구입하려면 품목도 너무 많고 가격도 만만치 않다. 출생 후 아기의 성장이 매우 빠르므로 신생아용품의 사용기간은 매우 짧다. 또한 신생아 때만 사용할 수 있는 물건은 나중에 처리하기도 번거롭고 보관하기도 어렵다. 꼭 새것이어야 하는 것을 제외하고는 친척이나 친구들로부터 물려받을 수 있는 품목은 물려받고 그 외에 필요한 품목은 구매했다. / 35주쯤 물려받은 옷이며 새로 준비한 배냇저고리, 우주복, 기저귀 등을 삶아 손빨래를 해서 햇볕에 뽀송뽀송하게 말렸다. / 아기 옷 세탁기를 장만하게 되었는데, 빨래 고민을 해결하고 삶아서 세탁이 되기에 매일 뽀송뽀송한 옷을 우리 아기에게 입힐 수 있어 행복했다. 아기 옷 세탁기는 지금은 아기용으로만 사용하지만 앞으로도 삶을 빨래거리며 작은 빨래에 유용하게 쓸 수 있어 직장맘들에게 좋은 선택이 될 수 있을 것 같다.

― 임나리(여)

아기 옷은 필수재 또는 실용재에 속한다. 얼마 입지도 못하는 아기 옷이 가격은 엄청나다 보니 얻어 입히는 것이 합리적이다. 사례 49의 글에서 얻은 옷, 새옷들을 모두 삶아 손빨래해서 뽀송하게 말려 준비해 두었던 엄마의 마음이 나중에 삶아 빠는 기능을 가진 아기 옷 세탁기의 장만으로 인해 행복해지는 엄마의 마음으로 이동한 것을 읽을 수 있다. 비싼 신생아용품에 대한 이야기로 시작해서 물려받은 아기 옷 이야기로 이동하고, 이 옷을 손수 삶고 손빨래해서 뽀송하게 준비해 두었던 이야기로 옮겨가더니, 마지막에는 아기 옷 세탁기로 옮겨가는 내러티브를 함께 따라가다 보면 물려받은 아기 옷을 깨끗하게 삶아 빨아 입히는 엄마의 행동묘사에서 재활용이 합리적이었다는 생각을 강화해 나가고 있음을 알아챌 수 있다. 언뜻 중고제품의 재활용은 지극히 합리적인 소비행위일 것 같지만, 제품의 실사용자에 따라 때론 합리화를 위한 알리바이가 필요한 듯하다. 여기서는 삶아 빠는 행동, 아기 옷 삶는 세탁기가 그러한 알리바이 역할을 해 주고 있다. 깨끗하게 삶아 빨아 입히면 얻어 입힌 옷이라도 소중한 아기에게 나무랄 데 없는 좋은 옷이 될 수 있다는 생각을 증명하는 알리바이 역할 말이다. 쾌락재뿐만 아니라 실용재에 대해서도 합리화를 위한 알리바이가 필요할 수 있다.

절제미, 계획미! – 낭비 없는 내 지갑

때로는 쾌락과 동떨어진 듯한 절제된 소비에서 소비자들은 행복을 느낀다. 어떻게 행복을 느끼는 것일까? 한 연구에서, 미래의 희망을 그리는 조건, 즉 시간 초점을 미래에 두는 경우 현재 자신의 행동을 더 잘 통제하는 경향(건강에 좋지 않은 간식을 먹는 비율이 '현재' 행복한 조건의 사람보다 더 낮음)이 나타났다.[20] 사실 일반적인 인간은 과소비나 쾌락만을 좇는 근시안적 소비생활을 지속하기 어렵다. 일종의 죄책감과 불안감이 동반되기 때문인데, 이로 인해 멀리 내다보고 금욕적인 선택을 함으로써,[21] 자신의 소비생활에 균형을 찾고자 하는 경향을 보인다.[22]

사례 50 **심사숙고하여 결정… 순간의 구매결정보다도 정말 행복**

나는 고등학교를 졸업하고 사회에 첫발을 내딛은 후부터 자급자족으로 소비생활을 즐겨 왔다. 어리고 철없던 시절, 돈을 번다는 기쁨보다는 돈을 쓴다는 기쁨이 더 컸다. / 부모님이 주신 용돈보다 더 많은 돈을 벌면서 무작정 돈을 쓰기 시작했고, 급기야는 신용카드까지 쓰게 되었다. / 월급 날 당일 단 하루도 행복할 수 없었다. / 내 잘못을 깨닫고 절제된 생활을 하면서, 무절제한 소비를 하던 때보다 더 행복을 느꼈다. 월급의 일정 부분은 저축도 하고, 부모님께 용돈도 드리고, 사고 싶은 물건이 있어도 심사숙고하여 구매를 결정하고, 순간의 구매결정보다도 훨씬 행복했다. 순간의 기쁨보다는 소비 후에 미치는 영향까지 생각한 후에 소비를 결정해야 행복한 소비자가 될 수 있는 것 같다.

— 박미란(여)

사례 51 　현재 생활수준에 맞는 여행… 더 편안하고 행복한 여행

한때 여행 다니는 것이 너무 좋아 재정상태는 생각하지 않고, 무조건 시간될 때마다 떠났던 시절에는 어느새 여행으로 얻는 행복보다 재정적인 문제로 얻는 스트레스가 더 높았다. 비로소 과소비라고 생각하게 되었고, 현재 생활수준에 맞는 여행을 계획하게 되었다. 그 후로 더 편안하고 행복한 여행을 즐길 수 있게 되었다.

— 이수진(남)

사례 52 　월급여와 월지출을 잘 따져서 소득에 비례하여 지출

주로 2001아울렛에서 쇼핑하다 보니 2001아울렛의 포인트까지 적립하고 신용카드 포인트나 아울렛 포인트로 온라인 쇼핑을 할 수 있는 일석이조의 효과도 있다. 비싼 건 아니지만 치약 같은 생필품을 받을 수 있어서 실생활에 도움이 된다. / 단지 물건을 사는 것만 소비가 아니라 정년퇴임 후 노후를 대비하면서 은행이나 보험사에 연금 또는 저축을 들어 놓는 것도 소득 대비 지출이므로 소비라고 할 수 있다. 월급여와 월지출을 잘 따져서 소득에 비례하여 지출이 크지 않도록 가계부를 매월 작성하여 비율을 조절하는 것도 지혜로운 방법이다. 이처럼 건전한 소비를 통해 나는 행복한 소비자가 된다.

– 조민서(여)

이와 같은 행복에는 '규범적 신념'도 작용한다. 합리적이고 절제된 소비를 행복한 소비로 여기도록 하는 규범적 신념 또는 '상황–특유적 신념(situation-specific beliefs)'[23]이 일종의 감정규칙처럼 작동하는 것이다. 우리에게는 상식과 문화에 따른 일종의 감정규칙이 존재한다. 예를 들어, 배우자의 장례를 치른 지 얼마 안 된 사람이 맨날 웃고 다니는 것은 뭔가 맞지 않는다고 생각되지 않는가? 대신에 당분간 슬퍼하는 것이 자연스럽다고 여긴다. 각 상황에 맞는 고유한 감정이 있다고 믿기 때문이다. 이를 '상황–특유적 감정규칙'이라고 하고, 이러한 우리의 믿음을 '규범적 신념'이라고 한다. 당장 사고 싶은 쾌락재를 포기하고 실용재를 사거나, 비싼 유명 브랜드 대신 저렴한 일반 브랜드의 제품을 구매한 것에 대해 우리 마음속엔 아마도 '더 기뻐해야 한다'는 감정규칙이 숨어 있는 것 같다.[24] 이런 이유 때문에 절제를 통해서도 행복한 소비자가 될 수 있는 것이 아닐까.

3. 자족적 소비

이 범주에 속하는 행복유형은 남이 뭐라 하든지 내가 벌어 내 돈으로 필요한 것을 살 수 있다는 것 자체가 행복이라고 느끼는 경우, 내가 내린 선택과 소비에 대해 자부심을 느끼는 경우, 소비자가 대접받는 세상에 산다는 것 자체를 행복하다고 느끼는 경우, 가난했던 과거에 비해 요즘은 물질적으로 풍요로워서 행복함을 느끼는 경우

등 스스로 자신의 소비역량, 소비환경, 소비선택 등에서 자기만족을 느끼는 이야기들이다. 자족적 소비 혹은 자부심 소비로 볼 수 있다.

첫 차 – 나도 이제 당당한 소비자

사례 53은 자신의 능력으로 구매한 제품에 대한 자부심을 통해 행복감을 느낀 소비자의 이야기인데, 그것도 자신의 수입으로 장만한 가장 값비싼 소유물이며 상징성이 강한 제품인 자동차 이야기이다. 차를 가진 사람이라면 아마 자신이 샀던 첫 차를 잊지 못할 것이다. 나 역시 내 첫 차를 사서 처음 인도받은 날을 생생히 기억한다. 당시 그 뿌듯한 자부심만큼이나 내 첫 차는 예쁘게 반짝였다. 아직도 그때의 촉감, 운전석 계기판에 들어오던 푸른 불빛이 눈에 선하다. 생애 첫 자동차는 대부분의 소비자에게 이렇듯 특별한 행복경험을 선사하는 것 같다.

> **사례 53** 내 차가 생겼을 때 그때의 행복했던 기분… 한 사람의 사회구성원으로 인정을 받는구나
>
> 저의 행복한 순간은 10년 전으로 거슬러 올라갑니다. 운전면허증을 따고 처음으로 내 차가 생겼을 때 그때의 행복했던 기분은 아직도 잊혀지질 않습니다. / 며칠 동안은 꿈만 같아서 밤에 잠도 오지 않았습니다. 자동차 창문을 열고 달릴 때 느끼는 바람조차 아버지 자동차를 빌려 타고 다닐 때와는 전혀 달랐습니다. / 조금만 먼지가 묻어도 닦고 또 닦고, 그것도 모자라… 전화해서 약속 잡고 돌아다니고 하느라 늘 바빴던 시절. / 옆 차 주인이 내 차를 바라보기라도 하면 괜히 기분이 좋아지고 나도 모르게 어깨에 힘이 들어가곤 하였습니다. / 면허증을 처음 받았을 때는 나도 이제는 어른으로, 한 사람의 사회구성원으로 인정을 받는구나 하는

느낌을 받았다면, 내 차가 생겼을 때는 태어나서 처음으로 내 소유물에 대해 세금을 내게 되면서 내가 세상에 존재하고 있고 국세청 역사에 그 기록이 남겨지는구나 하는 생각에 내 존재를 인정받는 느낌이 들어서 너무 좋았습니다.

– 이건호(남)

인간의 지각과정(perception process), 즉 인간이 어떤 자극물 또는 어떤 대상을 인식하는 과정에서 대개 '처음효과(primacy effect)'와 '최근효과(recency effect)'가 나타난다. 처음효과란 어떤 인식대상을 접했을 때 처음 얼마 동안은 주의가 집중되고 가장 기억에 잘 남는 현상을 말한다. 최근효과는 그 대상의 인식과정에서 맨 뒤의 얼마 동안에 앞서와 같은 효과가 나타나는 것이다. 첫 차, 첫 집, 첫사랑, 첫 키스 같은 것이 아마 강력한 처음효과를 가지는 인식대상이 아닐까 싶다.

이 같은 효과 때문에 광고에서는 광고 시작 후 몇 초와 마지막 몇 초에 가장 강력한 이미지와 메시지를 내보낸다. 로고음과 제품 로고가 대부분 광고의 마지막 부분을 차지하는 이유도 모두 이 때문이다. 이처럼 중요하고 의미 있는 생애 첫 자동차를 당당하게 내가 번 돈으로 샀다면 기분이 얼마나 좋겠는가! 그 자부심, 자신에 대한 대견함이 첫 차라는 특별한 대상과 얽혀 있으니 행복감은 이루 말할 수 없고 기억에 깊이 각인되는 효과를 가질 수밖에 없다.

사례 54 "아! 이게 내 것이구나!", 내가 3년간의 노력 끝에 얻은 것이구나 하는 뿌듯함

2002년 월드컵에 군대를 제대한 나는 첫 직장으로 KFC에 들어가며 사회에 첫발을 내디뎠습니다. / 집이 멀어 일이 끝나면 직장 상사가 집까지 데려다주었습니다. 매장이 저녁 11시에 끝나 버스가 끊기기 때문에 어쩔 수 없이 그렇게 되었습니다. / 그래서 2002년 5월부터 매달 50만 원씩 적금을 붓기 시작했습니다. / 3년 정도 모으니 1,500만 원 정도가 모이더군요. / 2004년 12월 23일, 드디어 임시 번호판이 붙은 차를 동생이 집으로 몰고 온 저녁 어머니와 함께 막걸리와 북어를 들고 절을 하고 차 바퀴에 막걸리를 붓는데 "아! 이게 내 것이구나!" / 내가 3년간의 노력 끝에 얻은 것이구나 하는 뿌듯함과 기쁨이 몰려왔습니다. / 지금은 거의 세차도 하지 않고 타지만 그때는 매일 차를 광택내고 어디 흠집이 없나 보고 다녔습니다. / 아마도 내가 뭔가를 이루었다는 것이 더 큰 기쁨이었다고 생각됩니다.

― 홍윤진(남)

물질재 대 경험재의 이분법을 적용하자면 자동차는 어디에 속할까? 물질재이긴 하지만 계속 타고 운전하거나 타고 다니면서 다양한 경험을 형성하기 때문에 경험재에 속한다고도 볼 수 있다. 음악 CD, TV 세트도 이 같은 이분법을 적용하면 사실 경계가 흐릿한(fuzzy boundary) 제품들이다.[25] 이러한 제품은 소비자에게 단순한 물질획득 이상의 흥분감과 지속적인 기쁨도 선사할 수 있다. 미국의 전국적 조사에 따르면, 행복을 얻기 위해 수행한 소비품목 중 57%는 물질재보다 경험재였다는 응답을, 34%는 경험재보다는 물질재였다는 응답을 했다고 한다.[26] 물론 경험재의 비중이 더 높게 나왔지만, 물질재 중에서 경계가 모호한 제품의 특징을 가만 생각해 보라. 이런

제품은 시간이 갈수록 경험재로서의 생명이 더 긴 것을 알 수 있다.

최악으로부터 제자리로 돌아온 행복 – 다시 시작하는 내 삶과 소비

인생의 밑바닥까지 내려갔던 경험을 가진 사람들이 있을 것이다. 특히, 극도의 경제적 빈곤은 모든 평범한 삶의 기회를 차단한다. 남들에게는 별로 대수롭지 않은 소비활동조차 못할 처지에 있는 사람들을 생각해 보자. 상대적 박탈감은 주로 타인이 소비활동을 하는 것을 볼 때 생긴다. 타인이 아무렇지도 않게, 아주 평범하고, 아주 자연스럽게 내가 갖지 못하는 것을 가질 수 있을 때 발생한다. 남들처럼 카페에서 4천~5천 원 하는 카페모카를 마시고, 주말에 외식을 하고, 친구와 영화관에 가는 것이 서럽도록 부러웠던 적이 있었다면, 사례 55의 이야기가 왜 '나는 행복한 소비자'라는 제목의 에세이가 되었는지 공감할 수 있을 것이다.

사례 55　이제야 남들 다 해보는 것을 하며 행복을 느끼고

IMF 때 집안이 엄청난 큰 변화를 겪었고, 2000년 초반에 카드대란을 겪었으며, 그 후 외환위기에 청년실업 대란을 거쳐 저의 20대가 마감되었습니다. 20대 초반에는 제 전공을 살려 음반사업을 시작했다가 몇 년 후 정리를 해야 했습니다. 그땐 감당하지 못할 정도의 큰 액수였으며 지금도 감당하기 힘든 액수입니다. 하루에도 수십 번씩 자살충동을 느꼈습니다. 다시는 일어서지 못할 것 같았습니다. / 혼자 시커멓게 가슴을 태우며 몇 년간 동분서주했습니다. / 제 도전의 결과는 외로움과 비참함과 초조함이었습니다. / 또래 친구들은 즐거운 캠퍼스 생활에 즐거운 나날을 보낼 때 전 다니던 학교를 그만두고 직장에 취업하고 야간 알바에 주말엔 프리랜서 업무까지 하며 쉴 틈 없이 살았습니다. / 정말 배고픈데 밥 먹을 돈이 없었던 적도 많습니다. / 남들이 평범하고 보편적인 삶을 살아가며 지내온 10년을 저는 너무 많이 돌아서 이제야 출발점에 다시 섰습니다. / 이제야 남들 다 해보는 것을 하며 행복을 느끼고, 평범하다는 것 그리고 내 인생을 지킬 수 있다는 것에 기분 좋은 인생이 시작되고 있습니다.

– 권나민(남)

현재 대한민국 국민은 '삼포세대(三抛世代)'라는 용어를 일상용어처럼 접하고, 금수저/흙수저 논란이 인터넷을 달구는 시대를 살고 있다. 삼포란 연애, 결혼, 출산의 세 가지를 포기한 세대라는 의미이다. 과도한 주거비용, 생활비용, 학자금 때문에 경제적 부담과 빚더미를 동시에 짊어지고 있는 젊은 세대를 말한다. 게다가 일류대학, 대기업을 최고의 성공으로 여기는 사회문화적 배경을 토대로 소득양극화와 사회계층의 구조화가 심화되고, 청년실업이 증가하면서 평범한 가정 출신의 청년세대는 패배의식과 좌절감에서 헤어나오기가 쉽지 않은 실정이다. 젊음이 상징하던 패기와 희망은 사라지고, 실패자라는 낙인과 오명이 그 자리를 차지해 버렸다. 특히 사례 55의 화자는 IMF 외환위기 사태로 국가경제가 어려웠을 때 가정경제의 파산을 겪은 젊은 세대로, 그 후 연속된 국가 차원의 경제적 재난을 빠짐없이 겪어 나간 불행한 세대의 대표적인 인물이다. 그가 이 같은 국가적 재난의 연속 때문에 한 번 빠진 가정경제 파탄의 늪에서 빠져나오기는 결코 쉽지 않았을 것이다. IMF 외환위기 이후 빈부격차, 소득양극화 현상이 더욱 가속화되었기 때문이다.

웃기게 들리겠지만, 우리가 대부분 타인을 특별히 의식하게 될 때는 타인의 소비활동을 부러워할 때인 경우가 많다. "부러우면 지는 거다."라는 말이 있듯이 부러움은 나를 박탈감과 자괴감에 빠트린다. 타인의 부러움을 즐기는 소비를 앞서도 잠시 살펴본 것처럼, '현시적 소비(conspicuous consumption)'라고 한다. 남들 눈에 색달라 보이거나 더 우월해 보이고 싶어서 특별한 브랜드를 구매하고, 특별한 장소에서 소비를 하면서 타인의 시선을 즐기려는 욕구는 사실 누구의 마음속에든 조금씩 있다. 당신이 소비하는 것이 제품이 아니라 사실은 타인의 부러움이었던 적이 있다면, 부러움의 작동기제를 잠깐 살펴보는 것도 괜찮겠다.

부러움에는 '선한 부러움(benign envy)'과 '악한 부러움(malicious envy)'의 두 종류가 있다. 가질 만한 사람이 갖고 있거나 누릴 만한 사람이 누리고 있는 것이라고 생각될 때는 선한 부러움이 생기지만, 과분한 것을 갖거나 누리고 있는 사람에 대해서는 악한 부러움이 생긴다. 한 연구에 따르면, 다른 사람에 대해 선한 부러움이 생기면 좀 높은 가격을 주더라도 동일 제품을 갖고 싶어 하지만, 악한 부러움이 생기면 그 제품 말고 오히려 경쟁제품을 사려는 경향이 나타난다고 한다.[27]

우리가 만약 누구나 하는 평범해 보이는 자연스럽고 일상적인 소비를 하고 있다면, 그렇게 할 수 있다는 것 자체를 진심으로 감사하고 기쁘게 생각해 보자. 현시적 소비가 아님에도 이조차 부러워하는 사람들이 어딘가에 있다는 것, 이 당연한 것이 행복일 수 있다는 것을 잠시 의식하면서. 이 내러티브의 화자는 10년이란 긴 세월을 돌아서 제자리에 선 느낌, 아주 평범한 소비생활을 할 수 있게 된 현재를 행복이라 여기고 있다.

원하는 걸 구입할 수 있는 능력이 곧 행복!

이제 소개할 사례 56은 앞의 이야기에 연결되는 행복의 유형이다. 일상적으로 별 구애 없이 사고 싶은 것을 살 수 있을 때 행복한 소비자라고 느낄 수 있다. 여기서는 내가 원하는 정도는 충분히 커버할 수 있는 소득이 있고, 그로 인해 마음의 여유를 가지는 평범한 일상의 삶이 행복한 소비자의 삶으로 묘사되어 있다.

이 이야기는 '소비생활복지(Consumption Life Well-Being: CLWB)'라는 개념에 잘 들어맞는 소비자행복이 아닌가 싶다. 그 정의에 따르면, "현대 소비자가 자신의 능력과 자율적 판단으로 질적·양적으로 높고 만족스러우며 번영해 나가는 성숙한 소비생활을 영위하는 것"이 행복이다.[28]

> **사례 56** 만족감을 줄 수 있는 것을 구입할 능력이 된다는 것
> 자체가 행복
>
> 미래를 위해 적금을 들며, 만약을 위해 보험에 가입하고, 노후를 위해 연금에 가입하고…. / 어릴 때부터 좋아하던 나이키 신발을 그중에서도 정말 좋아하는 신상 나이키 SB덩크하이 제품을 단지 색상이 이쁘다는 이유만으로 구입해도 되는 게 행복했습니다. 사실 원하는 색상을 모두 구입해도 전혀 부담이 되지 않는 지금의 현실에, 쌓여 있던 무거운 마음을 내려놓을 수 있는 정말 행복한 소비자가 되어 가고 있습니다. / 어떤 것이든 자신에게 만족감을 줄 수 있는 것을 구입할 능력이 된다는 것 자체가 행복입니다.
>
> — 민기태(남)

소비자 중심의 세상!

구매 후 제품반환이 쉽다면 소비자의 마음속에 '구매 후 부조화 (post-purchase dissonance)'가 생기는 걸 감소시킬 수 있다. 앞서도 언급했던, '구매 후 부조화'란 구매 후 구매에 대한 확신이 들지 않아 불안한 상태를 말한다. 고가의 제품을 구입했거나 충동적으로 구매를 한 경우에 쉽게 이런 상태에 빠진다. 그런데 구매 후 취소가능성을 높여 주면 이를 미연에 방지할 수 있다. 구매 시 쉽게 선택으로 이끄는 유인책이 될 수 있다. 단순히 자유로운 반환정책만으로도 소비자가 행복해질 수 있다고 생각하니, 너무 너그러운 반환정책이 소비자에게 종종 '도덕적 해이(moral hazard)'를 유발한다는 비판을 뒤로 하고, 그보다는 이를 꽤 의미 있는 정책이라고 보는 편이 좋다는 생각을 하게 된다. 쉽게 사고 쉽게 반환할 수 있는 정책과 소비환경이 소비자에게는 편안하고 편리한 소비생활을 영위한다는 느낌, 소비자로서의 자유와 권리를 누리고 있다는 느낌을 주기 때문이다. 누구의 눈치도 보지 않고 내가 원하는 대로 사거나 반환할 수 있다는 것, 그것도 친절한 미소 속에서 대우받으면서 그럴 수 있다는 것, 소비자인 내가 주인공이고 세상이 나를 위해 돌아가는 것 같은 경험. 사실 어디 가서 이런 대접을 받는 일이 흔하겠는가? 오직 소비자일 때만 느낄 수 있는, 내가 주인공이 된 느낌. 이 기분 때문에 치장하고 나가서 쇼핑을 즐기기도 하는 것이 사실 아닌가.

사례 57 **언제든지 원하는 제품을 선택하고 반환할 수 있으니 소비자로서 참 좋은 세상**

집 근처 하이마트 매장에 MP3 플레이어를 사러 갔습니다. / 매장 바로 앞 1층 입구 주차장에 주차를 할 수 있어 편리했고, 매장 문 앞에서 반갑게 인사를 받으니 기분이 좋았습니다. 소비자로서 매장을 방문하는 것만으로도 환영받는다는 것은 기분 좋은 일입니다. / 계산을 하는 동안 커피 한 잔을 뽑아서 마셨는데 맛이 좋았습니다. / 딸아이도 좋아하는 디자인의 이어폰으로 음악을 듣고는 만족했지만, 난청을 고려하여 반환하기로 하고, 차를 몰고 가서 MP3를 반환하였습니다. / 며칠 후 삼성 매장에서 YEPP MP4 모델과 YP-M1CW를 구매하였습니다. 딸아이가 너무 만족해했습니다. / 언제든지 원하는 제품을 선택하고 반환할 수 있으니 소비자로서 참 좋은 세상이라는 느낌을 받았습니다.

― 윤채영(남)

사례 58의 내러티브는 소비자가 제품을 오래 잘 사용한 데 대한 감사인사를 먼저 기업에게 직접 한 사례이다. 기업 입장에서도 참으로 고맙고 귀한 고객이라 할 수 있다.

사례 58 감사하다는 인사와 선물까지… 감사와 행복은 멀리 있지 않은 것

1983년도에 예물로 구입한 금성세탁기를 30년 동안 고장 한 번도 없이, A/S 한 번 받은 적 없이 사용했습니다. 옛말에 10년이면 강산도 변한다는 속담이 있습니다. 강산이 3번이나 바뀌도록, 우리 아이들의 기저귀, 이불 빨래 등, 얼마나 많은 빨래를 했겠습니까? 하지만 한 번도 멈춘 적이 없었습니다. / 최근에 우리 큰아이보다 나이가 많은 세탁기를 보내면서 지금은 LG로 전화 한 통을 했습니다. 제가 결혼예물로 장만한 세탁기를 30년 동안 고장 한 번 나지 않고 너무나 감사하게 잘 썼다고 하니까, 회사에서 깜짝 놀라면서 우리 제품을 그렇게 긴 시간 동안, 30년 동안 잘 써 주셔서 감사하다는 인사와 함께 선물까지 보내 주었습니다. 제가 소중하게 물건을 잘 쓴 노력도 있겠지만, 소비자 입장에서 정말 행복하고 감사했습니다. 감사와 행복은 멀리 있지 않은 것 같습니다.

－ 채윤임(여)

이 소비자는 30년 넘게 끄떡없이 사용할 만큼 좋은 제품을 만들어 준 기업에 고마움을 가졌고, 기업은 이를 표현해 준 고객에게 감사선물을 전달했는데, 이것이 소비자에게는 두 번의 고마움을 느끼게 해 준 사건이었다. 연구에 따르면 소비자의 감사함과 행복은 연계된 감정으로, 기업에게 감사함을 느낄 때 고객은 동시에 행복감을 느끼게 된다고 한다.[29] 또한 감사함에 대한 대가로 주변 사람들에게 그 기업에 대해 긍정적 추천을 많이 하고, 재구매도 많이 하는 것으로 나타났다. 사례 58의 내러티브와 정확히 일치하는 연구결과이다. "감사와 행복은 멀리 있지 않다."

나는 풍요로운 세상의 구매력 있는 중산층!

수집된 사례 중에는 과거에 비해 풍요로워진 우리나라의 경제환경에 대한 만족감, 자신의 소득으로 원하는 것을 충분히 구매할 수 있을 만큼 풍족한 생활을 할 수 있다는 자신감 등과 같이 스스로 자신의 현재 소비생활에 만족하기 때문에 행복하다는 이야기도 많았다. 특히, 일상적인 소비생활 전반에 대해 행복해하는 소비자들은 주로 높은 연령대에 속했다. 왜 그럴까?

소비자는 평범한 일상의 경험과 일생일대의 경험 중 어디서 더 큰 행복을 느낄 것인가에 대한 연구가 있다. 여기서 해석의 단초를 찾아보자. 이 연구는, 노년층에게는 일상의 경험(예: 친구와 식사)과 일생일대의 경험(예: 해외여행) 간 행복도에 큰 차이가 없으나, 젊은 층일수록 일생일대의 사건에 더 큰 행복을 느끼는 경향이 있음을 밝혀냈다.[30] 젊은 사람들은 앞으로 남은 시간이 많기 때문에 시간에 대한 관점이 광범위하여 일상에 크게 가치를 두지 않지만, 시간에 대한 관점이 한정적일 수밖에 없는 노년층은 일상에 큰 가치를 두기 때문이라고 한다. 그래서 나이가 들수록, 획기적 사건이 아닌 평범하고 일상적인 소비경험이라도 행복한 것으로 인식하는 경향이 더 강했던 것이다.

여기에 더해, 우리나라는 세계적으로 주목할 만한 몇 가지 정치적·경제적 특수성이 있다. 우선, 남북이 갈라져 있고, 두 정치체제가 극단적으로 경제적 풍요와 빈곤의 대비를 이루고 있다. 2000년대에 접어들어 고도 성장기가 막을 내리기는 했지만, 1960년대 이후 수십 년간 대한민국은 경제부흥기였다. 현재 50대 이상의 세대는 이 같은 고도 성장기를 몸소 겪었다. 가난에서 탈출하여 세상이 점점 풍요로워지는 경험을 해왔다. 어쩌면 사례 59, 60은 이 같은 특수한 국가의 경제발전과정 속에서 형성된 자족감이 아닐까 싶다. 따라서 전혀 그런 경험이 없는 젊은층과 달리 현재의 풍요로운 경제환경 자체를 행복으로 보는 경향이 강할 수밖에 없다.

> **사례 59** 풍요로운 생활, 여유로운 생활을 할 수 있게 된 이 시대에 살고 있음에 감사
>
> 유년 시절 농촌에서 소 먹이고, 농사 짓고, 산에 지게 지고 땔감을 구해오던 육체노동의 고통이 회갑을 넘은 이 나이에 돌이켜 보면 아스라한 추억이 되었다. 못 먹고, 못 살던 궁핍한 생활 속에서, 그래도 꿈을 간직하고 피땀 흘리며 오늘에 이르기까지 살아온 인생의 여정에서 자부심을 느낀다. 우리나라가 후진국, 개발도상국, 선진국으로 성장하는 과정에서 이 나라 산업역군의 한 사람으로 살아온 것에 무한한 자부심을 느끼고 있다. / 5,000년 역사의 대한민국이 지금은 남북으로 분단된 이념의 갈

등 속에서 살고 있지만, 그 어느 시대보다 편리한 시대에 살고 있다. 일 상생활의 편의성을 극대화해 주는 주변의 전자제품과 문명의 이기로 인해 풍요로운 생활, 여유로운 생활을 할 수 있게 된 이 시대에 살고 있음에 감사한다.

– 최윤형(남)

사례 60   어느새 구매력 있는 중산층이 된 저는 너무너무 행복한 소비자

요즘처럼 지구촌 모든 상품이 넘쳐나는 풍요로운 세상 한가운데 어느새 구매력 있는 중산층이 된 저는 너무너무 행복한 소비자입니다. 젊은 시 절 가난에 쪼들려 살긴 했어도 북한 땅에 태어나지 않고 자유세계에서 이만한 경제생활을 영위하는 크나큰 복을 갖게 되었고….

– 김태민(남)

자신이 일구어 만들어 낸 풍요 속에서 부족함 없는 소비자로 살 수 있다는 사실이 보람 있게 살아온 인생의 발자취와 어우러져 충분히 자족적인 행복감을 만들어 내고 있다. 여기에서 두드러지는 정서는 자부심과 감사함이다. 사례 60의 내러티브에서도 행복감의 정서 형성에 감사함이 매우 중요한 역할을 하고 있다. 감사한 느낌과 행복감은 상당히 밀접한 상관관계를 가지고 있다는 것을 재확인할 수 있다.

신성한 노동의 일과 속에서 소박한 소비가 주는 행복감

사례 61의 내러티브는 새벽 출근길 버스비 1,150원과 퇴근길 버스비 1,150원으로 끊임없이 순환하는 규칙적인 일과에서 나오는 행

복감을 말해 준다. 더 자세히 말하면 일상적으로 지나치듯 만나는 타인에 대한 따뜻한 관찰과 자기성찰적인 순간들에서 느껴지는 감사함을 말해 주고 있다. 남들이 보기엔 벅찬 노동임에도 자신에겐 신성하기만 한 노동이 하루의 중심인 잔잔한 일과, 그 일과 속에서 매우 규칙적이고 언뜻 하찮아 보이기까지 하는 소박한 소비활동이 그저 감사할 따름임을 보여 주고 있다.

사례 61 **나의 하루는 1,150원의 동전봉투로 시작하고, 다시 1,150원의 동전봉투로 끝난다**

세안을 끝내고 나갈 채비를 한 후 버스비를 위해 모아둔 동전들을 긁어 모아 두 개의 동전봉투에 나누어 넣으면 출근 준비 끝～ 매일같이 걸어가는 길인데 하루하루가 다르게 느껴진다. / 맘 졸이며 회사에 도착하고, 업무를 시작한다. 근무시간은 11시간. 퇴근시간이 새벽 5시. 근무하는 동안 편의점 도시락으로 끼니를 때우고, 사람들과 어울려 캔음료를 마시며 시간을 보낸다. / 지친 토끼 눈과 코끝까지 내려온 다크서클이 내 퇴근 길을 함께한다. / 버스 정류장이 보이고 그 앞에 편의점 하나. / 나는 편의점에서 자몽 주스를 마시며 하루를 마감한다. / 그냥 새로운 삶을 살고 싶었고, 컴퓨터를 포맷하면 아무것도 복구할 수 없듯이, 내 인생도 리셋하고 싶은 마음이 간절했다. 새로운 일을 하고 새로운 사람을 만나고 나를 발견해 가는 과정이 필요해 시작한 이 일이, 내게 준 선물은 잠시 잊고 있었던 '여유'다. 물론 내 지인들은 하루에 11시간 일하면 언제 쉬냐고 말하지만 나는 아니다. 일하는 것보다 더 값진 건 내가 지금 걸어가는 길과 그 길에서 만나는 사람들의 이야기가 잊었던 지난날의 나를 추억하게 만들어 준다는 것이다. 그리고 하루하루 내가 숨 쉬고 있다는 걸 느끼게 해 준다는 것이다. / 나의 하루는 1,150원의 동전봉투로 시작하고, 다시 1,150원의 동전봉투로 끝난다. 열심히 공부하고, 열심히 일하는 사람들로 시작해, 다시 새로운 마음가짐으로 새로운 오늘을 맞는 사람들로 마무리된다. 그런 사람들의 이야기를 보고 느끼는 지금의 여유가 어제보다 오늘을, 오늘보다 내일의 나를 더욱 성숙하게 만들어 주는 것에 감사할 따름이다.

— 최해란(여)

언젠가 나도 오랫동안 아파서 제대로 출근도 못하고 집에서 축 처져 지낸 적이 있다. 다 나은 후 드디어 성한 몸으로 출근하던 날 아침, 이렇게 변함없는 똑같은 일과에 대해 깊은 감사함을 느꼈다. 차창 밖으로 보이는 출근길 사람들의 무심한 듯 잰 발걸음도, 나뭇잎을 흔드는 산들바람도, 모두 새롭고 신성했다. 인간의 이러한 신성한 노동이 흐트러짐 없이 시간을 돌리는 것 같은, 이 조용한 부지런함이 인간의 문명을 떠받치고 있는 것 같은 느낌을 받았다.

사례 61의 내러티브를 읽는 순간 서울 시내 흥국생명 빌딩 앞에 서 있는 거대한 조각상이 떠올랐다. 〈해머링 맨(Hammering Man)〉이라 불리는 그 조각상은 한 손에 망치를 들고 끊임없이 망치질을 하는 거대한 인간 모양의 조각상이다. 이것은 조너선 보로프스키(Jonathan Borofsky)라는 미국 조각가가 제작한 것으로, 시애틀의 〈해머링 맨〉을 최초로 하여, 전 세계 여러 도시에 우뚝 서 있다. 그중 현재 서울에 있는 〈해머링 맨〉이

그림 8-1 〈해머링 맨〉

가장 크다고 한다. 다른 작가들이 무의식을 밝히기 위해 꿈이라는 모티프를 사용하는 데 반해, 이 작가는 노동의 신성함과 평범한 일상의 경험이 갖고 있는 의미를 밝히는 것을 중요한 테마로 삼고 있다고 한다.[31]

4. 쇼핑 플로

제2부에서 행복에 관한 이론적 발견과 몇 가지 경합적 이슈를 다루면서 살펴보았듯이, 행복에 대해 얘기할 때, '플로(flow)'라는 개념을 빼놓을 수 없다. 이 용어는 미하이 칙센트미하이가 1975년부터 사용한 것이지만,[32] 그 개념 자체는 우리에게 전혀 새로운 것이 아니다. 밤새 소설책에 빠져 계속 책장을 넘기다가 동이 트는지도 까맣게 몰랐던 경험, 어려운 문제를 푸는 데 갑자기 술술 잘 풀리면서 흥분으로 가슴이 두근거렸던 경험. 이렇게 자아를 망각하고 시간도 망각할 정도도 깊이 몰입한 상태, 심취한 상태를 '플로'라고 한다. 흔히 플로 경험 중에 '자기효능감(self-efficacy)'을 느끼곤 한다. 이 느낌은 자신이 하고 있는 것을 장악하고 있다는 느낌, 아주 잘해 내고 있다는 느낌, 그 때문에 찾아온 일종의 도취감, 승리감, 성취감 등을 의미한다.

쇼핑을 하는 중에도 플로를 느낄 수 있을까? 이는 매우 흥미로운 질문이다. 혹시 쇼핑을 할 때 그러한 상태를 경험한 적이 있을까? 그렇다면 이를 쇼핑 플로(shopping flow)라고 부르기로 하자. 물론 어려운 숙제나 프로젝트를 하면서 어느새 흠뻑 몰입하여 자기효능감을 느끼게 되는 상태와 정확히 동일한 느낌이라고는 말하기 어렵다. 왜냐하면 미하이 칙센트미하이의 플로 개념에 따르면, 플로를 느끼기 위해서는 4가지 요소, 즉 집중(concentration), 통제감(control), 도전감(challenge), 즐김(enjoyment)이 필요하기 때문이다. 쇼핑 시에 이러한 4가지 요소가 결합된 조건이 형성되기는 쉽지 않을 것이다. 쇼핑 플로에 대한 연구는 온라인 쇼핑 시대가 열린 초기에 주로 수행되었는데, 이는 당시 온라인 쇼핑에는 이 같은 4가지 요소가 상대적으로 더많이 작용했기 때문이다. 한 연구에 따르면, 온라인 쇼핑의 목적을 실용적 가치보다 쾌락적 가치에 둘 때에만 플로를 경험하는 것으로 나타났다.[33] 쇼핑을 구매목록에 있는 물건을 합리적인 가격에 취득해야 하는 숙제나 과업으로 생각하면 쇼핑 행위를 실용적 관점에서 보는 것이고, 반대로 일종의 여가활동, 즐거움, 오락 같은 것으로 생각한다면 쇼핑에 쾌락적 가치를 두는 것이다. 그럼, 쇼핑에 실용적 가치를 둘 때에는 쇼핑 플로를 느낄 수 없다는 걸까? 이 질문에 대한 답은 나중에 소개될 내러티브에서 찾아보자.

혹, 자신의 쇼핑 플로 경험을 떠올리기가 힘든가? 그렇다면, 이런 경험을 떠올려 보자. 해외여행을 갔다가 어느 장터에서 신기하고 진귀한 이국적 물건이 잔뜩 놓여 있는 걸 보면서 눈이 휘둥그레졌다든지, 새로 개장한 쇼핑몰에 가서 휘황찬란한 조명과 공기를 가득 채운 기분 좋은 향기와 멋진 음악을 배경으로 아름다운 쇼윈도를 바라보고 갖가지 신제품을 만져보면서 시간 가는 줄 모르고 한껏 누리고 있다는 느낌을 받은 적은 없었는가? 만약 있다면, 쇼핑 플로가 어떤 느낌인지 대충 감을 잡을 수 있을 것이다.

숨어 있던 나를 부활시키는 쇼핑의 매력

많은 남성에게 쇼핑은 해치워야 하는 반갑지 않은 과업인 경우가 많다. 쇼핑몰에서의 남/녀 동선을 관찰, 비교한 바에 따르면 남성은 대부분 쇼핑몰 입구에 들어서자마자 바로 구매품목이 있는 매장으로 직행했다가 물건을 사서는 곧바로 되돌아 나온다. 반면에 여성은 이 매장 저 매장 유람하듯 오가면서 쇼핑을 한다. 쇼핑이 하나의 일이 아니라 즐거운 놀이 또는 복잡한 세상으로부터의 도피처가 될 때, 플로 경험을 더 많이 한다고 볼 수 있다. 이러한 대비적 관점에서 쇼핑의 유형을 이원화하여 분류할 수 있다. 어떤 연구에서는 '오락적 쇼핑(recreational shopping)' 대 '경제적 쇼핑(economic shopping)'으로,[34] 또 다른 연구에서는 '과업지향적 쇼핑(task-oriented shopping)' 대 '비과업지향적 쇼핑(non-task oriented shopping)'으로[35] 분류하기도 한다. 오락적·비과업지향적 쇼핑은 쇼핑을 레저 활동의 하나로 간주하는 경향과, 저렴한 제품의 구매보다는 서비스와 점포환경에 더 큰 흥미를 가지는 등의 특징이 있고, 경제적·과업지향적 쇼핑은 구매와 직접 관련된 쇼핑으로 양질의 제품을 저가격으로 구입하는 것을 목적으로 하기 때문에 쇼핑을 레저가 아닌 일로 여긴다는 특징이 있다. 즉, 전자는 쇼핑의 쾌락적 가치를, 후자는 쇼핑의 실용적 가치를 주된 쇼핑 목적으로 삼는다는 차이가 있고,[36] 쇼핑에 대해 여성은 주로 쾌락적 가치를, 남성은 실용적 가치를 두고 있다는 차이가 있다.

사례 62의 내러티브는 원래는 과업지향적 성격이었던 쇼핑이 어느덧 즐거운 놀이처럼 변화하면서 플로와 유사한 경험을 하게 된 여성의 이야기이다.

사례 62 **쇼핑 삼매경에 빠져 있을 때… 지금 이 순간이 너무 행복**

일찍 결혼해서 아들을 낳은 나이가 21살, 지금 우리 아들이 24살, 난 그때 아들을 키우느라 멈춰 버린 시간이었던 20대… 그 나이 때로 돌아가고 싶은 마음이 간절했다. 낳은 걸 후회하는 게 아니라 그때를 느껴 보고 싶었던 게지. / 아들을 백화점에서 만났다. 구두는 싫고 운동화를 사 달래서 여기저기 둘러보던 중 아들의 눈이 시계 매장에서 멈췄다. / "어 그래서 말인데, 신발은 내가 알아서 살 테니까 시계 사 주면 안 돼?" / 여 기저기 시계 매장을 둘러보았다. / 예물도 아니고 시계값이 왜 이렇게 비싼지, 신발의 몇 배나 되었다. (아! 속 쓰려…) 아들과 둘이 팔짱을 끼고 커플 시계도 차 보고 서로 이게 어울린다느니 안 어울린다느니 하면서 쇼핑 삼매경에 빠져 있을 때쯤, 비싼 거고 뭐고 지금 이 순간이 너무 행 복했다. 아들을 보면서 멈춰 버린 나의 20대가 꿈틀거리는 것이 느껴 졌다.

— 박명희(여)

　이 사례는 쇼핑을 통해 '플로'를 경험한 사례라고 볼 수 있다. 쇼 핑하는 그 순간에 흠뻑 몰입하여 시간 가는 줄 모르고 행복해하는 장면이 눈에 선하게 그려진다. 구체적으로 말하면, 쇼핑 플로는 능 숙함, 통제력, 장악력을 가지고 쇼핑을 수행함으로써 자기효능감이 높아지며 동시에 높은 관여도 및 깊은 흥분과 재미를 느끼는 일종의 도취 상태를 의미한다. 사실 이 사례는 단순히 쇼핑에 대한 몰입 이 상의 상태를 보여 준다. 어느 순간 이 중년의 여성은 청년이 된 아들 과 함께 백화점에서 데이트를 즐기는 젊은 여성이 된 듯 행복한 느 낌을 가지게 되었다. 그렇기에 쇼핑 그 자체를 시간 가는 줄 모르고 즐길 수 있는 상태에 도달하였다. 쇼핑 플로는 제품이나 브랜드 또 는 환경적 요소에서 올 수도 있지만, 쇼핑의 동반자 및 자신이 꿈꾸 는 이상적 자아정체성의 경험에서도 오는 것 같다.

　앞서 쇼핑 플로에 대한 연구가 주로 온라인 쇼핑 시대 개막 단계 에서 수행되었다고 언급한 바 있다. 그러나 사례 62의 여성처럼, 오 프라인 쇼핑에서도 충분히 플로를 경험할 수 있다. 온라인 쇼핑이 보편화된 요즘, 온라인과의 차별화를 위해 오프라인 매장만이 줄 수 있는 특별한 쇼핑 플로가 무엇인지 고민해야 한다. 여기서 도움이 될 만한 몇 가지 질적 연구결과를 소개하고자 한다. 먼저, 유창조·김상희(1994)[37]의 연구를 보자. 그들은 '오프라인 매장'에서 경험하는 소비자의 감정들을 긍정적 감정과 부정적 감정으로 구별하여 도출하였다. 연구결과 즐거움/유쾌, 충족감, 매력/흥미, 과시욕, 포만감, 무시감, 불안감, 허탈감, 불쾌감, 위축감이 발견되었다. 서문식·김상희·서용한(2002)[38]의 연구는 이와 달리 '온라인 매장'에서 경험하는 감정을 도출하였다. 연구결과 즐거움, 성취감/쾌감, 기대감(흥분, 설렘), 편안함, 충족감, 불신, 허탈감(실망), 지루함/짜증, 불안감, 외로움, 답답함의 감정이 도출되었다. 두 연구에서 도출한 감정유형을 선별적으로 정리하여 〈표 8-1〉에 제시하였다. 온라인 매장과 오프라인 매장이 다소간 서로 다른 소비감정을 유발하고 있지만, 온라인이든 오프라인이든 쇼핑 시에 긍정적 감정이 좀 더 강하게 복합적으로 발생한다면 충분히 플로의 수준으로 발전할 수 있을 것이다.

쇼핑의 천국, 해외 명품 아울렛!

사례 62에 나타난 쇼핑 플로에서는 비과업지향적 쇼핑의 성격이 짙었다면, 다음에 소개할 사례 63에서는 과업지향적인 상태에서 나타난 쇼핑 플로를 만나볼 수 있다. 이는 일종의 경제적 쇼핑에서 얻은 기쁨 같은 것이다. 명품이 주는 값진 획득효용에 더해, 경제적 이득, 즉 거래효용까지 클 때 소비자가 갖게 되는 승리감 같은 것이 아닐까 싶다.

표 8-1 오프라인 vs 온라인 쇼핑에서 경험하는 소비자의 감정

구 분	감정 유형	설 명
오프라인 매장	긍정적 감정	**즐거움/ 유쾌** 쇼핑행위 전반에 걸쳐 나타나는 감정으로 구체적 대상물과 관련된 감정이라기보다는 쇼핑행위 시 막연히 느끼는 감정. 매장의 분위기가 쾌적한 경우, 판매원의 서비스나 매장의 일반적인 서비스가 좋을 경우
		충족감 새로운 것을 보고 알게 되는 경우, 쇼핑 전 소비자가 상상했던 제품을 실제 눈으로 보게 되었을 경우, 자신의 개성을 잘 표현해 주는 제품을 구입했을 경우, 구입제품이 시간이 경과함에도 불구하고 지속적으로 만족을 주는 경우로 만족감 또는 뿌듯함
		매력/ 흥미 새로운 것이나 특이한 것에 대해 느끼는 감정. 디자인, 기능, 색상에서 특이한 제품을 발견할 경우, 미래 구입 가능성이 있다고 생각되는 제품을 발견한 경우
		과시욕 소비자가 쇼핑 중 자신의 경제적 능력이나 사회적 지위를 주위 사람들에게 보여 주고 있다고 생각할 경우, 유명 브랜드의 제품이나 명성 있는 매장에서 선물할 제품을 구입할 때 느끼는 감정
		포만감 쇼핑 후 자기가 원하던 만큼 제품을 자신이 소유했다고 생각할 경우
	부정적 감정	**무시감** 자신이 소비자로서 대접을 제대로 받지 못한다고 생각될 경우, 광고·신문·잡지에서 본 다양한 종류의 신제품이 지역적 제한으로 인해 지역매장에 없을 경우
		불안감 사전정보 수집 미비로 인해 구매에 확신이 서지 않을 경우
		허탈감 쇼핑 전 기대가 무너지는 경우로, 미리 생각해 둔 제품이 실제 존재하지 않을 경우, 소비자가 마음에 드는 제품을 구입하지 못하고 그냥 돌아갈 경우, 마음에 들지 않는데 어쩔 수 없이 대체용품을 구입해야 할 경우
		불쾌감 과대광고를 했을 경우, 신뢰할 만한 회사의 제품에 하자가 발생했을 경우, 판매원의 불친절한 태도, 좀 더 세심한 구매를 하지 않은 자신에 대한 질책 등으로 짜증, 불만, 실망감 등

		위축감	자신이 시대의 흐름에 따라가지 못하고 남들보다 뒤처져 있다고 느끼는 경우, 판매원의 제품설명을 제대로 이해하지 못할 경우
온라인 매장	긍정적 감정	즐거움	시간이 남아 무료할 때 인터넷 쇼핑몰을 방문하여 다양한 제품을 둘러볼 때 느끼는 감정
		성취감/ 쾌감	온/오프라인 매장에서 간절히 원하던 제품을 찾지 못하다가, 다량의 인터넷 탐색을 통해 결국 구매했을 경우
		기대감 (흥분, 설렘)	제품을 빨리 실제로 받아 보고 싶은 느낌, 원하는 제품이 있겠구나 하는 느낌
		편안함	판매원의 간섭이나 다른 사람들의 시선을 의식할 필요가 없음. 사람들과의 부딪힘, 붐빔, 소음 등과 같은 바람직하지 않은 환경에서 쇼핑하지 않아도 됨으로써 경험하는 감정
		충족감	물리적 매장에서의 구매와 비교해 볼 때 좀 더 저렴한 가격으로 구매했거나 소비자가 원하는 제품을 원하는 가격대에 구매했을 경우
	부정적 감정	불신	쇼핑몰 디자인이나 색상이 너무 화려하거나 조잡할 경우(깜박이, 경계선), 배송 날짜를 지키지 않을 경우
		허탈감 (실망)	조건에 맞는 원하는 제품을 구매하지 못했을 경우, 검색어를 쳤는데 해당 검색어가 안 나올 경우
		지루함/ 짜증	쇼핑몰 화면이 너무 늦게 떠서 뜰 때까지 지루함을 느끼다가 심해지면 짜증으로 변함
		불안감	주문한 제품이 제때 올지, 주문한 제품과 동일하지 않은 제품이 배달되진 않을지, 도중에 파손되진 않을지, 신용카드 결제를 두 번 클릭한 건 아닐지, 개인정보가 노출된 건 아닐지 걱정되는 경우
		외로움	판매원 없이 혼자서 모든 일을 결정해야 하기 때문에 경험하는 감정
		답답함	물리적 매장에서처럼 직접 가서 물건을 보고 만지고 냄새 맡는 등의 행동을 할 수 없기 때문에 경험하는 감정

출처: 유창조·김상희(1994), 서문식·김상희·서용한(2002)에서 부분 발췌, 정리

사례 63 아울렛 쇼핑을 즐겁게… 독특한 제품이 눈길을 사로잡았다

뉴욕 사람들도 많이 찾는 우드베리 아울렛은 가게수가 무려 240개나 되고 정규 가게보다 20~50% 싸게 살 수 있다고 했는데, 내가 찾아간 날은 그 가격에서 또 세일을 하는 날이라 휘둥그레진 눈으로 이리저리 바쁘게 뛰어다닐 수밖에 없었다. 귀찮게 하는 점원도 없고, 맘에 드는 옷은 사이즈별로 가방에 잔뜩 담아서 넓은 피팅룸에서 다 입어 볼 수 있었다. 이곳에서는 환불이나 교환도 아주 쉽게 된다고 하니 정말이지 쇼핑의 천국이었다. 주말이라 사람도 많고 투어버스들이 들어와서, 명품숍에는 줄이 길게 늘어지고 있었는데, 명품숍을 피해 Gap, DKNY, 캘빈클라인, 토미힐피거 등의 숍들을 돌며, 한국 가격의 50% 정도로 좋은 제품을 구입할 수 있었다. 아울렛 쇼핑을 즐겁게 마치고, 말로만 듣던 소호 거리, 타임스퀘어 광장 등의 관광에서는 줄지어 있는 브랜드숍, 보세숍, 백화점에서 독특한 제품들이 눈길을 사로잡았다. 여행이 끝나고 나면 곧 일상으로 돌아가야겠지만, 지금 이 순간 나는 행복한 소비자로 한껏 즐기고 있다. I ♥ NY!!

– 곽민희(여)

사례 63의 내러티브를 읽으며, 한국 대중가요와 K-드라마 열풍 덕에 중국 관광객으로 북적이던 서울의 명동거리를 떠올려 보게 된다. 중국 관광객에게 한국 제품은 명품 반열에 오른 것처럼 보인다. 중국에 여행을 갔을 때 가이드가 우리 일행이 쓰고 있는 등산모에 관심을 보이고 가격을 물은 적이 있다. 한국 브랜드로 약 6만 원대의 제품이었다. 이것이 한국 돈으로 치면 거의 2배 이상의 가격으로 중국의 백화점에서 팔리고 있다고 들었다. 중국 관광객 입장에서 볼 때, 명품 브랜드의 등산모를 한국에 오면 50% 이상 저렴하게 구입

하는 셈이니까, 한국 관광도 하고 쇼핑으로 '좋은 물건도 건질 수' 있어서 소비자로서 참 행복할 것 같다. 해외 명품 아울렛에서 분주하게 쇼핑을 하는 한국 관광객도 바로 그런 재미를 느끼고 있는 중이다.

좋은 물건을 저렴하게 구매하는 것은 쇼핑의 기본적인 목적이자 하나의 도전이라 할 수 있다. 플로에 대한 연구를 보면, 너무 쉬운 과업보다는 다소 도전적인 과업을 자신이 효율적으로 또는 능숙하고 수월하게 수행하는 경험 속에서 플로가 더 강하게 나타난다고 한다. 인터넷에서 남들이 찾기 힘든 정말 좋은 자료를 찾아냈을 때처럼, 마치 사냥꾼이 훌륭한 사냥감을 그동안 숙련한 솜씨로 멋지게 잡았을 때처럼, 정말 좋은 제품을 아주 저렴하게 건졌을 때에도 성취감과 희열 같은 감정이 찾아온다고 볼 수 있다.

오프라인 쇼핑이 주는 진짜 재미는 활력과 제품의 직접체험!

인터넷 쇼핑이 보편화되면서 오프라인 매장을 어떤 콘셉트로 운영해야 할지 고민하는 기업이 많다. 사례 64는 오프라인 쇼핑만이 줄 수 있는 특별한 쇼핑 경험에 대해 알려 준다. 앞서 온라인 쇼핑과 오프라인 쇼핑 간에 소비자들이 느끼는 다소 상이한 감정경험에 대한 연구를 살펴보았다. 오프라인 매장만이 차별적으로 줄 수 있는 감정경험에 주목하면서, 온/오프라인 쇼핑몰의 콘셉트를 재설정해야 하는 기업이라면 사례 64의 내러티브를 귀담아 들어 보자.

사례 64 **나의 시식탐방… 이 모델 저 모델 맘껏 만지고 느껴 본다**

북적거리는 사람들 덕에 난 마트에서 새로운 기운을 얻는다. 때로는 많은 사람들 때문에 지치기도 하지만 그래도 역시 사람은 사람과 만나야

힘을 얻는 것 같다. / "선착순 5명, 소불고기 3만 원짜리 만 원~" "그래
오늘의 메뉴는 바로 저거야~" 나도 모르게 나의 카트는 그곳을 향해 간
다. 다행히 5명 안에 든 나는 만족스럽게 카트에 고기를 담는다. / 카트
에 고기를 담은 나는 당당하게 불고기를 맘껏 시식한다. / 이제 슬슬 본
격적인 나의 시식탐방이 시작된다. 내가 마트를 찾는 이유 중 제일 가는
이유는 바로 이 시식일 것이다. / 그리고 나서는 평소 좋아하는 전자제
품, 차량용품 등을 구경하기로 한다. 새로 나온 노트북과 디지털카메라.
사고는 싶지만 전자제품은 꼼꼼히 살펴보고 진짜 필요하다면 후기부터
읽어보고 구매를 해야 나중에 후회가 없기에 이 모델 저 모델 맘껏 만지
고 느껴 본다. / 인터넷의 오픈 마켓을 이용하면 더 싸게 살 수 있기 때
문에 이것저것 필요한 것들을 구경하고 방향제는 향을 맡아보고 꼼꼼하
게 제품을 확인하고 모델명만 적어서 나오기로 한다. / 언제나 마트에
오면 먹을 거, 입을 거, 전자제품 등등 눈치를 안 보고 맘껏 체험하고 느
낄 수 있으며, 물건들을 비교해 가며 저렴한 가격에 좋은 물건을 살 수
있다. 기업들은 자신들의 상품을 직접 체험해 보게 함으로써 많은 광고
비를 들이는 것보다 더 적은 비용으로 효과를 보니 좋고, 우리 같은 소
비자들은 신상품에 대한 두려움을 바로 이 체험을 통해 극복하고 때로는
그로 인해 만족까지 얻을 수 있으니 일석이조인 것 같다. 체험은 소비자
가 기업으로부터 누릴 수 있는 작지만 가장 큰 행복이 아닌가 싶다.

– 하상현(남)

쇼핑행동에 관한 최근 문헌을 보면, 온/오프라인이 결합된 쇼핑
행동에 대한 연구가 점차 증가하고 있음을 알 수 있다. 최근에는 소
비자 구매의사결정 과정이 직선적인 단계들로 이루어진 것이라는 전
통적 관점보다는 고리처럼 연결된 일종의 여정(loop of journey)이라고
보고 있다. [그림 8-2]처럼 요즘 우리들의 쇼핑 패턴은 '다채널 여정

(multi-channel journey)' 방식으로 변화하였다. 다양한 웹사이트, SNS, 블로그, 비교 사이트, 온라인 매장, 오프라인 매장을 여행하며 최종 구매를 한다. 구매 후에는 자신의 경험과 의견을 다시 웹에 포스팅하기도 한다. [그림 8-2]는 한 연구에서 제시한 고객의 '쇼핑 여정 맵'의 하나이다.

사례 64의 소비자도 오프라인과 온라인을 적절히 활용하는 쇼핑 습관을 보여 주고 있다. 이제 오프라인 매장은 확실히 제품을 직접 체험해 볼 수 있는 물리적 체험공간의 개념으로 자리 잡은 것 같다. 과거의 전통적 관점에서 쇼핑은 '문제인식 → 정보탐색 → 대안평가 → 구매 → 구매 후 행동' 단계로 설정된 직선적인 행로였다면, 이제는 온라인과 오프라인의 장점을 최대한 번갈아 가며 이용함으로써 제품 선택 후 후회를 최소화하는 데 중점을 둔 순환적 고리 형태로 변모하였다. 이 같은 쇼핑 행태의 변화에 발빠르게 대응하지 못한 산업과 유통형태가 아직도 많고, 이 때문에 도산하는 사업자가 증가하고

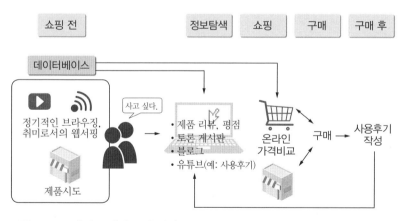

그림 8-2 고관여 고객의 쇼핑 여정

출처: Wolny, Julia and Nipawan Charoensuksai(2014), "Mapping customer journeys in multi-channel decsion-making," *Journal of Direct, Data and Digital Marketing Practice*, 15(4), pp. 317-326.

있는 추세이다. 일본의 잘 나가던 대표적인 전자제품 상가였던 아키하바라도 쇼핑객의 구매 패턴이 달라지면서 위기를 겪게 되자, 지금은 데이트 코스와 쇼핑몰 형태로 변화하였다.

과거의 강력한 차별적 이점이 오늘날까지 유지되지는 않는다. 쇼핑객을 끌어들이는 데 있어 정말 중요한 것은 오늘날의 소비자가 바로 그곳에서만 얻을 수 있는 혜택과 효용을 제공해야 한다는 점이다. 구색의 다양성과 깊이 및 가격경쟁에서 그동안 우위에 있던 몇 군데 전자상가를 가보자. 내국 소비자가 대부분 사라진 자리에 이제는 외국 관광객이 대신 들어왔다. 그러나 그것에만 의지한 채 지속성을 기대할 순 없다. 소비행태의 변화에 맞춰 근본적인 차별화 요소를 발굴해야만 한다. 사례 64의 소비자는 온라인에서 가격비교를, 오프라인 매장에서는 제품체험을 함으로써 각 채널에서 최대한의 이점을 취하고 있고, 특히 오프라인 매장에서만 가능한 제품의 체험에 상당한 가치를 느끼고 있음을 알 수 있다. 그것이 오프라인 매장 쇼핑의 참맛이라고 생각하고 있다.

온라인 쇼핑의 참맛 — 상호작용, 상상, 지식 쑥쑥~

사례 64가 오프라인 매장의 고유한 매력에 대한 이야기였다면, 사례 65, 66은 온라인 매장이 갖고 있는 매력에 대한 이야기이다. 온라인 매장은 소비자의 구매 관련 경험을 구매 전·후의 모든 국면에서 오프라인 매장보다 더 확장할 수 있는 이점이 있다. 사례 65에서처럼, 온라인 매장은 고객과 기업이 쌍방향 커뮤니케이션을 할 수 있다는 매력, 고객에게 손쉽고 빠르게 다양한 형태의 재미를 줄 수 있다는 장점이 있다. 이런 장점이 매력이 되어 일회성 고객을 단골로 만들 수 있고, 개인의 구매이력을 분석해서 고객에게 맞춤화된 상품제안을 할 수 있다는 이점이 있다.

> **사례 65** **쌍방향 커뮤니케이션을 하면서 오프라인 매장보다**
> **더 많은 재미를 준다**
>
> 이 몰에서는 문화 이벤트나 깜짝 이벤트, 경품추첨과 같은 다양하고 재미있는 '거리'를 제공한다. / 이 몰에서 구매이력이 없을 때 경품에 당첨되는 행운을 얻었던 나는 열심히 응모를 하면서 공정하게 추첨을 한다는 결론도 얻었고, 쇼핑이 단지 물건을 구매하는 것으로 끝나는 것이 아니라 쌍방향 커뮤니케이션을 하면서 오프라인 매장보다 더 많은 재미를 준다는 점에서, 난 온라인 쇼핑을 사랑한다. 정말 날 행복한 소비자라고 느끼게 해 주는 몇몇 사이트들에 감사한다.
>
> — 박수연(여)

온라인 쇼핑은 획득효용이나 거래효용뿐 아니라 즐거움과 유용한 정보의 획득이라는 부가적 혜택을 줄 수 있다. 예를 들어, 피팅모델들이 코디한 사진을 보면서 소비자는 옷을 어떻게 매치해서 입는 것이 유행에 잘 맞고 멋지게 보일지 유용한 팁을 얻어갈 수 있다. 인터넷 쇼핑몰이 단순히 저렴한 가격으로만 승부하려고 생각한다면 그건 인터넷이 줄 수 있는 가장 기본적인 이점만 활용하는 전략이다. 요즘 우리는 거의 모든 정보를 인터넷에서 얻는다. 인터넷 쇼핑몰은 이제 'what to'와 'where to' 정보뿐 아니라 'how to'에 대한 정보를 주어야 한다. 이런 정보제공이 당장 매출발생 효과는 없더라도, 상품조회수와 매장 방문객수를 늘리는 데 효과를 낼 수 있고, 결국에는 실질적인 구매로 연결될 수 있다.

평소에 볼 수 없었던 정말 특이하고 다양한 디자인을 보는 것은 나를 행복하게 해

Daum이라든지 Naver, Nate, Yahoo를 들락날락하다 보면, 기삿거리나 다양한 정보, 이미지, 동영상 등을 많이 접하게 되지만, 특히 나의 이목을 끄는 것은 단연 쇼핑 광고이다. / 여기저기 서핑을 하다 보면 나도 모르게 한 번 이상은 클릭을 하고, 쇼핑 삼매경에 빠지게 된다. 시간이 없는 나는 더욱더 인터넷 쇼핑몰을 찾지 않을 수 없다. / 처음에는 단순히 인터넷 쇼핑이 저렴하다는 이유로 즐겨 찾았는데, 차츰 다양한 매장과 대형 쇼핑몰에서부터 소형몰까지 그리고 국내는 물론이고 해외까지 내가 볼 수 있는 쇼핑몰의 영역은 점차 넓어지고 있다. / 인터넷 쇼핑에는 없는 게 없다. 요새는 신상도 발 빠르게 올라온다. 조회도 편리하고 가격 비교도 가능해서 같은 상품을 훨씬 싸게 살 수 있다. 놀라움을 금치 못하게 하고, 나를 흡족하게 하는 것들이, 이제는 하루라도 PC를 멀리할 수 없도록 만들고 있다. 이 만족감은 필요한 것을 구매하는 데 그치지 않는다. 평소에 볼 수 없었던 정말 특이하고 다양한 디자인을 보는 것은 나를 행복하게 한다. 발로 뛰지 않고, 혹은 잡지책 등을 사서 보지 않고도 한자리에서 인터넷으로 비교해 보며 즐거움을 누릴 수 있다니… 정말 행복하다. / 오프라인 매장에서는 쇼윈도에 디스플레이되어 있는 옷을 보고 그냥 지나치는 편인데, 온라인에서는 만져 보거나 입어 볼 수는 없어도 모델들이 입은 모습과 다양하게 코디해 놓은 모습을 보며, 내가 입은 모습을 상상하고, 내게 가장 어울리는 코디를 선택하고, 내가 가지고 있는 옷들을 활용해 다음 날 입고 나갈 수 있다. 돈을 들이지 않고도 멋있게 요새 유행하는 콘셉트로 매치해서 입을 수 있는 것이다. 얼마나 좋은가!

— 권다해(여)

연구문헌에 따르면, 온라인 쇼핑객의 재방문 의도를 높일 수 있는 요인으로 사용편이성, 지각된 유용성, 재미를 느낄 수 있는 요소를 꼽고 있다.[39] 자신이 직접 만져 보고 입어 볼 수 없는 온라인 점포의 한계를 극복할 수 있는 '대체적 점검 요소(substitutability of personal examination)'를 갖춘다면 인터넷 쇼핑의 유용성과 재미가 증가될 수 있다고 한다. 사례 66의 소비자가 말한 것처럼 내가 입으면 어떻게 보일지 충분히 감을 잡을 수 있도록 다양한 각도와 다양한 코디를 통한 아웃핏을 제공하고, 다양한 신체 사이즈의 피팅 모델을 활용하는 것이 좋다. 이 이야기에서 놓치지 말아야 할 또 하나의 흥미로운 시사점은 관심 가는 옷 외에도, 다양하게 코디된 아웃핏 이미지들이 소비자에게 의상 코디에 대한 팁을 제공한다는 점이다. 요즘 유행하는 스타일이 어떤 것인지 궁금할 때, 옷장에 옷은 많은데 어떻게 맞춰 입어야 할지 잘 모를 때, 아마 당신 역시 인터넷 의류 쇼핑몰을 가끔 둘러보면서 학습을 하고 있진 않은가? 그것 때문에 정말 팁을 얻어 실제로 유용하게 활용하고 있다면 행복한 소비자라 부를 만하다. 게다가 너무 훌륭한 신체 사이즈를 가진 모델 외에도, 내 모습과 유사한 신체 사이즈를 가진 피팅 모델들이 있어서, 그들이 의상을 잘 소화해 낸 이미지들을 함께 제공한다면 얼마나 유용하겠는가? 보통은 예쁘게 보일 수 있는 피팅 모델 사진만 올라오기 때문에, 사실 평범한 소비자들은 '내가 입어도 저렇게 보일까?' 상당히 의심이 간다. 인터넷 쇼핑몰에 대해 이 점은 사실 좀 아쉽다.

제9장

행복 셋 -
소비자 자신

이 장에서 소개할 소비자행복 사례는 다름 아닌 소비자 자신으로부터 창출되는 행복유형들이다. 자신을 스스로 행복하게 해 주기 위해 또는 그러한 자신이 되기 위해, 소비자는 능동적으로 자신을 위한 소비를 수행한다. 예를 들어, 자기연민에만 빠져 있지 않고 스스로 치유를 위한 소비를 한다거나, 자신에게 기분전환이나 칭찬용으로 선물을 사준다거나, 복잡한 세상에서 떨어져 나와 혼자만의 고즈넉한 시간을 보낸다거나, 자신의 신체적·지적 향상을 위한 교육, 운동 등의 소비에 투자한다거나 하는 식이다. 이처럼 자신을 사랑하고 돌보는 소비를 적극적으로 수행함으로써 행복을 얻는 사례는 전체 사례 중 12%에 해당한다.

이런 소비자행복의 하위 유형은 크게 3가지로 분류된다. '자기보상 소비', '내적 집중 소비', '자기향상 소비'가 그것이다. '자기보상 소비'란 소비를 통해 자신의 노력에 대해 포상하거나 혹은 아픈 마음의 상처를 치유함으로써 스스로 보상받는 것이다. 이런 보상을 통해 소비자는 스스로 행복을 얻게 된다. 이 유형의 소비자행복은 '자기-선물(self-gift)', '자기-치유적(self-healing) 소비' 등을 특징으로 한다.

'내적 집중 소비'는 나홀로의 시간, 예를 들어 혼자 하는 여행이나 사색 또는 감상의 시간을 갖는 것이 주된 특징이다. 소비를 통해 자신의 내면에 집중하고 성찰하는 기회를 가짐으로써 얻는 평온한 행복감이다.

'자기향상 소비'는 소비를 통해 자신의 이미지, 능력, 지식 등을 향상시킴으로써 더 나아진 자신의 모습에 대해 행복감을 느끼는 것이다. 일반적으로 자신의 교육에 적극적으로 투자하거나, 자신의 외모에 투자하거나, 자신의 내적 발전과 미래의 꿈을 위해 투자하는 방식으로 소비를 수행한다.

1. 자기보상 소비

자기보상(self-rewarding) 소비는 크게 두 가지 접근법을 사용해서 이해할 수 있다. 하나는 '자기-선물(self-gift)'로 보는 접근법이고, 다른 하나는 '대처전략(coping strategy)'으로 보는 접근법이다. 먼저, 자기-선물 접근법은 소비를 자신에게 스스로 선물을 건네는 행위로 보는 것이다. 자기-선물은 크게 2가지 유형으로 분류할 수 있다. 하나는 어떤 성취에 대한 보상 차원에서 칭찬용으로 자신에게 선물을 하는 것이고, 다른 하나는 우울한 기분을 탈피하고자 기분전환(mood-regulatory) 차원에서 자신에게 선물을 하는 것이다. 기분은 일반적으로 웰빙이나 삶의 질과 밀접한 관련이 있기 때문에, 부정적 기분이나 우울한 기분을 바꾸고자 자기-선물을 주는 행위는 주관적 행복감을 얻고자 하는 적극적이고 긍정적인 행위로 볼 수 있다.[1] 다음에 보게 될 사례 중 우울한 자신의 일상에 작은 변화를 주기 위해 화분을 구입한 여성의 이야기가 나오는데, 이는 기분전환의 성격을 띠는 자기-치유적인 선물이라 할 수 있다. 자신이 이룬 성과를 스스로 대견하게 생각하여 상장을 주듯이 자기에게 선물을 주는 사례도 나오는데, 이는 성취에 대한 보상적 선물이다.

대처전략으로 보는 접근법에서는 자신이 불행한 처지에 처해 있거나 목표달성에 실패하는 등 문제상황에 봉착했을 때, 남들보다 또는 과거보다 더 작고 초라해진 자신의 모습을 보완하고, '자아존중감'을 회복하기 위해 자기를 위한 소비를 하는 것이다. 남들에 비해 열등감을 느낄 때, 형편이 넉넉지 않은 데도 무리해서 명품 브랜드를 구입하는 것은 이 같은 동기에 기인한 것일 수 있다. '자아-완성이론(self-completion theory)'의 관점에서 설명하면, 물질을 자신의 부족한 부분을 메우는 데 사용함으로써 자신을 완성하고자 하는 것이며, 그 결과로 자아존중감을 획득 또는 회복하는 것으로 이해할 수 있다.

반면, '자기연민(self-compassion)'을 통해 대처전략을 수행하는 것으로 볼 수도 있다. 이는 자신을 계속 열등한 존재나 외톨이로 느끼지 않고자, 자신을 이해하고 받아들이는 방식으로 현재의 어려운 상황을 타개하는 행동이다. 자아존중감 추구 차원에서 자기-선물을 하는 대처전략에 비해, 자신에게 사회적 지지 및 정서적 지지를 보내주는 행위라는 의미가 더 크며, '자기위안(self-consolation)'을 건네는 행위로 볼 수 있다. 물질적인 소유나 탐닉을 추구하는 대신 현재 형편에 맞추어 소비생활을 조정하거나, 나름대로의 도피처(낙원) 또는 즐길 만한 뭔가를 찾아냄으로써 스스로에게 선물을 주는 행동인 것이다.[2]

이제 볼 사례들은 이 같은 역할을 하는 자기보상적 소비를 통해 행복을 느끼게 된 소비자들의 이야기이다. 더 깊은 이해를 위해, 앞서 살펴본 다양한 이론적 관점을 적용하면서 읽어 보자.

내가 나를 힐링하다 – 나를 구해 줄 사람은 바로 '나'

여기서 소개할 사례 67은 우울함에서 스스로를 구출하기 위한 소비, 즉 자기-치유를 위한 소비를 통해 새로운 자아를 만나게 된 이야기이다. 곁에 마음을 나눌 수 있는 사람의 존재 여부는 한 개인의 행복에 중대한 영향을 미친다. 여러 연구에서 밝혀졌듯이, 인간의 안녕감은 또 다른 인간의 존재를 필요로 한다. 한자의 '사람 인(人)'자가 말해 주듯 인간은 다른 인간에 의존적·상호적 관계를 바탕으로만 인간다울 수 있다. 예를 들어, 결혼관계의 유지는 정신건강에 이롭고 정서적·사회적 욕구를 충족할 수 있어 행복과 상관관계가 높다고 한다.[3] 외로움은 한 사람의 마음의 건강을 좀먹고 극도로 피폐하게 만든다. 만약 이 순간 당신이 외롭다고 느낀다면 분명 행복하지 않을 것이다.

<u>사례 67</u> **화분을 키우는 내내 느꼈던 마음의 치유와 보람**

저는 회사와 집 이외에는 갈 곳이 없어 우울했습니다. 스스로 생각하길 '이러다 정말 우울증에 걸리겠다!' 비관하는 일이…. / 제 마음을 누군가에게 말하고는 싶었지만 주변에 마땅히 그럴 만한 사람이 없었습니다. 그러다 문득 무언가에 빠져들면 스스로 좀 더 괜찮아지지 않을까란 생각을 했습니다. / 직장을 마치고 버스에서 내려 집으로 향하던 길… 항상 무심코 지나치던 한 꽃가게 앞에 귀엽고 앙증맞은 화분들이 / 결국 꽃집으로 들어갔습니다. / 방 한쪽에 있는 창틀에 두 개의 화분을 올려놓았

습니다. / 늘 봐 왔던 작고 너저분하던 저의 방이 어딘지 모르게 초록의 싱그러움이 느껴지는, 전과는 다른 느낌이 들었습니다. / 기분도 한결 좋아지는 것 같았습니다. / 마치 새로운 친구가 생긴 것 같은 느낌이 들었습니다. 투정 한마디 없이 묵묵하게 나의 이야기를 들어주는 작은 화분들이 참 사랑스럽고 고마웠습니다. / 돈으로 살 수 있는 명품가방, 예쁜 옷들이 주던 한 순간의 만족감이 아니라 화분을 키우는 내내 느꼈던 마음의 치유와 보람, 너무나 익숙해서 잊고 있었던, 돈으로는 살 수 없는 행복이 다시금 떠올랐습니다.

— 박연지(여)

셀리그만은 『긍정심리학』에서, 인간은 본성적으로 사회적 지지(social support)와 정서적 지지(emotional support)가 장기간 없는 상태에서는 불행에 빠지기 쉽다고 말한다.[4] 사례 67의 작은 화분처럼, 우울한 한 사람에게는 소소한 어떤 제품이나 서비스가 정서적 지지를 보내는 친구로 승격될 수 있다. 이 같은 행복은 '소비자-제품 간의 상호작용' 과정에서 발생한다. 로버트 저메키스 감독의 2000년 작 〈캐스트 어웨이(Cast Away)〉에서 무인도에 불시착한 주인공 척 놀랜드(톰 행크스 분)가 파도에 떠밀려 온, '윌슨(Wilson)'이라는 브랜드명이 찍힌 배구공에 사람 얼굴을 그려 놓고 친구로 삼는 장면은 정말 잊혀지지 않는다. 그 영화에서 가장 뚜렷이 기억에 남는 장면은 주인공 척이 윌슨을 옆에 두고 쳐다보면서 종일 이런저런 얘기를 하는 모습이다. 어느 날 파도에 쓸려 윌슨이 바다로 떠밀려 가자 주인공이 바닷물로 뛰어들어 윌슨을 구하려 했던 장면도 역시 잊혀지지 않는다. 무인도에의 불시착은 육체적 생존의 갈림길이기도 하지만, 심리적 생존의 갈림길이기도 한 것이다. 우리는 살면서 가끔 아무도 없는 외로움의 섬, 무인도에 불시착하기도 한다. 외로움은 고독과는

그림 9-1 〈캐스트 어웨이〉 속의 '윌슨'

또 다른 개념이고 또 다른 정서이다. 고독은 즐길 만한 것이라면 외로움은 즐기기 힘든 정서이다. 20세기 가장 영향력 있는 신학자로 알려진 독일의 실존주의 철학자 파울 틸리히(Paul Tillich)는 외로움과 고독에 대해 이렇게 구분지었다. "외로움이 홀로 있는 고통에 대한 표현이라면, 고독은 홀로 있는 영광에 대한 표현이다(Loneliness expresses the pain of being alone and solitude expresses the glory of being alone).[5] 책을 읽는 이 시간 당신이 혹여 외로운 섬에 불시착한 것이 아니기를 바란다. 만약 그렇다면 당신을 힐링해 줄 작은 제품 하나가 당신을 구해 줄 수 있길 바란다.

내가 내게 주는 칭찬과 인정

처음 '자기-선물 행동(self-gift behavior)'에 대해 정의한 데이비드 믹과 미셸 드모스(1990)에 따르면, 이는 자신과의 상징적인 커뮤니케이션의 일종으로, 주로 실패보다는 성공 시에 나타나며, 행복감, 자부심, 확신감 등의 정서와 관련된다.[6] 또한 스스로 '이 정도면 상을 받을 만하다.'고 인식함으로써 기분 좋게 자기-선물을 사주게 된다고 한다. 성공에 따른 행복감이라는 긍정적 정서에 뒤이어 그에 대한 보상으로 스스로 선물을 받음으로써 한 번 더 긍정적인 감정이 발생하게 된다. 다시 말해, 두 번 연속되는 행복한 경험이라고 말할 수 있다. 사례 68에서도 이와 같은 특징을 엿볼 수 있다.

사례 68 **타국생활을 무사히 잘 헤쳐 나갔다는 의미로 나에게 선물을**

내 나이 스무살에 아버지의 갑작스런 사업부도로 인해 다니던 대학교를 휴학하고 / 매일 술을 드시다가 무릎연골이 빠져 1년 동안 걷지 못하셨던 아버지, 당시 중학생이던 어린 남동생, 알코올 중독자가 되어 버린 새엄마까지… 한창 사고 싶은 것, 갖고 싶은 것, 하고 싶은 것 많은 스무살짜리가 이런 청천벽력 같은 일들을 모두 감당하고 헤쳐 나가기는 너무 힘들고 버거웠다. 이런 내게 소비는 어떤 물건 하나를 사더라도 '정말 필요한 물건일까?', '혹시 과소비는 아닐까?' 등의 많은 고민을 먼저 하게 만드는 것이었다. 그 후, 24살 여름 지인의 제의로 홍콩에 있는 관광회사에 취직하게 되었다. / 당시 나는 나를 위한 소비가 아닌 가족을 위한 소비가 대부분이었고, 열심히 돈을 모아 보자는 신념 때문에 빵 하나를 사더라도 정말 많은 고민을 하던 때였다. 친구도 없고 매일 똑같이 반복되는 홍콩 회사생활에 조금은 지치고 지루했던 나는 어떤 책에서 읽은 대로 한 달에 한 번 월급날이 되면 작은 것이라도 나를 위한 소비를 조금씩 해보았다. / 홍콩 생활을 정리하고 한국에 들어갈 때 내가 정말 갖고 싶던 Juicy Couture의 손목시계를 사겠다고 다짐했다. / 그 손목시계를 홍콩 생활을 정리하던 때에 구입할 수 있게 되었다. 그렇게 많은 고민과 여러 가지 사연을 가지게 된 이 손목시계는 지금 나의 보물 1호가 되었다. 당시 홍콩달러로 2,000달러는 내게 감히 허락할 수 없는 금액이었지만 정말 많은 고민과 2년간의 외롭고 힘들었던 타국생활을 무사히 잘 헤쳐 나갔다는 의미로 나 자신에게 선물을 준 셈이라 정말 행복하고 기뻤다. / 힘들고 지칠 때 나를 위한 작은 선물을 하거나 주위에 소중하고 고마운 분들께 작은 선물을 한다면 행복한 소비가 아닐까?

– 이은희(여)

자기-선물은 여러 관점에서 소비자에게 긍정적이다. 여기 사례들처럼 소비자를 궁극적으로 행복하게 만들어 줄 수 있기 때문이다. 우린 때로 자기-선물을 할 줄 알아야 한다. 하지만 자기-선물을 하는 게 쉽지는 않다. 가족한테 미안한 마음과 여타의 강박관념 때문이다. 이럴 때는 지나친 죄책감과 강박관념을 느슨하게 풀어줄 수 있는 마케팅 메시지가 용기를 줄 수 있다. 〈표 9-1〉은 자기-선물을 어필하기 위한 마케팅 메시지의 유형과 예를 제시한 것이다.[7]

표 9-1 자기-선물에 적용할 수 있는 마케팅 메시지

소구 유형	설 명
1. 치유적/대가적 소구	당연히 대가를 받아야 하는 상황을 보여 주거나 추론하게 함
2. 현실도피적 소구	도피처, 낙원 또는 현실탈피 등의 단어 사용
3. '사랑하는 나' 소구	나를 사랑하자, 돌보자, 대우해 주자 등의 표현 사용
4. 보상적 소구	성취에 대해 당신에게 보상하라, 내 노력을 보상하라 등의 표현 사용
5. '자격 있어' 소구	당신은 자격이 있다, 받을 가치가 있다 등의 표현 사용
6. '당신' 소구	슬로건이나 홈페이지 등에 당신/당신 자신 등의 단어 사용

7. 특별한 날 소구(크리스마스, 새해 등)	크리스마스 또는 특별한 날을 떠올릴 만한 이미지 사용
8. 선물 주기 소구	홈페이지 또는 선물 코너 등에 포장된 선물 박스, 선물 주는 것을 추론할 수 있는 이미지 등을 사용
9. 환상 소구	마법, 환상, 신비로운 이미지 사용
10. 심미적/감각적 소구	아름다운, 완벽한, 저항할 수 없는, 감각적인, 유혹적인 등의 단어와 이미지 사용

열심히 일한 당신, 떠나라!

수험생이나 신생아를 둔 엄마의 일상을 생각해 보자. 매일 똑같고, 매일 고된 나날이 기다리고 있다. 이런 나날이 계속되는 어느 순간 번뜩 정신을 차려 보니, 내 불쌍한 자아가 보인다. 이제, 하루의 특정 시간을 온전히 나만을 위한 도피의 시간으로 만들고 싶은 욕구가 드는 건 당연하다. 여기서 제시될 사례 69, 70의 내러티브는 모두 대처전략의 접근법에서 볼 수 있다. 그중에서도 '자기연민'에 바탕을 둔 대처전략으로 하나의 낙원 또는 피난처를 찾아낸 소비에 대한 이야기이다.

사례 69 유일하게 그 생각에서 벗어나 자유로운 내가 될 수 있는 시간

매일같이 아침 6시에 일어나는 규칙적인 날들 중에 가장 기다리는 요일이 있다. 바로 월요일, 수요일, 금요일이다. 나는 영어학원과 학교공부로 하루의 모든 시간을 소비한다. / 공부에 전념해야 한다는 생각으로 가득 차서 모든 것을 포기하고 책상에 앉아 있다. / 하지만 유일하게 그 생각에서 벗어나 자유로운 내가 될 수 있는 시간이 있다. / 하루를 조금 일찍 시작하는 기분으로 임하지만, 마음은 한결 가볍고 날아갈 듯 발걸음을 옮긴다. 체육 센터 앞에 도착한 후 수영장으로 들어설 때 내 코끝을 자극하는 익숙한 이 향기. 내 마음은 흥분으로 가득 찬다. 탈의실에서 수영복으로 바꿔 입고 수영장으로 나가 푸르른 출렁임을 볼 수 있다. 그곳이 너무 좋다. 그 순간이 너무 행복하다.

- 문혁(남)

사례 70 그때의 그런 시간들이 정말 필요하고 소중하며 가장 적절했던 처방이 아니었나

늦은 나이의 출산이란 게 출산 때의 산통만이 아니라 체력이 받쳐 주지 않으니 업고 있고, 안고 있어야 잠드는 우리 아기는 나를 지치게 만들었다. / 늦게까지 일하고 지쳐서 들어온 신랑에게 늦은 밤이나 새벽까지 육아를 함께하자고 말하기엔 미안했다. / 김희애가 나오던 어느 드라마에서 그녀가 헤드셋으로 음악을 듣는 장면을 보게 되었고 이거다 싶었다. / 아이를 어르고 달래며 헤드셋 줄 반경만큼 움직이며 그 음악 프로를 보고, 다시 보기로 기타 음악방송이나 영화를 보기 시작했다. / 내가 좋아하는 음악이, 영화가 헤드셋 한가득 나오기 시작하는 순간이면 힘든 몸도 마음도 순식간에 녹아 내렸다. 등에 업힌 사랑스런 귀여운 아기의 체온이 좋고, 14층 창밖으로 보이는 도시의 불빛, 앞 동 옥상 위에 떠 있는 동그랗던 달과 사랑스런 달빛~ / 그 모든 것들이 운치 있고 아름답게 다가왔다. / 정신적·육체적 피로감은 어느새 사라지고 모든 게 온몸으로… 그 순간만은 행복하고 또 행복했다. 이런 게 행복이 아닐까 생각했다. / 나처럼 감성적인 사람에게는 그때의 그런 시간들이 정말 필요하고 소중하며 가장 적절했던 처방이 아니었나 하는 생각이 든다. / 같은 음악과 영화를 그냥 볼륨을 높여 들어도 보았지만 헤드셋처럼 외부의 소음은 차단시켜 주고 오직 내 귓속에서 내가 원하는 음악을 뇌와 심장으로 바로 쏴 주는 것 같던 그런 감동을 주진 못했다.

– 홍선혜(여)

기분 전환용으로 내게 선물을 해보는 행복

앞서 이론적 배경에서 살펴본 것처럼, 자기-선물은 칭찬용으로 줄 수 있지만, 기분전환을 위해 행해지는 경우도 무척 많다.[8] 우울한 날, 쇼핑하러 가서 예쁜 옷을 구입하는 것이 왠지 자신에게 선물을 주는 것 같다는 이야기(사례 71), 몸과 마음이 지친 날 마사지를 받으면 왠지 왕비처럼 대접받고 온 것 같아서 행복해진다는 이야기(사례 72), 바쁜 일상에서 벗어나 소망하던 나라로 여행을 가게 되었을 때 느끼는 자유로움에 대한 이야기(사례 73)는 모두 기분전환용 자기-선물로 해석할 수 있다. 쇼핑이 레저의 성격을 띠는 이유, 쇼핑몰에서 모든 고객을 왕과 왕비처럼 대우해야 하는 이유, 대부분의 직장인들에게 꿈을 물으면 해외여행이 단연 1순위인 이유는 바로 이것 때문이다. 우리는 우리에게 선물을 주고 싶은 것이다. 기분전환을 위해.

> **사례 71** **왠지 기분이 가라앉을 때… 예쁜 옷을 발견하는 날이면 꼭 선물받는 느낌**
>
> 어떤 옷이 내게 어울릴지 고민할 때마다 착한 주인 언니가 추천해 준 옷을 사 입고 가면, 다음 날 친구들이 옷이 너무 예쁘다고 어디서 사 입었냐고 물어본다. 그럴 때마다 왠지 기분이 좋아지고 우쭐해진다. 그래서 왠지 기분이 가라앉을 때, 기분전환 겸 매장 가서 예쁜 옷을 구경하기도 하고, 옷에 대한 정보도 듣고, 뜻하지 않게 저렴하고 예쁜 옷을 발견하는 날이면 꼭 선물받는 느낌이 들기도 한다.
>
> – 홍진희(여)

사례 72 마사지를 통해 심신의 피로를 풀고, 그 순간은 왕비가 된 것처럼

저는 사우나 가는 것과 마사지 받을 때가 제일 행복한 것 같습니다. / 사우나는 5,000원으로 들어가 하루 종일 있어도 누가 나가라는 소리 없으며 물과 사우나실을 마음대로 쓰면서 내 몸을 깨끗하게 해 주고 피로를 말끔하게 해소해 줍니다. / 여자라면 누구나 예뻐지기를 소망하기 때문인지, 또 하나의 행복은 마사지를 받을 때입니다. / 특히 몸이 피곤하고 지쳐 있을 때 경락 마사지를 받으러 갔다 오면 너무 행복합니다. 누가 이렇게 해 줄 수 있을까요? / 마사지를 통해 심신의 피로를 풀고, 그 순간은 왕비가 된 것처럼 이 세상의 누구도 부럽지 않습니다.

— 김수애(여)

사례 73 일상을 잊고 나를 되돌아볼 수 있도록 제게는 선물이 되어

소비는 단순히 돈만 지출하는 것이 아니라 그 순간에 함께한 사람, 날씨, 기억, 감정까지… 그 모든 추억을 사고 있었다는 사실에 다시 한 번 놀랐습니다. / 인터넷 서핑 중 우연히 터키라는 나라를 알게 되었고 항상 틈이 날 때면 사진으로만 터키를 다녀왔습니다. 사진을 볼 때마다 '언젠가는 터키를 꼭 다녀올 거야.'라는 소망을 가지면서 말이죠. 그러던 중 정말 터키를 가게 되었답니다. / 그동안 잠시 일상을 잊고 나를 되돌아볼 수 있도록 제게는 선물이 되어 돌아왔답니다. / 여행 기간 동안 따스한 햇살과 바람, 맑고 파란 하늘, 마지막으로 그 시간을 함께한 소중한 사람들이 있어 행복했습니다. 그 소소한 행복을 누릴 수 있는 추억을 사게 된 것입니다.

— 박정은(여)

2. 내적 집중 소비

내적 집중 소비를 '마음챙김(mindfulness)' 또는 '음미(savoring)'와 유사한 상태라고 보는 것이 적당할 것 같다. '마음챙김'이란 현재 이 순간에 자신에게 드는 생각과 느낌을 있는 그대로 둔 채, 옳고 그름을 판단하지 않고 그저 바라보는 것이며, 현재 그 순간에 열린 마음으로 집중하는 것이다. 보통은 명상(meditation)과 유사한 의미로 사용된다. 행복에 대한 수많은 담론 중 빼놓을 수 없는 것이 '마음챙김'이다. 현재의 순간에 집중하고 판단하지 않고 그저 바라보고 느끼는 것 자체가 인간에게 왜 행복을 준다는 것일까? 소비자행복에 관한 사례 중에서도 이 같은 내적 집중 소비가 하나의 명확한 카테고리로 드러나게 된 이유는 무엇일까?

당신이 있는 그 자리 어디쯤에 창문이 있다면 가만히 지금 바로 창밖을 내다보기를 바란다. 무엇이 보이는가? 거기 무엇이 있는가? 눈을 돌리지 말고 잠시 그것을 응시해 보자. 1초, 2초, 3초…, 10초… 그것이 더 많이 보이고, 깊이 보이고, 내 의식 속으로 더 가깝게 들어오는 걸 느낄 수 있을 것이다. 이 글을 쓰는 지금 이 순간 나는 어느 카페 창가에 앉아 카페라테를 마시고 있다. 문득 창밖을 통해 올려다본 하늘에 흰 구름이 복잡하고 다양한 모양들을 한 채 머물러 있다. 아니, 더 가만히 들여다보니 서서히 카페의 처마 끝 쪽으로 흘러가고 있다. 서서히 바뀌어 가는 구름의 모양을 바라본다. 구름들 간에 명암과 깊이가 다른 것을 알아챈다. 하늘을 반쯤 가리고 서 있는 앞쪽 회색 빌딩의 직각선들도 의식된다. 구름이 혹시 그 각진 모서리에 긁히지는 않을까 헛된 걱정도 해본다. 이번엔 커피를 한 모금 입에 넣고 바로 삼키지 않은 채 잠시 혀를 움직여 본다. 내 혀가 라테 속에서 헤엄치는 느낌이 든다. 라테 거품이 잔 속의 표면을 덮고 있는 걸 바라본다. 다시 한 모금 마시면서 이번엔 코끝으로 들어오는 향기에 집중해 본다. 그윽하고 따뜻하다. 갑자기 카페 안을 은은히 가득 채우고 있는 피아노곡이 들리기 시작한다.

'음미(savoring)'한다는 것은 무엇일까? 바로 이런 것이 아닐까? 가만히 의식적으로 어떤 대상을 느끼는 행위. 약간의 시간을 들여 공들여 느끼고 거기에 몰입해 보는 행위. 음미를 향유 또는 심취라고 달리 부를 수도 있을 것이다. 일종의 평온한 행복감. 고원경험은 이같은 음미의 순간에 찾아오는 것 같다. 진정한 향유는 이러한 의식적인 집중을 전제로 한다. 하도 바빠서 무엇 하나도, 한 순간도 음미하지 않은 채 보낸 하루는 그만큼 덜 행복했을 것이다. 음미하는 데 아주 긴 시간이 필요한 것도 아니다. 아주 조금만 시간을 쓰면 된다. 어느 책에서 당신의 동작을 우아하게 만드는 데는 단 2초만 더하면 된다고 조언하는 걸 읽은 적이 있다. 필통에서 연필을 꺼낼 때, 바삐 급하게 꺼내지 말고 조금 천천히 2~3초에 걸쳐 꺼내 보면 어떨까. 내 손동작이 훨씬 우아해 보이지 않는가? 아름다움은 평소보다 시간을 조금 더 요할 뿐이다. 어느 시인의 시구처럼 "오래 보아야 아름답다." 오래 보면 그 본질의 아름다움에 다가갈 수 있기 때문이다. 음미를 통해 아름다움을 만나는 것이다.

음미, 향유, 심취 – 조금만 오래 머물면 아름다움이 보인다

사례 74의 내러티브는 스트레스를 풀고 마음의 정화를 위해 홀로 근처 미술관을 찾곤 하는 소비자의 이야기이다. 마음의 풍요를 찾기 위한 '나홀로 문화소비'라 볼 수 있다. 수집된 사례 중에는 번잡한 세상에서 잠시 떨어져 혼자만의 사색의 시간을 갖기 위해 호젓한 카페를 즐겨 찾는 소비자의 이야기도 있는데, 이 소비자들에게는 행복이 흥미진진하고 신나는 감정 상태가 아니라 고요하고 평화로운 감정 상태라는 것이 분명하게 드러난다.

사례 74 정신적으로 풍요로움을 느끼고 다시 에너지를 얻을 수 있는 곳

긴 겨울이 지나고 따뜻한 봄, 4월이 왔을 때 카메라를 하나 들쳐 메고 벚꽃을 보러 과천 서울대공원으로 향했다. 분수대, 사람들이 가득 차 있는 코끼리 열차, 그 옆으로 활짝 피어 있는 벚꽃. 작은 다리를 건너고 벚꽃이 흩날리는 길을 한동안 걷다 보면 대공원 정문을 만나게 된다. 대공원에 들어가려다 조금 더 걷자는 심정으로 옆으로 향했다. 미술관! 문득 옛 생각이 나면서 발길이 저절로 그곳으로 향했다. 변함없이 나를 반기는 조형물. 첫 조형물을 보자 예전에 찾게 된 미술관이 다시 떠올랐다. 힘들고 지칠 때 집 근처 미술관을 찾았던 것이다. 뭔가 정신적으로 산만하거나 정화가 필요할 때 미술관을 찾고, 미술 전시를 찾아서 보곤 했고, 과천 국립현대미술관은 대학 때부터 찾아다니던 미술관이었는데 한동안은 그럴 여유마저 없었던 모양이다. / 그래도 나는 행복한 사람이다. 집에서 걸어서 쉽게 찾아갈 수 있는 곳에 미술관이 위치해 있다. 그것도 한 나라를 대표하는 국립현대미술관이…. / 얼마나 행복하고 운이 좋은 사람인가? / 미술관 하면 보통 딱딱하고 격식 있는 곳이라 생각하기 쉬운데, 그보다는 힘들고 지칠 때 정신적으로 풍요로움을 느끼고 다시 에너지를 얻을 수 있는, 생활에 활력소가 되는 곳이라고 생각한다.

— 민지환(남)

사례 74의 소비자가 미술관으로 가는 길을 묘사하는 걸 보면, 천천히 하나하나를 의식하고 있음을 알 수 있다. 미술관에서 미술작품을 감상하기 이전부터 코끼리 열차를, 주변의 꽃을, 걸어가면서 보

이는 주변의 사물과 풍경을, 가만히 느끼고 있음을 발견할 수 있다. 미술작품의 감상은 더더욱 오래 찬찬히 음미하는 행위이다. 느리게 가만히 한 대상을 음미하는 것으로 행복감을 얻는다. 숨 가쁘게 돌아가는 세상에서 잠시 벗어나 시간을 천천히 살아보는 경험이 주는 행복에 대한 이야기이다.

피라미드 모형의 욕구 단계설로 잘 알려진 에이브러험 매슬로는 오랜 세월 인간의 절정경험(peak experience)에 대해 연구해 왔다. 그토록 원하던 목표를 성취했을 때 우리는 하늘 높이 날아갈 것 같은 느낌이 든다. 이런 경험이 일종의 절정경험일 것이다. 성적 쾌감도 일종의 절정경험이라고 할 수 있다. 그런데 잘 알다시피 이러한 절정경험의 지속시간은 매우 짧다. 절정경험에 초점을 두고 오래 연구하던 매슬로가 나이 들어 어느 날 심장마비로 쓰러졌다. 거의 죽다 살아난 매슬로는 자기 스스로 세상과 삶을 대하는 자세가 달라진 것을 느끼게 된다. 매일 아침 햇살을 받고 영롱하게 반짝이는 형형색색의 꽃들과 나뭇잎들을 바라보면서 충만한 행복감을 느끼는 자신을 재발견한 것이다. 그는 다시 살게 된 인생을 마치 선물받은 제2의 삶이라고 생각하게 되었고, 그 후 잔잔한 모든 일상에 대하여, 늘상 거기 있었던 주위의 자연과 사물과 사람들에 대하여 새로운 감정을 갖게 되었다. 그는 이 모든 것에 대하여 행복했다고 쓰고 있다. 그러한 평온하고 온화한 행복감을 '절정경험'과 대비하여 '고원경험(plateau experience)'이라고 불렀다. 이 모든 특별하지 않은 것들이 일순 특별하게 보이는 이유는 비로소 그 존재를 있는 그대로 의식하기 시작했기 때문이다.

『인생을 향유하기』에 향유 또는 음미(savoring)는 무지개를 보거나 좋은 경치를 보는 것처럼 외부의 세계에 초점을 두는 '세계 초점적 향유'와 주의 초점을 자기에게로 향하는 '자기 초점적 향유'의 두 유형이 소개되어 있다. "잠수부가 물속에서 자신의 움직임을 응시하며 해저의 고독을 즐기고, 호흡하는 것이 진주처럼 보인다는 점을 발견하며 즐거워하는"[9](p. 243) 모습을 상상해 보자. 이것이 일종의 '자기 초점적 향유'의 예이다.

사례 75 그 책을 읽음으로써 삶의 얽매임에서 조금은 자유로워질 수 있게

그냥 이 세상 것들에 대해서 욕심을 버리고 남을 돕고, 주신 삶을 즐기면 되는데 조금이라도 뺏기기 싫어하고 어떻게든 품으려고 하니 많이 가져도 두려우며 가진 것에 만족하지 못하고 매일 매일의 삶이 힘겹고 어렵게만 느껴졌다. / 그러다 그 책을 읽음으로써 삶의 얽매임에서 조금은 자유로워질 수 있게 되었다. 1만 원이라는 아주 적은 돈으로 나는 수 천만 원을 줘도 얻을 수 없는 그런 행복함을 느낄 수 있게 되었다.

— 박훈철(남)

사례 75의 소비자 이야기는 독서의 미덕을 말해 주고 있다. 독서를 통해 외부로 향하는 관심에서 벗어나고, 삶의 얽매임에서 놓여난 느낌에 대한 이야기이다. 초점을 자기 내부로 돌리고 자기 초점적 향유를 할 수 있게 도와주는 데는 역시 책이 특효약인 것 같다. 화자는 여기서 숨가쁜 일상과 세속적 욕망에서 잠시 뚝 떨어져 나와 마음의 자유로움을 얻게 되어 행복하다고 말하고 있다. 단돈 만 원에 누릴 수 있는 자유로움. 그래서 나는 누구에게든 줄 수 있고 반대로 받을 수도 있는 비용 대비 가장 값진 선물은 '책'이 아닐까 생각한다.

다음의 이야기를 읽어 보면, 세계 초점적 향유와 자기 초점적 향유가 항상 독립적으로 일어나는 것은 아님을 알 수 있다. 자기에서 세계로 또는 세계에서 자기로 초점이 자유롭게 이동될 수 있고, 두

세계를 오가며 더 오래 의식이 머무는 순간 아름다움에 대한 경외와 내면의 충만한 평온을 느낄 수 있다. 사례 76, 77은 미술작품, 건축물, 자연풍광 등을 음미하고 그것으로 인해 자신을 들여다보는 시간을 가짐으로써 행복을 느끼는 소비자들의 이야기이다.

사례 76 스트레스를 풀고 싶을 때마다 종종 찾는 또 다른 나만의 작은 휴식처

지난 주말에 양평 쪽에서 1박 2일 워크숍이 예정되어 있었다. 워크숍을 마치고 돌아가는 길에 같이 동행했던 동료가 닥터박 갤러리를 잠시 들러 차 한 잔 마시고 가자고 제안했다. 처음엔 닥터박 갤러리가 그냥 양평 카페촌에 있는 하나의 카페 정도로 생각하고 무심코 따라가게 되었다. 그러나 막상 가본 이곳은 설립자인 박호길 원장님의 뜻이 담긴 아마추어 화가들의 전시장으로, 전시작품 감상과 함께 남한강을 바라보며 커피 한 잔을 마실 수 있는 여유로움과 한적함을 느낄 수 있는 곳이었다. / 또한 건물 디자인과 설계를 맡은 분은 건축가 승효상님으로 그분의 철학과 미학을 알아볼 수 있는 건물 역시 하나의 작품이다. / 이곳을 알게 된 이후 주말에 또는 일을 하면서 답답함을 달래고 스트레스를 풀고 싶을 때마다 종종 찾는 또 다른 나만의 작은 휴식처가 되고 있다.

– 최영미(여)

사례 77 고즈넉한 산사나 겨울 바닷가를 찾아 과거를 회상해 보는 나만의 즐거움

내 차는 10년 된 중고 자동차이다. 그런데 이 놈이 꽤 제몫을 해서 나를 위해 발 노릇을 충실히 해 주고 있다. / 나도 여행을 좋아한다. 그렇지만 사람들이 모이는 곳이 아닌 고즈넉한 산사, 겨울 바닷가, 폐광된 탄광촌을 찾아 과거를 회상해 보는 것은 남들이 모르는 나만의 즐거움이다. 문화재청장을 지낸 유홍준 교수는 '아는 만큼 보인다'라고 『나의 문화유산 답사기』에서 주장했다. 팔작지붕인지 맞배지붕인지 모르면 그냥 같은 지붕으로 보인다는 것이다. 그러나 나는 '본 만큼 알 수 있다'고 말하고 싶다. 'Out of sight, out of mind'라는 서양 속담과 '百聞이 不如一見'이라는 우리 속담도 있지 않은가. / 여행 잡지에 나온 관광지를 찾아가 잡지 사진 같은 구도로 촬영도 해보고, 해남 땅끝마을을 찾아 넓은 바다를 바라보며 사색에도 젖고 싶다. 이때에도 나의 발 노릇을 해 줄 놈은 역시 기특한 나의 애마일 것이다.

— 정진호(남)

한 연구에서[10] 피험자들에게 현재 순간, 즉 '지금, 여기'에 집중하도록 안내하는 '명상'을 시켰다. 명상을 통해 피험자들의 시간 초점이 현재에 머물도록 조작했던 것이다. 그 결과, 시간 초점이 현재에 머물도록 조작된 사람들은 신나고 흥미진진한 감정보다는 평온한 감정을 그들의 행복감과 더 많이 관련시켰다. 이 실험의 결론은 시간 초점을 현재에 집중하면 할수록 평온감을 행복으로 여기게 된다는 것이었다. 맞다. 내적 집중 소비에서 제시한 여러 내러티브처럼, '고원경험'의 행복을 추구하는 소비자들의 '마음챙김(mindfulness)' 현상은 '지금, 여기'에 집중하는 명상과 유사한 측면이 있다.

그러나 반드시 시간 초점을 미래보다는 현재에 두었기 때문에 고원경험에서 비롯된 평온한 행복감이 생기는 것은 아닌 것 같다. 호젓이 사색이나 명상에 잠기는 것이 항상 현재에 집중하도록 만드는 것은 아니기 때문이다. 사색 중에는 미래를 계획하고 상상하거나 과거를 회상하며 추억에 젖는 등 시간여행이 자유자재로 이루어지는데, 이 모든 과정은 시간 초점이 현재에 고정된다는 특징보다는, 생각의 대상과 시간 초점에 상관없이 자신의 감각과 의식에 집중된다는 특징을 가지기 때문이다. 단, 자신의 삶의 추억과 관련된 소비에 대해서는 그 고유한 특징 때문에 내적 집중 소비가 아니라 '삶의 이야기'를 원천으로 하는 소비자행복으로 따로 분류하였고, 이에 대해서는 제10장에서 살펴볼 것이다.

내적 집중 소비로 분류된 사례는 대부분 '느림'의 미학을 담고 있다. 내적 집중은 '빨리빨리'와는 반대라는 것인가? 한 연구에 따르면 패스트푸드처럼 '신속성', '속도' 등의 느낌이 환기되면 행복에 대한 지각과는 멀어지는데, 이는 감각적 향유를 할 시간과 여유를 제거하는 효과가 있기 때문이라고 한다.[11] 내적 집중 소비의 내러티브들은 행복이 '느림' 속에 있다는 그들의 연구와 일맥상통한다. 문자 뜻 그대로 '지금, 여기'에 집중하는 것이라기보다는 느리게 가만히 세계나 자기 내면을 의식하는 행위를 내적 집중 행위로 볼 수 있고, 시간의 경계를 넘어, 나와 외부 세계의 경계를 넘어, 어떤 아름다움과 평화로움의 세계에 다다른 순간에 느끼는 행복감을 의미하는 것으로 보아야 할 것이다.

3. 자기향상 소비

자기향상 소비는 소비를 통해 자신의 이미지를 개선하거나 능력과 기술을 향상함으로써 얻게 되는 행복이다. 자신의 교육에 투자하는 교육적 소비, 자신의 외모와 내적인 발전, 미래의 꿈을 위한 투자형 소비가 주를 이룬다. 소비자 자신을 원천으로 하는 3가지 소비자행복 사례 중에서는 41%를 차지하여 가장 비중이 높았다.

외모가꾸기 – 예뻐진 만큼 높아진 자신감, 행복으로 이어지다!

최근 들어 외모에 대한 관심이 고조되고 있다. 이 같은 추세는 '외모가꾸기'를 소비의 한 범주로 구별해 낼 만큼 중요해졌다. 앞서도 잠시 살펴보았듯이, 성영신 외(2013a)의 연구는 우리나라 소비자를 대상으로 총 9가지 범주의 소비유형을 도출하였다.[12] 그중 소비자 행복에 기여도가 높은 것부터 순서대로 쓰면, 놀이소비 > 수집소비 · 외모가꾸기 · 윤리소비 · 친환경소비 > 일상소비 · 재테크 · 상징소비 > 의례소비로 나타났다. 외모가꾸기가 행복도에 꽤나 높은 기여를 한다는 것을 알 수 있다. 외모의 향상은 자신감의 향상으로 이어지고, 이는 곧 자기 자신에 대한 확신과 적극적인 삶의 자세로 이어지며, 결과적으로 삶의 만족으로 연결되기 때문일 것이다.

사례 78 콤플렉스를 과감히 떨치고 자신감을 되찾는 것도 행복한 소비

여러 사람과 나눔에서 오는 행복도 있지만, 내게 투자를 함으로써 그로 인해 콤플렉스를 과감히 떨치고 자신감을 되찾는 것도 행복한 소비 중 하나라 생각한다. "표정을 밝게 하고 웃으세요~~." 사진 찍을 때마다 듣는 말이지만, 고르지 못한 치열 콤플렉스로 인해 환하게 웃으며 찍은 사진이 내겐 거의 없다. 초등학교 시절 엄마와 치과에 가서 상담을 받았는데 위아래 4개나 발치를 해야 한다고 해서 무서워서 포기했다. / 그래도 나는 늘 밝고 긍정적인 사람이라고 생각했는데, 나 역시 극복하지 못한 콤플렉스가 있었고 그것 또한 온전한 나만의 고민이고 남들은 거의 인식하지 못한다는 사실을 알게 되었다. / 남을 위한 소비도 좋지만 나 자신을 위한 소비를 해보니 행복함을 느낄 수 있고, 지출된 비용 이상의 행복함과 자신감을 가질 수 있었다. 이젠 사진 찍을 때 환하게 웃을 수 있게 되었고, 좀 더 당당해진 나 자신을 느낄 수 있다.

- 오지연(여)

사례 78은 외모 콤플렉스 극복을 위한 '투자적 소비'를 통해 외모에 대한 자신감을 얻게 되면서, 자아 개념이 향상된 소비자의 이야기이다. 연구에 따르면 실제로 젊은 여성에게 육체적 매력은 행복도와 정(+)적 상관관계가 있다.[13] 당신도 예상할 수 있듯이, 육체적 매력에 대한 자신감은 외향성을 높여 주며, '외향성(extraversion) → 확신(assertion) → 행복(happiness)'의 인과관계를 통해 결과적으로 행복을 증가시킨다.[14] '아름다움'이란 상당히 주관적인 개념이기 때문에 과거보다 나아진 자신의 외모에 대해 타인의 칭찬과 부러움을 받는 일종의 검증과정을 거치게 되면, 확신을 얻게 되고 이에 따라 행복이 증가할 것이다. 뿐만 아니라 달라진 외모에 대한 자기만족도 행복으로 가는 중요한 관문일 것이다.

사례 79 정신과 육체가 건강해지니 하루하루 감사하고 매일 행복한 나날

검진 결과, 지방간에 여러 가지 증상으로 인해 적잖은 충격을 받았습니다. 아직 젊은데 이렇게 관리를 안 하고 축 늘어져 있으니 당연한 결과라고 생각했습니다. 그래서 이제부터는 전과 다른 사람이 되겠노라 다짐하고 계획을 세웠습니다. / 좀 더 활기찬 하루를 살려면 운동을 해야겠다고 다짐하고 가벼운 걷기 운동부터 시작하여 조금씩 강도 높은 운동을 하기 시작했습니다. 식단이 바뀌고 활기차게 운동하며 더블엑스를 먹고 정신과 육체가 건강해지니 하루하루 감사하고 매일 행복한 나날을 보내고 있습니다. 보통 운동하는 사람들을 보면 피부가 좀 탄력이 없거나 안 좋은데 저는 피부가 뽀얗고 탄력이 생겨서 더 젊어지니 몸매나 얼굴이

20대로 돌아간 것 같아 하루하루 정말 살맛이 납니다.

－ 윤나래(여)

자아 이미지에는 이상적 자아 이미지(ideal self-image)와 실제적 자아 이미지(actual self-image)가 있다. 누구나 꿈꾸는 이상적 자아 이미지가 있게 마련이고, 생활 중에 어느 정도는 이상적 자아 이미지를 추구하며 살게 된다. 특히 현재의 자신에게 큰 불만을 가진 사람들은 더욱더 이상적 자아 이미지를 좇게 되고 그 괴리가 좁혀지지 않는 한 불행이 커진다. 그런데 이상적 자아 이미지에 가깝게 변화할 수 있도록 만들어 주는 제품이나 서비스가 있어 그것에 비용을 지출한다면, 이는 단순한 소비가 아니라 행복에 대한 투자인 셈이다. 결과마저 기대하던 대로라면 행복이 실현된 것임에 분명하다.

학이시습지 불역열호(學而時習之 不亦說乎)

수집된 사례 중에는 자신을 위한 교육적 투자를 통해 지적 성장과 풍요를 누리면서 인생 후반기에 뒤늦게 배우는 즐거움을 만끽한다거나, 학습과 훈련을 통해 역량을 제고하고 기술을 획득함으로써 새로운 직업에 도전한다거나, 새로운 취미나 여가활동에서 수준급 실력으로 자신의 가치를 높여 나간다거나 하는 이야기가 등장한다. 특히 지적 학습, 기술연마 등은 알바와 윌리엄스(2013)가 정리한 바와 같이,[15] 직접적인 '참여를 통한 즐거움'에 속하는 전문성 획득, 자기번영 또는 자기융성(self-flourishing)의 느낌과 많은 공통점을 가진다. 이러한 경험 중에 일종의 집중된 몰입과 도취감을 맛보며, 자신의 한계를 넘어설 때 느껴지는 성취감과 자부심을 통해 자아 개념이 향상되고, 삶에 대한 만족이 증대되면서 행복도가 높아지게 된다.

아빠는 공부하는 사람

회사 내에서 확연한 학벌차이로 인한 자격지심으로 늦게 공부를 시작했지만, 결국 오래가지 못하고 휴학을 하게 되었습니다. 그런 사이 회사를 옮기고 지금은 영업직을 하고 있는데, 영업은 학벌보다는 실적이 우선이더군요. 나름 인정도 받고 성취감도 맛보았지만, 지적인 호기심을 채우고 싶다는 열망은 만족시킬 수 없어 나름 고민을 하게 되었습니다. 그러던 차에 예전에 그만둔 방송대를 생각해 냈고, 10년 만에 다시 복학을 하게 되었습니다. 방송대 학생으로 학업과 일을 병행하기가 쉽지 않고, 시간적으로 항상 부족함을 느끼다 보니 집에 와서도 애들이랑 놀아 주기보다 책상 앞에 있는 시간이 더 많았습니다. 그런 모습이 애들 눈에는 '아빠는 공부하는 사람'으로 보였나 봅니다. 자식을 키우다 보면 부모의 뒷모습이 참 중요하다는 걸 느낍니다. 어릴 때부터 공부는 평생하는 것이라 생각해야 하는데 그런 모습을 솔선수범해서 보여 주게 되니 이보다 더 큰 교육이 어디 있겠습니까? / 방송대 학생으로서 자부심을 가지며, 지적인 지식탐구야말로 다른 어떤 물질적인 소비보다 더 행복한 소비라 생각합니다.

― 배준혁(남)

사례 80의 이야기 속에서 화자는 '자격지심'이라는 표현을 썼다. 남이 대놓고 뭐라 하지 않는데도 자꾸 자신이 부족한 것 같아서 움츠러드는 느낌, 자격지심. 이런 느낌은 정신건강에 확실히 해로울 것 같지만, 그런 자격지심이 더 나은 나, 더 발전하는 나를 위한 투자로 이끌고 나를 더 독려할 수 있는 원동력으로 작용할 수도 있다. 〈질투는 나의 힘!〉이라는 영화의 제목처럼 말이다.

여기서 흥미로운 연구를 한 편 소개할까 한다. '단순히 동경만 하기보다는 질투를 하는 편이 더 낫다. 왜냐하면 더 높은 성과로 이끌기 때문이다.'라는 결론의 연구이다.[16] 자격지심은 보통 사회적 비교에서 나오는데, 십중팔구는 상향식 비교의 산물이다. 나보다 더 높은 지위의 사람, 더 많이 배운 사람, 더 돈이 많은 사람, 더 예쁜 사람 등등 뭔가 더 우월한 상대와 자신을 비교하는 상향식 비교는 대체로 자격지심을 안겨 주고 나를 불행하게 만들곤 한다. 그런데 때로는 상향식 비교가 긍정적 효과를 발휘하기도 한다. 그것은 비교를 하는 데서 끝나지 않고, 선한 부러움, 즉 선한 질투를 느낄 때 발생한다. 만약 질투가 나를 더 발전시킬 수 있는 기회를 인식하는 계기로 작용하거나 자기향상이 달성가능한 어떤 것이라는 느낌을 주게된다면, 실제로 그 꿈이 이루어지게끔 작동하게 된다. 그저 동경하는 데서 멈춘다면, 그 순간 자신의 마음은 편할 수 있겠지만 발전은 이룰 수 없다. 반면, 선한 질투를 느낀다면 이는 발전의 원동력이 되어, 자기향상을 독려하고, 실제 성과도 더 많이 창출하도록 이끈다. 연구에서는 악한 질투나 단순한 동경은 자기향상 동기를 독려하지 못하는 것으로 나타났다. 만약 어느 날 잘난 누군가를 보고 상향식 비교를 해서 자격지심이 든다면, 둘 중 하나를 택하도록 하자. 마음이 편한 쪽, 아니면 마음은 좀 불편하지만 내가 더 발전하는 쪽. 사례 80의 주인공은 선한 부러움을 택했고, 결과적으로 자기발전을 이루어 냈다. 단지 동경만 하거나 악한 질투를 느꼈다면 얻지 못했을 행복감이다.

꿈은 이루어진다! - 도전과 성취를 통해 삶의 질을 높이다

도전을 통해 한 번 꿈을 이루어 본 사람은 또다시 도전하는 것에 훨씬 더 적극적이 된다. 성취감은 또 다른 성취감에 대한 열망을 불러일으키기 때문이다.

삶의 질이 한껏 높아진 생활… 욕심일까 욕망일까, 또 다른 것을 찾고 있는 자신

막내를 데리고 다니면서 공부를 시작하고 컴퓨터도 모르고 생활했던 저는 배움이라는 단어가 이렇게 행복함을 줄 수 있는 건지 재발견할 수 있었답니다. 배움을 친구로 삼아 생활하다 보니 자신감과 행복감이 넘쳐 뭐든지 다 할 수 있을 것 같은 마음이 들고 곧 꿈이 생겼습니다. / 여성인력개발센터라는 곳이 처음엔 생소하기만 했지만 이제는 친근감과 세상을 긍정적인 마인드로 볼 수 있는 행복감을 주었습니다. 열심히 공부해서 전산세무1급자격증을 취득하고 단절된 경력이지만 재취업을 해서 사회생활을 할 수 있게 되었습니다. 그리고 다시 행복함을 누릴 수 있었습니다. / 취업을 하면서 제 얼굴은 웃음으로 한가득 차고, 어느 누구 부럽지 않게 열정적으로 일을 할 수 있었습니다. 삶의 질이 한껏 높아진 생활을 하는 듯 혼자만의 설렘으로 하루일과를 보내고 욕심일까 욕망일까, 또 다른 것을 찾고 있는 저 자신을 발견합니다.

— 김지수(여)

대개 사회계층, 직업, 소득, 교육 수준 간에는 일치성이 높기 때문에 사람들은 자신의 교육에 투자를 늘려 자존감 향상 및 더 나은 삶의 조건을 획득함으로써 행복을 느끼고자 한다. 평등하고 계층 이동성이 높은 나라에서 이러한 경향이 더 많이 나타난다.[17] 일련의 과정을 한 단계 한 단계 완수해 가는 것 자체도 행복감을 줄 수 있다. 삶의 질을 한 단계 업그레이드할 수 있는 성취를 맛보기 위한 도전에 과감히 돈을 들이는 것, 이런 소비는 '투자적 소비'라고 불러야 맞을 것 같다.

제10장

행복 넷-
인간관계

인간관계를 원천으로 창출되는 소비자행복은 전체 사례 중 16%에 해당하며, 그중 가족과의 관계를 위한 소비로 행복을 얻는 경우는 82%, 직장 동료, 친구, 이웃 등을 위한 소비로 행복을 얻는 경우는 18%로, 가족지향 소비의 비중이 압도적으로 높았다. 우리는 때로 내가 좋아하는 사람, 사랑하는 사람, 함께 일하는 사람들을 위해 소비한다. 이러한 사회적 관계지향 소비는 기존의 관계를 더욱 공고히 하는 데 기여하기도 하고, 어색한 관계에 윤활유 역할을 하기도 하며, 위태로운 관계를 회복하는 데 기여하기도 하고, 무관심하던 관계를 반가운 관계로 변화시키기도 한다. 다시 말해, 소비를 통해 인간관계를 구축하거나 재구축함으로써 발전된 관계로부터 행복을 얻는 것이다. 저명한 행복학자인 디너와 셀리그만도 관계지향 소비의 저력을 인정하고, 강력한 사회적 인간관계가 개인에게 미치는 엄청난 영향에 대해 강조했다.[1] 사회적 관계가 인간의 행복에 포괄적인 영향을 미친다는 것이다. 특히, 다른 사람을 위한 소비는 그 사람과의 관계에 놀라울 정도로 영향을 미친다고 강조했다.

연구에 따르면, 독립적 자아를 가진 사람은 거래적 부(transaction wealth)와 행복을, 상호적 자아를 가진 사람은 관계적 부(relationship wealth)와 행복을 연상하는 경향이 있다.[2] 그렇다면 가족, 타인과의 관계로부터 행복을 얻고자 소비를 활용하는 사람은 상호적 자아를 가지며, 관계적 부를 행복의 원천으로 생각하는 경향이 클 것이다. 물론 여기에는 개인주의가 강한 서양문화와 달리 가족과 집단의 관계적 부를 중시하는 한국의 문화도 큰 영향을 미칠 것이다.

1. 가족지향 소비

셀리그만이 『긍정심리학』에 적었듯이, 친밀한 인간관계가 없는 삶은 행복하지 않을 것이다.[3] 어딘가에 소속되어 있는 느낌, 서로 사랑을 주고받는 느낌, 사회적으로 내가 누군가에게 필요한 존재라는 느낌, 내가 필요로 할 때 달려와 줄 사람이 있다는 느낌, 바로 그것이 인간이 인간답게 살아갈 수 있는 존재의 기반이자 이유 아닐까. 가족은 그러한 인간관계 중에서도 가장 본질적이고 핵심적인 인간관계임에 틀림없다. 갓난아기는 엄마가 안아줄 때 엄마의 옷이나 머리카락을 힘껏 쥐고 절대 놓지 않는다. 손가락을 하나씩 펴야 잡힌 머리카락을 겨우 빼낼 수 있다. 엄마는 그 연하고 작디작은 손가락의 어디에서 그렇게 굳세고 절박한 힘이 나오는지 알 수 없는 채로, 단단히 매달려 있는 아기를 보며 이토록 절대적으로 나를 필요로 하는 연약한 생명이 이 세상에 있다는 사실에 무한한 책임과 사랑을 느끼게 된다. 가족은 이렇게 단단히 쥐고 절대 놓지 않는 어떤 거부할 수 없는 힘에 의해 결속한다. 그래서인지 가족지향 소비의 사례 중에는 가족의 행복을 위해 자신보다는 가족을 먼저 위하는 마음으로 헌신적인 노력을 하는 이야기들이 많았다.

가족지향 소비에서는 주로 부모님을 위한 선물(의류, 자동차, 전자제품 등)이나 자녀를 위한 선물(장난감, 휴대전화, 학습자료 등), 함께 시간을 보내는 경험소비(여행, 캠핑, 관람, 외식, 기념 이벤트, 놀이 등)를 통해 가족이 기뻐하는 모습을 볼 때 또는 그저 함께 있는 것만으로도 큰 행복을 느꼈다는 이야기가 주를 이루었다. 가족지향 소비 유형에서 소비자행복은 곧 가족의 기쁨과 동의어임을 알 수 있다.

캠핑, 자녀와 함께 자연 속에서 추억을 만들다!

우리나라에 캠핑족이 증가하고 있다는 건 익히 들어 알고 있었지만, 수집한 사례 중에 가족 캠핑 얘기가 눈에 띄게 많아서 깜짝 놀랐다. '정말 캠핑이 대세구나!'라는 생각이 들었다. 특히, 어린 자녀를 둔 가정에서는 이런 저런 형태로 캠핑을 즐기는 인구가 늘고 있다. 우리 가족도 비슷했다. 이젠 아이가 꽤 자라서 쉽게 캠핑을 떠나기 어려워졌지만, 어렸을 때는 정말 자주 자연 속으로 캠핑을 떠났다. 텐트를 치고, 숯불에 고기를 구워 먹고, 나무 아래에서 놀고, 냇물에서 첨벙거리고, 숲속 산책로를 함께 걷고 있노라면 더할 나위 없이 행복했다. 이번 분석에서 캠핑을 가족의 일반적인 여가활동으로 분류하려다가 압도적인 사례수에 놀라 따로 분류하기로 했다. 그런데 왜 캠핑일까?

2014년도 통계청이 '지난 1년 동안 휴가기간에 했던 여가활동'에 대하여 조사한 결과에 따르면, 가장 많이 했던 여가활동으로 30대에서는 국내 캠핑이 1순위(29.7%)로 나타났고, 20대와 40대에서는 2순위(20대 27.7%, 40대 25.2%)로 나타났다. 2순위이긴 했지만, 1순위로 나온 온천/해수욕 비율(20대 28.7%, 40대 26.6%)과 큰 차이가 없는 2순위였다. 30대에는 어린 자녀를 둔 가족이 주를 이루며, 이들은 단연 자녀와 함께 즐기는 캠핑을 가장 선호한다는 것을 알 수 있다. 2010년도 조사자료에서는 30대에 가장 흔히 하는 여가활동으로 '놀이동산/동물원/식물원 관람'이 32.2%를 차지했고, 국내 캠핑은 고작 5.4%에 불과했다. 그 이전에는 국내 캠핑이 국내 패키지 여행과 동일 카테고리로 분류되어 순수하게 캠핑에 대한 통계를 추출하는 게 불가능하다. 2010년경부터 국내 캠핑이 독립된 여가활동 카테고리로 조사되고 있는 점과 최근 들어 그 수치가 크게 증가하고 있는 점 등이 국내 여가 소비행태의 변화 추세를 잘 반영하고 있는 듯하다. 캠핑과 관련된 블로그와 잡지도 많아졌고, 각종 캠핑용품 관련 정보와 동호회 사이트도 인터넷에서 쉽게 찾을 수 있다. 심지어 TV 방송 프로그램까지 생길 정도로 캠핑에 대한 인기가 날로 높아지고 있다. 과거에 자녀나 연인과 함께하던 여가활동인 '놀이동산/동물원/식물원 관람'이 '캠핑'으로 전환되는 데 어떤 특별한 이유가 작용한 걸까? 상업적 영향을 받은 한때의 유행일 뿐일까? 정확히 알 순 없지만, 캠핑에는 뭔가 특별한 것이 있는 것 같긴 하다.

사례 82, 83, 84는 자녀와 함께 간 가족 캠핑에 대한 감흥과 행복감을 적고 있다. 시작부터 기대로 설레며 온 가족이 함께 준비하여 떠난 캠핑이 행복한 추억이 되었고, 다시 그와 같은 행복감을 얻기 위해 또 다른 캠핑 계획을 세우는 가족의 모습이 눈에 그려진다.

사례 82 캠핑을 미뤘다면 우리 아이들의 밝은 성격과 가족 간 화합은 지금 같지 않았을 수도

안전하고 즐거운 캠핑을 위해 다양한 용품을 하나하나 구매하기 시작했다. 새벽 이슬을 피하기 위한 텐트, 편안한 잠자리를 위한 침낭과 전기장

판, 맛있게 먹기 위한 식기류와 테이블, 어둠을 밝혀 줄 랜턴 등등(예전엔 그렇게 많은 종류의 용품이 있는지 미처 상상도 못했다. 아직도 구매가 끝나지 않았으니까…), 평소 나의 소비 성향이나 소득 수준을 생각한다면 어려울 법한 비용임에도 불구하고, 가족의 추억과 아이들의 인성교육을 위하여 망설임 없이 지불한 것이다. 아니, 그것을 구매하는 순간조차 가족들과 함께 정보를 탐색하고 의사결정을 하며 행복한 미래를 상상하는 또 하나의 즐거운 추억이었다. 교육과 추억을 행복한 마음으로 구매한 소비자가 된 것이다. / 내가 많은 비용이 부담스러워 구매를 미루고 캠핑을 미뤘다면 우리 아이들의 밝은 성격과 가족의 화목은 지금 같지 않았을 수도 있겠으나, 당장 실행하였기에 과거와 현재의 추억이 있고 미래에도 있을 것이며, 아이들의 인성도 한층 좋아질 것이라 확신한다.

— 원종원(남)

도심의 콘크리트 아파트에 살면서 학교와 학원을 오가는 자녀들에게 자연으로 돌아가 뛰놀 수 있는 자유로움을 선물하고 싶은 부모의 마음, 아이들과 함께 자연의 품에서 더불어 좀 쉬고 싶은 부모의 누적된 피로감까지 가세하여 그 열기가 만들어진 것은 아닐는지.

사례 83 자연을 만나고 바람을 만나고 서로를 치유한다

우리 가족은 여름엔 솔밭에서 겨울엔 오토캠핑장에서 자연을 만나고 바람을 만나고 서로를 치유한다. / 뛰놀다 땀을 뻘뻘 흘리며 상기된 얼굴로 그늘막 밑으로 들어오는 아이들이 시원한 수박 한 쪽을 베어 물고 환하게 웃는 모습에 나는 행복을 느낀다. 뉘엿뉘엿 해가 질 무렵 낯선 시골길을 앞서 걷는 아이들 뒤로 길게 늘어진 그림자를 바라보며 나는 행복을 느낀다.

— 권진희(여)

아이와 얼굴을 마주 보며 시골 냄새와 자연의 소리를…

예상 밖의 지출이지만 아이가 즐거워할 것을 생각하니 너무 행복했다. 엄마는 그런 것 같다. 아이가 행복해하면 그 만족감에 더 큰 행복함을 느끼고 더 해 주고 싶고… 이 뿌듯함은 엄마만 알 듯하다. 아이와 함께 캠핑장을 알아보고 출발!!! 휴가철도 아닌데 캠핑장에 사람이 많았다. 아이와 얼굴을 마주 보며 시골 냄새와 자연의 소리를 들으며 평온함을 얻었다. 텐트 하나 샀을 뿐인데 아이는 세상을 다 얻은 듯한 얼굴을 하며 1박 2일의 추억을 만들었다.

– 주영은(여)

사례 83, 84의 이야기 속에 들어 있는 즐거워하는 아이들, 가족의 추억, 시골 냄새, 자연의 소리, 해 질 녘 시골길, 돈이 아깝지 않은 마음 등의 표현에서 공통적으로 읽어낼 수 있는 게 무엇일까? 캠핑이 붐을 일으키는 이유는, 부모의 어린 시절, 자연 속에서 한껏 뛰놀던 경험이 남긴 추억 때문이 아닐까. 자연이 품어 주고 일깨워 주고 남겨 주었던 어떤 풍요로운 기억과 감성에 대한 회귀본능 같은 것, 내 아이들에게도 그것을 전해 주고 싶은 열망 같은 것 때문이 아닐까.

가족과 좋은 것을 함께 즐기는 행복

일반적으로 여가활동은 행복에 큰 영향을 미치는 대표적 요인인데, 특히 그날의 좋은 분위기가 행복감을 더욱 고조시킨다. 한편, 현대인의 주된 여가활동인 TV 시청은 오히려 행복도를 낮추는 것으로 분석되었다.[4] 스포츠와 체력단련, 자원봉사활동, 각종 취미활동, 소셜클럽 활동, 여행 등이 행복도를 높인다고 한다. 보통 스포츠나 여가활동은 친구, 가족 등과 함께하는 경우가 많은데, 다른 사람들과의 교류 역시 행복을 증가시키기 때문에 행복도를 높이는 데 시너지 효과를 발생시키는 것 같다.

사례 85　평소에 꽤나 좋아하는 소리꾼인 장사익의 공연에 온 가족이 너무도 행복

평소에 꽤나 좋아하는 소리꾼인 장사익의 공연에 온 가족이 너무도 행복한 시간을 보냈다. 우리 소리에다, 노래의 내용이 인생의 희로애락을 절절하게 담고 있어서, 아직은 어린 딸들이 잘 받아들일까 고민도 했는데 온 가족이 대만족이었다. / 적지 않은 비용이 들어갔지만 정말 아깝지 않은 모처럼 의미 있고 행복한 가족 나들이였다.

– 조승우(남)

분석자료에서 가족지향 소비의 주된 소비양식은 가족을 위한 선물 또는 여가활동으로 나타났다. 여가활동 중에는 앞서 살펴보았던 캠핑을 포함해서 가족여행이 가장 많았다. 평소 가족은 일상세계의 환경요소이지만, 여행을 통해 낯설고 새로운 공간으로 이동하면 특별한 요소로 변모하게 되는데, 이 과정에서 가족을 재발견하고 관계를 회복하거나 향상시킬 수 있는 계기를 맞게 되는 것으로 이해된다. '삶의 질' 학자로 잘 알려진 서지 교수의 연구에 따르면, 여행에 대한 만족은 삶의 질과 밀접한 상관관계가 있는 것으로 나타난다. 그리고 궁극적으로 삶의 만족을 증가시키는 효과가 있다.[5]

사례 86　우리는 지금도 여행계획을 세우고 있다

다행히 한푼 두푼 모은 돈으로 우리 가족의 여행을 담당할 차를 산 날이 기억난다. 이것이 가장 행복한 소비였다. 애들도, 아내도 이제는 버스 시간 때문에 점심을 굶지 않아도 되고, 대로변 모텔에서 자지 않아도 되는 여행을 하게 된다는 기대감에, 현대자동차 매장도 다니고 기아자동차 매장도 다니고… 그렇게 해서 최종적으로 가족의 여행을 위한 쏘렌토R을 구입하게 되었다. 그 이후부터는 버스가 다니지 않는 지역을 집중적으로 다녔다. 잠도 모텔이 아닌 콘도나 펜션, 삼림욕장 이런 데서 잤다. / 우리 가족이 차를 통해 얻은 가치는 구입비용보다 훨씬 크기 때문에 탁월한 소비를 했다고 판단한다. 우리는 지금도 여행계획을 세우고 있다.

- 김민종(남)

홈 스위트 홈 – 행복의 터전을 소비하다!

인간이 현존하기 위한 본질적 터전은 무엇일까? 공간 아닐까? 우리에겐 기본적으로 3가지 공간이 존재한다고 한다. 가정(집)-직장(일하는 장소)-제3의 장소(휴식처/도피처)가 그것이다.[6] 이 중 가장 기본적인 공간은 역시 '홈 스위트 홈'일 것이다. 집은 인간에게 정체성, 존재의 내면, 기억 등과 관련된 깊은 의미를 지니는 특수한 공간이다. 바슐라르[7]는 집을 '세계 안의 우리들의 구석'이라 말하면서 '집의 모성애'를 주창했다고 한다.[8] 그래서일까? 우리가 '집'이라는 말을 듣는 순간 공간으로서의 집(하우스)보다는 가정(홈)의 의미를 먼저 떠올린다. 집은 엄마의 느낌, 받아주는 곳, 피곤한 몸을 누일 곳, 평화가 있는 곳, 떠나 있으면 돌아가고픈 곳이다.

가족지향 소비에서 그 터전인 집 얘기가 나오지 않을 순 없다. 부동산 자산가치에 대한 이슈를 제외하고, 집이 당신에게 주는 순수한 의미를 한번 생각해 보자. 더 넓고 아늑한 집, 더 쾌적한 주변환경, 새로 생긴 아이방, 대화형으로 설계된 주방과 거실, 게다가 온 가족이 즐길 수 있는 최신 가전제품의 장만 등. 우리가 집을 고심하여 구입하고, 공들여 채우고 꾸미는 이유는 무엇이겠는가?

가족과 함께하는 시간의 공간

새 집이라는 건 언제나 좋은 걸까? / 방마다 세심하게 신경 쓴 마감이
며, 넓고 편의성 있게 만든 주방이며, 아이들 방은 햇볕이 잘 들도록 한
것도 너무 마음에 든다. 가장 좋은 건 아파트 단지의 넓은 정원과 단지
주위에 조성한 자전거 도로이다. 요즘 녹색으로 물든 정원에서 아이들이
뛰놀고 분수에 몸을 적시며 즐거움을 만끽하고 있다. 아이들과 자전거를
타고 도는 단지 주변은 때론 운동이 되고, 때론 산책이 되고, 때론 가볍
게 거닐며 가족과 함께하는 시간의 공간이 된다.

– 김유민(남)

기원전 30년경에 비트루비우스는 건축의 3대 요소로 '쓸모', '견고
함', '기쁨'을 들었다고 한다.[9] 물리적으로 측정이 곤란한 '기쁨'이란
요소가 들어 있다는 대목을 읽으며 미소를 지었다. 나의 꿈은 여러
번 변했는데, 10대 때는 건축가가 되고 싶었다. 엉뚱하게 지금도 그
마음이 가시질 않는다. 내가 지은 공간에 사람들이 모이고 그 공간
을 누리고 가슴 벅차하는 모습을 상상했다. 그땐 비트루비우스라는
사람을 몰랐지만, 당시 내 마음에 움터 있던 꿈은 공간을 통해 사람
들에게 '기쁨'을 주고 싶었던 것이란 걸 뒤늦게 깨달았다. 공간 중에
는 특별히 더 행복한 공간이 있다. 그런 공간이 더 많아졌으면 좋겠
다고 희망한다. 인간이 살아 숨 쉬는 내내 시간을 떠날 수 없듯이 내
몸이 채우는 이런 저런 공간들로부터도 결코 떠날 수 없다. 행복하
기 위해서 그 공간들은 기쁨으로 채워져야 한다. 쓸모도 있고, 견고
해서 몇 백 년을 버틸 수 있는 공간이라도 그 안에 기쁨이 없다면 다
무슨 소용이겠는가?

그렇다면 공간과 시간은 어떤 관계일까? 시간 없는 공간이 있을
까? 공간 없는 시간은 있는 것일까? 영화 〈인터스텔라〉[10]는 서로 다

른 행성에서 서로 다른 시간이 존재하는 것을 멋지게 보여 주었다. 물의 행성이었던 밀러 행성에서 빠져나오느라 1시간가량 지체했을 뿐인데, 지구에서는 23년이 넘는 시간이 흘러 있었다. 같은 지구 위의 공간이라도 공간마다 서로 다른 시간이 흘러간다. 공간은 그 공간의 고유한 시간을 가진다. 공간은 결국 그 공간에 대한 인상과 기억을 창조하게 되는데 이는 다름 아닌 '시간성'을 의미한다. 내가 어떤 공간에 대한 시간을 기억하게 된다는 것은 그 공간과 내가 결합하는 것이고, 이는 그 공간이 '장소성'을 띠게 된다는 것을 의미한다. 우리가 집을 가장 소중한 장소로 계획하고 공들여 채우고 가꾸는 이유는 그 공간이 곧 나와 내 사랑하는 가족이 함께하는 시간으로 치환되기 때문이다. 그렇게 보면 건축의 3대 요건 중 '기쁨'은 그 공간의 미려함뿐 아니라 그 공간에 흐르는 시간의 성질을 가장 잘 표현한 개념이 아닐까 싶다.

사례 88 새로운 TV를 설치하고 거실에 앉아 아이들과 남편과 즐겁게 TV를 보며

결국 미루었던 TV를 구입하기로 했다. 여러 가지를 비교하고 선택한 삼성 파브 TV이다. 기분이 너무 좋았다. 며칠 후 일요일, 집으로 배달이 오는 날 거실 청소를 하고 아침부터 식구들은 TV 오기만을 기다리며 즐거운 시간을 보냈다. 새로운 TV를 설치하고 거실에 앉아 아이들과 남편과 즐겁게 TV를 보며 깨끗한 화질에 감탄했다. 집안 분위기가 확 바뀐 것 같아서 너무 좋았다. 아이들도 너무 좋아했다. 오랜만에 새로운 것으로 바꾸고 이렇게 행복한 시간을 보냈다.

— 이인화(여)

내 추억 속으로 자녀를 초대하다

지나간 날들은 원래 다 아름다운 걸까? 나의 유년시절은 우리나라가 한창 정부 주도로 경제개발에 박차를 가하던 시절이었다. 나날이 발전하고는 있었지만 환경이 그리 쾌적하지는 않았다. 지금처럼 주택들이 깨끗하게 정돈되어 있지도 않았고, 골목은 비좁았으며, 집에 자가용이 있는 애들이 많지 않았고, 빈부 차이 같은 것은 잘 모른 채 서로 막 섞여서 놀았다. 아이들이 맨날 좁은 골목길에 나와 놀다가 엄마들이 저녁 먹으라고 악쓰며 부르는 소리에 마지못해 집으로 들어가곤 하던 시절이었다. 요즘은 아이들이 학원 다니느라 바빠서 놀이터에서조차 잘 놀지 않지만 그땐 학교 끝나고 집에 오면 가방 내팽개쳐 두고 골목길에 다 모여들어서 해가 저물도록 놀고 종종 저녁 먹고 나와서 또 놀았다. 그런 것이 좋았던 건지, 그때를 생각하며 추억에 젖곤 한다. 천진난만하던 마음이 그리운 걸까? 첫 차를 사자마자 가장 먼저 그때 다니던 초등학교와 동네를 가고 싶었다. 물론 가보고는 옛날만큼 운동장이 거대하지도 않고, 한반도 지도 모양으로 생긴 큰 연못이 겨우 어른 두 명 발 담그기도 벅찬 조그만 연못일 뿐이고, 온갖 놀이를 하면서 저녁 때까지 아이들과 뛰놀던 그 동네는 아파트가 들어서서 완전히 사라지고 없다는 걸 깨닫고 돌아오는 길이 참 쓸쓸했다. 왜 우리는 유년시절을 그리워하고 추억하며 아름다움으로 채색해 놓은 것일까. 그리고 왜 그 추억 속으로 사랑하는 내 아이를 불러오고 싶은 것일까. 내가 좋아했던 것을 내 아이와 공유하고 싶은 마음은 왜 드는 것일까.

사례 89 나처럼 푸른 하늘을 함께 사랑하기를

하늘을 가끔 쳐다본다. 예전처럼 파란 하늘은 아니지만 가끔 흰색 선을 그으며 지나가는 비행기도 보이고, 날개처럼 생긴 구름도 보인다. 붉은 노을 속에 날아가는 철새들도 그립다. 어릴 적 굽이굽이 비포장도로를 따라 학교로 향하고, 학교 앞 문구점에 들러 과자를 사들고 집으로 향하는 길은 마냥 즐겁기만 한 기억이다. / 그러고 보면 난 저 푸른 하늘과 시골의 그 많은 정겨운 경치들이 너무나 좋은 모양이다. / 살아가면서 아니 살아지면서 사라져 버린 순수한 예전의 내 마음을 지금은 나의 아이를 통해 보게 된다. / 그 순수한 마음이 조금이라도 오랫동안 남아 있기를 기원하기 때문일 것이다. 그리고 나처럼 저 푸른 하늘도 함께 사랑하기를 기원한다. / 누군가와 함께 추억을 나눌 수 있다는 건 정말 좋은 것 같다. 그 누군가가 바로 나의 아이라면 얼마나 더 행복한가? / 내게는 이 작은 무선 RC헬리콥터가 내 인생의 중요한 기억을 되살려 주었고, 아이에게는 또 하나의 추억을 만들어 주었으며, 우리 가족에게 행복한 기억의 한 부분을 남겨 주었다.

                                                             - 고승윤(남)

내가 좋아하고 행복해했던 어떤 것을 내 아이와 공유하고 싶은 마음은 대부분의 부모에게 있는 것 같다. 더구나 아이가 그것을 좋아하고 나처럼 행복해하는 모습을 본다면 더없이 행복할 것이다.

사례 90 나의 추억 속에 내 아이를 초대하는 일

만 원도 채 되지 않는 비용을 지불한 '달고나' 세트는 나조차 잊고 있던 나의 추억을 꺼내 나의 아이와 함께 공유할 수 있게 해 준 소중한 물건이었다. 아이에게 추억을 만들어 주는 것은 참 즐겁고 행복한 일이지만 이렇게 나의 추억 속에 내 아이를 초대하는 일은 좀 더 특별한 기분이

들게 만든다. 아이를 통해 어린 나를 보는 기분이랄까… 더불어 신기해
하며 즐거워하는 아이의 모습을 바라보는 이 흐뭇하고 행복한 기분을 먼
훗날 내 아이도 그의 아이 뒤에서 느낄 것 같다는 생각이 또다시 나를
기분 좋게 한다.

– 고세연(여)

가만히 불러보면 눈물 날 것 같은 이름, 엄마 아빠 – 부모님께 선물하다!

나의 대학원 시절은 유럽 배낭여행이 첫 붐을 일으킨 시기였다.
남자 선배들은 열심히 여행비용을 마련해서 삼삼오오 떠났다. 그런
데 나 같은 여자에게는 배낭 하나만 메고 잘 알지도 못하는 멀고 먼
유럽으로 홀로 여행을 떠난다는 것이 쉽지 않은 결정이었다. 하지만
그땐 용감한 기분파였던 탓에 극장에서 유럽 풍경이 나오는 영화 한
편을 보고 나와서 바로 배낭여행 계획을 세웠고, 아르바이트로 모았
던 돈을 탈탈 털어 그다음 주에 비행기를 탔다. 프랑스를 여행하고
스위스로 이동하던 날, 베른에서 융프라우로 가는 기차 안에서 창밖
으로 그때까지 내 삶에서 가장 아름다운 풍경을 보았다. 천상의 세
계가 있다면 바로 이곳일 거라는 생각이 들었다. 그 순간 부모님 얼
굴이 떠올랐다. 이렇게 아름다운, 눈에 다 담을 수 없고, 가슴에 다
담을 수 없을 만큼 아름다운 풍경을 꼭 함께 보고 싶었고, 그래서인
지 부모님이 무척 그리웠다. 나중에 돈을 벌면 꼭 모시고 여행을 오
리라 굳게 결심했다. 아직도 이행하지 못했지만, 그때의 마음은 생
생하게 기억난다. 사람은 누구나 가장 좋은 것을 가장 사랑하는 사
람과 함께 나누고 싶은 법임을 그때 깨달았다. 당시 내게 남자친구
가 없어서 부모님 얼굴이 가장 먼저 생각난 것인지 나조차 의심스러

워 그 후로도 여러 번 스스로 당시의 마음에 물음표를 달아 보았지만, 아무튼 그땐 진심이었다. 그래도 사랑은 내리사랑이라고, 부모의 자식에 대한 사랑과 견줄 수야 없겠지만, 자식도 표현은 잘 안 해도 부모님을 사랑하는 마음이 결코 작지 않다.

사례 91 과연 엄마가 좋아하실까? 설렜던 그날 소비자로서 처음 행복을 느꼈던 순간

초등학교 시절 엄마 생일선물을 사러 학교 앞 문방구에서 두리번두리번하고 있는 내가 떠올랐다. / 비밀이었기에 모아둔 용돈을 들고 학교 앞 횡단보도를 건너자마자 있는 제일 큰 문방구에 들어갔던 것 같다. 진열된 상품을 열심히 살피다 눈에 들어온 하얀 동전지갑의 모양은 지금도 또렷하게 기억이 난다. 그 동전지갑을 사서 집으로 가는 길 내내 '과연 엄마가 좋아하실까? 엄마의 표정은 어떨까? 엄마가 깜짝 놀라시겠지?' 하면서 상상의 나래를 펴며 설렜던 그날이 아마 내가 소비자로서 처음 행복을 느꼈던 순간이 아닐까 싶다. 나는 내게 필요한 무언가를 살 때보다는 다른 사람들에게 그중에서도 내가 사랑하는 사람들에게 필요한 것을 구입할 때 훨씬 더 큰 행복을 느꼈다.

– 이수민(여)

어릴 때는 부모님에게 칭찬받고 싶고, 인정받고 싶고, 나 때문에 기뻐하시는 모습을 보는 것이 제일 큰 소원이다. 몰래 모아둔 용돈으로 엄마의 생일선물을 사면서 설레고, 좋아하실지 아닐지 살짝 불안하고, 기뻐해 줄 엄마 얼굴을 기대하며 콩닥콩닥 가슴이 뛰는 소녀의 마음이 이 내러티브에서 고스란히 전해진다. 어쩌면 이것은 우리 모두에게 잃어버린 기억이 된 행복한 소비자로서의 첫 경험이었을지 모른다.

내 아이가 좋으면 나도 좋아요

부모는 자식이 행복하면 다 행복한 것 같다. 자식이 간절히 원하던 것을 사주었을 때, 자식이 내가 사준 것을 아주 만족해하거나 잘 쓰고 있을 때, 그럴 때에는 돈을 쓰고도 아깝지 않고 그저 행복할 뿐이다. 사례 중에는 자녀의 교육, 건강, 놀이, 취미 등을 위한 지출을 했을 때 그리고 그것에 대한 자녀의 반응이 긍정적이었을 때 부모로서 행복감을 느꼈다는 이야기가 많았다.

사례 92 **천진난만한 웃음… 내가 정말 잘 사주었구나!**

아무 의미 없는 무의미한 소비를 하는 것보다 의미 있는 소비를 하고 난 뒤에 오는 쾌감이 진정 행복한 소비가 아닐까 싶다. / 나 자신만을 위한 소비가 아니라 다른 누군가를 위하여 소비하는 것이 행복한 소비가 아닌가 하고 생각하게 된다. 내게는 3살 된 아들이 있다. / 뽀로로 버스 장난감을 사주었다. 그 장난감을 보는 순간 천진난만한 웃음을 보이며 하루에도 수십 번씩 가지고 놀면서 즐거워하는 모습을 보니, '내가 정말 잘 사주었구나!' 하는 생각으로 기분이 좋아졌다. 소비를 하더라도 짧은 쾌감 뒤에 오는 공허함보다 기분 좋은 소비 후에 오는 행복감은 돈을 쓰고도 아깝지 않은 것 같다. 아이가 원하는 장난감을 사주고 장난감을 가지고 놀면서 즐거워하는 모습을 보면서 부모들의 마음은 다 똑같겠지만 소비란 것이 순간의 쾌감보다는 행복감을 줄 수 있다는 것을 깨닫게 되었다.

— 박한영(남)

사례 93 정말 좋아하는 모습에 내 기분도 좋아졌다

리틀 야구단 토너먼트 시합, 정식 게임을 구경하고 온 초등학교 2학년짜리 작은 아이가 야구를 시켜 달라고 졸라댔다. / 야구 글러브 하나를 고르는 데도 많은 시간이 걸렸다. 작은 손에 맞는 글러브를 찾는 것도 어려웠는데 더 고민이 된 것은 어마어마한 금액의 가격표 때문이었다. 인조피혁은 대체로 싸지만 얼마 못 가서 갈라지고 경기용으로 사용하기에 맞지 않아 진짜 가죽으로 된 글러브를 사야 되니 웬만한 고비용은 감수해야 한다. 다행히 할인 중인 글러브가 몇 개 있었는데 작은 아이 손에도 적당하고 마음에 들어하는 제품이 있어 기분 좋게 구입했다. 처음에 좋다고 할 때는 '작은 아이가 아빠 주머니 생각해서 이것을 골랐나' 하는 생각도 들어 작은 아이의 얼굴 표정을 유심히 살폈는데 정말 좋아하는 모습에 내 기분도 좋아졌다. / 사업이 번창하면 더 좋은 야구용품으로 더 좋은 환경에서 운동할 수 있도록 도울 수 있을 것 같다. 야구용품을 사면서 아이들을 위한 것이기도 하지만 아이들과 함께 놀 용품을 구입하는 재미가 있다. / 나 자신에게도 아이들과 즐겁게 시간을 보낼 놀잇감을 구입하는 것이기 때문이다.

– 최윤식(남)

그리운 가족에게 닿을 수 있다면 행복해요

현대 한국사회의 풍경에서 빼놓을 수 없는 '기러기 아빠' 이야기가 나왔다. 자녀를 배우자와 함께 해외에 조기 유학시키고 국내에서 홀로 지내며 유학비용 등 경제적 부담을 지고 있는 아빠를 '기러기 아빠'라고 한다. 기러기 아빠는 조기 유학생 수가 정점을 찍은 2007년 최고조에 달한 이후, 점차 감소 추세에 있긴 하지만, 현재 당신 주변에도 기러기 아빠가 적어도 한두 명은 있을 것이다. 2012년 통계에

따르면, 국내 전체 결혼가구 중 배우자와 떨어져 지내는 가구가 115만 가구에 달하고, 서울시에만 10가구 중 1가구가 기러기 가구라고 한다. 이 중 절반이 자녀 조기 유학에 따른 기러기 가구로 추정되고 있다.[11] 교육부 통계에 따르면, 정점이었던 2007년 조기 유학생(초·중·고) 수는 한 해 약 3만 명 가까이 되었고, 2015년에는 1만 명을 조금 웃도는 수준으로 감소했다. 한 연구에서, 기러기 아빠는 조사표본(151명) 중 우울군 비율이 70%, 영양불량이 77%로 나타났다.[12] 평범한 형태의 가정을 꾸리고 있는 아빠들에 비해 심각한 수준의 신체적·심리적 문제가 있는 것이다. 사례 94는 가족에 대한 간절한 그리움을 담고 있는 기러기 아빠의 이야기인데, 가족을 연결해 준 스마트폰 덕분에 행복해졌다고 밝히고 있다.

사례 94 아들과 사랑을 나누는 작은 방법을 알게 되었다

2005년은 나의 가족에게 매우 모험적이고 두렵기까지 한 인생 2막의 시작점이었다. 한국에서의 삶을 정리하고 캐나다로 온 가족이 이민을 떠났기 때문이다. 많은 우여곡절을 겪으면서도 다행스럽게 정착에 부분적으로 성공할 수 있었다. 하지만 나는 3년 정도 체류한 후 다시 한국에 들어와 지금까지 개인사업을 하고 있고, '기러기 아빠'가 되었다. 어느덧 딸은 대학교에, 아들은 고등학교에 재학하고 있다. 나는 그곳의 생활비를 포함한 모든 경비를 조달하는 입장이지만, 경제적으로 넉넉지 않아 가족은 매우 검소한 생활을 할 수밖에 없다. / 캐나다에서 생활하는 가족은 그 흔한 스마트폰도 선뜻 구입하여 사용할 형편이 못 되었다. / 최근에 본의 아니게 아들이 스마트폰을 구입해야 하는 상황이 벌어졌다. 나와 아내는 망설임 끝에 큰 마음을 먹고 스마트폰을 가족 공용(?)으로 구입하기로 결심하고 매달 가장 저렴한 사용료를 내는 조건으로 최신 삼성 갤럭시를 구매했다. / 나와 실시간으로 만날 수 있다는 것은 이민 가족에겐 엄청난 변화이자 위안이며 문명의 혜택이었다. / 5일 후 드디어 아들은 내가 보내 준 선물을 받고 기뻐하며, "아빠 제가 사고 싶었던 바로 그것을 아빠가 사주셨네요. 고마워요. 아빠 사랑해요!"라고 감격해했다. 나는 "색깔은 맘에 드는 거니? 네가 갖고 싶던 색깔이니?" 하고 물었고, 아들은 "저는 검정을 사려고 했어요. 하지만 지금은 아빠가 사주신 색깔이 훨씬 맘에 들어요."라고 말해 주었다. 참으로 행복한 순간이었다. / 나는 이번 일을 통하여 아들과 사랑을 나누는 작은 방법을 알게 되었다.

- 전민혁(남)

인터넷과 스마트폰 기술의 발달로 언제든 비용부담 없이 또는 적은 비용부담으로 화면에서 얼굴까지 보면서 서로 대화를 나눌 수 있게 된 것은 인간관계에서는 일종의 혁명과도 같은 일이다. 물리적 거리가 심리적 거리로 작용하던 시대가 지나갔음을 의미한다. 이 기술은 서로 다른 나라에 떨어져 지내는 데도 예전에는 가질 수 없었던 심리적인 안정감을 준다. 물론 함께 한 집에서 부대끼며 사는 것과 똑같을 수는 없지만, 스마트폰이 우울하고 외롭던 아빠를 치료해 준 것만은 확실하다. 외국에 가족을 둔 사람이라면, 사례 94의 아빠가 말했듯이, 스마트폰으로 영상통화를 할 수 있게 된 것이 얼마나 큰 위안이며 문명의 혜택인지 잘 알고 있을 것이다. 참, 감사한 세상이다.

부부라는 이름의 가족 – 사랑하는 그대에게 깜짝 선물을!

가족관계를 위한 소비를 통해 행복을 얻는 사례 중 거의 대부분은 부모와 자녀 간의 관계를 위한 소비 사례였다. 부부간의 소비 사례는 매우 적었지만, 사실은 가족구성의 핵심 주체이기 때문에 부부는 매우 중요한 관계이다. 사실 다른 모든 가족구성원의 행복이 부부로부터 비롯된다고 해도 과언이 아니다. 부모는 자녀가 행복해야 자신들도 행복하다고 여기지만, 여러분의 어린 시절을 떠올려 보라. 부모님이 혹 싸우기라도 한 날이면 자식들이 얼마나 불안하고 전전긍긍했는지를. 부부가 행복해야 자녀가 편안하고 세상이 편안하다.

사례 95 **결혼 1주년, 서프라이즈 선물**

내 자신에게 쓰는 것만이 행복이 아니라, 내가 사랑하는 사람이 행복을 느끼는 것에 더 큰 행복을 느끼는 것 같다. / 결혼 1주년, 서프라이즈 선물을 해 주고 싶었다. 그래서 결혼 초부터 매달 용돈을 조금씩 모으면서 1주년에 아내가 얼마나 기뻐할까를 생각하니 설렜다. 1주년에 백화점에서 아내를 만나 그동안의 과정을 이야기하고 사고 싶은 것을 고르라고 했다. 깜짝 놀란 아내를 보니 내 마음도 기뻤다. 아내가 필요한 것이 무엇인지 상의를 하고 옷을 골라주기도 하면서 '평소 쇼핑을 좋아하지 않았는데, 나도 이렇게 행복하게 쇼핑을 할 수 있구나.'라는 생각을 했다. 사랑하는 사람에게 행복을 줄 수 있다는 것이 내게도 굉장한 행복이 된다는 것을 느꼈다.

– 박찬욱(남)

부부간에 생일이나 각종 기념일에 선물을 주고받는 경우가 흔할까? 2016년 부부의 날을 맞아 시행한 조사[13]에서, 배우자에게 연중 얼마나 자주 선물하는지에 대한 질문에, 결혼 연차에 관계없이 보편적으로 '연 1회 이상'은 선물한다는 응답이 많았다. 다만 배우자에게 선물하지 않는다는 응답이 결혼 20년차 이상에서는 20%, 결혼 6~10년차의 경우에는 17%로 나타났다. 조사기관의 해석에 따르면 "결혼 6~10년차의 경우는 아이를 양육하느라 경제적 여유가 없고,

20년차 이상은 결혼 후 긴 시간이 흘러 서로에게 익숙해져서 선물의 필요성을 특별히 느끼지 못하기 때문"이라고 한다. 사례 95는 아내에게 결혼 1주년 기념선물을 하기 위해 매달 꼬박꼬박 돈을 모으고, 깜짝 놀라며 기뻐하는 아내를 보면서 행복을 느끼는 남편의 이야기이다. 아직 신혼부부이기 때문에 선물을 주는 것이 당연하게 여겨지겠지만, 신혼이든 아니든 만약 당신에게 배우자가 있다면 오늘 아주 작은 선물이라도 하나 준비해서 들어가면 어떨까? 돈으로 행복을 살 수는 없지만, 작은 선물로 큰 행복을 얻을 수는 있다.

자연스럽게 가족을 화해시켜 준 소비

사례 96의 이야기처럼, 여행계획에 대한 의견 불일치로 가족여행이 무산되면서 서로 섭섭한 마음 때문에 데면데면하다가 우연히 집 근처에서 자전거를 대여하여 타고 놀면서 서운한 마음이 풀리고 평온하고 따뜻한 가족애를 회복하는 과정을 볼 때, 우리 일상의 잔잔한 행복과 불행은 곁에 가장 가까이 있는 가족과의 관계에서 발생하는 것임을 확인할 수 있다. 대수롭지 않은 소비활동으로도 다시 잔잔하고 온화한 행복을 일깨워 줄 수 있으니, 어찌 보면 참 효율이 높은 소비인 셈이다.

사례 96 마음을 달래줄 수 있을까, 과연 재미있을까 했는데… 행복감이 아지랑이 피어오르듯

의견 불일치로 모처럼의 가족여행이 무산되어 버렸다. 우리는 주말부부라서 아이 아빠가 주말에만 집에 온다. / 연휴로 집에 오게 된 애들 아빠와 우리 가족은 취소된 가족여행 때문에 아쉬워서 서로 데면데면하였다. 그러다 만장일치로 자전거를 타러 집 근처에 있는 강정보에 갔다. 처음 자전거를 대여해서 탈 때만 해도 이것이 우리 딸아이들의 마음을 달래줄 수 있을까 과연 재미있을까 했는데…. / 강정보에서의 자전거 타기는 아이들뿐 아니라 내게도 우리 가족에게도 가족 간의 사랑을 확인하는 시간이었고, 또 하나의 멋진 추억이 되었다. 또한 시원한 강바람과 따뜻한 햇살이, 재잘거리는 두 딸의 웃음소리가, 삐쳐 있는 나를 위해 온몸 개그를 하는 신랑의 모습이, 내 마음속 깊이 잠자고 있던 행복감을 아지랑이 피어오르듯 가슴 벅차게 끄집어 내 주었다.

— 김수연(여)

가족지향 소비의 이야기들에서 공통적으로 발견할 수 있는 행복감은 잔잔하고 평온한 행복감이다. 가족이 주는 행복감의 특징이 원래 그렇기 때문이다. 현대 한국인의 행복경험에 대해 토착문화심리학적으로 분석한 한 연구는[14] 매우 흥미로운 결과를 제시하고 있다. 대학생과 중년의 성인 남녀 489명을 대상으로, 살면서 행복했던 또는 불행했던 경험과 그로 인해 유발된 정서적 반응을 강도와 빈도 차원에서 분석한 결과, 강렬한 행복/불행의 경험은 성취와 실패 그리고 그에 수반되는 성취감과 자부심 또는 절망과 슬픔으로 나타났다. 반면에 빈번한 행복경험은 주로 가족이나 친구들과의 인간관계에서 나오는 소소한 긍정적 감정으로 유대감과 편안함 등이었고, 동시에 빈번히 경험하는 부정적 감정도 인간관계에서 발생하는 섭섭함, 미안함, 수치심, 불안 등으로 나타났다. 이로써 한국인의 행복/불행 감정의 주된 두 축이 발견된 셈인데, 강렬한 영역에 속하는 것이 개인적인 목표달성에 관련된 것이라면, 덜 강렬하지만 빈번히 경험하는 행복/불행은 가족관계 또는 사회적 인간관계와 관련된 것임을 확인할 수 있다.

이제 가족 이외의 사회적 관계에서 발생하는 소비자행복에 대한 이야기로 넘어가 보자. 역시 강렬하지는 않지만, 그래도 매우 빈번히 느끼는 잔잔한 행복감을 털어놓은 이야기들이다. 1년에 한 번씩 강렬한 행복감을 느끼는 삶과 한 달에 7번쯤 잔잔한 행복감을 느끼는 삶 중에서 하나를 고르라면 당신은 어떤 것을 고를 것인가?

2. 사회적 관계지향 소비

조지 베일런트는 『행복의 조건』에서, 행복하고 건강하게 나이 들어 갈지를 결정짓는 것은 지적인 뛰어남이나 사회계층이 아니라 인간관계라고 강조했다.[15] 활기차고 원만한 사회적 관계를 유지하는 사람들이 더 행복한 삶을 영위한다는 것은 굳이 여러 연구결과를 내세우지 않아도 주지의 사실이다. 사회적 생태계(structure of social ecology)는 행복의 결정요인이다.[16] 사회적 동물인 인간은 다른 사람들과 원만하고 자유로운 관계를 유지할수록 자존감이 높아져 행복이 증가한다.

사회적 관계지향 소비는 타인과의 관계를 발전시키기 위해, 서로 간의 갈등이나 어색함을 해결하기 위해, 또는 화해의 몸짓으로 사회적 소비를 활용하는 것이다. 따라서 소비행위를 일종의 사회관계를 위한 개인적인 노력으로 봐야 한다. 여기 속하는 사례는 자신의 노력과 고민이 스며 있는 소비를 통해 더 좋은 사회적 관계를 얻게 될 때 행복감을 느꼈다는 이야기들이다. 대부분의 인간에게 가족은 가장 중요한 인간관계의 토대이지만, 가족이 인간관계의 전부는 아니다. 대부분의 사람에게는 가족 외에 친구, 동료, 선후배, 사제지간 등 사회적으로 알게 된 다양한 인간관계가 존재하며, 이러한 사회적 관계에서도 행복감을 느껴야 한다.

사회적 관계에서 잘못될 경우 때론 사회적 죽음, 집단적 배제 같은 것을 당할 수 있고, 이것은 스스로 죽음을 택할 정도로 무서운 불행이 될 수 있다. 셋이 서서 공을 한 사람씩 돌아가며 주고받는 공놀이를 하다가 그중 둘이 미리 짜고 나머지 한 명을 빼놓고 둘이서만 공을 계속 주고받도록 한 심리실험이 있다. 갑자기 영문도 모른 채 공놀이에서 배제되어 서 있던 나머지 한 사람의 심리를 뉴로사이언스 기술을 이용해 분석한 결과, 당시에 그가 느낀 심리적 고통은 마치 자기 팔 한쪽이 뚝 잘려 나가는 정도의 육체적 고통과 일치하는 수준으로 판명되었다.[17] 따라서 당신이 누군가를 놀리고 따돌린다면, 그것은 육체적 살인과 동일한 수준의 범죄이다. 정상적이고 건강한 사회에서는 이런 현상을 결코 좌시해서는 안 된다. 학교에서 노골적으로 또는 은근히 집단 따돌림을 당하며 괴로워하다가 자살하는 아이들이 증가하는 우리나라의 현실은 슬픔을 넘어 분노를 자아낸다. 청소년기에 다른 친구를 따돌리던 못된 아이들이 성인이 되어 사회로 나가서는 직장에서 다른 동료를 또 따돌린다. 요즘은 직장 내 따돌림 현상이 중요한 연구주제로 부각될 정도로 심각한 실정이다. 사회적 소속감과 유대감은 사회적 생존에 결정적인 요건이다. 그래서 우리는 학교생활이나 직장생활을 하는 데 친구가 필요하고, 적어도 말벗은 있어야 지낼 만하다. 직장과 학교 바깥에 또 다른 동호회 친구, 고향 친구, 동네 친구 등등 자꾸 친구를 만드는 이유는 사회적 웰빙을 위해서이다. 그래야 사회적 동물인 인간이 생존할 수 있고 행복할 수 있기 때문이다.

내가 사간 것 때문에 다른 사람들이 행복해졌어요!

사례 97은 한 가장이 가족동반 동호회 모임에서 다른 가족들과 아이들이 모두 즐거운 시간을 보낼 수 있도록 자발적으로 얼레를 대량으로 준비해 간 덕분에, 모든 사람이 즐겁게 연날리기 놀이를 할 수 있었던 이야기이다. 여기서 소비자는 사회적 관계에서 행복을 찾고자 적극 노력하는 사람이고, 소비는 행복을 북돋우는 작은 매개체로 활용되었다.

사례 97 얼레 50개를 준비한 이유

택배가 하나 왔다. 연날리기 할 때 사용하는 얼레 50개!! 무엇을 하려고 50개씩이나 구입을 했을까? 이유를 모르는 아내에게 미쳤다는 말을 들어야 할 정도였으니 말이다. / 나의 취미는 바다 루어낚시!! / 1년에 한 번씩 동호회 사람들이 모여 낚시인들의 안전과 풍어를 기원하는 시조회를 개최한다. 이때 온 가족이 참여하여 즐거운 시간을 갖는데, 올해는 어린이들에게 부모가 사용하는 낚싯대에 연줄을 걸어 연날리기를 하는 이벤트를 진행하기로 하였다. / 얼레의 필요성을 언급하는 사람은 아무도 없었다. 그렇지만 혹시 필요할지도 모른다는 느낌 하나로 구매하게 되었다. / 약속된 시간에 조금 늦긴 했지만, 그래도 적절한 시간에 도착했다. 한쪽에서는 아이들이 연을 날리고 있었다. 낚싯대를 쓰는 아이도 있었고, 미처 준비하지 못한 부모 때문에 연만 들고 우왕좌왕하는 아이들도 눈에 띄었다. 이때 준비해 간 얼레 50개를 아이들에게 나눠 주었고, 모두들 즐거워하는 모습을 볼 수 있었다. 아이들보다 오히려 부모들이 더 즐거워하며 고맙다는 인사를 할 때마다 나보다 오히려 아내와 우리 아이들이 더 좋아했고, 얼레 50개를 준비한 이유를 이해한 아내는 그제서야 엄지손가락을 치켜세우며 웃어 주었다. / 소비를 통해 우리 가족뿐 아니라 모든 사람이 행복할 수 있는 기회를 줄 수 있다는 것을 깨닫게 되었다.

— 서진기(남)

사례 97처럼 가족 동반 모임이나 누구 집에 초대되어 가는 경우를 생각해 보자. 당신은 어떤 타입의 사람일까? 당신에게 필요한 것을 제대로 준비해 가서 남에게 피해를 주지 않는 타입인가? 아니면 한발 더 나아가 다른 집 아이들에게 줄 작은 선물도 준비해 가는 타입인가? 솔직히 말해서 나는 아주 사려 깊게 멀리까지 내다보면서 뭘 준비하는 사람은 못 된다. 그래서 '어쩌면 그런 생각까지 다 해서 이 모든 걸 준비해 오셨을까?'라는 생각이 들게 하는 분들을 보면 항상 부끄럽다. 예를 들어, 당신이 어느 집들이 모임에 초대를 받아갔는데, 초대된 분 하나가 일주일 후면 어린이날이라고 초청받은 가정의 모든 아이들에게 나눠 줄 작은 선물을 하나씩 준비해 왔다고 해보자. 아이들은 선물 하나로 너무 신이 난다. 그걸 보고 '나는 왜 다음 주가 어린이날인 걸 몰랐지?', '나도 다음에는 좀 더 사려 깊게 준비해 가야지.'라고 결심한다. 하지만 다음 번 모임에 가면 또 뭔가 미흡한 자신을 보며 살짝 반성한다. 미리 여러 사람과 여러 상황을 생각해서 준비해 오는 분들, 혹시 당신도 이런 타입인가? 아니면 나처럼 아이들 선물을 준비해 갈 생각까지는 당최 떠오르질 않는 타입인가? 만약 후자라면, 전자의 사람들이 정말 부럽지 않은가?

사례 98 이렇게 작은 것에 감사하고 만족해하는 상대방을 보면

다음 날 아침에 정성스레 연구원님 자리에 레모나를 올려놓고 간단한 메모를 남긴 채 행복한 하루를 보냈다. 이제 한 달 정도 돼 가는데 기분 탓인지 정말 효과를 보는 건지 약간의 피로를 떨친 거 같다는 연구원들과 나. 정말 광고에서 나온 말처럼 나눔은 어려운 게 아닌 것 같다. 이렇게 작은 것에 감사하고 만족해하는 상대방을 보면 작은 정성이 행복을 불러오는 힘이 아닐까 싶다.

— 이현수(여)

흥미롭게도 수집된 여러 사례에서 인간관계를 위한 소비활동이 상대방의 칭찬과 감사에 의해 점차 강화되는 경향이 발견되었다. 연구에 따르면, 친구(들)로부터 존중받고 자신의 선택과 결정에 대한 믿음과 지지를 받는 사람일수록 관계를 유지하려는 노력을 더 많이 하게 되며, 결과적으로 행복감을 더 많이 느끼게 된다고 한다.[18] 가족 및 친구 등과의 관계를 유지하고 향상시키고자 행한 소비활동에서 행복을 느끼는 이유는 이러한 강화기제 덕분일 수 있다. 내 작은 배려나 봉사가 여러 사람을 행복하게 했다는 점에서 긍정적 감정이 발생하고 자기확신과 자부심도 높아지기 때문에 이 같은 행복감이 더 고양되는 것이다. 그리고 이러한 행동은 강화기제를 통해 반복 재생산되기도 한다.

함께 제3의 공간을 소비할 때, 우린 더 이상 남이 아니다!

사례 99는 해외에 나가 살다 보면 흔히 겪을 수 있는 이방인이라는 느낌에 대해, 그리고 이 느낌을 순간 지워 버린 아이의 생일파티에 대해 말하고 있다. 아마 겪어 본 사람이라면 이 느낌이 무엇인지 잘 알고 있을 것이다. 같이 모여서 먹고 마시고 수다를 떨면 문화 차이를 넘어서 좀 더 친해질 수 있다. 나의 부모님은 사람들이 밥 한 끼라도 같이 먹는 게 얼마나 중요한지 항상 강조하신다. 나이가 들면서 함께 나누는 식사 한 끼, 차 한 잔의 중요성을 더 실감하게 된다. 자녀들끼리 서로 친구가 되면 학부모들도 자연스럽게 친구가 되곤 한다. 그래도 외국에서 그렇게 되기란 쉽지 않을 것이다. 생일파티 한 번으로 이방인의 느낌을 완전히 지울 수는 없겠지만, 처음으로 그들의 세계에 들어가서 접속하고 나온 느낌 같은 것은 느꼈을 것이다. 그것은 분명 타국 생활에서 오래 남을 행복한 기억일 것이다. 이때 아이들을 위해 손색없는 생일파티의 무대가 되어 준 장소에 감사한 마음이 드는 것도 쉽게 이해된다.

사례 99 처음으로 더 이상 이방인이 아닌 이웃으로

미국 아이들은 'Chuck E Cheese's'라는 곳을 빌려서 생일파티를 한다고 들었다. 그곳이 무엇을 하는 데인지 이름만으로는 판단하기가 어려웠다. / 그날은 우리 아이의 다섯 번째 생일이었고, 우리에게는 처음으로 많은 미국 아이들을 초대한 자리였다. 생일파티가 이어지고, 아이의 주위에서 수많은 미국 친구들이 축하해 주고, 음식을 나누고, 같이 온 부모와 아이들이 함께 어울려 그날만큼은 다른 것이 아닌, 오직 아이들을 위하여 하루를 보냈다. 나는 처음으로 더 이상 이방인이 아닌 이웃으로서 그들과 함께 호흡하며 더 가까워지는 시간을 가질 수 있었고, 우리 가족뿐 아니라 많은 사람들이 행복을 느낄 수 있는 시간이었다. 아이와 함께 오랜만에 온전히 하루를 보낼 수 있었고, 아이가 가장 좋아할 수 있는 공간에서 친구들과 뛰노는 모습을 본 것만으로도 우리 부부는 웃음짓고 오랜만에 가정의 행복을 만끽할 수 있었다. 이런 행복한 자리를 만들어 준 'Chuck E Cheese's'에게도 감사하고 싶었다.

– 이현우(남)

사례 100은 우연히 들른 카페에서 한동안 어색한 사이였던 동료와의 관계를 개선한 후, 그 카페를 동료들과의 사교의 장이자 관계를 발전시키는 매개체로 활용하는 여성의 이야기이다. 그녀의 발견처럼 뜻하지 않게, 게다가 큰돈 들이지 않고도 여유를 찾을 수 있는 곳에서라면 긴장 속에 지내야 하는 직장동료 간의 관계에도 여유와 친근함이 찾아들 것이다.

사례 100 불편하고 미안했던 마음이 해소되면서… 이후 그 카페는 우리의 아지트

건강을 회복하고 취직을 한 곳이 지금 근무하고 있는 이곳이다. 다시 시작한 직장생활이 얼마나 좋았는지 하루가 어떻게 지나가는지도 모르게 열심이었는데, 그만 동료와 마찰이 생긴 것이다. 업무 특성상 야근을 자주 해야 하기 때문에 한 달간 지속되는 야근으로 몸과 마음이 지쳐 사소한 일에도 신경이 곤두서서 전투적 자세가 되었다. 입사하고 얼마 지나지 않아 생긴 일이라 어색한 사이가 되어 버렸다. 오해를 풀고 싶어 말을 걸어도 시큰둥… 그렇게 시간을 보내다 점심 먹고 들어오는 길에 전 직원이 커피 전문점에 들러 커피를 마시며 수다를 떨었는데 분위기 때문이었는지 서로 자연스럽게 말을 하게 되었다. 그동안 불편하고 미안했던 마음이 해소되면서 지난 일을 언급하지 않고 웃음으로 마무리하였다. 그날 이후 그 카페는 우리의 아지트가 되어 자주 다니게 되었다. 이러저러한 이유로 날씨가 좋아서 가고 기분이 울적해서 가고 수다떨려고 간다. 이런 장소가 있어 좋다. 여유란 것은 사람을 행복하게 해 주는 바이러스이다. 여유란 시간과 돈이 많아야 누릴 수 있는 것이라 생각했는데 꼭 그렇지 않더라도 우린 자주 경험한다.

– 안지은(여)

소비자가 공간을 소비하는 방식은 매우 흥미로운 연구주제라고 생각한다. 우리에겐 같이 있을 공간도 필요하고, 혼자서 호젓이 있을 공간도 필요하다. 카페를 예로 들어 보자. 누구는 혼자 있고 싶어서 카페에 가고, 누구는 여럿이 담소를 나누려고 카페에 가고, 누구는 집중해서 공부하려고 카페에 간다. 커피를 사 마시면서 '카페'라는 동일한 공간을 이용하는 데도 다양한 양식의 소비 패턴이 존재한다. 공간은 그 자체로도 용도와 의미를 갖고 있지만, 사용자에 의해

서도 새로운 의미와 용도가 생성된다. 우리 인간에겐 어떤 용도와 의미의 공간이 필요한 걸까? 그 공간을 행복하게 소비하도록 해 주는 공간의 요건은 어떤 것일까?

앞서 가족의 터전인 '집'에 대한 논의에서 잠시 언급한 것처럼, 공간은 크게 '가정-직장-제3의 장소'로 분류할 수 있다.[19] 행복연구자인 서울대 심리학과 최인철 교수는 한 강연에서 행복을 위해 누구에게나 '제3의 장소'가 필요하다고 강조하였다. 의무와 형식에서 벗어날 수 있고, 오롯한 자아를 만날 수 있는 공간으로서의 제3의 장소, 또는 친구들과 어울려 편하게 지낼 수 있는 제3의 장소를 말하는 것이다.

여기서 잠시, 내게 제3의 장소가 있는지, 그곳이 어디인지 한번 생각해 보자. 혼자 또는 다른 사람들과 어울리기 위해 찾는 제3의 장소, 사례 100에서 쓴 용어를 빌리면, 일종의 '아지트'가 정말 있는지, 있다면 아마 당신은 행복한 사람에 속할 것 같다. 사례 99에서처럼 낯설고 불편한 외국 현지인들과 있으면서 난생 처음으로 이방인이란 느낌을 지울 수 있었던 것은 그러한 분위기를 충분히 제공해 준 '바로 그' 공간(파티 장소)이 있었기 때문에 가능했을 수 있다.

가만 생각해 보면 우리의 행복한 기억이 특정 '공간의 소비'와 의외로 밀접하게 연결되어 있음을 깨달을 수 있다. 당신에게 제3의 장소가 없다면, 이제라도 어디 적당한 곳을 알아보면 어떨까.

제11장

행복 다섯 -
삶의 이야기

　삶의 이야기를 원천으로 창출되는 소비자행복은 자신과 특정 제품 사이의 이야기 또는 자신과 또 다른 사람(들)과 그 관계 안에 놓인 특정 제품의 이야기라는 2가지 유형으로 구분되었다. 전체 사례 중 6%로 가장 적었지만, 제품과 소비자 간의 관계는 가장 친밀하고 은밀하고 애절하다는 특징이 있다. 소비자행복의 감정도 그리움과 향수를 동반한 농도 짙은 복합적인 감정으로 나타났다. '대상-관계 이론'의 관점에서 볼 때,[1] 내러티브의 화자에게 그 제품은 일종의 '확장된 자아(extended self)'[2] 또는 '그리운 사람'을 상징하는 특별한 인격적 존재로 변화한다.[3] 이렇게 한 제품이 자아 또는 타자로 확장되는 과정을 거쳐 그 제품은 드디어 자아의 표식으로 승화하거나 삶의 관계 속에서 특별히 얽힌 다른 사람과의 공유된 의미의 세계를 창조함으로써 다시 되돌아와 화자 자신의 삶을 재창조하는 역할을 수행한다.[4]

1. 나와 제품의 이야기 창조

몇 년 전 일명 '정리 전문가'라고 하는 곤도 마리에의 『인생이 빛나는 정리의 마법』[5]이라는 책이 아마존 베스트셀러에 오른 적이 있다. 우리는 버릴 것과 간직할 것 사이에서 간혹 주저하는 일이 많기 때문일까? 이 책이 베스트셀러가 된 이유가 궁금했다. 잠시 일본처럼 비좁은 주거공간에서 사는 사람들에게는 꽤 유용할 수 있겠다는 생각도 들었지만, 의외로 드넓은 땅에 사는 각국의 독자까지 그녀의 조언에 고개를 끄덕이는 이유가 궁금해졌다. 그녀가 제안하는 정리의 법칙 순서를 따라가다 보면 대수롭지 않다는 생각이 먼저 든다. 그러다가 마지막으로 제안하는 법칙에서는 잠시 멈칫하고 생각을 하게 된다. 그 법칙은 '설레지 않으면 버려라'이다. 그 물건에 가만히 손을 대보면, 그것이 나를 설레게 하는지, 아무 느낌도 없는지 알 수 있다고, 만약 설렌다면 간직하라고 조언한다. 어떤 물건이 나를 설레게 한다는 게 도대체 무슨 말일까? 이제부터 들려줄 내러티브들은 나를, 나의 마음을 깊은 곳에서부터 흔드는 어떤 물건에 대한 이야기이다. 나와 그 물건이 공유하는 둘만의 어떤 특별한 이야기에 대한 내러티브들이다.

내 인생의 동반자, 내 삶이 그대로 묻어 있기에

어릴 적 가끔 친구들끼리 이런 실없는 질문과 답을 주고받곤 했다. '집에 불이 났을 때, 꼭 한 가지만 가지고 나올 수 있다면 어떤 물건을 가지고 나오겠냐?'는. 글쎄, 남자애들은 주로 어떤 대답을 했는지 잘 모르겠지만, 여자애들 사이에서 가장 흔한 대답은 항상 '일기장'이었다. 한 인터넷 블로그를 보니, 외장 하드, 가족 앨범, 각종 중요문서, 미피 인형 등등이라고 적혀 있다. 외국의 한 연구에서도 비슷한 질문을 하면 사람들은 주로 가족사진(앨범), 일기장 같은 것을 꼽는다고 한다. 왜일까? 내 인생의 중요한 기억, 더 웅장하게 말하자면, 내 역사를 담고 있는 물건이기 때문이다. 집에 불이 난 것과 같은 극단적인 설정이 아니더라도 누구나 자기가 누구인지 내 인생이 어떠했는지를 말해 줄 수 있는 물건에 대해 강한 애착을 갖고 있다. 당신에게는 어떤 물건이 그러한가? 그토록 소중한 물건이란 어떤 것일까? 한 블로거의 미피 인형 같은 소중한 물건이 당신에게도 분명 있을 텐데 말이다.

사례 101 나와 롯데 파이오니아의 만남

이미 30여 년이 넘는 지난 세월이지만 나와 롯데 파이오니아의 만남은 내 인생에서 가장 '행복한 소비자(고객)'라는 추억과 연결고리를 맺어 주기에 충분한 사건이었다. / 빠듯한 생활 속에서 그야말로 돼지 저금통, 용돈 절약, 적금 등을 통하여 수년 만에 롯데 파이오니아와 만날 수 있었다. 그 까맣고 반짝반짝한 놈을 어루만지고, 달콤한 소리를 들을 때에 나는 이미 세상을 다 가진 듯 행복했다. / 전학 간 친구네 집을 방문했을 때 그 친구가 소유하고 있던 조그만 야외용 전축이 그렇게 부러울 수가 없었다. / 학비 내기도 어려웠던 나의 집안 형편으로는 평생 꿈도 못 꾸는 신비의 물건처럼 느껴졌다. / 롯데 파이오니아는 10여 년이나 기다려 그 성능과 외양을 멋지게 변신하고 나를 주인으로 섬기고자 다가왔던 것이다. / 아이들의 돌이나 집안 모임이 있을 때는 노래방 기기 역할까지 담당하면서 그의 가치는 빛나기 시작했다. / 아이들이 자라면서 동요는 물론이고… 가족들에게 웃음을 주기에 충분했다. / 여러 번 이사를 하면서 더욱더 위기를 맞았으나 그는 나의 보살핌 속에 언제나 함께였다. 참으로 끈질긴 인연이었다. / 그러나 마침내 최후의 날이 닥쳐 오고야 말았다. / 폐기물 수수료 납부영수증을 붙이겠다고 경비실에 신고하고 올라와서 창문을 보니 그가 순식간에 사라진 것이다. 정말 순간적이었다. / 정말 서운하고 아까웠다. / 은퇴하면 언제나 함께하기로 다짐했던 그는 지금 내 곁에 없다. / 어디에 있는지조차 모른다. 아무리 세상이 변하고 편리한 제품이 쏟아지는 시대라 하더라도 언제나 진정으로 원했던 마음, 진정으로 원했던 시기에 충족되었던 그 제품과 삶을 잊지 못한다. 내가 널 꼭 찾으러 가마! 아직도 너를 위한 LP 음반은 꼭꼭 숨어서 네가 올 날만을 기다리고 있단다.

– 황윤석(남)

사례 101의 내러티브는 나와 한 제품의 일생에 걸친 관계에 대한 이야기이다. 제품이 한 사람의 일생에 마치 하나의 인격적 존재처럼 등장하여 그 수명주기를 다하는 동안 소유자와 끊을 수 없는 친밀한 관계를 발전시켜 가는 과정을 엿볼 수 있다. 마치 친한 친구나 연인과의 이별처럼 제품의 부재에 대해 정서적인 상실감과 죄책감을 느끼는 이 소비자의 이야기를 보면, 브랜드 충성도 또는 브랜드 마니아와는 또 다른 차원의 정서적 애착을 발견할 수 있다. 그 물건과 자신을 거의 인간적 관계로 느끼고 있음을 알 수 있다. 동일한 롯데 브랜드의 오디오 또는 명품 수입 오디오가 나타나도 애초의 그 오디오와 이 주인공 간의 관계를 재현할 수 없음은 자명하다. 다른 어떤 것으로도 대체 불가능한 고유한 독자성과 인격성을 제품이 부여받았기 때문이다.[6]

다음의 사례 102는 첫 자전거를 갖게 된 시골 소년의 추억에 관한 이야기이다. 자전거와 한몸이 되어 세상을 누비던 어린 시절이 선명하게 그려진다. 여기서도 '저의 동반자'라는 표현이 나온다. 무생물인 자전거를 적토마로, 동반자로 비유하는 걸 보면, 인간은 원래 타고난 시인인지도 모르겠다.

사례 102 **저의 동반자… 저의 반쪽이 되어 버린 적토마**

나의 유년 시절은 아주 작디 작은 시골 마을이고 절친한 친구도 세 명 남짓. 초등학교를 가려면 늘 산을 타고 다니던 그 시절, 나같이 체구도 작고 마른 아이에겐 그야말로 힘들 수밖에 없는 등굣길이었던 것 같습니다. / 그러던 와중에 눈에 띈 것이 텔레비전 광고에서나 볼 수 있었던 삼천리 자전거! 그땐 그것이 너무 갖고 싶었습니다. / 오랜만에 놀러온 삼촌에게 자전거 사달라고 떼를 써서 결국 자전거를 얻고야 말았습니다. 와~~우 진짜 이건 제게는 말 한 마리가 생긴 것처럼 그렇게 가슴이 확 뛰는 순간이 아닐 수 없었습니다. / 아마 삼국시대나 고려시대에 태어났으면 무인이 되지 않았을까 생각도 하면서 그 순간 말은 살 수 없으니 그럼 자전거라도 꼭 가져야겠다는 다짐을 했죠. 왕들이 말을 타고 산을 누비며 들짐승을 잡는 모습을 보면서 탁 트인 세상을 누비는 것처럼 그렇게 멀리 나아가는 상상을 하면서 말이죠. 왜냐면 저는 모험을 정말 좋아했거든요. 이제는 자전거가 생겼는데 금방이라도 탈 수 있을 것만 같았던 그 자전거는 연습하지 않고는 도무지 탈 수가 없었죠. 그때 큰누이에게 뒤에서 잡아 달라고 한 뒤에 서서히 앞으로 나아가는 연습을 했습니다. / 시원한 바람을 만끽하고 그땐 머리도 길었으니 휘날리면서 자랑 삼아 한 번씩 어깨를 으쓱하며 집으로 갔죠. 그러곤 나만의 장소에 나의 적토마를 안치시켜 놓고 걸레로 닦아 주고 쓰다듬어 주고 들어가는 나만의 스타일이 아직도 기억이 생생합니다. 그만큼 아낀 것이었어요. 원래 동물도 좋아하지만 그땐 집에서 기르는 멍멍이보다 자전거가 제 사랑을 듬뿍 받았습니다. 나의 반쪽이 되어 버린 적토마를 잘 때도 생각하곤 했습니다. / 어느덧 저는 놀랍게도 진짜 두 손을 놓고 재주까지 부리며 적토마를 신나게 타고 있는 것이었습니다. 저와 적토마가 한몸이 된 것이

지요. 맘속에서 신기하기도 하고요, 이건 완전 자랑거리였죠. / 계절은 바야흐로 무더운 여름이었습니다. 엉덩이에는 땀띠가 날 것 같고 얼굴은 시뻘겋게 익어 버릴 것 같은 무더위 속에서 어떻게 그곳까지 가게 되었을까요? 그것은 나의 적토마였기에 가능했습니다. / 그렇게 그 자전거는 고등학교 다닐 때까지 고장도 잘 나지 않는 튼튼함으로 늘 저의 동반자가 되어 주었던 멋진 적토마로 기억됩니다.

– 이재현(남)

사례 102의 내러티브에서는 오랜 세월이 지나 이제는 더 이상 갖고 있지 않는 물건임에도 여전히 생생한 그 시기의 감정이 고스란히 인출되어 나온다. 이러한 기억이 개인의 감성을 풍요롭게 하는 것임에는 의심의 여지가 없다.

앞의 이야기들에서 볼 수 있는 것처럼 '나와 제품의 이야기 창조'라는 유형의 소비자행복은 자신의 삶의 이야기를 원천으로 하는 행복감이다. 추억 속 특정 제품과 자신의 관계에 관한 회상, 해당 제품이나 브랜드에 대한 깊은 애착과 그리움, 자신의 정체성과 제품의 존재에 대한 서사적 기억이 주요 특징이다. 제품에 대한 기억과 감정이 곧 자신의 지난날에 대한 기억이며, 과거 당시에 가졌던 감정과 일치하고 있다. 주로 과거를 회상하게 해 준다는 점에서 이때 발생하는 행복감은 노스탤지어와 깊은 관련이 있다. 이제는 돌아올 수 없는 지나가 버린 나의 시간에 대한 아릿한 그리움이 기저에 깔려 있다.

내 삶의 터닝 포인트 – 너와 함께 그때를 기억해

다음의 연이은 이야기들은 인생의 어떤 전환점을 기념할 만한 물건 또는 그것으로 인해 새로운 국면을 맞이할 수 있었던 그러한 물건에 대한 기억을 담고 있다.

사례 103 스무 살에 만난 디지털 카메라… 세상을 향한 첫걸음을 기록

소년에서 막 어른이 되던 때, 그동안의 내 세계가 너무 좁다고 느껴졌고 더 이상 어린 학생이 아닌 한 사람으로서의 자유를 원해서 여행을 계획했는지도 모르겠다. 아무튼 스무 살이 되자마자 나는 디지털 카메라를 구입했다. / 그 해 초여름 나는 친한 친구 두 명과 함께 자전거를 타고 무작정 여행을 떠났다. 무엇보다도, 가장 마음에 들었던 것은 터치스크린 기능과 펜으로 글씨나 그림을 그릴 수 있는 것이었다. 여행을 하면서 남자들이 사진을 찍으면 아무래도 보기 밋밋할 수 있었는데, 이런 기능을 활용해서 사진에 글도 적고 그림 낙서도 하면서 조금 더 재미있는 사진을 남길 수 있었다. / 여행을 하면서, 친구들과 함께했던 말이 '남는 것은 사진밖에 없다'였다. 나중에 추억할 수 있게 해 주는 것은 사진밖에 없다고 생각한 우리는 정말 사진을 많이 남겼다. 자전거 타는 것이 너무 힘들어서 한적한 도로에 누워 있던 일, 경사진 오르막길에선 자전거에서 내려 힘들게 올라갔던 기억, 수원에서 큰맘 먹고 모텔에서 보낸 편한 잠자리, 더위와 피로로 부어오른 발, 자전거로 여행을 하는 다른 많은 사람들과의 만남 등 여러 가지 추억을 사진에 담아 두었다. / 당시 우리들의 여행은 서툴고, 어떻게 보면 무모한 면도 있었지만 이제 막 어른이 된 세 사람의 젊음과 활기찬 열정이 그대로 드러나는 여행이었다. 그때의 여행을 통해 나 자신을 발견할 수 있는 기쁨을 알았고, 세상을 향한 첫걸음을 내딛을 수 있었다. 젊기 때문에 무작정 떠날 수 있었던 여행. 10대에는 경험할 수 없었던 일들을 스무 살이 되어, 내 스스로의 날개를 펼쳐 세상에 당당하게 맞서 내 인생을 찾아갈 수 있었다. 그때의 감동을

지금도 느낄 수 있게 도와준 T50이 있어 행복했다. 이건 스무 살 인생의 터닝 포인트를 기록해 준 카메라에 대한 이야기이다.

– 김현성(남)

필름 카메라를 사용하다가 디지털 카메라로 대세가 바뀌자 언제부턴가 사진을 현상하지 않고 컴퓨터로만 들여다보게 되었다. 그러다 파일이 손상되는 순간 통째로 몇 년 치 추억을 잃어버린 경험을 해본 사람도 적지 않을 것 같다. 카메라 기술은 날로 발전하고 있다. 이러한 기술의 발전이 우리의 시간을 기록하는 방식을 바꾸는 것도 사실이다. 이젠 대부분의 사진이 스냅 사진이고 스마트폰에 저장되어 있다. 쉽게 찍고, 쉽게 지워 버리는 스마트폰 사진처럼 우리의 삶도 쉽게 지워지지 않을지. 너나 할 것 없이 걸핏하면 블로그에 올리는 음식 사진만이 살아온 시간을 말해 주게 될까? 이제 우리를, 우리의 삶의 기록을, 무엇에게 맡기고 있는가? 무겁던 앨범 책자는 이미 화석이 되었으니 말이다.

사례 104 책가방… 그 속엔 꿈을 싣고 희망을 담은 책들이 담겨

한 남학생이 제게 말을 걸어오는 것이었어요. / 그러고는 편지 한 통을 건네주며 달음질쳐 달아나는 것이었어요. 어안이 벙벙해지면서 멍해지기 시작했어요. / "네가 어느 날 손에 책을 들고 가는데, 약간 터질 것 같은 허름한 가방을 매고서. 그때 마침 지나가던 할머니 한 분이 편찮아 보였는지 부축해 드리면서 가는 네 모습이 너무 아름다워 보여서 가방을 선물하고 싶다."고 썼더라구요. / 그 순수한 맘을 제가 받아들이기로 하고 가방을 사러 나가게 되었답니다. / 그 가방은 솔직히 지금도 생각나는 소중한 추억의 한 부분이며 소중히 간직하고픈 귀중품 중 하나가 되었답니다. / 자존심도 강하고 워낙에 받기보다는 해 주는 것에 익숙해 있던 제가 그 가방을 받으면서 정말 이전에 느끼지 못했던 편안함을, 가방을 맨 순간 정말 공부 열심히 해야겠다는 걸, 언제든지 매고 다닐 수 있고 내게 너무 잘 어울리는 그런 가방에 책도 넣고 여자로서 이것저것 다 넣고 다녀도 금방 줄이 끊어진다거나 하는 염려를 놓아도 된다는 걸 알게 되었습니다. / 세월이 흘러 어느덧 결혼을 하게 되었고 그 후로 또 다른 세계에 적응하느라 정신없이 바쁘게 지내게 되었습니다. / 그저 그렇게 보면 단순한 책가방일지 모르겠지만 그 속엔 꿈을 싣고 희망을 담은 책들이 담겨 있습니다.

— 황보람(여)

많은 사람들이 아마 때때로 꺼내서 닦아 주고 보살펴 주는 소중한 물건을 하나쯤은 갖고 있을 것이다. 세월이 흘러 고물이 되어 가더라도 절대 버릴 수 없는 그런 물건이 우리에게 의미하는 것은 무엇일까? 그것을 꺼내 닦고 바라보면서 그것에 얽힌 과거의 시간으로 여행을 할 수 있으니, 타임머신이 뭐 따로 필요하겠는가.

사례 103, 104의 두 내러티브에서 공통적으로 발견되는 특징은 어떤 물건이 개인의 삶의 일정 기간의(또는 평생일 수도) 기억을 간직하고 증명하고 일깨우는 일종의 증거물로 기능한다는 점이다. 개인의 역사가 얽히고 묻어 있는 특별한 물건은 그것을 구매했을 때 느꼈을 감정이 어떠했든 시간의 흐름 속에서 매우 고유하고 사적인 감정이 덧칠해지면서 때론 그 시간의 흐름을 고스란히 간직한 비밀친구 같은 역할을 해 준다는 점이 흥미롭다. 나는 백년 이백년 넘게 나이를 먹은 나무를 마주 보게 될 때, 가끔 눈을 감고 가만히 손을 대본다. 그 자리에서 펼쳐졌던 수많은 사건과 오갔던 수많은 사람과 그 숱한 계절의 순환을 다 기억하고 있을 거란 생각에 겸허한 마음으로 손을 대고 그 비밀스런 시간의 기억을 잠시 느끼기 위해서이다. 어떤 물건은 자신만 알고 있는 특별한 시간의 기억을 간직한 또 하나의 나, 내 시간의 기록자 역할을 하고 있다. 오랜 나무처럼. 그 물건이 나를 행복하게 만드는 이유는 '내가 지금의 나'임을 기록하고 증명하고 있기 때문이다. 자신의 흘러가 버린 시간이 거기 담겨 있어서, 결코 그 시간을 잃어버리지도 잊어버리지도 않을 수 있기 때문이다. 제1부에서 자아 개념 또는 자아정체성이 행복의 중요한 요소라고 밝힌 연구들을 소개한 바 있다. 앞에서 본 사례들이 이 같은 이론을 뒷받침한다.

2. 삶의 관계 속 제품의 이야기 창조

이제부터 들려줄 이야기들은 나와 그 물건(제품) 사이의 둘만의 이야기가 아니다. 여기에 등장하는 이야기들은 나와 누군가를 잇는 매개 역할을 하는 물건에 대한 내러티브를 담고 있다. 나와 그 사람과 그 물건이 함께 엮여 만들어진 내 인생의 이야기이다.

그 사람의 정표 – 보고 싶을 때 꺼내 보는 물건

영화를 보면, 지금은 어쩔 수 없이 헤어져야 하는 두 연인이 정표로 목걸이를 반쪽씩 나누어 가지며 다시 만날 날을 기약하는 장면이 가끔 나온다. 이제 이어지는 사례 105, 106의 이야기는 멀리 있는 그리운 이와 나를 잇는 정표에 대한 이야기이다.

사례 105 **운동화, 기다릴 수 있는 위안을 준 아들의 선물**

엄마라면 누구나 자식이 소중하겠지만 내 아들은 참 어렵게 와서 아기 때에는 천식 때문에 의사 선생님께 포기하라는 말까지 들었지만 내 곁을 지켜 떠나지 않고 살아 주었다. 3개월이란 긴 입원 기간을 지나 퇴원을 하고 그 후로는 건강하게 자라 주었다. 학교 다닐 때에도 '사춘기'라는 이름으로 힘들게 하지도 않은 것 같다. 그래서인지 애틋한 마음이 더 강한지도 모르겠다. 귀대 하루 전 아들은 운동화를 건네주며 자기가 군대가 있는 동안 울지 말고 열심히 운동하면서 건강을 챙기라고 했다. '운동화.' 아들이 사준 운동화를 신고 딸의 야간자율학습시간이 끝나기 전에 운동장에 도착해서 열심히 달리기를 한다. 내겐 단순한 운동화가 아닌 사랑하는 아들에게로 달려가고 싶은, 내년 9월 제대까지 기다릴 수 있는 위안을 준 아들의 선물이다.

― 전예미(여)

이 이야기의 어머니와 다음 이야기의 여인은 그리운 이로부터 받은 물건에 대해 마치 그의 분신을 대하는 것처럼 깊은 애정과 애틋함을 느끼고 있다. 그 물건은 그냥 흔한 운동화도 마트 선반에 쌓여 있는 비누도 아니다. 바로 그 특별한 누군가가 내게 남겨 준 세상에 하나밖에 없는 그런 정표이다. 떠나는 사람이 정표라고 의미를 붙여 전해 준 것이 아님에도 받는 이에게는 그리운 사람이 남기고 간 정표이자 분신이며 소중하게 간직하고픈 물건이다.

사례 106 **그와 같은 향기의 비누로 그를 그린다**

유난히 더웠던 여름, "누나 주려고… 주고 싶은 건 많은데… "라며 내 손에 쥐어 주고 간 비누. 그날 이후 나는 힘들 때마다 그가 준 비누를 쓰며 그 향기로 마음을 달랬다. 2년 후, 스리랑카 어느 수도원에서 수사로 지낸다며 잠시 한국에 들렀다는 그를 잡을 수도, 미워할 수도 없었다. 그저 매일 그가 준 비누, 그와 같은 향기의 비누로 그를 그린다.

— 정은혜(여)

사례 106의 내러티브에서, 힘들 때 그가 선물로 주고 떠난 비누를 쓰고, 매일 꺼내 그 향기를 맡아 보는 것으로 그를 느끼는 이 여인에게 그 비누는 그의 정표이고 그의 분신이며, 마치 의식을 치르듯 비누를 다루는 그녀의 행위는 다 하지 못한 말과 그리움을 표현하는 그녀의 고백이기도 하다. 사례 105의 내러티브에서 군에 간 아들이 선물하고 간 운동화를 신고 열심히 달리기를 하며 건강을 유지하고 있는 어머니는 아들이 당부한 말을 잘 이행하는 방식으로 운동화를 대하고 있다. 비누를 대하는 여인의 행위와 운동화를 대하는 어머니의 행위에는 일종의 의례적 또는 제의적인 특징이 내포되어 있다. 나만이 갖고 있는 그 물건에 대한 마음자세와 규칙화된 행동적 양식과 상징성이 나타난다는 의미이다. 이러한 정표 또는 분신의 의미를 담지하고 있는 물건을 대할 때 발견되는 매우 독특한 소비형태라고 할 수 있다. 사례 106의 이야기 속에 묻어나는 아릿한 그리움과 기다림의 정서가 슬픔이라기보다 차라리 행복감에 가까운 이유는 그 기저에 '사랑'의 감정이 흐르고 있기 때문일 것이다.

그리운 이를 표상하는 물건 – 내 그리운 이가 좋아하던 바로 그것

제과점에 갈 때마다 뭘 살까 고민하며 두리번거리는 내 시선은 늘 모카빵에서 잠시 머문다. 몇 해 전 돌아가신 할머니가 참으로 맛나게 드시던 모습이 당장 눈에 그려지기 때문이다. '아, 이 노래는 옛 연인이 제일 좋아하던 노래였는데', '우리 아버지는 꼭 이 만년필로 편지를 쓰셨는데', '이 카디건은 우리 엄마가 즐겨 입던 거였는데' 지금 당장 내 곁에 닿을 수 없는 소중한 누군가가 즐겨 쓰던 물건, 아끼던 물건. 그 사람을 떠올리면 늘 함께 떠오르는 그 사람의 물건. 이번엔 그런 물건(제품)에 대한 이야기이다.

사례 107 아버지! 아버지가 즐겨 마시던 막걸리

내가 보채면 동생도 따라서 보채곤 하였습니다. 그때마다 아버지는 저와 동생을 그 넓은 등에 함께 업고 집으로 돌아오곤 하셨고요. 아버지의 등에 업히면 왜 그리 멀리까지 보였는지 마치 놀이기구를 탄 것처럼 재미있었습니다. / 아, 그립고 보고 싶은 아버지, 당뇨병으로 건강이 안 좋아져서 일찍 돌아가시는 바람에 / 아버지! 아버지가 즐겨 마시던 막걸리를 볼 때마다 지금도 막걸리 한 사발 하시고 환히 웃으시던 아버지의 그 모습이 애절하도록 그립습니다. 아버지, 저도 어느덧 중년인 오십이 되었습니다. / 막걸리 한 잔에 지난 세월을 회상하며, 저도 아버지처럼 우리 자식들에게 좋은 추억을 만들어 주고 싶습니다.

– 안영식(남)

아버지와 먹걸리 이야기는 돌아가신 그리운 아버지가 즐겨 드시던 막걸리에 대한 접근-접근 동기(approach-approach motive)를 보여 주고 있다. 아버지를 보고 싶은 마음(접근 동기)과 함께 아버지가 즐기시던 막걸리에 대한 호감의 마음(접근 동기)이 동시에 형성되고 있음을 알 수 있다. 내가 막걸리를 한 사발 마시면, 아버지를 떠올리고 회상함으로써 그리운 아버지를 만나는 듯한 행복한 경험을 할 수 있기 때문이다. 그런데 다음의 사례 108은 조금 다른 과정을 거쳐서 이 단계에 이르고 있다.

지금 신라면을 먹을 때만큼은 아버지를 떠올릴 수 있어서 난 행복하다

어렸을 적에 아버지는 인천 제철소에서 아주 험한 일을 하셨고, 어머니도 식당에서 밤늦게까지 일을 하셨다. 아들 없이 딸만 넷. 그렇게 여섯 식구였다. 넉넉하지 않았지만 우린 행복했다. / 아버지는 가방 속에서 땀과 먼지에 젖은 작업복과 신라면 두어 개를 꺼내 놓으신다… 왜 항상 신라면만 사오시는 걸까? / 그때 아버지도 40대 중반의 한창 나이셨는데 그 험한 일을 하시면서 얼마나 배가 고프셨을까… 없는 살림에 자식들 조금이라도 더 먹이시려고 공장에서 준 야식을 안 먹고 참으셨나 보다. 13살인데 벌써 철이 들었는지 아버지에게 미안하기도 하고, 또 그런 아버지가 미련스럽게 느껴지다 못해 마음 한구석에 짜증이 나서 더 이상 신라면이 먹기 싫었다. / 신기하게도 그 맛있던 라면이 갑자기 맛이 없어졌다. / 그리고 몇 달 후 아버지가 돌아가셨다. / 이후 내 나이 서른이 될 때까지 신라면을 먹지 않았다. / 솔직히 뜨겁고 얼큰한 국물에 탱글탱글한 면발이 생각날 때가 많다. 하지만 굶어 가며 우리를 먹이셨던 아버지가 미련스럽고도 너무나 감사해서… 신라면 봉투만 봐도 아버지 생각에 목이 메어서 먹을 수가 없었다. / 하지만 지금은 신라면을 먹을 때마다 희미하게나마 아버지를 생각할 수 있어서 좋다. 나는 어렸고 아버지도 쉬는 날 없이 늘 늦게까지 일을 하셨기 때문에 아버지를 회상할 수 있는 추억이 많지 않다. 남들에게는 간단하게 한 끼 식사로 대신할 수 있는 단순한 인스턴트 식품일지 모르지만, 내게는 아버지의 애틋함을 느낄 수 있는 소중한 추억의 음식이다. 지금 신라면을 먹을 때만큼은 아버지를 떠올릴 수 있어서 난 행복하다.

— 이세연(여)

사례 108의 이야기는 그리운 아버지에 대한 가슴 아픈 기억 때문에 처음에는 신라면을 기피하는 모습을 보여 준다. 접근-회피 동기(approach-avoidance motive) 같은 것이다. 아버지가 보고 싶지만(접근 동기), 그 기억이 너무 가슴 아파 신라면은 쳐다도 안 보는 행동(회피 동기)이 바로 그것이다. 그러다 나중에 더 나이가 들고, 어느 정도 사회에서 자리를 잡게 된 그녀는 이제 신라면을 통해 아버지를 만날 수 있을 만큼 자신감이 생겼다. 어쩌면 아버지가 미웠던 만큼 어리고 철없던 자신을 미워했는지도 모른다. 세월이 흘러 자신과의 화해와 자존감의 회복이 이루어진 후에야 드디어 미련할 정도로 일만 하고 자식밖에 모르던 아버지와의 기억과 화해하고 받아들이게 된 것이 아닐까 싶다. 용서와 화해는 어쩌면 자신에게 하는 건지도 모른다. 슬픔과 서러움을 안고 힘들어하는 자신을 기꺼이 안아주고 받아들이는 것, 그리고 아픈 기억을 잊는 것. 용서의 최종적 단계는 망각이라고들 한다. 아버지와 신라면의 기억에서 딸이 그동안 내내 못 놓고 있던 기억 속 슬픔과 아픔과 원망은 이제 사라지고, 애틋한 그리움과 사랑만이 남게 되었다.

여기서 행복을 느끼는 데 있어, '용서'가 가지는 힘에 대해 한번 생각해 볼 필요가 있다. 용서는, 고대 현자들의 문헌부터 현대 문헌까지 광범위하게 고찰하여 도출한 송인숙 외(2012)의 8가지 행복증진 원리 중 하나이기도 하다.[7] 당신에게 용서하지 못한 어떤 대상이 있는가? 만약 그렇다면 당신은 그 생각이 떠오를 때마다 괴로울 것이다. 용서의 개념에 대한 연구를 볼 때, 용서가 작용하는 방향에 따라 내면적 개념 또는 대인적 개념으로 구분할 수 있다.[8] 대인적 측면에서 볼 때 용서는 상대방과의 관계회복을 촉진하는 일종의 미덕이다. 그러나 내면적 개념에서 볼 때 용서는 긴장감 감소 및 부정적 감정의 해소 등과 같이 스스로 고통에서 벗어나기 위해 취하는 노력이다. 종교적 관점에서는 잘못을 저지른 타인을 용서하고 그 일을 잊어줌으로써(forgive and forget principle) 선하고 성스러운 어떤 경지에 다가갈 수 있는 과정이다. 나는 세 번째 종교적 관점이 마음에 든다. 그것은 용서를 자아존중감(self-respect)과 존엄성(dignity)을 획득하는 과정으로 보는 것이다.[9] 이 관점은 용서에 대한 이해를 내면의 부정적 감정해소라는 차원에서 성찰과 성숙의 차원으로 발전시킨다. 용서가 무엇인지를 잘 보여 준 영화로 나는 〈밀양〉(이창동 감독, 2007)을 꼽고 싶다. 용서가 결국엔 잘못한 상대방을 넘어, 자기 자신의 분노, 서러움 혹은 죄책감과 화해해야 하는 것임을, 그리고 마침내 잊지 않으면 끝나지 않는 것임을 통렬히 느끼게 해 준 영화였다. 진정한 화해과정이 없다면 망각도 있을 수 없다.

그럼, 다시 사례 108의 내러티브로 돌아가 의미론적으로 다시 읽어보자. 신라면과 아버지의 서사적 기억은 '딸과 아버지', '아버지와 신라면', '딸과 신라면'의 삼중관계로 구성된 전 생애를 관통하는 이야기이다. 이런 경우, 특정 제품은 소비자의 삶의 관계 속에서 누군가로 치환가능한 환유적 존재로 남을 수 있다. 정신분석학적으로 볼 때, '아버지와 신라면' 내러티브에는 신라면과 아버지 간에 환유적 치환의 메커니즘이 작용하고 있다. 소쉬르식 표현을 빌리면, 이 과정에서 시니피앙(예: 아버지의 표상)과 시니피에(예: 실제 아버지)의 연결이 자의적으로 발생하는 것이다. 자전적 에세이는 근본적으로 글로 표현된 자신의 이야기로, 글을 쓰면서 스스로 자가분석(auto-analyse)을 하는 효과를 거둔다. 즉, 스스로 자기 자신을 분석하고 이해하게 되는 과정을 겪는 것이다. 원래 독자는 책의 주인공에게 전이하게 되며, 독서는 본질적으로 전이의 과정이다.[10] 독서의 감동을 생성하는 것은 바로 이 전이과정이다. 전이를 통해 책 속 주인공의 경험이 '현장성'과 '현재성'을 획득하기 때문이다. 이 딸의 자전적 에세이에도 자신의 과거 이야기를 쓰면서 스스로 과거의 자신에게 전이되는 과정이 포함되었을 것이다. 전이를 통해 과거 이야기는 영원한 현재성을 얻게 되고, 환유의 대상이 된 제품(신라면)은 '화자의 아버지'라는 불멸의 의미를 확인받게 된다.

나와 동생과 어머니를 한 번에 이어주는 가방

이번에는 나와 누군가와 또 다른 누군가를 잇는 다중관계의 매개체가 된 여행가방에 대한 이야기이다.

사례 109   내 마음과 돌아가신 부모님 마음까지 담아 드리고, 이쁜 선물도 담아갈 캐리어

사장님께서 스웨덴 출장을 이야기하실 때 순간 다른 나라도 아니고 스웨덴! 그곳은 보고픈 내 여동생이 성장하고 공부하고 지금 살고 있는 나라…. / 태어난 지 백일 만에 동생을 고아원으로 보낼 수밖에 없었다. 갑작스런 아버지 사업부도로 가사가 기울 때 여동생이 태어나면서 젖도 제대로 먹여 보지 못한 상태에서 어머니는 평생 가슴에 한이 될 동생을 고아원으로 보내게 되었다. 나중에 꼭! 나중에 조금 형편이 좋아지면 꼭 데리고 오려고 발자국에 눈물을 담으며 돌아왔지만, 어머니와 여동생에게 엄마와 딸, 모녀라는 단어는 마지막이 되었다. 이런 일이 있은 후 아버지는 갑자기 돌아가시고 어머니와 난 정신없이 앞만 보며 달려왔다. 생업에 뛰어든 어머니에게 조금이나마 도움을 주려고 초등학교 4학년 때부터 신문배달을 시작하면서 공부보다는 신문배달 수입 몇 천 원이 내게는 큰 기쁨이고 그 몇 천 원을 받아 집으로 돌아가는 길에 콩나물을 사들고 가면서 가정에 조금이나마 보탬이 된다는 마음에 공부는 뒷전이 되었다. 내가 세상물정을 알아갈 때 어느 날 어머니는 동생을 찾으러 갔다가 그저 되돌아올 수밖에 없었다. 담당 책임자가 말하기를 현행법에는 버린 부모가 찾고자 하더라도 알려 줄 수 없다는 것이다. 나중에 동생이 성인이 되어서 부모를 찾아올 때까지 기다려야 한다는 것이다. 어머니는 담당 책임자를 붙잡고는 당시에는 왜 그런 이야기를 하지 않았냐며 난리를 쳤지만 끝내 동생이 어디로 입양되었는지 알 수 없어 울고만 계신 어머니를 그저 바라볼 수밖에 없었다. / 그렇게 시간은 흘러 어머니마저 돌아가시고 내 기억에서 동생이란 존재가 조금씩 잊혀져 갈 때, 지금으로부터 3년 전 입양 담당기관에서 연락이 왔다. 스웨덴에 입양 간 여동생이 부모님을 만나길 원하는데 만날 의향이 있는지 물어온 것이다. 이미 어머니마저 돌아가신 지 7년이 흘렀던 때다. 사실 난 만날 자격이 없다는 생각에 거절했다. 형편 때문에 버릴 때는 언제고 이제와 어떻게 동생을 만날 수 있단 말인가. 정중히 사과하며 거절했다. 담당자는 동생분이 꼭 만나 줄 것을 요청했다며 생각할 시간을 드릴 테니 잘 생각하셔서 꼭 만나면 좋겠다면서 답변 일정을 정해 주었다. 지금까지 난 너무나 정신없이 달려왔다. 어머니는 내가 중학교를 졸업하는 게 소원이라고 했다. / 나라는 사람은 놀 줄도 모르고 재미는 없지만 다시는 가난을 되물림하고 싶지 않았다. / 주변의 권고로 동생을 만나기로 했다. 동생은 스웨덴에서 대학을 졸업하기 전에 경희대학교 교환학생 신분으로 한국에 오게 되었다. 서울역에서 드디어 24년이란 긴 시간을 뛰어넘어 동생을 만났다. 너무나 이쁘게 잘 자란 나의 여동생… 다행히 동생과 동행했던 대학생 통역의 도움으로 많은 이야기를 했지만 마음 한쪽에는 죄인 같은 마음뿐이었다. 여동생 본인은 스웨덴에서 너무나 좋은 부모님과 좋은 환경에서 건강하게 잘 자라왔다면서 미안한 마음을 갖지 말라고 오히려 나를 위로했다. 그렇게 동생과 만나 짧은 이틀을 보내고 다시 동생을 보낼 때 뒤돌아서서 눈물을 보이고 말았다. 그렇게 이별 후 3년이란 시간이 흘러 동생을 만나러 스웨덴에 간다는 생각에 가슴 설레며 준비하는 시간이 금방 흘렀다. 여행을 많이 다니지 못해 캐리어 하나 장만하지 못했는데 이번 기회에 캐리어 하나 장만해야 할 것 같아 매장으로 갔다. 내 마음과 돌아가신 부모님 마음까지 담아 드리고, 이쁜 선물도 담아갈 캐리어. 캐리어를 고르면서 정말 행복을 맛본다. 벌써 내 마음은 캐리어를 끌고 공항으로 가는 모습을 그려 본다.

— 박철민(남)

스웨덴에 입양 간 여동생을 출장 덕분에 만나러 가게 된 오빠가 캐리어를 준비하는 과정에서 그의 전 생애가 관통하여 흐르고 있다. 이 캐리어는 보통 짐을 담는 캐리어가 아니다. 딸을 고아원에 보내고 평생 다시 못 본 채 돌아가신 부모님의 마음을 담는 가방이다. 그리운 동생에게 벌써 달려가 있는 오빠의 마음을 담는 가방이기도 하다. 또한 동생에게 줄 선물도 담는 가방이다. 분명 동생을 만나고 돌아와서도 그 캐리어는 여느 캐리어와는 다른 상징성을 띤 채 보관되고 있을 것이다. 캐리어 하나에 오빠와 부모님과 여동생의 안타깝고도 따뜻한 인생이 모두 담겨 있음을 그리고 이제 희망까지도 담게 될 것임을 짐작할 수 있다. 제품에 의미를 부여하는 것은 구매자이지만, 의미를 부여하는 순간 그 물건은 관련된 모든 이들의 삶의 시간을 관통하고, 복잡한 관계를 관통하고, 인생의 희로애락을 관통하면서 다중의 주인공들을 이어 주는 빛나는 조연의 역할을 하게 되는 것이다.

예를 들어, '내 인생의 파이오니아', '내 어린 시절의 자전거', '아버지와 신라면', '동생을 만나러 가는 캐리어' 이야기는 더 이상 남의 것과 같은 평범한 제품이나 브랜드에 대한 이야기가 아니다. 제품이 단순한 제품을 넘어, 인격성과 불멸성을 가지면서 한 소비자의 전 생애에 걸친 서사적 경험 속에서 핵심적인 역할을 담당하고 있다.

이 제품들은 사적인 생의 이야기를 고백하는 화자와 매우 특별한 정서적 애착관계를 형성하고 있는 삶의 물증 같은 것이다. 즉, 대체 불가능한 소유물로서 '지표성(indexicality)'[11]을 가진다. 여기서는 지나간 인생의 동반자 또는 그리운 누군가를 의미하는 하나의 표식이다.

지표성은 특정 사건이나 경험의 발생시점을 증거하는 '시간적 지표성(temporal indexicality)', 특정 누군가를 증거하는 '인적 지표성(corporal indexicality)', 본인 마음에서 차지하는 비중인 '심리적 에너지(psychic energy)', 남들에게 보여 주고자 하는 정도인 '사회적 가시성(social visibility)'의 4가지 기준에서 평가할 수 있다고 한다.[12] 특히 '아버지의 신라면'은 화자의 인생에서 앞의 3가지 지표성이 극히 높은 제품이라고 볼 수 있다. '동생을 만나러 가는 캐리어'는 내러티브의 화자가 이를 가시적 지표로 활용하게 된다면 4가지 지표성을 모두 함축한 제품이 될 수 있을 것이다.

제4부

마무리

. . .

내가 가진 건 A4 용지들 위에 실린 다른 이의 이야기들인데, 그것으로
내가 행복하다니! 그때 알았다. 행복은 긍정적 에너지이고, 움직이는 생
명체라는 것을.

제12장

소비자행복 개념의 정리와 요약

이 책은 '행복한 소비자'에 대한 논의를 하기 위한 목적에서 쓰여 졌다. 먼저, 제1부에서는 기존 연구를 토대로 몇 가지 주요 주제를 우리의 관심사와 연결하여 한번 크게 정리해 보는 시간을 짧게 가졌 고, 제2부에서는 '나는 행복한 소비자'라는 주제로 실제 체험담을 서 술한 에세이 259건을 대상으로 내러티브 분석을 수행한 연구과정과 소비자행복의 프레임워크를 소개하였다. 소비자행복이 어떤 원천으 로부터 연유하는지 밝히고, 각 원천별로 소비자행복의 세부유형을 발굴하였으며, 행복창출에 대해 소비자가 어떤 역할과 어떤 수준의 참여형태를 띠는지 탐구하였다. 이 같은 분석의 틀을 사용하여 소비 자행복의 개념적 체계를 도출한 후, 그에 따라 제3부에서는 해석적 방식으로 각 소비자행복 유형별 내러티브를 소개하고 이해하는 과정 을 밟았다. 다양한 소비자행복의 유형을 깊이 이해하기 위해 사례마 다 관련된 여러 가지 이론과 연구결과를 해석의 근거로 제시하였다. 이상의 분석을 바탕으로 '소비자행복'에 대해 잠정적으로 '개괄적 정의'와 '심층적 정의'를 내리면 다음과 같다.

개괄적 정의

소비자행복(consumer happiness)이란, 소비 내재적, 소비 외재적, 소비 초월적 원천에서 제품 및 소비와 직간접적으로 연관된 경험을 통해 소비자가 주관적으로 느끼는 극치감, 평온감 또는 희망 등 긍정적 감정으로 충만한 심리적 상태를 의미한다.

심층적 정의

소비자행복은 소비 내재적 원천인 상품, 브랜드, 고객관리 및 소비활동 자체, 소비 외재적 원천인 소비자 자신 및 타인과의 관계, 소비 초월적 원천인 자기 삶의 이야기 등으로부터 창출되는 극치감, 평온감 또는 희망 등 긍정적 감정으로 충만한 소비자의 심리 상태로, 이 같은 원천에서 소비자는 본원적 소비, 마니아적 소비, 고객 케어 소비, 착한 소비, 합리적 소비, 자족적 소비, 쇼핑 플로, 자기보상 소비, 내적 집중 소비, 자기향상 소비, 가족지향 소비, 사회적 관계지향 소비, 나와 제품의 이야기 창조, 삶의 관계 속 제품의 이야기 창조 등의 소비과정을 경험하면서, 제공된 가치의 소비자, 소비활동의 의미 해석자, 자신을 위한 투자자, 소비를 통한 관계 (재)구축자, 삶 속 제품의 이야기 창조자 등의 역할수행을 통해 행복창출에 참여한다.

총 259건의 에세이 내러티브를 분석한 결과, 소비자행복의 원천을 소비 본연의 성질 및 요소와 직접 관련된 '소비 내재적 원천', 간접적으로 관련된 '소비 외재적 원천', 더 나아가 일반적 소비 개념을 뛰어넘는 '소비 초월적 원천'의 3가지로 분류하였다. 소비자행복이 기업에서 제공한 혜택이나 가치를 있는 그대로 수용함으로써 발생하기도 하지만 행복을 성취하기 위해 자신의 노력과 자원을 투입하고 주체적으로 활용, 변용하는 등의 참여를 하는 경우가 더 많다는 점도 발견하였다. 이 같은 소비자행복의 원천과 참여 수준의 결합에 따라 14가지 소비자행복의 세분유형과 5가지 소비자 역할을 도출하였다. 각 행복의 원천은 마케터가 주도하는 원천으로부터 전적으로 소비자에 의해 창조되는 행복의 원천에 이르기까지 소비자의 참여 수준에 따라 크게 5가지로 분류할 수 있었다.

이 중 마케터 주도 영역인 '상품, 브랜드, 고객관리' 원천이 41%로 가장 많았고, '소비활동 자체'에 대한 의미해석이 약 25%, '소비자 자신'을 행복의 원천으로 하는 사례가 12%, '인간관계'가 16%, '삶의 이야기'가 6%에 해당했다. '상품, 브랜드, 고객관리' 원천에 속하는 소비자행복의 유형은 본원적 소비, 마니아적 소비, 고객 케어 소비로 이때의 소비자 역할은 순전히 '소비자'이다. '소비활동 자체'에 대한 '의미해석자'의 역할을 하는 소비자는 착한 소비, 합리적 소비, 자족적 소비, 쇼핑 플로로부터 행복을 느낀다. '소비자 자신'을 원천으로 하는 소비자행복 유형에는 자기보상 소비, 내적 집중 소비, 자기향상 소비가 발견되었으며, 이때의 소비자는 '나를 위한 투자자'이다. '인간관계'를 원천으로 하는 소비자행복 유형은 가족지향 소비, 사회적 관계지향 소비로 분류되었으며, 소비자 역할은 '관계(재)구축자'이다. 마지막으로 '삶의 이야기'를 원천으로 하는 소비자행복은 나와 제품의 이야기 창조, 삶의 관계 속 제품의 이야기 창조로 유형화되었으며, 소비자는 '삶 속 제품의 이야기 창조자' 역할을 한다. 여기서 제품이라는 용어를 사용하기는 했지만, 이 경우 제품은 제조제품에만 한정된다기보다 경우에 따라 특정 이벤트, 서비스 등의 경험으로 확장될 수 있다.

질적 연구이므로 숫자가 시사하는 통계적 의미는 거의 없으나,

마케터가 주도할 수 있는 영역에서 발생하는 소비자행복이 가장 많이 보고되었다는 점은 기업 입장에서 고무적으로 그러나 책임감 있게 받아들여야 한다. 고객의 문제를 해결해 주는 상품, 혁신적이고 우월한 제품을 제공하는 것은 기업의 존재 이유에 다름 아니다. 기업이 제 본분에 가장 충실할 때, 고객은 가장 행복해질 수 있다는 교훈을 얻을 수 있다.

이 책에서 가장 많은 소비자행복이 보고된 유형은 감동적 고객관리, 즉 고객 케어 소비였다. 전체 259건의 사례 중 27%가 넘었다. 1990년대 중반 이후 '고객관계관리(CRM)' 패러다임이 급부상한 것은 주지의 사실이다. 그러나 많은 원칙과 기법이 난무해도 현실적으로 볼 때, 고객을 감동시키는 관계형성은 결코 쉽게 얻어질 수 없다. 핵심은 최근 흔히 강조하는 '진정성(authenticity)'에 있다. 기업은 고객과 '인간' 대 '인간'으로 만나야 한다. '고객이 기업의 인적·물적 자원을 만나는 접점으로 고객에게 그 기업을 다시 선택할지 말지를 결정하는 중요한 인상을 남기는 순간'이라는 의미를 지니는 '진실의 순간(Moment Of Truth: MOT)'을 감동적 경험으로 만드는 간단한 요건은 인간성 상실의 시대에 이해타산의 관계, 거래적 관계가 아닌 '진정성'에 기반한 '우정'의 관계를 형성하는 데 있다. '진정성'에 기반한 서비스는 서비스 제공자에 대한 감사, 존경 등을 넘어 경외심, 숭고함 등의 벅찬 감동까지 유발하며 고객의 기억에 깊이 아로새겨진다. 사람을 행복하게 하는 건 결국 사람이다. 중요한 것은, 앞서도 언급했듯이, 사람의 진정성은 상업적인 것이 될 수 없다. 팔 수 없는 것, 그냥 대가 없이 주는 것이기 때문에 '진심'이고 '진정성'이다.

다른 행복의 원천에서도 마케팅 시사점을 도출할 수 있다. 특히 최근 생산자와 소비자의 협력(collaboration)에 의한 '가치공동창출(value co-creation)' 개념이 부상하고 있다는 점[1]과 이 연구의 분석결과

소비자행복의 나머지 60%가량이 소비자의 일정 정도 이상의 참여를 전제로 한다는 점은 마케팅에 시사하는 바가 크다. 소비자의 행복감은 수동적이고 소극적인 방식으로 이미 제공자에 의해 부여된 가치를 소비하는 데에서만 발생하는 것이 아니다. 이제, 소비자가 자신의 소비행위 자체에 어떤 의미를 부여하여 해석하는지, 이미 가치가 결정된 상품, 브랜드, 서비스의 소비에 새로운 가치를 어떻게 부여하여 자기 자신을 돌보고 주위 사람과의 관계를 재구축하는지, 그리고 마지막으로 소비자의 삶 전체에서 가장 행복한 기억으로 남을 수 있는 하나의 이야기 속에 특정 제품이나 서비스가 어떻게 대체 불가능한 유일성을 띠는 방식으로 자리매김하는지를 이해하는 것이 중요하다.

'삶 속 제품의 이야기 창조자'인 소비자가 구성한 삶의 기억 속 이야기에서 특정 제품은 '제품의 자기초월'을 보여 준다. 마케팅에서는 흔히 제품이나 브랜드에 개성을 입혀 의인화 또는 인격화하는 전략을 구사한다. 이 인격은 마케팅 전략에 의해 부여된 것이며 시장에서 공유되는 공통적인 상징성이다. 인격을 부여받았으나 공장에서 똑같이 찍혀 나온 바비 인형 같은 인격체일 뿐이다. 각각의 인간이 우주에서 유일한 단 하나의 고유성을 띠는 인격적 존재인 것처럼, 만약 어느 순간 제품이나 브랜드가 진정한 인격적 존재로 승화될 수 있다면, 그것은 소비자가 가장 행복했던 시공에서 특정 제품이 매우 개인적이고 고유한 삶의 실화 속 특별한 존재로서의 역할을 부여받았을 때가 아닐까 싶다. 이때 소비자는 포스트모던 소비사회에서 자아를 상실한 '죽음을 맞이한 주체'로 남아 있는 것이 아니라,[2] 스스로 생각하고 깨닫고 창조하는 주체적 소비자로 부활하게 되며, 제품은 제품의 한계를 뛰어넘어 인격적 존재로 재탄생함으로써 '자기초월성'을 획득한다.

제13장

소비자행복을 높이려면?

1. 행복의 토대, 희망찬 세상

소비자행동에 담긴 감정을 분류한 라로스와 스틴캠프(2005)[1]의 연구에서 '행복감'은 '만족감(contentment)'과 나란히 긍정적 감정의 두 구성차원이다. 만족감에는 만족한(contented)/충족된(fulfilled)/평온한(peaceful)의 3가지 하위 감정이, 행복감에는 낙관적(optimistic)/고무된(encouraged)/희망찬(hopeful)/행복한(happy)/즐거운(pleased)/기쁜(joyful)/안심한(relieved)/스릴 있는(thrilled)/열광적인(enthusiastic)의 9가지 하위 감정이 속한다. 이 분류에 따르면 평온함이나 충족감 등의 '만족감'은 '행복감'과 독립적으로 나뉘어 있지만, 이 책에서 소개한 소비자행복의 내러티브 중에는 평온함과 충족감 같은 감정도 '행복감'으로 나타났다. 이는 고원경험의 성격을 띠는 '고요한 행복감'이다. 이 연구의 분류체계에서 주목하고 싶은 부분은 '행복감'에 미래에 대한 긍정적 전망과 희망을 담고 있는 '낙관적', '희망찬' 같은 감정이 포함되어 있다는 점이다.

일본의 한 연구팀이 행복의 조건을 탐구한 결과를 책으로 정리했는데, 이 책을 보면 행복을 측정하는 5가지 열쇠로 '시간에 대한 충실도와 미래의 희망에 관한 요소'를 가장 먼저 꼽았다. 그 외 '인정받고 싶은 욕구의 충족에 관한 요소', '재량의 자유에 관한 요소', '내적인 긍정요소(자존감)', '외부로부터 강제를 받지 않는 자유에 관한 요소'가 포함된다.[2] 가만히 들여다보면, 모두 기본적으로 행복에 중요한 조건들이다. 소비자가 느끼는 행복감도 이 같은 조건들이 다양하게 결합하여 형성되는 것 같다. 여기서 주목할 만한 흥미로운 점은 '시간 밀도와 희망'에 대해 언급한 첫 번째 요소이다. 현재의 행동이 미래의 꿈과 희망으로 연결되어 있으며, 그 때문에 마음이 꽉 찬 듯 설레고 벅찬 상태가 행복의 기본적 요소라는 점을 밝히고 있기 때문이다.

이 책의 사례 중, 마땅히 속 깊은 대화를 나눌 친구 하나 없이 우울한 나날을 보내던 한 직장 여성에게 스스로 구입한 작은 화분 두 개가 이룩한 기적(사례 67), 절망에 빠진 한 남성에게 대가를 바라지 않고 책을 건네준 카페 사장의 진정성이 이룩한 기적(사례 21)은 절망과 비관을 희망과 낙관으로 뒤바꾸는 계기로 작용했다. 가볍게는 캠핑 계획을 짜면서 설레는 가족(사례 82), 신제품을 예약해 놓고 기다리면서 부푸는 기대(사례 01)도 미래에 소망을 그리는 행위였다. 이 사례들은 행복의 사전적 정의에서 '희망을 그림'이라는 표현이 들어간 이유와, 라로스와 스틴캠프가 분류한 행복감정에 '낙관적', '희망찬'의 감정이 포함되는 이유를 깨닫게 해 주는 이야기들이다.

우울하거나 비참하거나 자신과 세상에 대한 전망이 부정적일 때 사람들은 모든 외적 조건을 다 갖추었더라도 불행하다.[3] 최근 몇 년간 국내에서 가난 때문에 일가족이 동반 자살하는 가슴 아픈 사건들이 여러 차례 발생했다. 진실을 말하자면, 그들의 자살은 가난 때문이 아니라 희망의 부재 때문이다. 희망이 없으면 불행하다. 스스로 죽음을 택할 정도로 희망은 생존에 필수불가결하다. 소비자행복도 마찬가지이다. 과거의 이야기를 떠올려 작성한 에세이 속에서도 소비자행복이 과거와 현재뿐 아니라 미래에 대한 전망으로부터 나온다는 것을 확실히 알 수 있었다. 행복을 말할 때 '지금, 여기'를 강조하는 것이 결코 틀린 말은 아니지만, 행복은 상당히 미래적인 것이기도 하다. '지금, 여기'의 행복에는 어쩌면 희망을 그리는 마음, 투명한 미래가 애초부터 담겨 있는 것인지도 모른다. 국민행복시대, 국민행복지수 등을 정부 차원에서 언급하는 경우가 최근 부쩍 늘었다. 사회적·국민적 웰빙을 높이기 원한다면 정부와 기업은 '행복'을 구성하는 여러 가지 감정단위에 더 관심을 기울여야 한다. 과거와 현재까지는 행복했어도 미래에 희망을 그릴 수 없다면 불행한 소비자, 불행한 국민으로 전락한다. 자신과 세상에 대한 희망을 그릴 수 있는 미래를 줄 수 있는 기업, 사회, 국가가 되기를 바란다. 희망은 생존의 문제와도 직결되는 행복의 기본 감정단위이기 때문이다.

2. '독'이 없는 사회 시스템

그렇다면 '희망'이란 무엇인가? 기쁘게 소망하는 것, 즉 더 나은 내일을 꿈꾸는 마음 아닐까? 희망이 진정한 희망이 되려면 실현가능성이 있어야 하고, 실현가능성은 높을수록 좋다. 내일 살아갈 힘은 희망에서 나오고, 희망은 중요한 행복의 감정단위인데, 혹 그것이 '헛된 희망'이라면 어떻게 되는 것인가? 아무리 해도 고생한 보람이 주어지지 않는 헛된 희망의 늪이라면 어떻게 되는 것인가? 코리안

드림과 아메리칸 드림이 헛것이라면 어떻게 되는 것인가?

30년 전보다 국가의 1인당 국민소득이 10배 증가했다고 10배 더 행복해지진 않는다. 이것이 이스털린 패러독스이다. 그러나 상대적 소득에 대해서는 그 가설이 통하지 않음을 제3장에서 살펴보았다. 내 소득이 남과 동일한 양과 속도로 증가한다면 내가 남보다 더 행복할 이유가 없다. 그런데 반대로 남보다 적은 양이거나 오히려 소득이 줄어든다면 어떨까? 이제 이것을 좀 더 구체적으로 언급해 보려고 한다. 행복은 다 마음에 달린 것이니, 현재에 만족하고 더 잘사는 남과 비교하지 말라는 조언 따위를 하려는 것이 아니다. 그런 것은 마음대로 잘 되지도 않을 뿐더러, 인간의 대부분의 판단과 평가는 상대적일 수밖에 없기 때문이다. 우리는 늘 상대평가를 받으며 살고 있다. 소득에 대해서는 더 그렇다. 상대적 소득에 대해 사실은 상당히 예민하다. 우리는 태어나면서 천부인권을 가지고 있고, 기회의 균등과 법 앞의 평등을 국가적 가치로 삼는 민주주의 사회에서 살고 있기 때문에 더욱 그렇다. 최근 유행어인 금수저, 흙수저 논란의 이면에는 이러한 근본적인 가치가 깨진 현대 한국사회의 어둠이 반영되어 있다.

국회입법조사처가 세계 상위소득 데이터베이스(The World Top Income Database: WTID)와 국제통화기금(IMF) 자료를 분석한 결과, 우리나라 상위 10%의 소득집중도는 2012년 기준 44.9%로 세계 주요국 중 미국(47.8%) 다음으로 높았다. 소득집중도란 소득 상위권 구간에 있는 사람들이 전체 소득에서 차지하는 비중으로, 한 사회의 소득불평등 정도를 판단하는 지표이다.

한국은 1995년에서 2012년까지 18년간 외환위기와 금융위기를 거치면서 상위 10%의 소득집중도가 29.2%에서 44.9%로 주요 비교대상국 중 가장 가파르게 증가했다. 증가폭은 15.7%포인트, 증가

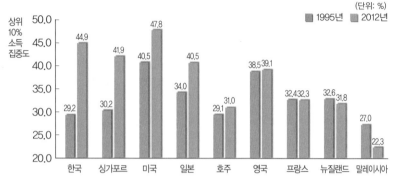

그림 13-1 상위 10% 소득집중도 변화(1995~2012)

출처: The World Top Income Database(http://g-mond.parisschoolofeconomics.eu/topincomes)

율은 53.8%를 기록했다. 1995년 당시 한국의 소득집중도(29.2%)는 미국(40.5%)은 물론 싱가포르(30.2%), 일본(34%), 영국(38.5%), 프랑스(32.4%) 등보다 크게 낮았지만, 현재는 집중도가 가장 심각한 미국(47.8%)에 이어 두 번째로 심각한 나라가 되었다. 이 자료에서는 "외환위기 이후 우리나라 경제성장의 성과가 상위 10% 소득층에게 집중적으로 배분되었음을 의미한다."고 설명했다.[4] 이는 세계 주요국보다 "소득불평등으로 인한 양극화가 그만큼 빠르게 진행되었다는 뜻"이다.[5] '가난은 임금님도 구제 못한다.'라는 옛말이 있다. 세상에 이처럼 무책임한 말이 또 있을까. 왜냐하면 개인에게 동일한 기회를 주었음에도 잘못된 판단과 무능력과 게으름 때문에 발생한 가난이라면 개인적인 차원의 문제일 수 있지만, 그렇지 않다면 이것은 경제구조와 사회 시스템의 문제이기 때문이다.

『우리 아이들(*Our Kids*)』의 저자인 하버드대 공공정책 분야의 푸트넘 교수(R. D. Putnam)는 부모 세대에서 소득분배가 형평성 있게 이루어지지 않으면, 자녀 세대에 이르러 기회균등이 이루어질 수 없다고 말한다.[6] 소득 양극화가 심화되면 최상층의 소득집중도가 높아지고, 중산층은 붕괴되며, 빈곤 가정이 많아지는 결과를 초래한다. 이것이 한국사회에 금수저, 흙수저 논란이 일고 있는 배경이다. 자녀 세대에 기회균등이 사라진다는 것은 더 이상 계층 상승이 어렵다는 의미이다. 한 번 금수저는 영원한 금수저로, 흙수저는 영원한 흙수저로 살아가게 된다는 뜻이다. 이것이 정말 한국의 미래인가? 원래부터 소득집중도가 심했던 미국은 조사기간(1995~2012) 동안 소득집중도가 18.0% 정도의 상승폭에 그쳤다. 이에 비해 53.8%의 상승폭을 기록한 한국의 실정이 얼마나 심각한지, 얼마나 많은 사람들이 상대적 박탈감으로 괴로워하는지 쉽게 짐작할 수 있다. 푸트넘 교수는 미국에서 계층이동이 가장 활발했던 때는 1950년대 초부터 1970년대 말까지였으며, 그 후 차차 감소하여 이제는 아메리칸 드림이 더 이상 통하지 않는 시대가 되었다고 경고한다. 더 빠르게 이 같은 위기를 맞은 한국은 사회적 충격이 더 클 수밖에 없다.

그렇다면 우리의 현 사회구조 속에서 소비자행복을 운운하는 것이 어쩌면 타당하지 않을 뿐더러 심지어 부끄러운 것은 아닐까. 우리 모든 인간에게 소비자행복의 의미를 이야기할 수 있으려면, 적정한 수준의 존엄하고 기품 있는 삶을 영위할 소득과 신분이 보장되어야 한다. 소비자로서 행복할 수 있다는 것이 특정 어떤 집단에게만 한정되는 사치스러운 발상이라면 그건 옳지 않은 사회일 것이다. 내일 더 나아지리라는 희망은 절대 헛된 꿈이 되어서는 안 된다. 만일 국가가, 사회가, 기업이 국민과 시민과 소비자에게 헛된 희망만을 주고 있다면 그것은 옳지 않을 뿐더러 나쁜 것이다. 나쁘다는 것은 헛된 희망이 사람을 서서히 죽이는 독과 같은 것이기 때문이다. 김애란의 단편소설 「큐티클」에 등장하는 주인공인 젊은 여성이 하루종일 끌고 다니던 커다란 캐리어. 그것은 텅비고 끌리는 소리만 요란한, 그러나 '언젠간 우리도 해외여행 한번 꼭 가자.'라는 막연한 희망을 담은 여행가방이다. 그 소설에서 내가 읽은 것은 끊임없이 순환하는 헛된 희망의 독이다. 이 책은 소비자행복을 운운할 수 있는 선하고 옳은 세상에서만 설 자리가 있다. 나는 그러한 우리 사회를 생각하며 이 책을 썼다. 꼭 그러하리라고 믿는다.

3. 야생성으로의 귀환, 창조적 인간

어린 자녀를 둔 부모는 알 것이다. 아이가 얼마나 부지런히 뭔가를 그리고 칠하고 자르고 접고 붙이면서 만들어 내는지. 아이는 경이로울 정도로 창조적이다. 끊임없이 손을 움직이면서 뭔가를 만들어 낸다. 그런 아이들을 보고 있자면, '인간은 원래 생산자로 태어나는 것이 아닐까?'라는 생각을 하지 않을 수 없다. 그러면서 어른인 자신의 모습을 돌아보면, 참으로 이상하리만치 아무것도 만들어 내지 않고 산다는 것을 깨닫게 된다. 물론 직장에 나가서 머리도 엄청 쓰고 협업해서 자동차도 만들고 아파트도 짓고 다 한다. 생산하긴 한다. 그런데 아이 때처럼 부지런히 고안하고 내 손으로 나만의 무언가를 생산하지는 않는다.

자신이 어린아이였을 때를 기억해 보자. 나 역시 학교 다녀와서는 늘 뭔가를 고안했고, 고안하느라 머리가 매일 바빴다. 필요한 재료를 여기저기서 줍거나 사거나 다락방을 뒤져 찾아내서는 머릿속의 설계도를 따라 만들어 냈다. 때로는 셀로판지와 주워 온 나뭇가지를 이용해 크리스마스 트리를 만들기도 했고, 헌 형겊을 잘라다가 엄마 재봉틀에 앉아 인형 옷을 만들기도 했으며, 친구 생일선물로 솜 넣은 소녀 모양의 인형을 만들어 주기도 했고, 벽에다 특이한 액자나 장식을 만들어 걸기도 했다. 심지어 만년필 잉크도 물감을 타서 만들어 색색으로 글을 썼다. 그것을 하느라고 숙제를 안 해간 것도 아니다. 어릴수록 생산과 창조의 능력은 눈부시게 번쩍이고, 부지런히 무엇인가를 제작한다. 그러다 학년이 올라갈수록 이런 행동이 점차 줄어들고 어른이 된 이후에는 통 뭘 만들려고 하질 않게 된다. 여유 시간만 있으면 눕고 자려고 할 뿐 내 손으로 뭔가 새로운 것을 만들어 내는 창조적인 작업은 거의 하지 않는다. 왜 이렇게 변하는 걸까? 생산자로 태어났는데 왜 나중엔 소비자로만 살다 가는 걸까?

아기 코끼리를 생포해서 지속적으로 꼬챙이로 찌르고 때리는 '파잔 의식(phajaan crushing)'을 치르게 되면, 살아남은 코끼리들은 본래의 야생성을 잃고 자신이 코끼리라는 것을 잊은 채 인간의 명령에 복종하는 기계로 변화한다. 혹시, 우리도 자라면서 어떤 과정을 거쳐 타고난 창조자와 생산자로서의 정체성을 소실한 채 소비자로만 살아가도록 변질된 것은 아닐까? 우리의 창조자로서의 야생성을 다시 되찾거나 혹은 잃어버리지 않을 방법은 없을까? 현대적 제도권 교육의 탄생에 토대를 닦은 피아제의 주장에 따르면, 창조성이란 인간의 인지적 발달의 결과 중 한 요소로 볼 수 있다.[7] 그렇다면, 어떤 교육방식과 평가 시스템을 적용하느냐에 따라 창조성을 높일 수도 낮출 수도 있을 것이다. '창조적 사고(creative thinking) 능력'을 측정하는 TTCT(The Torrance Tests of Creative Thinking) 조사에서 1966~2008년 사이 미국의 유치원생부터 고등학생 및 성인들의 창조적 사고가 감소한 것으로 드러났다.[8] 물론 나이가 들면서 지식과 경험이 쌓일수록 '추상적 사고(abstract thinking) 능력'이 증가하는 장점은 있다. 그래도 여전히 창조적 인간으로도 살아갈 수 있다면 더 좋을 것이다. 우리나라도 따르고 있는 서구식 교육체계에서, 특히 초등학교 4학년부터는 사회화·순응화 과정에 의해 창조성과 호기심이 줄어든다고 수많은 학자들이 지적해 왔다. 진화학자인 서울대 장대익 교수는 아이들에게 '진도'를 주문할 것이 아니라, '고민하는 힘'을 기를 수 있도록 도와주어야 한다고 강조하며, '혼자만 이기기 위한 경쟁'을 비판했다. 대신에 협력과 상생의 가치를 내걸고 함께 봉사하고 경쟁하는 '행복한 인재'를 길러내는 교육풍토와 시스템이 필요하다고 역설했다.[9] 저자 역시 이 생각에 동의한다.

소비자 연구에서 창조성의 개념을 처음 도입한 때는 1980년, 도입한 학자는 쾌락적 소비 개념을 처음 제안했던 엘리자베스 허시먼[10]이다. 창조성은 '생산적 사고(productive thinking)'[11]를 말한다. '필요는 발명의 어머니'라는 말이 있다. 창조성, 즉 생산적 사고는 이처럼 어떤 문제가 있고, 그것을 해결해야 할 때 발현되는 자질이다. 창조성은, 따라서 순전히 아이디어의 '독창성'에만 달려 있지 않고, 해당 문제해결에 대한 '적절성(appropriateness)'도 요구한다. 최근의 한 연구는 자원이 부족한 상황에서 소비자들이 더 많은 창조성을 발휘하여 소비하는 경향이 나타난다는 것을 실증하였다.[12] 예를 들어, 바닥을 닦아야 하는데 세제가 부족하거나 없는 경우 사람들은 집에 있는 다른 재료를 찾거나 기존 제품의 새로운 사용방법을 고안해서 창의적으로 문제를 해결해 낸다. 그야말로 '필요가 창조성의 어머니'인 셈이다.

그들의 연구에서 더 흥미로운 것은, 단지 자원이 부족한 상황이 아니어도, 즉 활용할 만한 자원이 많은 경우라도 기존의 그 제품의 용도에만 국한된 생각을 하게 하면 소비자의 창조성이 떨어지고, 열린 생각을 갖게 할수록 창조성이 높아진다는 것을 발견했다는 점이다. 똑같은 브랜드의 가방, 똑같은 재킷이라도 처한 조건과 맥락에 따라 다른 용도와 다른 추가적 자원의 활용(예: 스카프를 매거나 브로치를 꽂음)을 통해 전혀 다른 사용가치나 더 높은 사용가치를 창출할 수 있다. 이 책의 사례 중, 다 사용한 향초의 유리병을 그냥 버리지 않고 깨끗이 닦아서 액세서리 보관함으로 사용하겠다는 소비자의 이야기가 있었다. 기존의 선입견이나 고정된 사고의 틀을 벗고 '유연하게 열린 마음'을 갖는다면 공급과잉의 풍족한 생활 속에서도 창의적인 소비자로 살아갈 수 있다.

창조성은 인간이 환경적 요소들에 노출될 때 자극을 받는다. 환경적 요소들은 우리가 어떤 개념을 형성하고, 지식을 범주화하여 세상을 이해하는 데 소용되는 이론을 만드는 데 기여한다. 따라서 창조성이 높은 사람은 단순히 '독특한 괴짜'를 의미하는 것이 아니다. 오히려 더 사회적 적응력이 뛰어나고 이성적이며 개방적인 특징을 가진 사람으로서, 특히 창조적 소비자는 훌륭한 문제해결자이기도 하다.[13] 허시먼은 소비자 창조성의 원천이 '개념 간 네트워크의 밀도(interconcept network density)'와 '소비상황들에 대한 축적된 경험목록(repertoire of consumption situations)'의 두 요인에 달렸다고 주장한다. 이 두 요인은 나이가 들수록 더 높아지는 것들 아닌가? 그렇다면 어른이 되면서 창조성을 굳이 잃어야 할 이유가 없다. 우리가 창조성을 잃는 데는, 너무 풍족한 탓도 있고 '유연하게 열린 마음'이 부족한 탓도 있지 않을까?

과거에는 시장에서 '교환가치(value-in-exchange)'를 높이는 것이 기업목표였다면, 오늘날은 소비자의 '사용가치(value-in-use)'를 높이는 것이 목표라고 본다. '사용가치'란 제품이든 서비스든 그것을 '돈을 주고 구입(교환가치)'한 소비자가 그것을 자신의 필요와 목적에 맞게 사용하거나 소비하는 과정에서 창출되는 것이다.[14] 소비자는 자신의 소비 맥락에 따라 기업 또는 공급자로부터 제공받은 제품이나 서비스를 그대로 사용할 수도 있고, 또는 다른 자원을 결합하거나 원래의 제품을 수정함으로써 자신에게 최적화된 사용가치를 창조할 수도 있다. 이렇게 보면, 모든 제품과 서비스의 소비과정은 일종의 '셀프 서비스(self-service)'인 셈이다. 즉, 현대의 모든 경제 및 산업 활동은 기업의 역할영역과 최종 소비자의 역할영역을 통합해서 본래 그 제품의 합목적적 추구가치 차원에서 재조명해 보면, 결국 모두 서비스인 셈이다. 이 같은 관점이, 최근 서비스학계에서 제안된 획기적인 패러다임인 '서비스 중심논리(Service Dominant Logic: SDL)'의 탄생 근거이다.[15] 이제는 기업활동이 교환의 범주를 넘어 사용의 범주로 확장되어야 하며, 제공자-소비자 간 가치공동창출 개념을 기반으로 소비자의 최종 사용가치를 높이는 서비스 중심논리로 발전해야 할 때이다.

이 책의 소비자행복 유형 중에는, 소비자의 행복창출 과정에 자신이 개입하고 참여하는 정도가 점점 더 높아질수록 더 깊고 풍요로운 행복을 느끼는 모습을 보여 주는 내러티브들이 등장했다. 그 소비자만의 사용가치를 증대시킴으로써, 스스로 행복을 창조해 내는 이야기들이다. 인간이 소비자로서만 남아 있지 않고, 창조자로 역할을 바꿀 때, 밀도와 강도가 더 높은 행복감이 찾아올 수 있다. '유연한 열린 마음'으로 내 삶의 주인의식을 갖고 인간 본래의 주체적 본성을 따라 행동한다면, 그 자체로 뭘 하든 행복하리라고 생각한다. 마침 그것이 소비와 연계되면 소비자행복인 것일 뿐이다. 그래서 나는 다시 어린아이처럼 되자고 제안하고 싶다. 창조성은 원래 우리 인간의 야생성이었다고 믿기 때문이다.

4. 다시 일어서는 힘, 복원력

인간의 감정을 진화론적 입장에서 볼 수 있다. 이는 상당히 설득적이고 광범위하게 받아들여진 관점이다. 이 관점에 따르면, 인간의 감정은 생존을 위한 진화의 산물이다. 감정은 즉각 특정 생리적 증상과 행동(준비)으로 연결된다. 예를 들어, 공포라는 감정은 등골을 오싹하게 하고 심장박동을 증가시키며, 곧장 '도망'가거나 '맞서 싸우는' 행동 태세에 돌입하도록 만든다. 이처럼 인류의 오랜 진화과정 속에서 감정은 인간을 죽이는 데 사용되기보다 인간을 살리는 데 사용되어 왔다. 그렇기 때문에 인간은 아무리 어둡고 불행한 감정의 바다에 빠져 있다고 해도 결국에는 소생하려는 내적인 감정의 힘을 기본적으로 갖고 있다. 대부분의 사람들은 불행에 빠져 허우적대다가도 어느 틈엔가 정상으로 돌아온다. 여기에도 개인차는 있어서, 불행에서 빠져나오는 '복원력'이 높은 사람과 그렇지 못한 사람이 있다. '복원력(resilience)'이란 역경, 트라우마, 비극, 위협, 심각한 스트레스 등에 직면했을 때 잘 적응해 나가는 과정으로, 다시 말해 어려운 경험으로부터 '되돌아 나오는 것(bouncing back)'을 의미한다.[16]

불행에서 벗어나려는 우리들의 안간힘을 학자들은 '대처전략 (coping strategy)'이라는 용어로 부른다. 어떤 대처전략을 취하느냐도 역시 개인차가 있다. 우울증을 치료하면서 약물치료와 심리치료를 병행하곤 하는데, 전문가들은 개인에 맞는 몇 가지 대처전략을 권고한다. 모든 대처전략의 공통점은 '긍정적 감정'을 활용하는 것이다. 원래 복원력이 높은 성격의 사람들(예: 낙천적인 사람들)을 자세히 보면, 극도로 부정적인 감정에 휩싸여 있다가도 곧 긍정적인 마인드를 형성하여 위기를 극복한다. 심리학자인 바버라 프레드릭슨 교수가 개발한 '긍정적 감정의 확대-구축 이론' 모형을 보면, 긍정적 감정은 스스로에게 더 새로운 생각을 하게 하고, 새로운 활동을 수행하게 하고, 다른 사람들과 관계를 맺도록 돕는다. 즉, 우리의 인지적·행동적·사회적 범위를 확대한다.

좌절하고 의기소침했던 때를 생각해 보자. 아무도 만나기 싫고

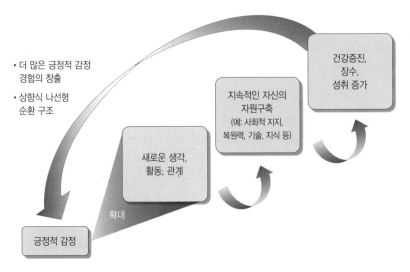

그림 13-2 긍정적 감정의 확대-구축 이론

출처: Fredrickson, B. L. and Cohn, M. A.(2008), Positive Emotions: In Handbook of
Emotions, Lewis, M., Haviland-Jones, J. M., and Barrett, L. F. (Eds), Vol.3, NY:
Guilford Press, pp. 777-796.

아무것도 하기 싫어 방 안에만 처박혀 있지 않았던가? 그러다가도 차차 긍정적 감정이 생기면 개운하게 씻고, 차려입고, 밖에 나가서 사람들도 만나고, 이런 저런 해결방법에 새롭게 접근하게 된다. 이 같은 인지적 · 행동적 · 사회적 범위의 확대는 내가 사용할 수 있는 다양한 자원들을 구축해 가는 것으로 이어진다. 주변 친구들로부터 든든한 지원도 얻어내고, 어려움을 극복할 기술이나 지식도 쌓으면서 나의 자원(resources)을 구축하는 단계에 이르는 것이다. 이 자원들은 대부분 향후에도 지속적으로 이용할 수 있는 자원이다. 이러한 자원들이 쌓이면서 우리는 결과적으로 건강도 좋아지고, 수명도 길어지며, 더 많은 것들을 성취할 수 있는 사람이 되어 간다. 이 과정은 우리에게 자신감, 기쁨 등과 같은 긍정적 감정을 가져다줄 것이고, 이 긍정적 감정은 다시 [그림 13-2]의 나선형 선순환 과정을 반복하게

될 것이다. 이 과정이 프레드릭슨이 제안한 '긍정적 감정의 확대-구축 이론' 모형이다.[17]

이 책에 소개된 사례 중, 우울과 좌절의 괴로움에 오랫동안 빠져 지내다가 자신의 의지로 또는 타인의 손길에 의해 어떤 특정한 소비행위를 한 결과, 행복을 얻게 되는 이야기가 여럿 있었다. 지독한 가난에서 탈출했던 이야기(사례 55)에서도, 자신의 콤플렉스를 이겨 내는 과정에 대한 이야기(사례 78) 속에서도, 불행에서 벗어나려는 안간힘이 멋진 피날레로 연결되는 장면을 볼 수 있었다. '긍정적 감정의 확대-구축 이론' 모형에 대입해 볼 만한 이야기들이었다.

이러한 선순환의 나선형 고리가 시작되는 지점이 '긍정적 감정의 확대-구축 이론' 모형에서는 '긍정적 감정'으로 그려져 있지만, 사실 그 저변에는 불안, 분노, 배신감, 좌절감, 상실감, 모멸감, 절망감, 슬픔 같은 불행한 감정이 버티고 있었다. 온갖 부정적 감정의 망망대해가 끝도 없이 출렁이고 있었다. 이 사실을 잊으면 안 된다. 우리에게 슬픔이 없었다면 기쁨을 찾지도, 충분히 느끼지도 못할 것이다. 이 책에 소개된 다양한 형태의 '회복된 삶'에 대한 이야기 모두 이러한 슬픔을 그 아래에 디디고 있다는 것을, 실은 그것이 우리의 '복원력'을 높여 주는 숨은 공헌자라는 것을 기억하자. 한 수종의 나무만 있는 숲을 생각해 보자. 병충해 등의 재해로 생태계가 쉽게 훼손되거나 파괴될 수 있다. 생태계의 건강과 회복력은 종 다양성에 있다고들 하지 않는가! 강한 종 하나가 지배하는 생태계는 오래가지 못하고 쉽게 붕괴된다. 긍정적 감정을 많이 경험할수록 좋겠지만, 오로지 한 경험, 즉 즐거움만 있는 것은 현실적이지도, 건강하지도, 성숙하지도 않다. 다양한 부정적·긍정적 감정경험들의 기억을 가진 사람이 쉽게 무너지지 않고 더 잘 이겨낼 수 있는 것이다.

많은 경우, 소비자행복은 고통을 이겨내는 과정에서 빚어졌다.

이 과정에 어떤 제품이나 소비행위 그 자체가 계기로 작용했을 수 있지만, 더 중요한 것은 이 회복의 과정에 그 사람의 슬픔과 괴로움이 터를 잡고 있었다는 점, 그 터 위에 그 사람이 내면에 가진 복원의 힘이 긍정적 감정과 결합하여 되튀어 오르는 기적을 일구었다는 점이다.[18] 사례 중에 '아! 이러다간 우울증에 걸리겠다!'라고 자각하는 순간(사례 67)이, 카페 사장이 건네 준 책에 담긴 선한 마음을 알아차리는 순간(사례 21)이, 이런 결정적 순간에 싹트는 긍정의 감정이 확대-구축 모형의 선순환 고리에서 첫 사슬이 된 것이다. 제품도 소비도 그 사람 안의 내재된 복원력이 발동하는 때를 기다리던 하나의 작은 계기였을 뿐이다. 시작하는 큰 힘은 애초 그 사람 안에 있다.

5. 혼합정서, 그 불편함의 잠재력

한 가지 대상이나 사건에 대해서도 혼합된 감정이 존재한다. 왜냐하면 그것에 대한 생각의 방향이 다중적이기 때문이다. 아버지의 신라면(사례 108), 군대 간 아들이 사주고 간 운동화(사례 105), 수사가 된 그가 떠나기 전에 선물한 비누(사례 106) 이야기에서 주인공들은 슬픔과 행복감을 동시에 느끼고 있다. 한 대상이 상반된 감정을 동시에 주고 있는 것이다. 또 하나, 초점을 달리하면, 내가 행복할 때 불행한 다른 이가 보인다. 행복한 느낌 때문에 불행한 이들이 더 잘 보인다. 극과 극은 통하기 때문일까? 그래서 행복한 순간 혹은 행복한 날, 불행한 다른 이를 보거나 생각하면서 우리는 우울한 마음을 동시에 갖기도 한다.

이 책의 몇몇 사례는 갑작스런 가장의 실직, 사업의 부도, 가정의 파탄, 빚더미, 지독한 가난 등의 암울한 과거로부터 탈출해 나가는 이야기였다. 그들의 이야기는 마침내 남들 다 하는 평범한 소비를 하면서 누리게 된 행복을 말하고 있다. 그러나 그것만 보고 소비자 행복이라고 부른다면 수박 겉핥기식 해석이다. 왜 평범하기 짝이 없는, 남들과 똑같은 소비를 하는 것이 행복하기까지 한 걸까? 그 이유는 과거의 지난한 삶의 경로를 들여다보지 않으면 설명이 안 된다. 그 삶의 경로 안에 있는 사회, 경제의 격변과 그 파고를 온몸으로 겪어야 했던 한 사람의 인생에 대해 먼저 깊이 들여다봐야 한다.

저자와 동시대인인 젊은 한 사람의 에세이에서 가난 때문에 동생을 외국으로 입양 보낸 채 끝내 한을 품고 돌아가신 부모님을 대신하여, 성장한 여동생을 만나는 오빠의 이야기(사례 109)는 큰 충격이었다. 1950년대 한국전쟁 직후의 이야기가 아니라 현 시대의 이야기였기 때문이다. 그것도 우리 경제가 급성장하던 1970~1980년대에 태어난 세대의 이야기였기 때문이다. '아버지의 신라면'에 대해 이제는 웃으며 말할 수 있게 된 한 젊은 여성도(사례 108), 아버지의 사업 부도와 가정파탄의 아픔 속에서 홍콩으로 취업해 열심히 일해서 번 돈을 떼어 스스로에게 손목시계를 선물한 여성의 이야기도(사례 68), IMF 외환위기에서 카드대란으로 이어진 시기에 가정경제가 주저앉자 다니던 대학을 포기하고 밤낮없이 부지런히 돈을 벌어 끝내 다시 제자리에 선 청년도(사례 55), 모두 현 시대 한국사회의 젊은 세대 이야기였다. 한 청춘이 짊어지기엔 너무 무거운 고통이었다. 앞서 통계에서 보았지만, 사실 누군가는 이러한 고통의 무게에 짓눌려 절망의 긴 터널을 통과하던 그 격변의 시기에 다른 누군가는 지나치게 부자가 되었다. 다행히 이 주인공들은 다시 제자리에 돌아와 섰다. 하지만 우리 주변 아주 가까이에 여전히 한 줄기 빛도 없는 어두운 가난의 터널 속을 힘겹게 걷는 이들이 있다는 것을 기억하자.

좁은 나라이지만 특정 지역의 평당 아파트값은 엄두도 못낼 만큼 비싸다. 사람들은 말한다. "그거 다 커뮤니티(community) 값이야."라고. 커뮤니티라… 구질구질한 모습 같은 건 아예 안 보고 깨끗하고 세련된 이웃만 사는 동네, 비싼 아파트값은 그런 커뮤니티에 사는 대가인 것이다. 맞다. 틀린 말이 아니다. 그렇지 않은 동네에 살기 때문인지, 내 눈엔 시시때때로 '어떤' 사람들이 보이고, 그것 때문에 마음이 편안치 않다. 지하철을 타도 가슴 아픈 사람들이 보이고, 자가용을 운전해도 가슴 아픈 사람들이 보인다. 특히 내가 기분 좋은 날일수록.

'혼합정서(mixed emotion)'라는 말이 있다. 당신에게 이 순간 질문해 보라. "지금 당신은 행복한가? 10점 만점 중 몇 점 정도 행복한가?" 그럼, 이 질문도 한번 해보자. "지금 당신은 우울한가? 10점 만점 중 몇 점 정도 우울한가?" 혹시, 행복하면서 동시에 좀 우울하지는 않은가? 아니면 우울하면서 동시에 좀 행복하지는 않은가? 부정적 감정과 긍정적 감정은 한 척도의 양끝이 아니라 서로 다른 독립적인 감정이고, 그래서 우리는 행복한 동시에 슬플 수 있다. 마치 행복도 척도에서 10점이 가장 행복한 것이고, 1점이 가장 슬픈 것이라는 듯 생각하기 쉽고, 사실 우리가 그런 방식으로 행복도를 측정하는 관행이 있긴 하다. 하지만 행복감의 반대가 슬픔이 아니라, '행복 따로 슬픔 따로'라는 개념이 더 타당하다.[19] 안토니오 다마시오가 촬영한 행복한 사람의 뇌 사진과 슬픈 사람의 뇌 사진을 비교해 보면, 결코 서로 대립되는 전형을 보여 주지 않는다. 쾌감과 불쾌감, 행복과 불행이 동시에 작동한다. 우리가 혀로 맛을 느끼면서 동시에 귀로도 소리를 들을 수 있는 것처럼 두 가지가 함께 나타날 수 있는 서로 다른 독립적인 체계이다. 서로 다른 체계이기 때문에 함께 일하고, 나란히 일하며, 때로는 상대방에 대항하여 일하기도 한다. 그래서 우리는 상반된 듯한 느낌을 동시에 갖는 경우가 많다. 이렇게 사뭇 상반되는 듯한 감정을 동시에 느끼는 것을 '혼합정서'라고 한다.[20] 양가감정이라고도 부를 수 있다. 꼭 한 대상에 대한 인식이 상반되는 것을 전제로 할 필요는 없다. 어느 순간이든 뇌를 들여다보면, 불행과 행복이 공존하는 것이다. 행복과 불행의 뇌가 서로 반대가 아니라 서로 다른 뇌일 뿐이기 때문이다.

알랭 드 보통의 『행복의 건축』[21]을 보면, 정신분석학자인 프로이트와 시인인 릴케의 산책길 이야기가 나온다. 프로이트는 그 주일 내내 비가 왔던지라, 좋은 날씨의 산책길에 이탈리아 백운암 초원의 만발한 꽃들과 화려한 나비들의 날갯짓을 바라보며 마냥 기뻐했다. 그런데 릴케는 "이 모든 아름다움이 소멸할 운명이라는 것, 인간의 모든 아름다움과 인간이 창조했거나 창조할 아름다움도 그와 마찬가지라는 것"을 잊을 수가 없었다. 시인은 그래서 고개를 푹 숙이고 땅만 보면서 걸었다. 물론 프로이트는 "아무리 곧 스러질 것이라고 하더라도 뭔가 매력적인 것을 사랑하는 것이야말로 심리적 건강성의 증표"라고 믿었다. 이 세상엔 프로이트도 있고 릴케도 있다. 당신은 어떤 타입인가? 프로이트처럼 행복에 겨울 땐 마냥 순수히 행복하면 참 좋을 것이다. 그러나 인간은 누구나 시인이기도 하다. 기쁨과 슬픔이 공존하는 불편한 순간이 있을 수밖에 없다. 어쩌면 "많은 아름다운 것들은 고통과 대화할 때 그 가치가 드러난다."는 알랭 드 보통의 말이 진리일 것이다. "이런 극적이지 않은 부서지기 쉬운 아름다움의 장면들이 우리를 감동시키는 이유는 우리가 그뒤에 놓인 더 어두운 배경을 의식하기 때문"이다. 산책길의 아름다움이 시인의 눈에는 기쁨과 동시에 슬픔이기도 한 이유가 그 때문이다. 한 연구[22]에서 오랜 힘든 과정을 마치고 학위를 받은 졸업생들의 감정을 측정했더니 졸업의 기쁨과 동시에 슬픔도 나타났다. 성취에 대한 기쁨, 정든 교정을 떠나는 섭섭함, 미래에 대한 불안감…. 가만히 생각해 보자.

졸업식, 결혼식, 첫집의 장만 등과 같이 어떤 특별한 좋은 날에도 그렇고, 그냥 평범하기 짝이 없는 대부분의 날에도, 마음속에는 좋기도 하고 안 좋기도 한 감정이 동시에 들어 있지 않은가? 한 대상이나 사건이 서로 상반된 감정을 주는 이유는 그것을 바라보는 내 시선에 상반된 것들이 섞여 있기 때문이다.

어느 한 시점에 내가 선 자리에서 시선을 내 감정만이 아니라 타인의 감정에도 맞춰 보면 똑같이 상반된 복잡한 감정이 들 때가 있다. 어느 겨울 한창 즐거웠던 회식자리를 마치고 집으로 돌아오는 차 안에서, 나는 갑자기 세상이 다 하얘질 정도로 함박눈이 한 가득 쏟아지는 아름다운 거리를 홀린 듯 행복하게 바라보고 있었다. 이른 새벽 시간이라 거리는 텅비고 눈만 하얗게 쌓이고 있었다. 그러다가 신호대기 중에 저 앞으로 두 줄 바큇자국을 길게 남기고 천천히 앞서 가는 폐지를 실은 리어카를 발견했다. 저 높이 쌓아올린 폐지들 위로 함박눈이 고요히 쌓이고 있었다. 스쳐 지나가면서 보았던, 리어카를 끌던 '어떤' 이의 머리 위에도 그렇게 하얀 눈이 쌓이고 있었다. 눈 내리던 그 새벽의 풍경은 아름다우면서도 아프도록 서글펐다. 논문 한 편을 완성하고 뿌듯한 마음으로 퇴근하던 지하철역에서 나보다 한발 먼저 플랫폼에 내린 한 청년이 있었다. 갑자기 거칠게 불어온 바람 때문에 그의 주머니에 모서리만 대강 꽂혀 수북이 들어 있던 사각진 종이들이 우수수 쏟아져 나와 흩날렸다. 이러저리 날려 가는 그 종이들은 각종 전단지였다. 종이를 급히 주워 모으던 청년의 허름한 옷과 당황한 표정에 남루함과 피곤함이 깊이 배어 있었다. 그 장면을 뒤로하고 계단을 오르던 나는 운좋은 내 인생에도 불구하고 몹시 슬펐다. 아장아장 잘 걷기 시작한 딸을 데리고 온 가족이 놀이동산에서 종일 놀고 오던 오래전 어느 밤, 곤히 잠든 아이의 머리카락을 쓸어 주던 나는 내가 살았던 모든 순간 중에서 그 순간이 가장 행복하다고 느꼈다. 그런데 동시에 너무 슬프기도 했다. 세월이 흐르면 이 순간이 무척 그리울 것 같았고 어쩌면 벌써 그리워하고 있는 것 같기도 했다. 더욱이, 지금 나는 이토록 행복한데, 지구 반대편에는 굶주림, 예방가능한 질병, 전쟁으로 죽어 가는 아이들이 있다는 현실이 떠올랐다. 이런저런 이유로 인간은 아이러니하게도 행복을 느끼는 순간 슬픔도 함께 느끼는 경우가 많다.

감상적이고 값싼 동정심에 대해 이야기하려는 것이 아니다. 당신의 하루는 순전히 당신만의 것이 아니며, 당신의 행복은 다른 이들의 행복과 함께 가야 하는 것이기 때문에 이야기하는 것이다. 내 이웃이 불행한데 내가 순전히 행복할 수는 없다. 당신의 이웃은 누구이고, 당신의 커뮤니티는 어디서부터 어디까지인가? 이런 혼합된 감정이 싫어서, 행복은 그저 단순히 행복이기만 하면 되기 때문에, 특정 커뮤니티에 비싼 값을 치르고 있진 않은가? 혹은 옆 단지 학생들이 코앞에 있는 학교를 곧장 못 가고 빙빙 둘러가도록 만든, 국경보다 넘기 힘든 아파트 담장을 세워 둔 단지에 살고 있는가? 아무리 피하고 외면하며 산들, 인간의 감정은 여전히 복잡하고 불편하다. 이웃을 생각하지 않더라도, 단순히 즐겁기만 하고 단순히 행복하기만 한 것이 아니다. 하물며 가깝거나 혹은 멀리 있는 이웃을 생각한다면야 더 복잡하고 더 불편할 수밖에 없다.

말하고 싶은 것은, 이런 불편한 혼합감정을 피하지 말자는 것이다. 그러지 않기를 바란다. 내가 행복할 때, 이 행복이 부서질까 봐 불안하거나 행복하지 않았던 나의 과거가 떠오르거나, 혹은 행복하지 못한 다른 이들이 떠오르더라도, 또는 슬픔을 주는 '어떤' 이웃을 직접 마주치더라도, 그 불편한 혼합감정을 피하지 말자. 그리고 그 복잡한 감정을 오히려 깊이 새기자고 말하고 싶다. 아마도 그것이 우리를 더 겸손하게 하고, 더 따뜻하게 하고, 더 선하게 하고, 함께하는 더 멋진 세상을 모색하도록 도울 것 같기 때문이다. 이러한 혼합 감정이 결국 더 행복한 세상을 추구하도록 이끈다고 믿기 때문이다.

6. 우리가 함께 있기에 내가 있다, 친사회적 행동

단군이 이 나라를 건국할 때 널리 인간을 이롭게 하자는 뜻의 '홍익인간' 정신을 펼쳤다고 배웠다. 한 나라의 건국이념이기 이전에, 아마 인간의 본성 안에는 자비지심과 궁휼히 여기는 마음이 배태되어 있었던 건 아닐까 싶다. 사회적 동물인 인간에게, 경쟁심도 본성이지만, 협력하여 더 높은 성과를 창출하고, 사회적 약자를 배려하여 낙오하는 이가 없도록 하려는 마음도 본성 안에 있을 것이다.[23] 굳이 성선설을 근거로 할 필요도 없다. 집단 사회생활을 하는 지능이 높은 동물 무리에서도 노약자를 배려하는 행동이 관찰된다. 가장 힘센 우두머리가 지배하는 침팬지 무리에서도 나무를 잘 타지 못하는 노쇠한 침팬지에게 서로 먹이를 갖다준다.[24] 모계사회인 코끼리 무리에서는 엄마 잃은 아기 코끼리를 공동으로 육아하고, 동료 코끼리의 죽음을 애도하며, 장애를 가진 코끼리를 공동체에서 배려하는 행동을 한다는 것이 밝혀졌다.[25]

지상 최고의 사회적 동물인 인간의 본성에도 당연히 공동체 안에서 사회적 약자를 돌보는 본성이 있지 않겠는가? 인간은 누구나 '공감본능'을 가지고 있으며, 이는 분노보다 더 고급한 상위 능력이다.[26] 장대익 교수는 우리가 이 공감본능을 호모 사피엔스인 인간에게만 쓰지 말고 '전 지구적 행복'을 위해 동물에게도 쓰자고 제안했다. 안타깝게도, 이 세상에는 자신의 '애완동물'(이 맥락에서는 '반려동물'이라고 표현하지 않으려 한다)에게는 '공감본능'을 쓰지만, 같은 인간에게는 '공감본능'을 쓰지 않는 사람도 많다.

진화론적으로 볼 때 남성보다는 여성이 더 공동체적이고, 더 포용적이며, 돌보고 배려하는 성향이 많다고 한다. 그래서 여성이 감성적 소구에 더 많이 반응하며, 윤리적 기준을 중시하고, 관계 및 공동체 지향적인 행동을 보이며, 보수적·유보적 행동을 하는 반면, 남성은 그 반대의 행동경향을 보인다고 한다.[27] 그렇기 때문에 여성성을 가진 혹은 모성애적인 사회를 제안하고 싶다. 지금처럼 지나치게 경쟁적이고 이기적인 사회가 아니라 타인을 따뜻한 시선으로 바라보는 사회, 부드럽지만 강하고 지속가능한 공동체를 제안하고 싶다. 불교의 '자비', 성경의 '긍휼히 여김', 프랑스혁명의 '박애정신' 같은 가치를 높이 세우고, 이를 추구하는 것이 지극히 자연스럽게 여겨지는 공동체로 변화하기를 바란다. 어느 아프리카 부족의 '우분투(ubuntu)'처럼, '우리가 함께 있기에 내가 있다.'

요즘은 기업에게 사회적 책임을 묻는 세상이 되었다. '기업의 사회적 책임(Corporate Social Responsibility: CSR)'이란, 기업을 일반인같이 공동체의 한 시민 혹은 이웃으로 바라보는 관점이고, 개개의 시민이 각자의 공동체적 책임이 있듯이 기업도 공동체를 위해 제 몫의 책임을 다해야 한다는 뜻이다. 남 협박하고, 부려먹고, 등쳐 먹는 깡패들이 우리 동네에서 활개를 치고 다니면 되겠는가? 그런 동네에서는 아무도 행복하지 못할 것이다. 아직도 많은 사람들이, 마케팅 개념(marketing concept)을 '기업-고객', '제품-소비자'라는 쌍을 기반으로 '많이 팔고, 많이 벌자'라는 목표로 영업기술을 다루는 분야인 줄 오해하고 있다. 사실, 마케팅 개념은 '판매와 영업 개념'에서 나왔지만, 고객만족을 목표로 한 '마케팅 개념'으로 진화했고, 그 후에는 '사회-기업-소비자(고객)'의 관계로 범주를 확대하여 '사회적 마케팅 개념'으로 발전한 지 오래되었다. 현대의 마케팅 개념은 '사회적 마케팅 개념'이다. 기업의 사회공헌활동, 기업윤리 등이 조명을 받고 있는 시대이다. '고객만족'도 중요하지만 '고객신뢰'도 중요하고 '존경받는 기업'이 중요한 개념으로 부상하였다.

일반인에게도 익숙한 말이지만, 경영학원론 첫 장부터 우리는 '기업의 목적은 이윤창출이다.'거나 '기업의 목표는 주주의 이익을 최대화하는 것이다.'라고 배워 왔다. 이 같은 세뇌가 그보다 더 큰 목적에 대해 눈을 가리는 부작용을 낳았다. 첫 장에서 '기업의 목적은 궁극적으로 인류에 공헌하는 것이다.'라거나 '기업의 목표는 궁극적으로 사회구성원의 삶의 질을 최대화하는 것이다.'라고[28] 써야 맞다고 생각한다. 기업의 윤리와 CSR 개념이 없이, 이윤창출과 주주이익의 극대화만 추구하면 부도덕하고 파렴치한 기업의 출현을 방조하는 것이다.

캐롤 교수는 기업의 사회적 책임을 4단계 피라미드 모형으로 제시하였다.[29] 노벨상 수상자인 밀턴 프리드먼 같은 경제학자는 기업의 목적은 '이윤창출'이므로, 이윤창출이 되는 한도 내에서만 사회적 책임을 지는 것이 맞다고 주장하였다.[30] 예를 들어, 신기술이 적용된 기계를 도입하면 오염물질의 방출을 감소시킬 수 있지만, 새 기계를 사는 데 비용이 들기 때문에 이익이 감소할 수 있고, 여전히 법적인 테두리 안에서 구기계를 사용하고 있으므로 문제되지 않는다고 생각할 수 있다.[31] 그러나 캐롤 교수는 경제적 책임의 영역을 법적 책임 및 다른 사회적 책임의 영역과 분리해서 제시하였다. 때로 이익창출과 법의 준수를 넘어서는 더 큰 사회적 책임이 있음을 보여 주는 것이다. 앞서의 갈등상황에서 더 큰 사회적 이익을 추구하고 실천하는 것이 좋은 기업 시민의 길 아닐까? 즉, 이윤창출이 되는 한도 내에서만 사회적 책임을 지는 것이 아니라, 사회적 책임을 지는 전제하에서 이윤창출을 추구해야 맞다.

이윤창출은 기업의 근본적 목적이고 이것이 가장 기초적인 기업의 존재 이유라는 데에 이견은 없다. 그러나 [그림 13-3]에서 보는 바와 같이, 이윤창출은 기업의 1차적 책임일 뿐이고, 그보다 더 높은 책임의 영역, 즉 법적 책임, 윤리적 책임, 인류애적 책임 등의 영역이 있다. 캐롤 교수가 이 모형을 제시하면서, 맨 꼭대기의 인류애적 책임(philanthropic responsibility)에 대해서는 기업의 재량에 달린 책임 영역으로 간주하여, 경제적 책임이나 법적 책임의 영역보다 그 중요성을 더 적게 둔 것은 사실이다.[32] 그러나 기업이 이윤창출, 즉 경제적 책임에만 올인하면 소유주와 주주 등의 이익을 최대화하는 데만 골몰하게 되어, 더 높은 가치를 경시하거나, 더 넓은 이해관계자와 관련된 윤리적, 인류애적 책임을 외면하게 될 가능성이 크다. 그것이 때로는 경제적 목적보다 더 중요하고 광범위한 파급력을 가지는 더 큰 책임의 영역인데 말이다. 누군가 내게, 피라미드 모형을 인류, 사회, 경제, 환경 등의 지속가능성을 염두에 둔 관점에서 수정하라

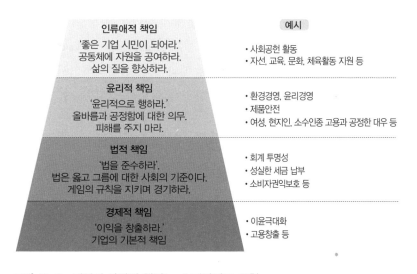

그림 13-3 기업의 사회적 책임(CSR) 피라미드 모형

출처: Caroll(1991), "The pyramid of corporate social responsibility"에서 수정·보완

고 요청한다면, 나는 현재의 모형을 거꾸로 세워야 더 타당하다고 말할 것이다. 무엇을 생산하든 상관없이 기업경영은 더 행복한 인류, 더 안전한 세계를 만들고자 하는 경영철학에서 출발해야 한다고 믿는다. 이러한 철학이 기업의 비전과 행동과 전략을 크게 좌우할 것이기 때문이다. 무엇을 만들고 파는가의 이슈 저변에는 그것을 왜 그리고 어떻게 만들고 분배하느냐의 문제가 먼저 결정되어야 한다.

이 책에 소개된 사례 중 건강한 자원의 조달과정과 소비 이후의 과정에서 상생의 생태계를 가꿀 줄 아는 기업을 존경하고, 그 브랜드를 애호하는 소비자의 행복을 만날 수 있었다. 혹은 나보다 어려운 이웃을 위한 나눔을 통해 행복을 맛보는 소비자도 만날 수 있었다. 좀 더 비싸더라도 공정한 거래를 통해 생산된 제품을 구입하는 윤리적 소비자도 만날 수 있었다.

기업이 이제는 공동체와 함께 지속가능한 사회와 환경을 위한 가치를 공유하고, 이 공유가치를 추구해 나감으로써 이익을 창출하는 새로운 비즈니스 모델을 만들고 실천해야 한다는 주장도 탄생했다. 이것이 앞서 살펴보았던 '공유가치창출(Creating Shared Value: CSV)' 개념이다. 기업이 과거와 같이, 공동체와 자연을 파괴하면서 이익을 창출하는 것이 아니라, 공동체와 환경을 회복하고 지속가능성을 높이면서도 충분히 이익을 창출할 수 있다는 주장이다.

현대 시민사회는 세금과 기부를 통해 '공공의 이익(public good)'을 실현하는 구조이다. 경제학 교수인 하보 등의 연구(2007)[33]에서는, 우리 인간에게는 '순수한 이타주의'와 '온정의 빛(warm glow)'을 나누고자 하는 내적 동기가 있으며, 이러한 동기에 의해 자발적으로 기부나 자선을 행했을 때, 뇌의 fMRI 영상을 찍어 보니 뇌의 보상중추가 활성화됨으로써 행복감을 더 느낀다는 것이 증명되었다. 인간에게는 공동체의 이익을 위하도록 설계된 본성이 있다는 의미이다. 심리학자인 던 교수와 그의 동료가 수행한 한 연구(2008)[34]에서는 돈을 버는 것보다 쓰는 것, 특히 남을 위해 쓰는 것에서 더 큰 행복을 느낄 수 있음을 실증했다. 그들은 미국 전역에서 표본을 수집하여, 그들의 지출내역과 행복도를 분석한 결과, 소득을 통제변수로 넣은 경우에도 자신을 위한 소비지출보다 남을 위한 소비지출(선물이나 기부)이 행복도를 더 높인다는 것을 발견했다. 그들은 또 다른 실험으로, 어떤 기업의 16명의 직원에 대해 행복도를 조사하고 한 달 정도 후 그들이 보너스를 받게 되자, 그 직후에 받은 보너스를 어디에 썼는지와 행복도를 조사하였다. 보너스를 자신을 위해 쓴 사람보다 남을 위해 쓴 사람의 행복도가 또 더 높게 나타났다. 그들은 적게는 약 3,000달러에서 많게는 6,700달러 정도의 보너스를 받았고, 평균 보너스 금액은 약 5,000달러로 우리 돈 500만 원이 넘는 돈이었다.

대부분의 기존 연구들은 학생들을 대상으로 5달러, 20달러 정도를 주면서 남을 위해 돈을 쓴 학생과 자기를 위해 돈을 쓴 학생 간을 비교 조사한 것으로, 남을 위해 돈을 쓴 학생들의 행복도가 더 높게 나온다는 실험이 주를 이룬다. 앞의 연구자들도 역시 그 같은 실험을 병행했는데, 역시 동일한 결과를 얻었다. 국가와 기업이 이른바 '행복장사'를 하고 있다고 비판한 철학자 탁석산(2013)은 『행복 스트레스』에서 이 같은 실험의 문제점을 지적한 바 있다.[35] 큰돈이라면 덥석 남에게 대가 없이 내어 주는 사람이 과연 얼마나 되겠는가. 그는 푼돈을 가지고 대학생을 대상으로 기부행위와 행복도를 연결지어 분석하는 실험의 문제를 꼬집었다. 행복해지기 위해 큰돈을 내놓을 사람은 거의 없을 것이기 때문이다. 타당한 지적이다. 사실, 던 교수 등의 연구에서 수집한 미국의 내셔널 데이터를 보더라도 남을 위한 지출은 남에게 줄 선물을 위한 지출까지 포함해서도, 자기를 위한 지출의 1/10 정도에 불과했다.

그러나 핵심을 보자. 이 같은 연구가 주는 정말 중요한 시사점은 행복해지기 위해 기부액을 늘리라는 데 있지 않다. 아무리 적은 돈이라도 남을 위해 썼더니 의외로 행복해지더라는 데 있다. 사람들은 마치 남보다는 자기를 위해 돈을 써야 더 행복할 것이라고 예상하지만, 정작 남을 위해 돈을 쓰고 나니 예상과는 달리 더 행복함을 느낀다고 말한다. 이것이 바로 '감정예측의 오류(affective forecasting errors)'[36]이다. 흔한 감정예측의 오류에 빠져 있기보다는, 아무리 작은 것이라도 내 주변의 어려운 이웃을 위해 써 본다면 그 작은 온정이 자신의 마음을 더 따뜻하게 해 준다는 것을 느낄 수 있을 것이다. 이 책에서 상생의 따뜻한 마음을 실천한 소비행위들이 오히려 자신에게 행복감을 안겨 준 이유를 생각해 보자. 자신이 행복해지려고 공동체를 위한 실천을 하라는 것이 아니라, 공동체를 위하는 미덕은 이미 인간의 본성 안에 있는데, 만약 실천까지 한다면 아무리 작은 실천이라도 행복감이라는 보상으로 되돌아온다는 것을 강조하고자 한다. 소비자에게도 기업에게도 모성애적인 공동체적 지향이 본성에 또는 존재의 목적에 이미 내재하고 있다는 점을, 그것이 해보면 의외로 주는 사람을 더 행복하게 만들기까지 한다는 점을 강조하고 싶은 것이다.

세계에서 가장 행복한 나라로 꼽히는 덴마크. 그들은 우리와 무엇이 다를까? 그들은 소득의 절반을 세금으로 내고, 국가는 그것으로 두꺼운 중산층을 만들어 내고 있다. 그런데 이러한 복지제도만으로 그들이 행복한 것은 아니다. 행복한 사회를 만들려고 하기보다 그들은 사람을 불행하게 만드는 것부터 제거했다고 한다. 제거된 것은 서열과 우열이다. 그들은 '우리는 모두 동등하다'라는 가치관을 공유한다.[37] 갑질하는 계층이 따로 없고 노력한 만큼 보상이 따르며 모두가 인격적으로 존중받는 문화. 복지국가는 이러한 문화에 바탕을 둔 신뢰사회에서 구현될 수 있는 것이다. 이런 사회라면 공동체와 함께 더 나누기 위해 세금을 더 낼 수 있을 것이다. 또한, 그 세금이 본래의 취지에 맞게 올바르게 쓰이도록 더 잘 감시하게 될 것이다. 개인도 기업도 세금을 내는 것이 피 같은 내 돈을 버리는 것이 아니라, 내가 속한 공동체를 위해 십시일반하는 돈이라고 생각한다면, 더 뿌듯하고 행복하지 않을까.

7. 행복연습

한창 베스트셀러로 잘나갔던 『성공하는 사람들의 7가지 습관』 같은 책을 나는 별로 좋아하지 않는다. '하루에 감사한 일 하나씩 적어보라.'는 등의 행복향상 처방 같은 건 더 좋아하지 않는다. 지키지 못할 것을 알아서 그런지도 모르겠다. 해야 할 일을 또 하나 늘리는 것이 싫어서일 수도 있다. 그런데 그런 걸 좋아하고 그대로 지켜 따르는 것을 즐기는 사람도 많다. 작심삼일이라도 좋다. 한번 시작했다는 것은 그 자체로 대단한 것이다. 그런 분들을 위해 행복연습에 대해 제안하고자 한다. 이 책에서 분류한 '14가지 행복유형 따라해 보기' 같은 것을 제안할 생각은 없다. 그저 '이렇구나!' 하고 알거나 느끼면 족하다. 그래서 이 책에서 발견한 것을 규칙 삼아 행복연습의 리스트로 제안하는 대신, 다른 훌륭하신 분들이 정리해 놓은 좋은 내용을 두어 종류 간단히 제안해 보고자 한다. 행복해지는 것도 연습이 필요하다는 건 맞는 말이기 때문이다. 몸을 만들기 위해 규칙적인 운동을 꾸준히 하듯이, 마음을 만들기 위해서도 꾸준한 훈련이 필요한 것 또한 마찬가지이다. 행복이 대부분 마음에 달린 것이라면 말이다.

자, 그럼 행복이 얼마나 마음에 달린 것일까? 경제학자인 모한티 교수의 연구(2014)[38]에 따르면, 1980~2006년까지 미국의 횡단/종단 데이터를 볼 때, 소득보다는 '긍정적 태도'가 행복에 더 큰 결정변수로 나타났다. 국민행복을 위해 소득증대 외에도 마음가짐과 태도를 긍정적으로 변화시키는 교육·훈련이 중요하다는 의미이다. 행복에 관해 활발한 연구를 펼치고 있는 심리학자 류보머스키 교수 등의 연구(2005)[39]에서는 행복의 결정요인을 유전(50%), 소득 등의 환경요인(10%), 의도적 활동(40%)의 3가지로 보았는데, 장기적으로 행복에 영향을 미치는 요인은 의도적 활동과 연습으로 나타났다. 정말 흥미로운 것은 최근 형성된 후생유전학에 따르면, 생물학적 관점에서 우리 생각의 에너지는 우리 감정에 반영되며, 우리는 몸과 마음의 혁신을 통해 마음의 에너지를 생물학적 변화로 전환할 수 있고, 이 같은 변화는 유전으로 후세대에게 넘어간다는 점이다.[40] 즉, 명상, 이타적 행동, 감정훈련 등의 의지적·의도적 노력으로 만든 '행복한 습관'이 자기 자신을 더 행복한 사람으로 변화시킬 뿐 아니라, 행복 DNA를 유전시켜 더 행복한 후세대를 만들기도 한다는 뜻이다. 그렇다면 더더욱 시도해 보고 싶지 않은가? 이제, 한 연구에서 제안한 행복연습의 예를 들어 보자.[41]

행동 차원

• 다른 사람에게 친절을 베푼다.
• 규칙적으로 운동한다.

인지적 차원

• 긍정적으로 생각한다.
• 감사한 일을 세어본다.

의지적 차원
- 중요한 개인적 목표에 매진한다.
- 의미 있는 일에 몰두한다.

이 연구에 따르면, 환경적 요인인 소득, 건강, 직업안정성 등은 행복에 영향을 미치기는 하지만 쉽게 적응되어 효과가 감소하는 반면 의도적 행동은 반작용 없이 행복에 큰 효과를 미쳤다. 그들은 자신에게 잘 맞는, 적합도가 높은 활동을 선택하여 수행하면 행복이 높아진다고 제언하였다.

매슬로(A. H. Maslow)에 따르면, 절정경험은 갑작스럽고 우연한 행복감에 가깝지만, 고원경험은 다분히 의지적·인지적으로 창출가능한 행복감이다.[42] 이 책에서도 소비자행복의 단계가 심화될수록 스스로 참여하고 노력하는 사람들의 이야기가 많아지는 것을 발견할 수 있다. 이번 에세이 분석결과와 상당 부분 교집합을 가질 수 있는 송인숙 외(2012)의 연구[43]에서 도출한 8가지 행복증진원리는 소비자의 태도와 행동을 변화시킬 수 있는 행복연습의 가이드라인으로 활용하기에 매우 적합할 것 같다. 그 연구는 고대 그리스 철학서부터 현대의 행복지침서에 이르는 방대한 문헌을 고찰하여 인간의 행복을 위해 필요한 8가지 원리를 도출한 것이다. 8가지 행복증진원리는 다음과 같다.

- 용서
- 최적주의(최고/최대 만족추구행동과 대비되는 개념)
- 욕망의 자기조절

- 쾌락과 의미의 균형
- 내적 집중
- 자기초월
- 타인과의 관계만족
- 감사

이 책에서 감사와 행복은 상당히 가까운 이웃감정이거나, 행복의 선행감정이 감사가 아닐까 싶을 정도로 긴밀하게 관련된 감정임을 여러 내러티브에서 발견할 수 있었다. 그 외 다른 덕목도 발견된다. 예를 들어 착한 소비에서는 욕망의 자기조절과 자기초월 등을, 합리적 소비에서는 쾌락과 의미의 균형 및 최적주의 등을, 내적 집중 소비에서는 내적 집중을, 자족적 소비에서는 최적주의와 감사를 대입할 수 있을 것 같다. 타인과의 관계만족은 가족지향 소비와 사회적 관계지향 소비로 편입될 수 있으며, 용서는 가족 및 사회적 관계지향 소비 속에도 스며 있고, 삶의 이야기 속에 등장하는 인간관계 및 자기 자신과의 관계에도 스며 있는 것 같다. 동서고금의 현인과 학자들이 연습을 통해 행복을 높일 수 있다고 제안하면서 덕목 또는 실천지침으로 제안하고 있는 원리들이 이 책에서 내러티브 분석을 통해 도출한 소비자행복의 기저에서 모두 발견되고 있다는 점은 우연이면서도 되짚어 보면 필연인 것 같기도 하다.

우리는 하루에 얼마만큼의 소비행동을 하고 있을까? 내 경우부터 알아볼까? 방금 전 스마트폰의 액정화면과 배터리를 교체한 대가로 현금 10만 원을 지불했다. 그 직전엔 스마트폰 수리점에 가려고 버스를 탔고 교통카드로 결제했다. 더 거슬러 가보면, 출근길에 카페에 들러 아이스 아메리카노를 테이크아웃하면서 신용카드로 4,000원을 결제했다. 출근 전엔 이틀 전 샀던 구운 달걀 한 개를 아침식사로 대신했고, 각종 영양제와 비타민제를 먹었다. 두세 달 전에 샀던 화장품도 발랐고, 샤워를 하면서는 수돗물도 쓰고, 몇 주 전 구입한 샴푸와 올리브 비누도 썼다. 기상하자마자는 6개월 전에 거금을 주고 새로 장만한 냉장고에서 찬물을 꺼내 마셨다. ······

현 시점부터 과거로 기억을 되짚어 갈수록 내 활동의 많은 부분이 소비행위였음을 알게 되었다. 소비자가 아닌 삶을 상상할 수 있을까? 소비하지 않고서도 지금과 같은 삶을 살 수 있을까? 소비행위는 자신의 필요와 욕구를 충족하기 위해 제품이나 서비스 등을 얻는 대가로 가격을 지불하는 교환활동이다. 나의 욕구와 필요가 사라지지 않는 한, 그리고 그 모든 것을 내 손으로 직접 해결할 수 없는 한, 결코 교환활동을 멈출 수 없을 것이다. 구매하는 모든 순간은 최종 선택의 순간이고, 잠깐 동안 갈등의 순간이기도 하다. 카페라테를 마실까? 아메리카노를 마실까? 이번에 정말 살까? 차라리 다음번에 살까? 등등. 좋은 선택, 좋은 소비를 위해 잠시라도 고민과 갈등을 해보는, 그렇기 때문에 내 삶에서 꽤 의미 있는 순간들인 것이다.

온종일 소비자로 살고 있음에도, 소비자인 나 자신에 대해 이토록 자명하게 의식해 본 것은 처음이다. 당신은 어떠한가? 소비자인 자신에 대해, 또한 당신이 소비하는 순간에 대해 주의를 기울여 '소비함'을 의식해 본 적이 몇 번이나 있었을까? 소비자행복에 관한 내러티브는 주의를 기울여 소비자인 자신, 소비행위, 소비한 제품이나 서비스 등을 깊이 의식해 본 것을 기록한 내용이었다. 내러티브 작성자들이 그 순간에 주의를 기울여 의식하지 않았다면 어쩌면 발견하지 못했을 행복감 아니었을까? 당신이 지갑을 여는 순간, 제품을 인도받은 순간, 서비스를 받고 있는 동안, 무심코 지나쳐 버리지 말고 주의를 기울여 그 순간을 느껴보면 어떨까?

이 책을 읽은 독자들이 순간순간 교환을 통해 소비하고 있는 자신을 의식하는 기회들을 가져 보기 바란다. 자족적 소비 유형 중에, 경제적으로 힘겨웠던 한 시절을 건너 온 소비자들이 느낀 행복감도, 소비 순간에 잠시 머물러 소비하는 자신을 느꼈기에 창출된 것이다. 소비는 교환의 상대방들이 필요한 것, 가치 있는 것을 주고받는 행위이다. 수시로 발생하는 이 순간들은 내가 바라고 원하는 걸 달성하도록 돕는 순간인 것이다. 그렇기 때문에 그 순간은 충족의 순간, 행복의 순간이 될 가능성으로 이미 가득 차 있다. 그 가능성을 못 보고 또 하루가 지나가지 않도록, 잠시 소비하는 자신에 의식을 머물게 하자. 그리고 그 순간을 가만히 천천히 느껴 보자. 소비자행복 유형 중에 내적 집중 소비에서 그랬던 것처럼, 몇 초만이라도 소비하는 순간에 머물러 '소비함'을 음미해 보는 것이다. 이 작은 '음미'가 행복의 가능성을 실제 행복감으로 변화시켜 주지 않을까? 이것도 연습이 필요하다면 행복연습 항목에 넣어둬도 괜찮겠다. '소비함을 음미하다'라고.

8. 마케팅 전략과 팁

행복감정의 교차배열

행복의 두 감정영역은 환기 수준이 낮은 고요하고 평온한 상태와 환기 수준이 높은 신나고 흥겨운 상태로, 이를 절정경험과 고원경험으로 양분할 수 있는데, 이 둘은 기존 연구에 따르면 연령, 문화, 시간초점 등의 차이에 기인한다고 알려져 있다. 그중 문화마다 이상적 감정 상태(ideal affect)에 대한 일종의 기준이 있는데,[44] 이를 '행복자본(happiness capital)'이라 지칭한다.[45] 이 행복자본이 문화적으로 습득된 이상적 감정에 대한 초점을 결정하여 동양인은 평온함(peaceful)을, 서양인은 신나는 감정(exciting)을 추구하는 것으로 나타난다. 그런데 실제로 사람들의 감정이 이상적 감정에 근거한 행복자본에 다가가면 갈수록 이 자본은 고갈되기 때문에, 오히려 그 반대의 감정, 즉 동양인이 신나고 흥분된 감정에 의해 행복도가 더 높아지는 경향이 나타나게 된다고 한다. 이 연구결과는 소비자행복의 설계에 대한 중요한 혜안을 제시한다.

유전 혹은 기질에 따라 행복이 30%[46] 이상 50%[47]까지 결정된다고 할 때, 이미 주어진 환경조건 10%를 제외하고 나머지 노력으로 얻을 수 있는 행복은 아마도 절정경험과 고원경험의 교차배열로 구성되지 않을까 싶다. 이 책의 내러티브는 한 가지 사례에 대한 것이지만 만약 한 사람에게 두 가지 이상의 사례나 연속된 행복경험 사례를 순서대로 제시하도록 요청하였다면 행복감정의 서로 다른 유형이 교차배열된 결과를 얻게 되었을 수 있다. 사람마다 한 가지 영역의 행복감정을 추구한다면, 누구는 끊임없이 흥분된 삶을, 누구는 끊임없이 고요한 삶을 살게 될 것이다. 서은국 교수에 따르면, 인간의 감정은 변화량에 의해 결정된다.[48] 그런데 더 자세히 짚어 보면, 감정의 변화 방향과 그것의 시간적 배열에 의해서도 결정되는 것 같다. 어떤 소비자가 놀이동산에서 자녀들과 회전열차를 타며 웃고 떠들면서 행복한 시간을 보낸 다음 주에는 호젓이 카페에서 사색에 잠기도록 해 주는 커피 한 잔에서 진한 행복을 느낄 수 있다. 소비자가 추구하는 행복감정은 고정적이지 않고, 아무리 긍정적인 감정이라 해도 그것의 배열에 의해 행복도가 달라지는 것이다. 기업이 소비자의 행복을 증대시키고자 할 때, 이 같은 행복감정 구성과 교차배열의 메커니즘을 적용할 필요가 있을 것이다.

행복한 기질의 소비자 참여

성공한 사람이 행복한 것이 아니라 행복한 사람이 성공한다고 한다.[49] 그렇다면 유전적·기질적으로 행복한 소비자는 그렇지 않은 소비자와 어떻게 다를까? 기질적으로 행복한 사람들이 실용적 서비스든 쾌락적 서비스든 대체로 더 높게 품질평가를 하고, 쾌락적 서비스에 대한 관여도와 몰입도 역시 더 높게 나타난다.[50] 즉, 서비스 품질에 대한 평가가 어느 정도는 각 소비자의 성격에 의해 사전에 결정된다는 뜻이다. 벨랑쉬 등의 연구(2013)[51]는, 관계 마케팅 관점에서 볼 때, '만족 → 감정적 몰입' 경로가 소비자의 행복도가 높을수록 더 강화되는 것을 실증하였다. 만족한 소비자 중 본래 행복도가 높았던 사람은 감정적으로 서비스 제공자와 친밀해지고, 충성적인 고객으로 발전할 가능성이 높다는 말이다.

이러한 기질의 소비자는 기업이나 서비스 제공자와 상호 의사소통이 용이하고, 이를 즐길 줄 알며, 활동을 제안하고 참여하는 데도 적극성을 보인다. 앞서도 소개한 '가치공동창출'을 해낼 수 있는 잠재력을 가진 소비자들이다. 참여를 몹시 싫어하는 기질의 소비자들도 많다. 이런 고객은 참여시킬수록 더욱 불만을 갖게 될 소지가 큰 고객들이다. 그러나 행복한 기질이 높은 소비자들은 오히려 이러한 과정을 즐기며, 더 큰 행복을 창출할 수 있다. 다른 고객을 자발적으로 친절하게 도와주는 고객도 있다. 이러한 고객의 착한 행동을 '고객시민행동(customer citizenship behavior)'[52]이라고 한다. 행복한 기질을 가진 고객들은 고객시민행동도 더 많이 할 수 있다. 이 같은 몇몇 고객들의 착한 행동 덕분에 전체 고객의 만족도가 크게 증대될 수 있다.

그렇다면 이 책에서 소개한 행복한 소비경험은 어떨까? 상품, 브랜드, 고객관리 등과 같이 기업이 제공한 가치에 대해 우수하게 평가하거나 감동하는 마음을 갖게 된 소비자들은 어쩌면 기질적으로 더 행복한 사람들이었는지 모른다. '나는 행복한 소비자'라는 주제의 에세이를 주문했음에도 굳이 불만족 경험을 작성하여 제출한 사람이 9명 있었다. 주제를 몰라서가 아니라 행복한 소비경험이 없고 불만족한 경험만 기억나기 때문이라고 고백했다. 긍정, 부정의 두 시선 중 부정적 시선을 택한 사람들, 기질적으로 행복하지 않은 사람들일 수 있다. 이 현상은 고객관계관리(CRM)에서 신규고객 유치 시 우량고객 성향이 높은 고객을 선별적으로 유치하는 전략에 응용할 수 있다.

경험재와 물질재의 번들링

나는 행복에 대한 경험재 우위론에 쉽게 동의할 수 없다. 이 책에서 소개한 에세이들을 보면 물질재라 해도 그것이 어떤 가치가 있으며, 소비자가 그에 어떤 의미를 부여하는지, 그 물질재의 소비가 어떠한 경험과 기억을 남기는지에 따라 소비자행복이 달라지기 때문이다. 물론 경험재 우위론에 대한 실증적 반례들이 있지만, 그 연구들에도 동의할 수 없는 부분이 많다. 예를 들어, 경험재라 해도 혼자만을 위한 경험재 소비로 행복을 얻는 사례들이 있기 때문에(예: 혼자만의 여행, 미술관 관람 등), 공유하는 소비가 행복을 증진한다는 연구결과에 동의할 수 없다. 조용히 홀로 있고 싶은 상황에서는 혼자만을 위한 소비가 행복을 증가시킨다.

그런데 여러 연구에서 경험재 우위론이 제기되는 이유는 무엇일까? 물질재는 남는 것인 데 반해 경험재는 대부분 사라지는 성질, 즉 소멸성을 가지기 때문이 아닐까? 사람들은 사라지는 것을 기억에 담아 남기려고 애쓴다. 그러한 인지적 노력으로 경험을 더 생생하게 기억하게 되는데, 이러한 인지적 과정 때문에 긍정적 경험을 안겨 준 경험재는 물질재보다 더 행복을 증가시키는 것처럼 여겨질 수 있다. 이는 좋은 경험뿐 아니라 나쁜 경험에 대해서도 마찬가지이다. 불쾌한 감정은 감정적 소모뿐 아니라 인지적 소모도 크기 때문이다. 따라서 부정적 경험을 안겨 준 경험재는 더 불행한 기억을 남길 수 있다.

행복한 경험에 대한 생생했던 기억도 시간이 지나면서 퇴색되게 마련이다. 이럴 때는 그 경험을 오래 두고 회상할 수 있는 증표인 물질재가 필요할 수 있다. 어떤 이벤트(예: 결혼식)가 있고 나서 시간이 조금 흐른 뒤에는 축하행사라는 경험재가 기념을 위한 물질재보다 더 많이 기억나지만, 시간이 더 많이 흐른 뒤에는 경험보다 물질재인 기념품이 추억을 더 향상시킨다.[53] 즉, 경험재가 항상 소비자를 더 행복하게 하는 것은 아니라는 것이다. 기억하기 위해 물건을 구매하는 경우, 그것이 인출단서가 되어 과거의 경험을 회상하게 됨으로써 또다시 행복감을 선사하기 때문이다. 따라서 '축하하는 것'보다 '기억하는 것'에 중점을 둔다면, 경험재보다 물질재가 사람을 더 행복하게 만들 수 있다. 기념행사는 지나갔지만 기념품은 남아서 더 강한 추억과 더 오랜 행복감을 줄 수 있다. 기억이 흐려질수록 그것을 표지하는(indexing) 유형적 재화가 행복에서 점차 중요해지기 때문에 경험재를 물질재와 함께 묶어 판매할 때 기업에게 더 큰 이익과 고객에게 변치 않는 행복감을 창출함으로써 윈윈할 수 있을 것이다.

제14장

반성과 기약

이 책에서 소개한 '나는 행복한 소비자'라는 에세이의 내러티브 분석은 질적 연구가 일반적으로 지닌 태생적 한계를 갖는다. 연구자의 주관성이 개입되었다는 점과 질적 연구의 결과를 양적 연구로 아직 연결하지 못하고 초보적 발견점만 제시하고 있다는 점 등이 그러하다. 동일한 내러티브를 수집했더라도 다른 이가 보았다면, 다른 유형의 행복들이 도출되었을 수 있고, 소비자행복에 대한 전혀 다른 개념적 체계가 탄생했을 수도 있다. 그러한 측면에서 보면, 이 분석 결과는 저자의 경험과 지식과 가치의 한계 안에서만 유효한 것일 수 있다. 따라서 이것이 증명가능한 과학적 분석이라고 절대 말하지 못한다. 저자의 주관에 의한 질적 연구이고, 세상을 원인과 결과 관점에서 설명하기보다는 존재하는 현상을 이해하고 해석하는 데 목적을 두었다. 세계 곳곳의 연구실에서 행복에 관해 다양한 방법론을 적용하여 연구를 하고 있다. 이 연구는 그중 아주 작은 하나의 시도일 뿐이다. 그렇지만 질적 연구가 줄 수 있는 장점인 탐험적·탐색적 발견이 어느 정도 이루어진 것이기를 기대한다.

　이 책이 소비자행복 연구의 발전에 필요한 자격을 더 갖추려면 무엇이 필요할까? 몇 가지 생각나는 대로 나열해 보면 다음과 같다. 먼저, 행복감정의 유동성에 대한 분석이 필요하다. 문화마다 '이상적 감정'에 대한 기준이 있어서 소비자가 추구하는 행복감정이 다를 수 있는데, 연구대상이 한국인에 국한되기 때문에 향후 국가 간 문화차 연구를 고려할 수 있다. 문화별 이상적 감정을 '행복자본'이라 지칭한 셀리에르와 아커 교수 등의 연구[1]는 이것이 문화적으로 습득된 이상적 감정 초점을 결정한다고 보았다. 이미 살펴본 바와 같이, 이에 따라 동양인은 평온함, 서양인은 신나는 감정을 추구하는데, 실제로 이상적 감정에 근거한 행복자본에 다가갈수록 이 자본이 고갈되어 반대의 감정, 즉 동양인이 신나고 흥분된 감정에 의해 행복도가 제고될 가능성이 높아질 수 있다. 이 책에서는 두 종류의 행복감이 모두 발견되었지만, 문화차를 고려할 때 어떻게 달라질지 궁금하다. 한편 인간의 감정이 변화량에 의해 결정된다고 볼 때,[2] 행복감정 초점도 감정의 변화 방향과 그것의 시간적 배열에 의해 결정될 수 있으므로 이를 고려한 연구도 의미 있을 것이다.

　저자가 수집한 자료는 소비자 개인의 기억을 서술한 내러티브였는데, 기억은 실제 사실과 별개라는 점에서 근본적인 의문을 제기할 수 있다. 기억 연구자인 하버드대 심리학과 색터 교수는 기억의 7가지 죄악을 다음과 같이 설파했다.[3]

　첫째, 일시성(transience)이다. 기억은 사라지는 특성, 소멸성을 가지므로 영구적이지 못하다. 둘째, 주의력 해이(absent-mindedness)이다. 처음 기억을 인코딩(입력)할 때 충분한 주의를 기울여서 하지 않으면 정보처리가 피상적으로 이루어질 수 있다. 셋째, 방해(blocking)이다. 아무리 깊이 있게 인코딩을 했어도 순간적으로 기억이 안 나는 현상이 흔하다. 넷째, 귀인오류(misattribution)이다. 앞의 3가지 현상은 모두 일종의 '누락'을 유발하므로, 어떤 사건의 결과에 대해 부정확한 시간, 장소, 사람 등으로 원인을 잘못 돌리는 귀인오류가 발생한다. 다섯째, 피암시성(suggestibility)이다. 이는 다른 사람의 질문이나 제안을 받아 회상할 때 발생하는 오류로 잘못된 기억을 끄집어내는 현상이며 그 결과 왜곡이 발생한다. 여섯째, 편향(bias)이다. 인코딩과 인출이 기존의 신념과 지식에 영향을 받아 생기는 오류이다. 마지막으로 영향의 잔존성(persistence)이다. 현재의 기분, 분위기, 과거의 트라우마 등에 의해 기억이 영향을 받는다. 한편, 어떤 시점에 어떤 대상에 대해 즉각적으로 느끼는 감정인 현장감정에는 타고난 기질이 강한 영향을 미치는 반면, 감정을 회상할 때는 기억재구성 과정에 문화적 규범이 영향을 미쳐 자신이 느끼고 싶어 하는 이상적 감정으로 채색될 수도 있다.[4] 이 책에 소개한 내러티브들도 이러한 문제를 가질 수 있으나 그것을 제거하는 것은 불가능하기 때문에, 이러한 문제의 소지가 없는 실증분석을 통해 이 연구의 발견점을 검증하는 과정이 필요할 수 있다.

진화심리학의 관점에서 볼 때, 혹자는 이 책에서 소개한 14가지 소비자행복의 유형이 지나치게 관념적·철학적·도덕적 전통에서 나온 것이며, 실제 인간의 본성과 일치하지 않고, 사회문화적으로 학습된 평가장치를 통해 걸러져 나온 이야기들이라고 평가할 수도 있다. 또는 소비자행동 연구의 많은 주제와 이론이 사실상 진화심리학으로 이미 설명가능한 것들이 많으며, 특히 기억, 태도형성과 태도변화, 감정, 감각지각 등은 진화심리학으로 얼마든지 설명할 수 있다고 자부하는 사드 교수와 같은 입장에서 진화적 소비(evolutionary consumption)를 연구하는 사람에게는 이 연구에서 밝혀낸 소비자행복의 개념체계가 전혀 새롭지 않을 수도 있다.[5] 그러나 "인간 행동의 모든 측면을 진화론적으로 설명할 수 있는 것은 아니다."[6] 인간은 생물학적 생존과 번식에 유용하거나 소용되는 것들에만 적응하여 진화한 존재가 아니다. 사회적·문화적·정신적·정서적 자극에 대해서도 진화의 역사를 밟아온 존재이다. 다윈주의적 행복은 생존 모듈과 번식 모듈에 의해 모든 것을 설명하는데, 지구상의 동물 중 인간만이 스스로 죽음을 택할 수 있는 존재라는 점을 상기할 때 생존 모듈 내에, 예를 들어 '미래의 희망' 등과 같은 새로운 변수가 내포되어야 하며 번식 모듈은 '번영 모듈'로 수정되어야 할 것이다. 인간인 소비자를 가장 정확하게 읽어낼 수 있는 단 하나의 연구방법은 없다. 이러한 맥락에서 진화심리학적 관점과 현 연구결과를 통합하여 재해석하는 연구가 수행되면 흥미로울 것이다.

카너먼 교수의 의문처럼, 왜 현재의 즐거움과 기억되는 즐거움이 완전히 일치하지 않을까?[7] 느끼는 뇌와 기억하는 뇌는 왜, 어떻게 다른 것일까? 왜 기억하는 뇌가 지배적 힘을 휘두르는 것일까? 행복한 소비에 대한 기억을 떠올리는 소비자의 뇌와 행복한 소비 순간을 경험하는 뇌가 어떻게 다르거나 동일하게 반응하는지 뉴로사이언스 기술을 적용하여 연구하는 것은 유용할 것이다.[8] 심리적 기제를 질적으로 연구함과 동시에 뇌과학의 도움을 받아 왜, 어디서 그런 차이가 존재하며, 그런 차이가 무엇을 위한 것인지 알아낼 수 있다면 전 인류가 추구하는 행복의 비밀에 한 발 더 다가설 수 있지 않을까? 그렇게 되면 기업도 소비자행복에 보다 실질적인 공헌을 할 수 있지 않을까 기대한다.

마지막으로, 여기서 발견한 소비자행복의 유형과 체계는 고정적이지 않다는 점을 밝히고 싶다. 그 이유는 앞서도 고백했듯이 주관적 견해가 포함된 질적 연구의 한계 때문이기도 하지만, 그보다는 인간이 추구하는 행복의 본질이 다양성과 유동성을 가지기 때문이다. 안다고 생각한 순간 다시 미지의 세계는 열린다. 이미 내놓은 모든 것은 낡은 것이 되고, 우리는 앞으로 변화할 것이며, 또 발전할 것이다. 프랑스의 철학자이자 사회이론가인 질 리포베츠키의 말로 맺고자 한다.

"인간은 가까이 다가갔다고 생각할수록 멀어져 가는 지평선을 향해 걸어간다."[9]

* * *

이 연구를 할 수 있어서 행복했다. 내러티브 하나를 읽을 때마다 문자 뜻 그대로 읽고, 또 그 행간을 읽고, 내가 직접 화자가 되어 당시의 느낌과 상황을 느껴 보고, 길게는 그의 평생을 통과해 보기도 하면서 '감사'했다. 이 연구를 마친 후 갖게 된 첫 감정도 '감사함'이었다. 그 순간 행복하다는 느낌이 나를 한동안 휘감았다. 내가 가진 건 A4 용지들 위에 실린 다른 이의 이야기들인데, 그것으로 내가 행복하다니! 그때 알았다. 행복은 긍정적 에너지이고, 움직이는 생명체라는 것을.

부록

1. 대표적인 10가지 긍정적 정서
   (Ten Representative Positive Emotions)

2. 수정된 차별적 정서척도
   (Modified Differential Emotion Scale: mDES)

3. 사례 목록 : 이 책에 소개한 '행복한 소비자'의 내러티브(109가지)

1. 대표적인 10가지 긍정적 정서(Ten Representative Positive Emotions)[1]

정서 분류	평가 테마	생각–행동 경향	획득된 자원	mDES* 핵심감정 3요소
기쁨	안전함, 친숙함, 기대하지 않았던 좋은 것(일)	놀이, 참여	체험 학습으로 얻은 능력들	기쁘고, 즐겁고, 행복한
감사	선물을 받거나 이익을 얻음	친사회성을 촉진하는 창의성	보살핌, 충성심, 사회적 유대감을 위한 능력	고맙고, 감사하고, 높이 평가하는
평온 (흡족)	안전함, 친밀함, 적은 노력	향유하기와 통합하기	우선순위와 자아에 대한 새로운 시각	평안하고, 흡족하며, 평화로운
흥미	안전함, 새로움	탐구, 학습	지식	관심을 갖고, 주의를 집중하고, 호기심을 느끼는
희망	최악에 대한 도전, 더 나은 것에 대한 열망	더 나은 미래를 위해 계획하기	복원성, 낙천성	희망적이고, 낙관적이며, 용기가 샘솟는
자긍심	사회적 가치의 달성	큰 꿈을 가지기	성취, 동기	자부심, 자신감, 확신에 찬
신명	심각하지 않으며, 사교적인 일탈	유쾌함을 서로 공유하기, 활짝 웃기	사회적 유대감	신나고, 재미있고, 유쾌한
감흥	인간의 탁월성에 대한 목격	보다 높은 곳을 향한 열망	개인적 성장을 위한 동기부여	고취되고, 고양되고, 고무된
경외감	거대한 미(美) 또는 선(善)을 경험함	몰입과 순응	새로운 세계관	경외심, 경이로움, 놀라움
사랑	위 항목이 단일 또는 복합적으로 대인관계에서 발생하는 경우	위 항목의 단일 또는 복합적 경향, 상호적 돌봄	위 항목의 단일 또는 복합적 작용, 특히 사회적 유대감	사랑, 친밀감, 신뢰

*mDES = Modified Differential Emotion Scale(수정된 차별적 정서척도)
출처: Fredrickson(2013), p. 5에서 수정·인용.

2. 수정된 차별적 정서척도(Modified Differential Emotion Scale: mDES)

작성 요령

• 당신의 지난 24시간을 돌이켜 보고 그때 경험한 감정을 떠올려 보세요.
• 아래 열거한 항목에 대해 당신이 느낀 감정을 0부터 4까지 점수로 매겨 보세요.

전혀 못 느낌	조금 느낌	중간 정도 느낌	꽤 많이 느낌	상당히 많이 느낌
0	1	2	3	4

01. 당신은 즐겁거나, 재미있거나, 유쾌한 감정을 얼마나 느꼈나요?

02. 당신은 화나거나, 짜증나거나, 귀찮은 감정을 얼마나 느꼈나요?

03. 당신은 수치스럽거나, 치욕스럽거나, 불명예스러운 감정을 얼마나 느꼈나요?

04. 당신은 경외감이나, 경이감이나, 놀라운 감정을 얼마나 느꼈나요?

05. 당신은 경멸하거나, 멸시하거나, 업신여기고 싶은 감정을 얼마나 느꼈나요?

06. 당신은 혐오스럽거나, 역겹거나, 끔찍한 감정을 얼마나 느꼈나요?

07. 당신은 당황스럽고, 창피하고, 부끄러운 감정을 얼마나 느꼈나요?

08. 당신은 고맙거나, 감사하거나, 높이 평가하고 싶은 감정을 얼마나 느꼈나요?

09. 당신은 죄책감이 들거나, 후회스럽거나, 원망스러운 감정을 얼마나 느꼈나요?

10. 당신은 믿거나, 불신이 들거나, 의심스러운 감정을 얼마나 느꼈나요?

11. 당신은 희망차거나, 낙관적이거나, 용기가 샘솟는 듯한 기분이 얼마나 들었나요?

12. 당신은 고취되거나, 고양되거나, 고무된 감정을 얼마나 느꼈나요?

13. 당신은 흥미나, 호기심이나, 주의가 집중되는 느낌이 얼마나 들었나요?

14. 당신은 기쁘거나, 즐겁거나, 행복한 감정을 얼마나 느꼈나요?

15. 당신은 사랑이나, 친밀감이나, 신뢰감 같은 감정을 얼마나 느꼈나요?

16. 당신은 자부심이나, 자신감이나, 확신에 찬 느낌이 얼마나 들었나요?

17. 당신은 슬프거나, 침통하거나, 불행한 감정을 얼마나 느꼈나요?

18. 당신은 겁먹거나, 무섭거나, 두려운 감정을 얼마나 느꼈나요?

19. 당신은 평안하거나, 흡족하거나, 평화로운 감정을 얼마나 느꼈나요?

20. 당신은 긴장되거나, 초조하거나, 안절부절 못하는 느낌이 얼마나 들었나요?

출처: Fredrickson(2013), p. 45에서 수정 · 인용.

3. 사례 목록 : 이 책에 소개한 '행복한 소비자'의 내러티브(109가지)

행복 하나-상품, 브랜드, 고객관리		
01	첨단기술의 집합체	
02	아이폰과의 첫 만남은 내 일생 최고의 감동의 순간	
03	정말 똑똑한 아이폰이 있어 행복	
04	세계 첨단과학의 총아	
05	'최초' 사용자＝내가 곧 '첨단'＝작은 우월감	
06	추억의 맛도 함께 먹었다	
07	일부 고급 사용자들의 니즈를 잘 분석했다	
08	내게 꼭 맞는 제품	
09	분위기가 딱 내 취향	
10	진료를 받는 과정 동안 편안하고 행복	
11	약 2년 동안 7켤레의 다즐러 신발을 샀다	
12	커뮤니티에 가입하여 활발하게 활동	
13	Sony는 언제까지나 내 옆에서… 나의 삶의 질을 향상시켜	
14	노력해서 공부하면서… 이 제품의 가치를 알 수 있다	
15	명품의 정의는 장인정신이 깃들어 있는 상품	
16	좋아하는 게임을 기다리면서 나는 정말 행복합니다	
17	어느 틈엔가… 여러 말을 할 필요가 없었다	
18	금전적으로 한 푼도 도움이 되지 않는 손님인 줄 알고서도 끝까지 친절을!	
19	너무나 성심껏 찾아주는 모습을 보았기에	
20	VIP 회원만을 위한 워커힐 아이스링크 행사는 지금도 잊지 못한다!	
21	그날의 일은 새로운 만남과 치유의 시작점	
22	적당한 거리에서 본연의 역할을 다해 주는 그녀가 거기 있기 때문이란 걸	
23	적당한 거리에서 이런저런 얘기를 편안히 할 수 있다는 것	
24	아, 이런 것이 고객을 감동시키는 서비스구나!	

25	이런 게 말로만 듣던 소비자의 권리인가	
26	시간이 갈수록 고객을 정성으로 대한다는 느낌이	
27	솔직히 횡재한 기분… 많은 홍보를 하는 적극적 마니아가 되었다	
28	클레임 처리를 어떻게 하느냐에 따라 회사의 이미지가 많이 달라져	
29	내가 신청한 옷과 함께 티 한 장과 쪽지 한 장이 보였다	
30	내 예상과는 전혀 달리 정중하게, "저희 실수였습니다. 죄송합니다."	
31	즐기면서 일하면 진정한 서비스가 나온다!	
32	생산자와 소비자가 상호 소통하는 과정을 통해서 행복한 소비를 만들어	
33	"어허 말씀 예쁘게 하시네."	
34	판매자의 세심한 말 한마디	

행복 둘 – 소비활동 자체

35	또래 미혼모의 아이들에게 조금이나마 도움을 주고자	
36	앱을 구매하는 적극적인 행동으로 생태계의 일원이 된다	
37	아름다운 세상의 행복한 소비자이며 공동체사회의 일원이 되었다	
38	착한 초콜릿을 구입할 때 소비자인 나도 행복하고	
39	아름다운 커피를 마시는 한 사람 한 사람이 낙숫물이 되어	
40	TOMS의 착한 마케팅으로 아르헨티나의 한 아이와 내가 행복해졌다	
41	'국산'이라는 글귀가 눈에 쏘옥	
42	사람 냄새가 나는 곳… 작은 소비 하나가 사회에 퍼뜨리는 파급효과	
43	한 움큼 더 쥐어 주시는 정겨움이 우리를 즐겁게	
44	당신이 머문 자리가 아름답습니다	
45	그 금액에서 또 할인이 되어서 기분이 더 좋았습니다	
46	봉투를 뜯자 150불짜리 수표가… 정말 행복하더군요	
47	가격비교를 통한 온라인 구매로 뿌듯함과 행복감을	
48	합리적인 가격으로 쇼핑을 할 수 있는 소셜커머스	

49	물려받을 수 있는 품목은 물려받고⋯ 매일 뽀송뽀송한 옷을 우리 아기에게	
50	심사숙고하여 결정⋯ 순간의 구매결정보다도 정말 행복	
51	현재 생활수준에 맞는 여행⋯ 더 편안하고 행복한 여행	
52	월급여와 월지출을 잘 따져서 소득에 비례하여 지출	
53	내 차가 생겼을 때 그때의 행복했던 기분⋯ 한 사람의 사회구성원으로 인정을 받는구나	
54	"아! 이게 내 것이구나!", 내가 3년간의 노력 끝에 얻은 것이구나 하는 뿌듯함	
55	이제야 남들 다 해보는 것을 하며 행복을 느끼고	
56	만족감을 줄 수 있는 것을 구입할 능력이 된다는 것 자체가 행복	
57	언제든지 원하는 제품을 선택하고 반환할 수 있으니 소비자로서 참 좋은 세상	
58	감사하다는 인사와 선물까지⋯ 감사와 행복은 멀리 있지 않은 것	
59	풍요로운 생활, 여유로운 생활을 할 수 있게 된 이 시대에 살고 있음에 감사	
60	어느새 구매력 있는 중산층이 된 저는 너무너무 행복한 소비자	
61	나의 하루는 1,150원의 동전봉투로 시작하고, 다시 1,150원의 동전봉투로 끝난다	
62	쇼핑 삼매경에 빠져 있을 때⋯ 지금 이 순간이 너무 행복	
63	아울렛 쇼핑을 즐겁게⋯ 독특한 제품이 눈길을 사로잡았다	
64	나의 시식탐방⋯ 이 모델 저 모델 맘껏 만지고 느껴본다	
65	쌍방향 커뮤니케이션을 하면서 오프라인 매장보다 더 많은 재미를 준다	
66	평소에 볼 수 없었던 정말 특이하고 다양한 디자인을 보는 것은 나를 행복하게 해	
행복 셋 – 소비자 자신		
67	화분을 키우는 내내 느꼈던 마음의 치유와 보람	
68	타국생활을 무사히 잘 헤쳐 나갔다는 의미로 나에게 선물을	

69	유일하게 그 생각에서 벗어나 자유로운 내가 될 수 있는 시간	
70	그때의 그런 시간들이 정말 필요하고 소중하며 가장 적절했던 처방이 아니었나	
71	왠지 기분이 가라앉을 때… 예쁜 옷을 발견하는 날이면 꼭 선물받는 느낌	
72	마사지를 통해 심신의 피로를 풀고, 그 순간은 왕비가 된 것처럼	
73	일상을 잊고 나를 되돌아볼 수 있도록 제게는 선물이 되어	
74	정신적으로 풍요로움을 느끼고 다시 에너지를 얻을 수 있는 곳	
75	이 책을 읽음으로써 삶의 얽매임에서 조금은 자유로워질 수 있게	
76	스트레스를 풀고 싶을 때마다 종종 찾는 또 다른 나만의 작은 휴식처	
77	고즈넉한 산사나 겨울 바닷가를 찾아 과거를 회상해 보는 나만의 즐거움	
78	콤플렉스를 과감히 떨치고 자신감을 되찾는 것도 행복한 소비	
79	정신과 육체가 건강해지니 하루하루 감사하고 매일 행복한 나날	
80	아빠는 공부하는 사람	
81	삶의 질이 한껏 높아진 생활… 욕심일까 욕망일까, 또 다른 것을 찾고 있는 자신	

행복 넷 – 인간관계

82	캠핑을 미뤘다면 우리 아이들의 밝은 성격과 가족 간 화합은 지금 같지 않았을 수도	
83	자연을 만나고 바람을 만나고 서로를 치유한다	
84	아이와 얼굴을 마주 보며 시골 냄새와 자연의 소리를…	
85	평소에 꽤나 좋아하는 소리꾼인 장사익의 공연에 온 가족이 너무도 행복	
86	우리는 지금도 여행계획을 세우고 있다	
87	가족과 함께하는 시간의 공간	
88	새로운 TV를 설치하고 거실에 앉아 아이들과 남편과 즐겁게 TV를 보며	

미주

책머리에

1 일반적인 행복 또는 웰빙에 관한 다양한 연구결과를 모은 좋은 책을 소개하고자 한다: Daniel Kahnman, Ed Diener, and Norbert Schwarz(1999) Well-Being: The Foundations of Hedonic Psychology, Russell Sage Foundation.

제1장

1 Brickman, Philip and Donald T. Campbell(1971), "Hedonic Relativism and Planning the Good Society," in Apley, M. H.(Ed.), *Adaptation-level Theory: A Symposium*, Academic Press, pp. 287-305.

2 Easterlin, Richard A.(2013), "Happiness, Growth, and Public Policy," *Economic Inquiry*, 51(1), pp. 1-15; Easterlin, Richard. A.(2001), "Income and Happiness: Toward a Unified Theory," *The Economic Journal*, 111(473), pp. 465-484; Ferrer-i-Carbonell, Ada and Paul Frijters(2004), "How Important is Methodology for the Estimates of the Determinants of Happiness?," *The Economic Journal*, 114(497), pp. 641-659.

3 Chugani, Sunaina and Julie Irwin(2012), "What Are Others Thinking?: Hedonic Adaptation in Public Consumption Contexts," *Advances in Consumer Research*, 40, p. 256; Schwartz, Barry et al.(2002), "Maximizing versus Satisficing: Happiness is a Matter of Choice," *Journal of Personality and Social Psychology*, 83(5), pp. 1178-1197.

4 아니카 르메르(1994), 이미선 옮김, 『자크 라캉』, 문예출판사.

5 Binswanger, Mathias(2006), "Why Does Income Growth Fail to Make Us Happier?: Searching for the Treadmills behind the Paradox of Happiness," *The Journal of Socio-Economics*, 35(2), pp. 366-381.

6 라캉의 『에크리』에서 인용한 문장으로, 아니카 르메르(1994)의 글에서 재인

용(p. 249).

제 2 장

1 윌리엄 데이비스(2015), 황성원 옮김, 『행복산업』, 동녘.

2 Aslanbay, Yonca and Kaan Varnali(2014), "A Future of 'Happiness': Can Markets Be Co-evolved?," *Society*, 51(6), pp. 665–669.

3 앙드레 크리스토퍼(2003, 한국어판 2005), 김교신 옮김, 『행복의 단상』, 동문선, p. 112에서 재인용.

4 http://plus.hankyung.com/apps/newsinside.view?aid=201507060876A&is SocialNetworkingService=yes

제 3 장

1 Argyle, Michael(2003), "18 Causes and Correlates of Happiness," In D. Kahneman, E. Diener, and N. Swarz(Eds.), *Well-being: The Foundations of Hedonic Psychology*, NY: Russell Sage Foundation, pp. 353–373.

2 http://www.worldvaluessurvey.org/, CEI World Happiness Report 2016.

3 Diener, Ed, Ed Sandvik, Larry Seidlitz, and Marissa Diener(1993), "The Relationship between Income and Subjective Well-being: Relative or Absolute?," *Social Indicators Research*, 28(3), pp. 195–223.

4 Gilbert, Daniel(2009), *Stumbling on Happiness*, NY: Vintage Books.

5 Clark, Andrew E., Paul Frijters, and Michael A. Shields(2008), "Relative Income, Happiness, and Utility: An Explanation for the Easterlin Paradox and Other Puzzles," *Journal of Economic Literature*, pp. 95–144.

6 Veenhoven, Ruut(1991), "Is Happiness Relative?," *Social Indicators Research*, 24(1), pp. 1–34.

7 Tay, Louis and Lauren Kuykendall(2013), "Promoting Happiness: The

Malleability of Individual and Societal Subjective Well-being," *International Journal of Psychology*, 48(3), pp. 159-176.

8 Veenhoven, Ruut(1991), "Is Happiness Relative?," *Social Indicators Research*, 24(1), pp. 1-34.

9 Clark, Andrew E., Paul Frijters, and Michael A. Shields(2008), "Relative Income, Happiness, and Utility: An Explanation for the Easterlin Paradox and Other Puzzles," *Journal of Economic Literature*, pp. 95-144.

10 Dunn, Elizabeth W., Lara B. Aknin, and Michael I. Norton(2008), "Spending Money on Others Promotes Happiness," *Science*, 319(5870), pp. 1687-1688.

11 Sirgy, M. Joseph(2012), *The Psychology of Quality of Life: Hedonic Well-being, Life Satisfaction, and Eudaimonia*, Vol. 50, Springer Science & Business Media.

12 Lebergott, Stanley(2014), *Pursuing Happiness: American Consumers in the Twentieth Century*, Princeton University Press.

13 Ahuvia, Aaron C.(2002), "Individualism/Collectivism and Cultures of Happiness: A Theoretical Conjecture on the Relationship between Consumption, Culture and Subjective Well-being at the National Level," *Journal of Happiness Studies*, 3(1), pp. 23-36.

14 전미영·김난도(2011), "소비자행복 영향요인의 구조적 관계에 대한 탐색적 연구,"『2011 한국소비자학회 춘계학술대회 발표논문자료집』, pp. 134-137.

15 성영신·유창조·이진용·박은아·양윤재·정수정(2013a), "소비유형별 소비행복의 비교,"『소비자학연구』, 24(2), pp. 1-23.

16 성영신·이진용·유창조·박은아·신은희·백인기(2013b), "소비활동이 행복에 기여할 수 있을까?,"『마케팅연구』, 28(6), pp. 185-217.

17 Bettingen, Jean-Francois and Marius K. Luedicke(2009), "Can Brands Make Us Happy? A Research Framework for the Study of Brands and Their Effects on Happiness," *Advances in Consumer Research*, 36, pp. 308-315.

18 알랭 드 보통(2002), 정명진 옮김, 『젊은 베르테르의 기쁨』, 생각의 나무.

19 Hirschman, Elizabeth C. and Morris B. Holbrook(1982), "Hedonic Consumption: Emerging Concepts, Methods and Propositions," *Journal of Marketing*, 46(3), pp. 92-101.

20 서은국(2014), 『행복의 기원: 생존과 번식, 행복은 진화의 산물이다』, 21세기북스.

21 Alba, Joseph W. and Elanor F. Williams(2013), "Pleasure Principles: A Review of Research on Hedonic Consumption," *Journal of Consumer Psychology*, 23(1), pp. 2-18.

22 Wilson, Timothy D. and Kristin J. Klaaren(1992), "Expectation Whirls Me Round: The Role of Affective Expectations on Affective Experiences," In M. S. Clark(Ed.), *Review of Personality and Social Psychology: Emotion and Social Behavior*, 14, pp. 1-31, CA: Sage.

23 Oliver, Richard L.(1980), "A Cognitive Model of the Antecedents and Consequences of Satisfaction Decisions," *Journal of Marketing Research*, 17(4), pp. 460-469.

24 미하이 칙센트미하이(2010), 이희재 옮김, 『몰입의 즐거움』, 해냄출판사; Csikszentmihalyi, Mihaly(2014), *Flow*, NY: Harper.

25 미하이 칙센트미하이(2003), 노혜숙 옮김, 『창의성의 즐거움』, 더난출판사.

26 https://www.deepmind.com/alpha-go.html

27 http://www.ibm.com/cognitive/outthink/

28 매일경제 2016. 5. 2. 기사, "AI 시대 사라질 직업 탄생할 직업".

29 https://www.ted.com/talks/oscar_schwartz_can_a_computer_write_poetry

30 로버트 루트번스타인, 미셸 루트번스타인(2007), 박종성 옮김, 『생각의 탄생』, 에코의 서재.

31 이상훈(2010), 『1만 시간의 법칙』, 위즈덤하우스.

32 Dunbar, Robin. I. M.(1998), "The Social Brain Hypothesis," *Evolutionary Anthropology*, 6, pp. 178-190; Dunbar, Robin. I. M. and Susanne

Shultz(2007), "Evolution in the Social Brain," *Science*, 317, pp. 1344-1347.

33 Van Boven, Leaf and Thomas Gilovich(2003), "To Do or To Have? That is the Question," *Journal of Personality and Social Psychology*, 85(6), pp. 1193-1202.

34 Bastos, Wilson and Merrie Brucks(2012), "Verbal Sharing: Purchase, Tell Others, and Be Happy," *Advances in Consumer Research*, 40, pp. 256-258.

35 Goodman, Joseph K.(2014), "Giving Happiness: Do Experiential Gifts Lead to More Happiness?," *Advances in Consumer Research*, 42, pp. 24-25.

36 Gilovich, Thomas and Travis J. Carter(2012), "On the Importance of Experiential Purchases to Defining and Preserving the Self-Concept," *Advances in Consumer Research*, 40, pp. 258-259.

37 Thomas, Rebecca and Murray Millar(2013), "The Effects of Material and Experiential Discretionary Purchases on Consumer Happiness: Moderators and Mediators," *The Journal of Psychology*, 147(4), pp. 345-356.

38 Nicolao, Leonardo, Julie R. Irwin, and Joseph K. Goodman(2009), "Happiness for Sale: Do Experiential Purchases Make Consumers Happier than Material Purchases?," *Journal of Consumer Research*, 36(2), pp. 188-198.

39 Caprariello, Peter A. and Harry T. Reis(2012), "It's the Company that Counts: Shared Experiences and Possessions Make People Happier than Experiences and Possessions Alone," *Advances in Consumer Research*, 40, pp. 259-256.

40 Thomas, Rebecca and Murray Millar(2013), "The Effects of Material and Experiential Discretionary Purchases on Consumer Happiness: Moderators and Mediators," *The Journal of Psychology*, 147(4), pp. 345-356.

41 Raghunathan, Rajagopal and Kim Corfman(2006), "Is Happiness Shared Doubled and Sadness Shared Halved? Social Influence on Enjoyment of Hedonic Experiences," *Journal of Marketing Research*, 43(3), pp. 386-394.

제 4 장

1 김기옥(2010), "소비생활복지, 어떻게 측정할 것인가?,"『소비자학연구』, 21(3), pp. 167-194.

2 이성림·손상희·박미혜·정주원·천경희(2011), "소비생활에서의 행복과 갈등,"『소비자학연구』, 22(1), pp. 139-166.

3 송인숙·천경희·윤여임·윤명애·남유진(2012), "행복론 관점에서 본 현대 소비문화의 특성에 대한 비판적 검토,"『소비문화연구』, 15(1), pp. 179-201.

4 전미영·김난도(2011), "소비자행복 영향요인의 구조적 관계에 대한 탐색적 연구,"『2011 한국소비자학회 춘계학술대회 발표논문자료집』, pp. 134-137.

5 남승규(2012), "소비자행복 척도의 개발 및 타당화,"『한국심리학회지: 소비자·광고』, 13(3), pp. 403-420.

6 성영신·유창조·이진용·박은아·양윤재·정수정(2013a), "소비유형별 소비행복의 비교,"『소비자학연구』, 24(2), pp. 1-23; 성영신·이진용·유창조·박은아·신은희·백인기(2013b), "소비활동이 행복에 기여할 수 있을까?,"『마케팅연구』, 28(6), pp. 185-217.

7 Diener, Ed(1984), "Subjective Well-Being," *Psychological Bulletin*, 95(3), pp. 542-575.

8 Sirgy, M. Joseph(2012), *The Psychology of Quality of Life: Hedonic Well-being, Life Satisfaction, and Eudaimonia*, Vol. 50, Springer Science & Business Media.

9 라선아(2015), "소비자행복의 유형화 및 개념적 체계: 내러티브 분석을 중심으로,"『소비문화연구』, 18(3), pp. 113-146.

10 Thomas, Rebecca and Murray Millar(2013), "The Effects of Material and Experiential Discretionary Purchases on Consumer Happiness: Moderators and Mediators," *The Journal of Psychology*, 147(4), pp. 345-356; Van Boven, Leaf and Thomas Gilovich(2003), "To Do or To Have? That is the Question," *Journal of Personality and Social Psychology*, 85(6), pp. 1193-1202.

11 Mogilner, Cassie, Jennifer Aaker, and Sepandar D. Kamvar(2012), "How

Happiness Affects Choice," *Journal of Consumer Research*, 39(2), pp. 429–443.

12 Veenhoven, Ruut(2004), "Sustainable Consumption and Happiness," Paper Presented at the International Workshop *"Driving Forces and Barriers to Sustainable Consumption,"* University of Leeds, UK, March 5–6, pp. 1–32.

13 Algoe, Sara B. and Jonathan Haidt(2009), "Witnessing Excellence in Action: The 'Other-praising' Emotions of Elevation, Gratitude, and Admiration," *Journal of Positive Psychology*, 4(2), pp. 105–107.

14 Cleary, Tom S. and Sam I. Shapiro(1995), "The Plateau Experience and the Post-Modern Life: Abraham H. Maslow's Unfinished Theory," *The Journal of Transpersonal Psychology*, 27(1), pp. 1–23.

제 5 장

1 Carù, Antonella and Bernard Cova(2006), "How to Facilitate Immersion in a Consumption Experience: Appropriation Operations and Service Elements," *Journal of Consumer Behaviour*, 5(1), pp. 4–14.

2 Hopkinson, Gillian C. and Sandra Hogarth-Scott(2001), "What Happened Was…," *Broadening the Agenda for Storied Research, Journal of Marketing Management*, 17(1-2), pp. 27–47, p. 28.

3 Shankar, Avi, Richard Elliott, and Christina Goulding(2001), "Understanding Consumption: Contributions from a Narrative Perspective," *Journal of Marketing Management*, 17(3-4), pp. 429–453.

4 Schembri, Sharon, Bill Merrilees, and Stine Kristiansen(2010), "Brand Consumption and Narrative of the Self," *Psychology & Marketing*, 27(6), pp. 623–637.

5 Pace, Stefano(2008), "YouTube: An Opportunity for Consumer Narrative Analysis?," *Qualitative Market Research: An International Journal*, 11(2), pp.

213-226.

6 Schwarz, Norbert, Daniel Kahneman, and Jing Xu(2009), "Global and Episodic Reports of Hedonic Experience," In R. Belli, F. Stafford, and D. Alwin(Eds.), *Using Calendar and Diary Methods in Life Events Research*, CA: Sage, pp. 157-174.

7 Kim-Prieto, Chu, Ed Diener, Maya Tamir, Christie N. Scollon, and Marrisa Diener(2005), "Integrating the Diverse Definitions of Happiness: A Time-sequential Framework of Subjective Well-being," *Journal of Happiness Studies*, 6(3), pp. 261-300.

8 Gilbert, Daniel(2009), *Stumbling on Happiness*, NY: Vintage Books.

9 경영학(마케팅) 박사과정 1명, 국문학(현대문학) 석사과정 1명의 검토를 거쳐 최종 확정함.

제 7 장

1 제임스 H. 길모어, B. 조지프 파인 2세(2007, 한국어판 2010), 윤형호 옮김/구본형 감수, 『진정성의 힘』, 세종서적.

2 Alba, Joseph W. and Elanor F. Williams(2013), "Pleasure Principles: A Review of Research on Hedonic Consumption," *Journal of Consumer Psychology*, 23(1), pp. 2-18.

3 Drucker, Peter F.(1958), "Business Objectives and Survival Needs: Notes on a Discipline of Business Enterprise," *The Journal of Business*, 31(2), pp. 81-90.

4 Christensen, Clayton M. and Joseph L. Bower(1996), "Customer Power, Strategic Investment, and the Failure of Leading Firms," *Strategic Management Journal*, 17(3), pp. 197-218.

5 Hirschman, Elizabeth C.(1982), "Symbolism and Technology as Sources for the Generation of Innovations," *Advances in Consumer Research*, 9, pp. 537-541.

6 Veblen, Thorstein Bunde(1994), *The Theory of the Leisure Class, In The Collected Works of Thorstein Veblen*, Vol. 1, 1899, Reprinted, London: Routledge, pp. 1-404.

7 이유재·라선아(2002), "브랜드 퍼스낼리티-브랜드 동일시-브랜드자산 모형: 이용자와 비이용자 간 차이에 대한 탐색적 연구," 『마케팅연구』, 17(3), pp. 1-32.

8 Tian, Kelly Tepper, William O. Bearden, and Gary L. Hunter(2001), "Consumers' Need for Uniqueness: Scale Development and Validation," *Journal of Consumer Research*, 28(1), pp. 50-66.

9 Havlena, William J. and Susan L. Holak(1991), "The Good Old Days: Observations on Nostalgia and Its Role in Consumer Behavior," *Advances in Consumer Research*, 18(1), pp. 323-329.

10 "The Power of Nostalgia: Zeitgeist or Marketing Hype?", *Pioneer*, 2010 (Winter), University of Strath Clyde; www.strath.ac.uk/nostalgia.

11 Havlena, William J. and Susan L. Holak(1991), "The Good Old Days: Observations on Nostalgia and Its Role in Consumer Behavior," *Advances in Consumer Research*, 18(1), pp. 323-329.

12 Lasaleta, Jannine D., Constantine Sedikides, and Kathleen D. Vohs(2014), "Nostalgia Weakens the Desire for Money," *Journal of Consumer Research*, 41(3), pp. 713-729.

13 임동원(2008), 『행복한 소비 : 자본과 건축공간』, 스페이스타임, p. 55.

14 이상현(2015), 『몸과 마음을 살리는 행복공간 라운징』, 프런티어.

15 Richins, Marsha L. and Scott Dawson(1992), "A Consumer Values Orientation for Materialism and Its Measurement: Scale Development and Validation," *Journal of Consumer Research*, 19, pp. 303-316.

16 Pieters, Rik(2013), "Bidirectional Dynamics of Materialism and Loneliness: Not Just a Vicious Cycle," *Journal of Consumer Research*, 40(4), pp. 615-631.

17 Bettingen, Jean-Francois and Marius K. Luedicke(2009), "Can Brands Make

Us Happy? A Research Framework for the Study of Brands and Their Effects on Happiness," *Advances in Consumer Research*, 36, pp. 308-315.

18 Van Boven, Leaf and Thomas Gilovich(2003), "To Do or To Have? That is the Question," *Journal of Personality and Social Psychology*, 85(6), pp. 1193-1202.

19 Chugani, Sunaina and Julie Irwin(2012), "What Are Others Thinking?: Hedonic Adaptation in Public Consumption Contexts," *Advances in Consumer Research*, 40, p. 256.

20 Shoham, Aviv and Ossi Pesämaa(2013), "Gadget loving: A Test of an Integrative Model," *Psychology & Marketing*, 30(3), pp. 247-262.

21 박철·강유리(2012), "온라인 커뮤니티 행동의 의례화(ritualization) 모델," 『소비자학연구』, 23(2), pp. 273-299.

22 Pine II, B. Joseph and James H. Gilmore(1999), *The Experience Economy: Work is Theatre & Every Business a Stage*, NY: Harvard Business Press.

23 김정구·한정수·전미나·김미예·Joshua Kim(2016), "브랜드 애착이 브랜드 성과를 넘어 소비자 삶의 질에 미치는 영향," 『소비자학연구』, 27(4), pp. 131-152.

24 Sternberg, Robert J.(1986), "A Triangular Theory of Love," *Psychological Review*, 93(2), pp. 119-135.

25 Hatfield, Elaine(1988), "Passionate and Companionate Love," *Psychology of Love*, New Heaven, CT: Yale University Press. pp. 191-217.

26 Bowlby, John(1980), *Attachment and Loss*, Vol. 3, NY: Basic Books.

27 West, Patricia M., Christina L. Brown, and Stephen J. Hoch(1996), "Consumption Vocabulary and Preference Formation," *Journal of Consumer Research*, 23(2), pp. 120-135.

28 Alba, Joseph W. and Elanor F. Williams(2013), "Pleasure Principles: A Review of Research on Hedonic Consumption," *Journal of Consumer Psychology*, 23(1), pp. 2-18.

29 Slater, Don(1997), *Consumer Culture and Modernity*, NY: Polity Press.

30 Schmitt, Bernd H.(1999), *Experiential Marketing: How to Get Customers to Sense, Feel, Think, Act and Relate to Your Company and Brand*, NY: The Free Press.

31 Bloom, Paul(2010), *How Pleasure Works*, NY: Random House.

32 Keltner, Dacher and Jonathan Haidt(2003), "Approaching Awe, a Moral, Spiritual, and Aesthetic Emotion," *Cognition & Emotion*, 17(2), pp. 297–314; Kubovy, Michael(1999), "On the Pleasures of the Mind," In D. Kahneman, E. Diener, and N. Schwarz(Eds.), *Well-being: The Foundations of Hedonic Psychology*, pp. 134–154.

33 Rozin, Paul(1999), "Preadaptation and the Puzzles and Properties of Pleasure," In D. Kahneman, E. Diener, and N. Schwarz(Eds.), *Well-being: The Foundations of Hedonic Psychology*, pp. 109–133.

34 Mlodinow, Leonard(2009), *The Drunkard's Walk: How Randomness Rules Our Lives*, NY: Vintage Books; Nevid, Jeffrey S.(1981), "Effects of Brand Labeling on Ratings of Product Quality," *Perceptual and Motor Skills*, 53(2), pp. 407–410.

35 Park, Ji Kyung and Deborah Roedder John(2010), "Got to Get You into My Life: Do Brand Personalities Rub Off on Consumers?," *Journal of Consumer Research*, 37(4), pp. 655–669.

36 Bettingen, Jean-Francois and Marius K. Luedicke(2009), "Can Brands Make Us Happy? A Research Framework for the Study of Brands and Their Effects on Happiness," *Advances in Consumer Research*, 36, pp. 308–315.

37 Bruner II, Gordon C. and Anand Kumar(2007), "Gadget Lovers," *Journal of the Academy of Marketing Science*, 35(3), pp. 329–339.

38 Shoham, Aviv and Ossi Pesämaa(2013), "Gadget Loving: A Test of an Integrative Model," *Psychology & Marketing*, 30(3), pp. 247–262.

39 Lastovicka, John L. and David M. Gardner(1978), "Components of

Involvement," *Attitude Research Plays for High Stakes*, Chicago: American Marketing Association, pp. 53-73.

40 Kapferer, Jean-Noel and Gilles Laurent(1985), *Consumer Involvement Profiles: A New and Practical Approach to Consumer Involvement*, HAL-00786782.

41 Selnes, Fred and James Sallis(2003), "Promoting Relationship Learning," *Journal of Marketing*, 67(3), pp. 80-95.

42 Ahn, Kwang Ho, Sung Hwan Kim, and Mo Ran Kim(2011), "The Study of the Relative Effect of Customer Equity Drivers on Customer Loyalty," *Journal of Korean Marketing Association*, 26(march), pp. 23-45.

43 라선아·이유재(2015), "고객만족, 고객충성도, 관계마케팅, 고객관계관리 관련 문헌에 관한 종합적 고찰,"『마케팅연구』, 30(1), pp. 53-104.

44 김미정·박상일(2014), "감동한 고객은 정말로 더 충성적인가?: 고객충성도에 대한 고객만족과 고객감동의 선형 및 비선형적 효과,"『마케팅연구』, 29(3), pp. 19-50.

45 Dick, Alan S. and Kunal Basu(1994), "Customer Loyalty: Toward an Integrated Conceptual Framework," *Journal of The Academy of Marketing Science*, 22(2), pp. 99-113.

46 Drew Rosen, L. and Kirk R. Karwan(1994), "Prioritizing the Dimensions of Service Quality: An Empirical Investigation and Strategic Assessment," *International Journal of Service Industry Management*, 5(4), pp. 39-52; Mittal, Vikas and Jerome M. Katrichis(2000), "Distinctions Between New and Loyal Customers Marketing Researchers Can Gain Useful Insights," *Marketing Research*, 12, pp. 127-132.

47 Gremler, Dwayne D. and Kevin P. Gwinner(2000), "Customer-Employee Rapport in Service Relationships," *Journal of Service Research*, 3(1), pp. 82-104.

48 Price, Linda L. and Eric J. Arnould(1999), "Commercial Friendships:

Service Provider-Client Relationships in Context," *Journal of Marketing*, 63(4), pp. 38-56.

49 라선아(2014), "불평고객의 부정적 감정과 지각된 기업의 사회적 책임성이 마케터실패복구의 결과에 미치는 영향," 『경영학연구』, 43(2), pp. 491-526.

50 Morales, Andrea C.(2005), "Giving Firms an "E" for Effort: Consumer Responses to High-effort Firms," *Journal of Consumer Research*, 31(4), pp. 806-812.

51 라선아·차문경(2013), "관계회복 관점에서 바라 본 기업의 실패복구에 대한 고객용서의 형성과 작용 메커니즘," 『소비자학연구』, 24(1), pp. 219-250.

52 Heskett, James L. and L. A. Schlesinger(1994), "Putting the Service-profit Chain to Work," *Harvard Business Review*, 72(2), pp. 164-174.

53 이유재·라선아(2004), "내부 브랜딩: 내부고객의 브랜드 동일시가 내부고객 만족과 CS 활동에 미치는 영향," 『마케팅연구』, 19(3), pp. 83-114.

54 Vargo, Stephen L., Paul P. Maglio, and Melissa Archpru Akaka(2008), "On Value and Value Co-creation: A Service Systems and Service Logic Perspective," *European Management Journal*, 26(3), pp. 145-152; Grönroos, Christian(2011), "Value Co-creation in Service Logic: A Critical Analysis," *Marketing Theory*, 11(3), pp. 279-301.

55 Wolosin, Robert J., Steven J. Sherman, and Amnon Till(1973), "Effects of Cooperation and Competition on Responsibility Attribution after Success and Failure," *Journal of Experimental Social Psychology*, 9(3), pp. 220-235; Curren, Mary T., Valerie S. Folkes, and Joel H. Steckel(1992), "Explanations for Successful and Unsuccessful Marketing Decisions: The Decision Maker's Perspective," *Journal of Marketing*, 50(2), pp. 18-31.

56 Campbell, W. Keith, Constantine Sedikides, Glenn D. Reeder, and Andrew J. Elliott(2000), "Among friends? An Examination of Friendship and the Self-serving Bias," *British Journal of Social Psychology*, 39(2), pp. 229-240; Johnston, William A.(1967), "Individual Performance and Self-

evaluation in a Simulated Team," *Organizational Behavior and Human Performance*, 2(3), pp. 309-328; Sedikides, Constantine, W. Keith Campbell, Glenn D. Reeder, and Andrew J. Elliot(1998), "The Self-serving Bias in Relational Context," *Journal of Personality and Social Psychology*, 74(2), pp. 378-386.

57 Bendapudi, Neeli and Robert P. Leone(2003), "Psychological Implications of Customer Participation in Co-production," *Journal of Marketing*, 67(1), pp. 14-28.

58 Parasuraman, Arun, Valarie A. Zeithaml, and Leonard L. Berry(1988) "SERVQUAL," *Journal of Retailing*, 64(1), pp. 12-40(연구자 세 명의 이름의 첫 자를 모아서 PZB라 부름).

59 Ye, Jun and Beibei Dong(2013), "The Long-term Impact of Service Empathy and Responsiveness and Customer Satisfaction and Profitability," *AMA Summer Educators' Conference Proceedings*, Vol. 24, pp. 297-298.

60 http://www.cnbc.com/2014/08/12/

61 http://www.techworm.net/2015/02/lady-robot-concierge-welcome-japans-henn-na-hotel-just.html

제 8 장

1 Jenkins, Sharon Rae(1996), "Self-Definition in Thought, Action, and Life Path Choices," *Personality and Social Psychology Bulletin*, 22(1), pp. 99-111.

2 Cherrier, Hélène(2007), "Ethical Consumption Practices: Co-production of Self Expression and Social Recognition," *Journal of Consumer Behaviour*, 6(5), pp. 321-335.

3 Bem, Daryl J.(1972), "Self-perception Theory," In L. Berkowitz(Ed.), *Advances in Experimental Social Psychology*, 6, NY: Academic Press.

4 박미혜·강이주(2009), "윤리적 소비의 개념 및 실태에 대한 고찰,"『한국생

활과학회지』, 18(5), pp. 1047~1062에서 재인용(p. 1048).

5 Veenhoven, Ruut(2004), "Sustainable Consumption and Happiness," Paper Presented at the International Workshop 'Driving Forces and Barriers to Sustainable Consumption,' University of Leeds, UK, March 5-6, pp. 1-32.

6 송인숙·천경희·홍연금(2013), "윤리적 소비자가 경험하는 행복한 소비의 특성에 관한 현상학적 연구,"『소비문화연구』, 16(4), pp. 1-27.

7 Barnett, Clive, Philip Cafaro, and Terry Newholm(2005), Philosophy and Ethical Consumption, In R. Harrison, T. Newholm, and D. Shaw(Eds.), The Ethical Consumer, London, UK: Sage, pp. 11-24.

8 박미혜(2015), "윤리적 소비와 관련한 소비자의 감정경험",『소비자학연구』, 26(3), pp. 27-58.

9 Dunn, Elizabeth W., Lara B. Aknin, and Michael I. Norton(2008), "Spending Money on Others Promotes Happiness," Science, 319(5870), pp. 1687-1688.

10 Cherrier, Hélène and Caroline Lego Munoz(2007), "A Reflection on Consumers' Happiness: The Relevance of Care for Others, Spiritual Reflection, and Financial Detachment," Journal of Research for Consumers, 12, pp. 1-19.

11 Vohs, Kathleen D., Nicole L. Mead, and Miranda R. Goode(2006), "The Psychological Consequences of Money," Science, 314(5802), pp. 1154-1156.

12 Chance, Zoe and Michael I. Norton(2011), "Prosperity through Philanthropy," Advances in Consumer Research, 39, p. 124.

13 김수보(2015),『IT 인프라시대의 대한민국 IT』, 재승출판.

14 김정태(2014),『어떻게 하면 소셜 이노베이터가 될 수 있나요』, 에이지21.

15 Holbrook, Robert L. and Carol T. Kulik(2001), "Customer Perceptions of Justice in Service Transactions: The Effects of Strong and Weak Ties," Journal of Organizational Behavior, 22(7), pp. 743-757.

16 연합뉴스, 2016. 5. 23. 기사, "식품 원재료 중 국산 비중 30%대 그쳐".

17 박봉두 · 노정구(2007), "재래시장 경쟁력 구성요인과 정책적 시사점," 『유통연구』, 12(5), pp. 17-48.

18 박세훈(2005), "쾌락적 제품과 실용적 제품의 소비자 선택에 미치는 죄책감 효과," 『마케팅연구』, 20(2), pp. 21-44.

19 Mishra, Arul and Himanshu Mishra(2011), "The Influence of Price Discount Versus Bonus Pack on the Preference for Virtue and Vice Foods," *Journal of Marketing Research*, 48(1), pp. 196-206.

20 Winterich, Karen Page and Kelly L. Haws(2011), "Helpful Hopefulness: The Effect of Future Positive Emotions on Consumption," *Journal of Consumer Research*, 38(3), pp. 505-524.

21 Alba, Joseph W. and Elanor F. Williams(2013), "Pleasure Principles: A Review of Research on Hedonic Consumption," *Journal of Consumer Psychology*, 23(1), pp. 2-18.

22 Ramanathan, Suresh and Patti Williams(2007), "Immediate and Delayed Emotional Consequences of Indulgence: The Moderating Influence of Personality Type on Mixed Emotions," *Journal of Consumer Research*, 34(2), pp. 212-223.

23 Robinson, Michael D. and Gerald L. Clore(2002), "Belief and Feeling: Evidence for an Accessibility Model of Emotional Self-report," *Psychological Bulletin*, 128(6), pp. 934-960.

24 Wood, Stacy L. and James R. Bettman(2007), "Predicting Happiness: How Normative Feeling Rules Influence (and Even Reverse) Durability Bias," *Journal of Consumer Psychology*, 17(3), pp. 188-201.

25 Carter, Travis, Emily Rosenzweig, and Thomas Gilovich(2012), "Taking Advantage of Real and Perceived Differences Between Material and Experiential Purchases," *Advances in Consumer Research*, 40, pp. 106-107.

26 Van Boven, Leaf and Thomas Gilovich(2003), "To Do or To Have? That is the Question," *Journal of Personality and Social Psychology*, 85(6), pp. 1193-1202.

27 Van de Ven, Niels, Marcel Zeelenberg, and Rik Pieters(2011), "*The Envy Premium in Product Evaluation*," *Journal of Consumer Research*, 37(6), pp. 984-998.

28 김기옥(2010), "소비생활복지, 어떻게 측정할 것인가?," 『소비자학연구』, 21(3), pp. 167-194.

29 Soscia, Isabella(2007), "Gratitude, Delight, or Guilt: The Role of Consumers' Emotions in Predicting Postconsumption Behaviors," *Psychology & Marketing*, 24(10), pp. 871-894.

30 Bhattacharjee, Amit and Cassie Mogilner(2013), "Happiness from Ordinary and Extraordinary Experiences," *Advances in Consumer Research*, 41, pp. 213-214.

31 https://artistquoteoftheday.wordpress.com/category/jonathan-borofsky/

32 Csikszentmihalyi, Mihaly(2014), *Flow*, NY: Haper.

33 Senecal, Sylvain, Jamel-Edine Gharbi, and Jacques Nantel(2002), "The Influence of Flow on Hedonic and Utilitarian Shopping Values," *Advances in Consumer Research*, 29, pp. 483-484.

34 Bellenger, Danny N., Dan H. Robertson, and Barnett A. Greenberg(1977), "Shopping Center Patronage Motives," *Journal of Retailing*, 53(2), pp. 29-38.

35 Eroglu, Sevgin A. and Karen A. Machleit(1990), "An Empirical Study of Retail Crowding: Antecedents and Consequences," *Journal of Retailing*, 66(2), pp. 201-221.

36 Bloch, Peter H. and Marsha L. Richins(1983), "A Theoretical Model for the Study of Product Importance Perceptions," *Journal of Marketing*, 47(3), pp. 69-81.

37 유창조·김상희(1994), "Ethnographic 접근방식을 통한 쇼핑행위에 관한 탐색적 연구: 확장된 개념, 감정의 다양성, 동기의 다양성," 『소비자학연구』, 5(2), pp. 45-62.

38 서문식·김상희·서용한(2002), "인터넷 쇼핑상황에서 경험하는 소비자 감정

에 관한 질적 연구," 『소비자학연구』, 13(2), pp. 47-79.

39 Chiu, Chao-Min, Chen-Chi Chang, Hsiang-Lan Cheng, and Yu-Hui Fang(2009), "Determinants of Customer Repurchase Intention in Online Shopping," *Online Information Review*, 33(4), pp. 761-784.

제 9 장

1 Luomala, Harri T. and Martti Laaksonen(1999), "A Qualitative Exploration of Mood-regulatory Self-gift Behaviors," *Journal of Economic Psychology*, 20(2), pp. 147-182.

2 Karanika, Katerina, and Margaret K. Hogg(2016), "Being Kind to Ourselves: Self-compassion, Coping, and Consumption," *Journal of Business Research*, 69(2), pp. 760-769.

3 Argyle, Michael(2003), "18 Causes and Correlates of Happiness," In D. Kahneman, E. Diener, and N. Swarz(Eds.), *Well-being: The Foundations of Hedonic Psychology*, pp. 353-373.

4 Seligman, Martin E. P.(2004), *Authentic Happiness: Using the New Positive Psychology to Realize Your Potential for Lasting Fulfillment*, NY: Simon and Schuster. 『긍정심리학』(한국어판 제목).

5 http://www.brainyquote.com/quotes/keywords/loneliness.html

6 Mick, David Glen and Michelle DeMoss(1990), "Self-gifts: Phenomenological Insights from Four Contexts," *Journal of Consumer Research*, 17(3), pp. 322-332.

7 Heath, Maria Teresa, Caroline Tynan, and Christine T. Ennew(2011), "Self-gift Giving: Understanding Consumers and Exploring Brand Messages," *Journal of Marketing Communications*, 17(2), pp. 127-144.

8 Luomala, Harri T. and Martti Laaksonen(1999), "A Qualitative Exploration of Mood-regulatory Self-gift Behaviors," *Journal of Economic Psychology*,

20(2), pp. 147-182.

9 Bryant, Fred B. and Joseph Veroff(2007), 권석만 외 옮김(2010), 『인생을 향유하기: 행복체험의 심리학』, 학지사.

10 Mogilner, Cassie, Jennifer Aaker, and Sepandar D. Kamvar(2012), "How Happiness Affects Choice," *Journal of Consumer Research*, 39(2), pp. 429-443.

11 House, Julian, Sanford E. DeVoe, and Chen-Bo Zhong(2013), "Too Impatient to Smell the Roses: Exposure to Fast Food Brands Impedes Happiness," *Advances in Consumer Research*, 41, pp. 212-213.

12 성영신·유창조·이진용·박은아·양윤재·정수정(2013a), "소비유형별 소비행복의 비교," 『소비자학연구』, 24(2), pp. 1-23.

13 Argyle, Michael(2003), "18 Causes and Correlates of Happiness," In D. Kahneman, E. Diener, and N. Swarz(Eds.), *Well-being: The Foundations of Hedonic Psychology*, pp. 353-373.

14 Argyle, Michael and Luo Lu(1990), "The Happiness of Extraverts," *Personality and Individual Differences*, 11(10), pp. 1011-1017.

15 Alba, Joseph W. and Elanor F. Williams(2013), "Pleasure Principles: A Review of Research on Hedonic Consumption," *Journal of Consumer Psychology*, 23(1), pp. 2-18.

16 Van de Ven, Niels, Marcel Zeelenberg, and Rik Pieters(2011), "Why Envy Outperforms Admiration," *Personality and Social Psychology Bulletin*, 37(6), pp. 784-795.

17 Argyle, Michael(2003), "18 Causes and Correlates of Happiness," In D. Kahneman, E. Diener, and N. Swarz(Eds.), *Well-being: The Foundations of Hedonic Psychology*, pp. 353-373.

제 10 장

1 Diener, Ed and Martin E. P. Seligman(2002), "Very Happy People,"

Psychological Science, 13(1), pp. 81-84.

2 Williams, Tonya P. and Angela Y. Lee(2006), "Benjamin My Friend or My Money: Wealth and Subjective Well-being," *Advances in Consumer Research*, 33, pp. 218-219.

3 마틴 셀리그만(2006), 김인자 옮김, 『긍정심리학: 진정한 행복 만들기』, 물푸레.

4 Argyle, Michael(2003), "18 Causes and Correlates of Happiness," In D. Kahneman, E. Diener, and N. Swarz(Eds.), *Well-being: The Foundations of Hedonic Psychology*, pp. 353-373.

5 Sirgy, M. Joseph, P. Stephanes Kruger, Dong-Jin Lee, and Grace B. Yu(2010), "How Does a Travel Trip Affect Tourists' Life Satisfaction?," *Journal of Travel Research*, 20(10), pp. 1-15.

6 Bloch, Peter H., Nancy M. Ridgway, and Scott A. Dawson(1994), "The Shopping Mall as Consumer Habitat," *Journal of Retailing*, 70(1), pp. 23-42.

7 바슐라르(2003), 곽광수 옮김, 『공간의 시학』, 동문선.

8 전상인(2014), "행복에 대한 공간사회학적 성찰," 『문화와 사회』, 16, pp. 11-44.

9 전상인(2014), "행복에 대한 공간사회학적 성찰," 『문화와 사회』, 16, pp. 11-44.

10 〈인터스텔라(Interstellar)〉, 크리스토퍼 놀란 감독의 2014년 공상과학(SF)영화.

11 http://news.khan.co.kr/kh_news/khan_art_view.html?artid=20131110224 3195&code=940202; http://go.seoul.co.kr/news/newsView.php?id= 20121109017015; http://www.hani.co.kr/arti/society/society_general/ 717803.html

12 수원대 차은정 교수 연구자료(2012), http://news.khan.co.kr/kh_news/ khan_art_view.html?artid=201311102243195&code=940202

13 경향비즈 2016. 5. 18. 기사, "21일은 '부부의 날'… 배우자에게 선물하나요?" (http://biz.khan.co.kr/khan_art_view.html?artid=201605181755001&code=9204

01&med = khan).

14 구재선·김의철(2006), "한국인의 행복경험에 대한 토착문화심리학적 접근," 『한국심리학회지: 문화 및 사회문제』, 12(2), pp. 77-100.

15 조지 베일런트(2010), 이덕남 옮김/이시형 감수, 『행복의 조건』, 프런티어.

16 Yuki, Masaki, Kosuke Sato, Kosuke Takemura, and Shigehiro Oishi(2013), "Social Ecology Moderates the Association between Self-esteem and Happiness," *Journal of Experimental Social Psychology*, 49(4), pp. 741-746.

17 김성일·김채연·성영신 엮음(2013), 『뇌로 통하다』, 21세기북스.

18 Demir, Melikşah, Metin Özdemir, and Kendra Patrice Marum(2011), "Perceived Autonomy Support, Friendship Maintenance, and Happiness," *The Journal of Psychology*, 145(6), pp. 537-571.

19 Bloch, Peter H., Nancy M. Ridgway, and Scott A. Dawson(1994), "The Shopping Mall as Consumer Habitat," *Journal of Retailing*, 70(1), pp. 23-42.

제 11 장

1 Woodward, Ian(2011), "Towards an Object-Relations Theory of Consumerism: The Aesthetics of Desire and the Unfolding Materiality of Social Life," *Journal of Consumer Culture*, 11(3), p. 366-384.

2 Belk, Russell W.(1988), "Possessions and the Extended Self," *Journal of Consumer Research*, 15(2), pp. 139-167.

3 Tian, Kelly and Russell W. Belk(2005), "Extended Self and Possessions in the Workplace," *Journal of Consumer Research*, 32(2), pp. 297-310.

4 Rochberg-Halton, Eugene(1984), "Object Relations, Role Models, and Cultivation of the Self," *Environment and Behavior*, 16(3), pp. 335-368.

5 곤도 마리에(2012), 홍성민 옮김, 『인생이 빛나는 정리의 마법』, 더난출판사.

6 Grayson, Kent and David Shulman(2000), "Indexicality and the Verification Function of Irreplaceable Possessions: A Semiotic Analysis," *Journal of*

Consumer Research, 27(1), pp. 17-30.

7 송인숙·천경희·윤여임·윤명애·남유진(2012), "행복론 관점에서 본 현대 소비문화의 특성에 대한 비판적 검토," 『소비문화연구』, 15(1), pp. 179-201.

8 Exline, J. Juola, Everett L. Worthington Jr., Peter Hill, and Michael E. McCullough(2003), "Forgiveness and Justice: A Research Agenda for Social and Personality Psychology," *Journal of Personality and Social Psychology*, 7(4), pp. 337-348.

9 Krishna, Anupam, G. S. Dangayach, and Rakesh Jain(2011), "A Conceptual Framework for The Service Recovery Paradox," *The Marketing Review*, 11(1), pp. 41-56.

10 정장진(1998), "정신분석과 문학비평: 정신분석의 '전이' 개념을 중심으로," 『인문학연구』, 5, pp. 93-114.

11 Peirce(1867-1914)(1940)에 의해 개념화됨.

12 Grayson, Kent and David Shulman(2000), "Indexicality and the Verification Function of Irreplaceable Possessions: A Semiotic Analysis," *Journal of Consumer Research*, 27(1), pp. 17-30.

제 12 장

1 Grönroos, Christian(2011), "Value Co-creation in Service Logic: A Critical Analysis," *Marketing Theory*, 11(3), pp. 279-301.

2 라선아(2013), "마케팅 시각에서 '안녕, 인공 존재!' 해석하기: 포스트모던 소비사회에 대한 문학비평적 접근," 『소비문화연구』, 16(2), pp. 139-169.

제 13 장

1 Laros, Fleur J. M. and Jan-Benedict E. M. Steenkamp(2005), "Emotions in

Consumer Behavior: A Hierarchical Approach," *Journal of Business Research*, 58(10), pp. 1437-1445.

2 야마다 마사히로·소데카와 요시유키(2009, 한국어판 2011), 홍성민 옮김, 『더 많이 소비하면 우리는 행복할까?』, 뜨인돌.

3 Mohanty, Madhu S.(2014), "What Determines Happiness? Income or Attitude: Evidence from the U.S. Longitudinal Data," *Journal of Neuroscience, Psychology, and Economics*, 7(2), pp. 80-102.

4 연합뉴스 2016. 9. 4. 기사, "한국 상위 10% 소득집중도 미국 다음… 증가폭은 최고"에서 재인용.

5 연합뉴스 2016. 9. 11. 기사, "최재석의 동행-세상이 서로 베풀고 살아야지".

6 Putnam, Robert D.(2015), *Our Kids*, NY: Simon & Schuster.

7 Piaget, Jean(1972), "Intellectual Evolution from Adolescence to Adulthood," *Human Development*, 15(1), pp. 1-12.

8 Kim, Kyung Hee(2011), "The Creativity Crisis: The Decrease in Creative Thinking Scores on the Torrance Tests of Creative Thinking," *Creativity Research Journal*, 23(4), pp. 285-295.

9 장대익(2013), 『인간에 대하여 과학이 말해준 것들』, 바다출판사.

10 Hirschman, Elizabeth C.(1980), "Innovativeness, Novelty Seeking, and Consumer Creativity." *Journal of Consumer Research*, 7(3), pp. 283-295.

11 Guilford, James P.(1965), "Intellectual Factors in Productive Thinking," In *Productive Thinking in Education*, Washington, DC: National Education Association, pp. 5-20.

12 Mehta, Ravi and Meng Zhu(2016), "Creating When You Have Less: The Impact of Resource Scarcity on Product Use Creativity," *Journal of Consumer Research*, 42(5), pp. 767-782.

13 Hirschman, Elizabeth C.(1980), "Innovativeness, Novelty Seeking, and Consumer Creativity." *Journal of Consumer Research*, 7(3), pp. 283-295.

14 Grönroos, Christian(2011), "Value Co-creation in Service Logic: A Critical

Analysis," *Marketing Theory*, 11(3), pp. 279-301.

15 Vargo, Stephen L., Paul P. Maglio, and Melissa Archpru Akaka(2008), "On Value and Value Co-creation: A Service Systems and Service Logic Perspective," *European Management Journal*, 26(3), pp. 145-152.

16 미국심리학협회(American Psychologial Association : APA) 홈페이지 참조.

17 Fredrickson, Barbara L.(2013), "Positive Emotions Broaden and Build," *Advances in Experimental Social Psychology*, 47(1), pp. 1-53.

18 Bonanno, George A.(2004), "Loss, Trauma, and Human Resilience: Have We Underestimated the Human Capacity to Thrive after Extremely Aversive Events?," *American Psychologist*, 59(1), pp. 20-28.

19 슈테판 클라인(2002, 한국어판 2006), 김영옥 옮김, 『행복의 공식』, 웅진지식하우스.

20 Larsen, Jeff T. and A. Peter McGraw(2011), "Further Evidence for Mixed Emotions," *Journal of Personality and Social Psychology*, 100(6), pp. 1095-1110.

21 알랭 드 보통(2011), 정영목 옮김, 『행복의 건축』, 청미래(인용 부분은 1. 건축의 의미 중 5.의 내용에서 가져옴).

22 Larsen, Jeff T., A. Peter McGraw, and John T. Cacioppo(2001), "Can People Feel Happy and Sad at the Same Time?," *Journal of Personality and Social Psychology*, 81(4), pp. 684-696.

23 리처드 레이어드(2011), 정은아 옮김, 이정전 해제, 『행복의 함정』, 북하이브.

24 오마이뉴스 2015. 12. 7. 기사, "눈먼 할머니 코끼리, 무리를 이끌다" 참조 (http://www.ohmynews.com/NWS_Web/View/at_pg.aspx?CNTN_CD= A0000297334).

25 동물자유연대 홈페이지 "세상에서 가장 크고 슬픈 동물, 코끼리" 참조 (http://www.animals.or.kr/newmain/board/board.asp?num=62&bname= zetyx_board_theme_zoo&cpage=2&ct=yes).

26 장대익(2013), 『인간에 대하여 과학이 말해준 것들』, 바다출판사.

27 Iacobucci, Dawn and Amy Ostrom(1993), "Gender Differences in the Impact of Core and Relational Aspects of Services on the Evaluation of Service Encounters," *Journal of Consumer Psychology*, 2(3), pp. 257-286.

28 Shaw, William H. and Vincent Barry(1992), *Moral Issues in Business*, 5th Edition, Belmont: Wadsworth Publishing.

29 Carroll, Archie B.(1991), "The Pyramid of Corporate Social Responsibility: Toward the Moral Management of Organizational Stakeholders," *Business Horizons*, 34(4), pp. 39-48.

30 Friedman, M.(1970), "The Social Responsibility of Business is to Increase it's Profits," *The New York Times Magazine*, 33, pp. 122-126.

31 Collins, Denis(2012), *Business Ethics*, NY: Wilely.

32 Schwartz, Mark S. and Archie B. Carroll(2003), "Corporate Social Responsibility: A Three-domain Approach," *Business Ethics Quarterly*, 13(4), pp. 503-530.

33 Harbaugh, William T., Ulrich Mayr, and Daniel R. Burghart(2007), "Neural Responses to Taxation and Voluntary Giving Reveal Motives for Charitable Donations," *Science*, 316(5831), pp. 1622-1625.

34 Dunn, Elizabeth W., Lara B. Aknin, and Michael I. Norton(2008), "Spending Money on Others Promotes Happiness," *Science*, 319(5870), pp. 1687-1688.

35 탁석산(2013), 『행복 스트레스』, 창비.

36 Wilson, Timothy D. and Daniel T. Gilbert(2003), "Affective Forecasting," *Advances in Experimental Social Psychology*, 35, pp. 345-411.

37 오연호(2014), 『우리도 행복할 수 있을까』, 오마이북.

38 Mohanty, Madhu S.(2014), "What Determines Happiness? Income or Attitude: Evidence from the U.S. Longitudinal Data," *Journal of Neuroscience, Psychology, and Economics*, 7(2), pp. 80-102.

39 Lyubomirsky, Sonja, Kennon M. Sheldon, and David Schkade(2005),

"Pursuing Happiness: The Architecture of Sustainable Change," *Review of General Psychology*, 9(2), pp. 111-131.

40 제임스 베어드·로리 나델(2010), 강주헌·지여울 옮김, 『행복 유전자』, 베이직북스.

41 이 책에서 제시하는 행복 연습 가이드 외에 더 다양한 지침을 보고 싶다면, 박명희·송인숙·손상희·이성림·박미혜·정주원·천경희·이경희(2011), 『누가 행복한 소비자인가?』(교문사) 및 제임스 베어드·로리 나델(2010), 강주헌·지여울 옮김, 『행복 유전자』(베이직북스)를 참조할 수 있다.

42 Cleary, Tom S. and Sam I. Shapiro(1995), "The Plateau Experience and the Post-mortem Life: Abraham H. Maslow's Unfinished Theory," *The Journal of Transpersonal Psychology*, 27(1), pp. 1-23.

43 송인숙·천경희·윤여임·윤명애·남유진(2012), "행복론 관점에서 본 현대 소비문화의 특성에 대한 비판적 검토," 『소비문화연구』, 15(1), pp. 179-201.

44 Tsai, Jeanne L., Felicity F. Miao, E. Emma Seppala, Helene H. Fung, and Dannii Y. Yeung(2007), "Influence and Adjustment Goals: Sources of Cultural Differences in Ideal Affect," *Journal of Personality and Social Psychology*, 92(6), pp. 1102-1117.

45 Sellier, Anne Laure, Gita Johar, and Jennifer Aaker(2011), "Balancing Ideal Affects in the Pursuit of Happiness," *Advances in Consumer Research*, 39, pp. 122-123.

46 De Neve, Jan-Emmanuel, Nicholas A. Christakis, James H. Fowler, and Bruno S. Frey(2012), "Genes, Economics, and Happiness," *Journal of Neuroscience, Psychology, and Economics*, 5(4), pp. 193-211.

47 Lyubomirsky, Sonja, Kennon M. Sheldon, and David Schkade(2005), "Pursuing Happiness: The Architecture of Sustainable Change," *Review of General Psychology*, 9(2), pp. 111-131.

48 서은국(2014), 『행복의 기원』, 21세기북스.

49 Lyubomirsky, Sonja, Laura King, and Ed Diener(2005), "The Benefits of

Frequent Positive Affect: Does Happiness Lead to Success?," *Psychological Bulletin*, 131(6), pp. 803–855.

50 Hellén, Katarina and Maria Sääksjärvi(2011), "Happiness as a Predictor of Service Quality and Commitment for Utilitarian and Hedonic Services," *Psychology & Marketing*, 28(9), pp. 934–957.

51 Belanche, Daniel, Luis V. Casaló, and Miguel Guinalíu(2013), "The Role of Consumer Happiness in Relationship Marketing," *Journal of Relationship Marketing*, 12(2), pp. 79–94.

52 Yi, Youjae and Taeshik Gong(2013), "Customer Value Co-creation Behavior: Scale Development and Validation," *Journal of Business Research*, 66(9), pp. 1279–1284.

53 Dalton, Brittney L., Joseph K. Goodman, and Selin A. Malkoc(2014), "Celebrate or Commemorate? When Material Purchases Lead to Stronger Memories and More Happiness," *Advances in Consumer Research*, 42, pp. 55–56.

제 14 장

1 Sellier, Anne Laure, Gita Johar, and Jennifer Aaker(2011), "Balancing Ideal Affects in the Pursuit of Happiness," *Advances in Consumer Research*, 39, pp. 122–123.

2 서은국(2014), 『행복의 기원』, 21세기북스.

3 Schacter, Daniel L.(2001), "The Seven Sins of Memory," *American Psychologist*, 54(3), pp. 182–203.

4 Scollon, Christie N., Amanda H. Howard, Amanda E. Caldwell, and Sachio Ito(2009), "The Role of Ideal Affect in the Experience and Memory of Emotions," *Journal of Happiness Studies*, 10(3), pp. 257–269.

5 Saad, Gad(2013), "Evolutionary Consumption," *Journal of Consumer*

Psychology, 23(3), pp. 351-371.

6 레슬리 스티븐슨·데이비드 L. 헤이버먼(1998, 한국어판 2006), 박중서 옮김, 『인간의 본성에 관한 10가지 이론』, 갈라파고스, p. 425.

7 Kahneman, Daniel(2010), TED Talk posted in March 1, 2010. (http://www.ted.com/).

8 성영신·강은주·김성일 엮음(2004), 『마음을 움직이는 뇌, 뇌를 움직이는 마음』, 해나무.

9 질 리포베츠키(2009), 정미애 옮김, 『행복의 역설』, 알마.

부록

1 Fredrickson, Barbara L.(2013), "Positive Emotions Broaden and Build," *Advances in Experimental Social Psychology*, 47(1), pp. 1-53.